Informatik-Fachberichte 159

Subreihe Künstliche Intelligenz

Herausgegeben von W. Brauer in Zusammenarbeit mit dem
Fachausschuß 1.2 „Künstliche Intelligenz und
Mustererkennung" der Gesellschaft für Informatik (GI)

Th. Christaller H.-W. Hein M. M. Richter (Hrsg.)

Künstliche Intelligenz

Theoretische Grundlagen
und Anwendungsfelder
Frühjahrsschulen, Dassel, 8.–16. März 1985
und 8.–16. März 1986

Springer-Verlag
Berlin Heidelberg
GmbH

Herausgeber

Thomas Christaller
Forschungsgruppe Expertensysteme
Gesellschaft für Mathematik und Datenverarbeitung mbH
Postfach 1240, Schloß Birlinghoven, 5205 Sankt Augustin 1

Hans-Werner Hein
Forschungsgruppe Mensch–Maschine–Kommunikation
Gesellschaft für Mathematik und Datenverarbeitung mbH
Postfach 1240, Schloß Birlinghoven, 5205 Sankt Augustin 1

Michael M. Richter
Fachbereich Informatik, Universität Kaiserslautern
Postfach 3049, 6750 Kaiserslautern

CR Subject Classifications (1987): I.2

ISBN 978-3-540-18903-9   ISBN 978-3-642-73405-2 (eBook)
DOI 10.1007/978-3-642-73405-2

Vorwort

Die deutsche Frühjahrsschule für Künstliche Intelligenz (eine Veranstaltung der Fachgruppe 1.2 "Künstliche Intelligenz und Mustererkennung" der Gesellschaft für Informatik) ist in den letzten Jahren zu einem festen Begriff geworden und erfreut sich immer noch steigender Popularität. Dies ist mehreren Umständen zuzuschreiben. Zum einen ist die Künstliche Intelligenz auch in Deutschland schon längst aus dem Schatten hervorgetreten, in dem sie viele Jahre in der deutschen Universitätslandschaft das Leben eines akademischen Außenseitergebietes fristete.

Inzwischen ist Künstliche Intelligenz in aller Munde, und in Wirtschaft und Industrie angesehen, auch wenn sie sich noch mehr als gelegentlich hinter dem griffigeren Terminus "Wissensbasierte Systeme" versteckt hält. Projekte werden initiiert und finanziert, Erwartungen und Hoffnungen auf Anwendbarkeit in breitem Maße vorgetragen. Dies geschieht in einem Ausmaße, welches bei den wenigen Fachleuten ein zunehmendes Unwohlsein hervorruft.

Es bleibt aber doch die erfreuliche Feststellung, daß auf breiter Ebene großer Informationsbedarf sich endlich offen artikuliert. Es ist auch natürlich, daß bei früheren Absolventen von Hoch- oder Fachhochschulen das Bedürfnis besteht, die zutage getretenen Informationsdefizite in Form von Kurz- und Kompaktkursen auszugleichen. Dies kann aber die stürmische Nachfrage nach einer Teilnahme an der Frühjahrsschule nur zu einem kleineren Teil erklären. Wesentlich ist vielmehr, daß in Deutschland die akademischen Lehranstalten augenblicklich gar nicht in der Lage sind - und dies wird wohl auch noch einige Zeit so bleiben - die geforderten Lehrinhalte in der notwendigen Breite, Tiefe und Qualität anzubieten.

Nur an ganz wenigen Universitäten wird die Künstliche Intelligenz systematisch gelehrt, an vielen nur rudimentär und an manchen gar nicht. Der Grund hierfür liegt auf der Hand; man kann eben nicht in den Zeiten plötzlichen Bedarfs akademische Lehrer im Schnellverfahren produzieren. Dieses braucht Zeit und muß organisch wachsen. Schließlich kommt hinzu, daß die Frühjahrsschule in ihrer lebendigen Mischung aus Theorie und Praxis, Vorlesungen und selbständigen Übungen sowie überaus engagierten Diskussionen offenbar ganz nach dem Geschmack der Teilnehmer ist. Man lernt Fachliches, trifft Menschen, diskutiert spezielle Probleme und brennende Forschungsfragen, die jeden angehen.

Ein Problem für die Ausrichter ist es jeweils, geeignete Referenten zu finden. Die Ausarbeitung der Kurse macht viel Arbeit, und die Fachleute sind ohnedies schon überlastet. Um so mehr sei ihnen an dieser Stelle für ihr Engagement gedankt. Noch schwieriger ist es, die Referenten auch noch dazu zu bewegen, ihre Kursinhalte schriftlich für einen Tagungsband zu fixieren. Einige von ihnen waren in der Lage, sich dieser zusätzlichen Mühe zu unterziehen. Es ergab sich, daß sich die Autoren der Frühjahrsschulen 1985 und 1986 in ihren Themen auf außerordentlich glückliche Weise ergänzten. Wir haben diese Beiträge in einem Band zusammengefaßt, der dem interessierten Leser einen guten Einstieg in wichtige Bereiche der Künstlichen Intelligenz bietet.

Sankt Augustin und Kaiserslautern, im September 1987

Thomas Christaller
Hans-Werner Hein
Michael M. Richter

Chronik

KIFS-82

1. Frühjahrsschule in Teisendorf, 15.-24. März 1982
Wolfgang Bibel und Jörg H. Siekmann
(veröffentlicht als Informatik-Fachberichte Band 59, Springer 1982)

KIFS-84

2. Frühjahrsschule in Dassel, 5.-16. März 1984
Christopher Habel
(veröffentlicht als Informatik-Fachberichte Band 93, Springer 1985)

KIFS-85

3. Frühjahrsschule in Dassel, 8.-16. März 1985
Hans-Werner Hein

KIFS-86

4. Frühjahrsschule in Dassel, 8.-16. März 1986
Michael M. Richter und Thomas Christaller

Inhalt

Einführung in LISP

Thomas Christaller*
Forschungsgruppe Expertensysteme
Institut für Angewandte Informationstechnik
Gesellschaft für Mathematik und Datenverarbeitung mbH
Postfach 1240
D-5205 Sankt Augustin 1
Tel. 02241-14-2679

1 Einleitung

Da es schon eine Reihe von deutschsprachigen Einführungen in LISP gibt [38,45,12], beschränke ich mich hier auf eine kurze Zusammenfassung. Dabei werde ich die in meinen Augen wichtigen Eigenschaften von LISP darstellen. Dieser Teil ist deshalb besonders sorgfältig und langsam zu lesen, da hier jedes Detail zählt. Den größten Teil dieses Beitrages macht der Entwurf und die Realisierung einer Mikroversion des Flavor-Systems, eine objektorientierte Erweiterung von LISP, aus. Anhand dieses Beispiels treten sowohl Eigenschaften von LISP als auch die Vorgehensweise bei der LISP-Programmierung deutlich hervor. Dies steht im Unterschied zu vielen Einführungen, in denen viele voneinander isolierte kleine Beispiele vorgestellt werden.

Ich gebe zuerst einen kurzen Abriß der über fünfundzwanzigjährigen Geschichte von LISP. Danach wird die Basis von LISP dargestellt: die Datenstrukturen Atom und Liste, das Abstraktionsmittel der Funktionen und die Kontrollstrukturen Konditional und Rekursion. Der zweite Teil beginnt mit einer kurzen Einführung in das objektorientierte Programmieren und das Flavor-System als eine mögliche objektorientierte Erweiterung von LISP. Es folgt der Entwurf und die Implementierung der Mikroversion des Flavor-Systems. Sie enthält die wesentlichen Elemente dieses Systems, ist leicht portierbar und erweiterbar. Ein Anhang enthält den vollständigen Kode der Mikroversion.

2 Die Geschichte von LISP

LISP gehört mit FORTRAN und COBOL zu den ältesten noch verwendeten Programmiersprachen[1]. Die Geschichte von LISP ist eng mit John McCarthy verbunden. Sie beginnt Ende der 50er Jahre am MIT (Massachusetts Institute of Technology). John McCarthy suchte nach einer Programmiersprache, mit der er seine Ideen im Forschungsbereich der Künstlichen Intelligenz ausprobieren konnte. Es handelte sich dabei um den sogenannten "Advice Taker", ein lernfähiges Programm, das mithilfe eines menschlichen Lehrers sein Wissen erweitern kann. Bis heute konnte allerdings noch keiner ein Programm schreiben, das diesen Traum erfüllt.

---

*Vielen Dank an B.Bartsch-Spörl, H.-W.Hein, F.di Primio, und F.Spade, die mich angespornt haben, diese Einführung tatsächlich zu schreiben, und mit vielen Hinweisen dafür gesorgt haben, daß sie lesbarer als in der ursprünglichen Fassung geworden ist.

[1] Dieser Abschnitt basiert auf [10]

Der "Advice Taker" stellte bestimmte Forderungen an die zu verwendende Programmiersprache, die damals von keiner existierenden Sprache erfüllt wurden. Zum einen sollten Ausdrücke für den "Advice Taker" symbolisch (und nicht ausschließlich numerisch) darstellbar sein. Und zum anderen sollten Manipulationen auf diesen Ausdrücken durch Funktionen im mathematischen Sinne durchführbar sein. Listen erfüllen die erste Forderung. Rekursion, Konditional und Funktionen, die Listen manipulieren, erfüllen die zweite. Damit war LISP geboren.

Nicht ganz: bevor es einen LISP-Interpreter oder -Compiler gab, kam John McCarthy auf die Idee, formal zu beweisen, daß seine geplante Programmiersprache gleichmächtig zu Turing-Maschinen war. Dies ist eine wichtige Eigenschaft, wenn man an die Idee des "Advice Taker" denkt. Mit LISP sollte sich alles berechnen lassen, was sich nur berechnen läßt. Er ließ sich von der Idee der "Universellen Turing-Maschine" inspirieren, mit der sich alle anderen Turing-Maschinen simulieren lassen.

Er schrieb also ein (Papier-)Programm in LISP, das in der Lage ist, jedes beliebige LISP-Programm auszuführen (evaluieren sagen wir heute, nachdem J. McCarthy diese LISP-Funktion eval genannt hatte). Einer seiner Programmierer, S. R. Russell, las den Code und meinte, dieses Programm lasse sich programmieren. Worauf J. McCarthy antwortete, er verwechsle wohl Theorie mit Praxis: dies sei ein theoretisches Programm.

Dann kam allerdings das, was wir von jedem guten Programmierer erwarten. Er implementierte eval, und damit existierte ein LISP-Interpreter. Wie McCarthy selber sagt, hatte das die nachteilige Wirkung, daß einige leichthin getroffene Entscheidungen in der Papierversion des eval auch übernommen wurden. Z.B. die Darstellung des Konditionals und die Identifizierung der leeren Liste NIL mit dem Wahrheitswert *falsch* [28].

Nachdem der Interpreter da war, ging die Entwicklung sprunghaft voran. In ca. 4 Mannjahren wurde der LISP-Compiler entwickelt (verglichen mit den 30 Mannjahren des ersten FORTRAN-Compilers sehr wenig), der in LISP selbst implementiert wurde, eine Technik, die vollkommen neu war und heute zum Standardrepertoire des Compilerbaus gehört. Eine sprachorientierte Programmierumgebung entstand, zu der Interpreter, Compiler, Editor, Hilfen für die Fehlersuche und -beseitigung, automatische syntaxorientierte Indentierung beim Ausdrucken von LISP-Programmen und -Daten, u.v.m. gehören.

Im direkten Zusammenhang mit LISP sind viele Konzepte entwickelt worden, die heute ganz selbstverständlich jedes Betriebs- oder Programmiersystem anbietet. Z.B. virtuelle Speicherverwaltung, automatische Speicherbereinigung (sogenannter garbage collector, zu deutsch: Müllmann), time-sharing und interaktives Programmieren. Den genauen Zusammenhang und viele andere interessante Aspekte in der Geschichte von LISP kann man nachlesen [37], so daß wir an dieser Stelle nicht weiter darauf eingehen und uns im nächsten Abschnitt den Grundkonzepten von LISP widmen.

3 Grundelemente von LISP

Die grundlegenden Datentypen in LISP sind Atome und Listen[2]. Listen bestehen aus Elementen, die entweder Atome oder selbst wieder Listen sein können. Atome und Listen werden auch unter dem Begriff **symbolische Ausdrücke (s-expressions)** zusammengefaßt. Mit den Datentypen Atom und Liste kann man Probleme einerseits beschreiben, andererseits aber auch die Lösungen für diese Probleme konstruieren[3].

---

[2]Damit die folgenden Beispiele nachvollzogen werden können, verwende ich ZetaLisp, einen speziellen Dialekt von LISP [42].

[3]Bei der Darstellung von LISP-Kode gelten die folgenden Konventionen: ausführbarer Kode wird in sans serif dargestellt; kode-schemata dagegen in KLEINEN KAPITALIEN (terminale Symbole) und in *kursiv* (nicht-terminale Symbole); Kommentare werden in *slantic* geschrieben.

Wie in allen Programmiersprachen kann man alle Operationen eines Datentyps einer der folgenden vier Klassen zuordnen:

1. **Konstruktoren.** Sie erzeugen ein neues Exemplar des jeweiligen Datentyps.

2. **Selektoren.** Sie selektieren bei zusammengesetzten Datentypen einzelne Teile, z.B. das erste Element einer Liste.

3. **Modifikatoren.** Sie ersetzen bei zusammengesetzten Typen ein Teil durch ein (neues) Objekt, z.B. in einer Liste eines der Elemente[4].

4. **Prädikate.** Sie stellen fest, ob ein gegebenes Objekt von einem bestimmten Datentyp ist.

LISP unterscheidet zwischen zwei Arten von Atomen, literalen Atomen und Zahlen. Literale Atome haben einige Besonderheiten, die die Zahlen i.a. nicht haben. Ein literales Atom besitzt nämlich

- einen Namen,

- einen Wert[5] und

- eine Eigenschaftsliste.

Beispiel für ein literales Atom: lisp-einfuehrung

Gegenbeispiel: lisp einfuehrung
die Zeichenkette enthält ein Leerzeichen

Atome brauchen nicht deklariert zu werden. Sie können direkt verwendet werden, etwa als Parameter in der Parameterliste einer Prozedur. Nach der ersten Nennung ist ein Atom dem LISP-System bekannt. LISP sorgt dafür, daß intern die vier Besonderheiten mit dem Atom assoziiert werden, nämlich Name, Wert, Eigenschaftsliste und Funktionsdefinitionszelle.

Listen werden in der sogenannten Listennotation aufgeschrieben. Die Syntax ist die folgende:

$$(element_1 \ element_2 \ \cdots)$$

wobei $element_i$ ein beliebiges LISP-Objekt sein kann, insbesondere wieder eine Liste.

Beispiel:
(diese einfuehrung soll verstaendlich sein)
(es folgt (eine liste) und ein atom)

Gegenbeispiel:
das wird keine liste
da hier falsche Begrenzungszeichen für die Liste verwendet wurden.

Die leere Liste enthält keine Elemente. Sie kann als Liste () oder als das literale Atom NIL repräsentiert werden. Diese Äquivalenz kann zu Mißverständnissen führen!

Der Programmierer manipuliert Atome und Listen mittels Funktionen, die die Sprache LISP zur Verfügung stellt, und mit selbstdefinierten Funktionen[6]. Die Funktionen spielen in LISP die Rolle,

---

[4]Das Löschen von Daten erfolgt in der Regel durch eine automatische Speicherbereinigung, den sogenannten **Garbage Collector (GC)**, der nicht mehr zugreifbare Daten der sogenannten **Freiliste** zufügt.

[5]In vielen LISP-Dialekten ist es üblich, neben dem Wert auch eine Stelle vorzusehen, an der eine Funktionsdefinition mit dem Atom verbunden werden kann.

[6]Die Bezeichnung Funktion ist nicht ganz korrekt. Genauer müßte man Prozedur sagen, da häufig keine Funktion im mathematischen Sinne realisiert wird. Allerdings hat sich dieser Sprachgebrauch eingebürgert und wir verwenden Funktion und Prozedur als Synonyme.

die Unterprogramme, Prozeduren, Statements und Operatoren in anderen Teilprobleme zerlegt und gelöst. Jeder Aufruf einer Funktion in LISP produziert einen Wert[7]. Die Argumente und Werte von Funktionen sind ebenfalls symbolische Ausdrücke.

Wir kommen jetzt zu dem wichtigen Punkt, wie Funktionsaufrufe in LISP dargestellt werden: Ein Funktionsaufruf wird ebenfalls in Listennotation geschrieben.

Beispiel:
(plus 3 4)

Wir sagen, daß in LISP Funktionsaufrufe in Präfixnotation dargestellt werden, d.h. erst kommt der Funktionsname und dann die Argumente[8]. Die allgemeine Form eines Funktionsaufrufes sieht also wie folgt aus:

$$(funktionsname\ argument_1 \cdots argument_n)$$

Man bezeichnet den Vorgang, der aus einem Funktionsaufruf einen Wert erzeugt, als die Evaluierung der entsprechenden Funktion. Die Evaluierung geschieht nach einer fest vorgegebenen Reihe von Regeln. Bevor wir darauf eingehen, müssen wir erst noch sagen, wie LISP bei Listen zwischen Daten und Funktionsaufrufen unterscheiden kann und bei Atomen zwischen Konstanten und Variablen. Man benutzt dazu die Funktion quote. Sie nimmt genau ein Argument und sorgt dafür, daß dieses Argument vom LISP-System nicht evaluiert wird. quote selbst evaluiert ihr Argument nicht!

Beispiele[9]:

$$(quote\ (a\ b\ c)) \implies (a\ b\ c)$$
$$(quote\ max) \implies max$$

aber:

$$max \implies 1000$$

falls der aktuelle Wert der Variablen max gleich 1000 ist.

Es gibt in jedem LISP-System vordefinierte Listenoperationen: die Selektoren car, cdr, die das erste Element bzw. die Teilliste, die alle Elemente außer dem ersten enthält, aus einer Liste herausholen[10]; den Konstruktor cons, mit dem man Listen konstruieren kann. Weiterhin gibt es noch das Prädikat atom, um zwischen Atomen und Listen unterscheiden zu können, und Modifikatoren, die vorhandene Listen verändern können. Diese Funktionen sind die Bausteine, aus denen alle anderen Listenoperationen gebildet werden können.

Beispiele:

$$(car\ (quote\ (eine\ lisp\ einfuehrung))) \implies eine$$
$$(cdr\ (quote\ (eine\ lisp\ einfuehrung))) \implies (lisp\ einfuehrung)$$
$$(cons\ (quote\ eine)\ (quote\ (lisp\ einfuehrung))) \implies (eine\ lisp\ einfuehrung)$$

---

[7]Darauf bezieht sich der Aphorismus von A. Perlis: *A LISP-Programmer knows the value of everything but the cost of nothing.*

[8]Im Gegensatz zur Infix-Notation, bei der der Funktionsname zwischen den Argumenten notiert wird. Z.B. bei $3 + 4$.

[9]Um die Beziehung zwischen Ein- und Ausgabe darzustellen, verwende ich folgende Notation: *Eingabe $\implies$ Ausgabe*.

[10]Die Bezeichner car, cdr sind historisch bedingt. In CommonLisp werden stattdessen first, rest verwendet.

```
(eval (list (quote cons)
            (quote (quote eine))
            (quote (quote (lisp einfuehrung)))))
```

Abbildung 1: Beispiel für die Programm-Daten-Äquivalenz.

Eine andere Konstruktorfunktion ist list, die beliebig viele Argumente nimmt und aus ihnen eine Liste erzeugt.

Beispiel:

$$(\text{list (quote eine) (quote lisp) (quote einfuehrung))} \implies \text{(eine lisp einfuehrung)}$$

Wir können LISP-Programme deshalb mit LISP-Programmen manipulieren, da sie als LISP-Daten repräsentiert werden. Dies wird im Beispiel erläutert (s. Abb. 1).

Was passiert hier? Der LISP-Interpreter wird explizit durch die Funktion eval aufgerufen. Doch bevor das geschieht, wird das Argument in dem eval-Funktionsaufruf evaluiert. Das ist ein Aufruf der Konstruktorfunktion list. Aber auch hier werden vorher die drei Argumente, jeweils Aufrufe von quote, evaluiert.

Die erste Evaluierungsregel, die wir also formulieren können heißt: Funktionsaufrufe werden von innen nach außen evaluiert, d.h. zuerst werden die Argumente des Aufrufes evaluiert und zwar von links nach rechts. Wenn die Argumente selbst Funktionsaufrufe sind, dann verfahre nach genau dieser Regel. Die Evaluierung der Argumente stoppt in unserem Beispiel genau dann, wenn ein quote-Aufruf evaluiert wird. Das ist die zweite Regel: quote verhindert die Evaluierung ihres Argumentes und gibt als Wert genau das Argument zurück. Dieser Wert wird in der weiteren Evaluierung eines Funktionsaufrufes verwendet.

In unserem Beispiel kommt die Evaluierung der Argumente zu einem Ende, nachdem das Atom cons und die Listen (quote eine) und (quote (lisp einfuehrung)) als Wert der entsprechenden quote-Aufrufe zurückgegeben wurden. Jetzt wird die dritte Evaluierungsregel angewendet. Sie lautet: finde die mit dem Funktionsnamen assoziierte Definition und wende sie auf die (evaluierten) Argumente an. Also wird die Definition von list hergeholt und auf diese drei Werte *angewendet, appliziert*. Die Definition ist gerade so, daß als Wert des list-Aufrufes die Liste (cons (quote eine) (quote (lisp einfuehrung)) zurückgegeben wird.

Damit ist das einzige Argument von eval evaluiert und jetzt wird die Definition von eval auf den Wert, der einen Aufruf der Funktion cons repräsentiert, angewendet. Mit anderen Worten, mithilfe des list-Aufrufes haben wir einen Funktionsaufruf, hier von cons als Argument dem LISP-Interpreter übergeben. Es werden dann dieselben Evaluierungsregeln angewendet und es ist leicht zu sehen, daß die Liste (eine lisp einfuehrung) herauskommt.

Diese Programm-Daten-Äquivalenz ermöglicht es auf sehr einfache Art und Weise LISP-Programme zu schreiben, die selber wieder LISP-Programme erzeugen oder manipulieren. So besteht die Idee für einen in LISP geschriebenen Editor für LISP-Programme darin, die Repräsentation eines LISP-Programms zu nehmen, d.h. eine Liste, gemäß den Editorkommandos des Programmierers Elemente auszuwählen, neue einzusetzen usf.. Will der Programmierer zwischendurch etwas vom Interpreter berechnet haben, so ruft der Editor die Funktion eval, das ist der Interpreter, mit dem entsprechenden Ausdruck auf, der evaluiert werden soll.

Ein weiterer wichtiger Datentyp sind die Wahrheitswerte — *wahr* und *falsch*. Sie werden durch die literalen Atome NIL und T repräsentiert. Der Wert von Prädikaten ist in aller Regel einer der beiden Wahrheitswerte.

Beispiel:

(atom (quote aha)) $\Longrightarrow$ T

aber:

(atom (quote (aha soso))) $\Longrightarrow$ NIL

Als letzte Datenstruktur führen wir die Eigenschaftslisten ein. Eine Eigenschaftsliste ist eine Liste mit einer geradzahligen Anzahl von Elementen. Jedes literale Atom besitzt eine eigene Eigenschaftsliste, die zu Anfang leer ist. Sie ist wie folgt aufgebaut:

$$(indikator_1 \;\; wert_1 \;\; indikator_2 \;\; wert_2 \; \cdots)$$

Die $indikator_i$-Elemente müssen literale Atome sein. Die $wert_i$-Elemente können dagegen beliebige LISP-Objekte sein. Eigenschaftslisten können dazu verwendet werden, um mit einem Namen bestimmte Informationen zu assoziieren.

In dem folgenden Beispiel sind **sprache** und **teilnehmer** die Indikatoren und **deutsch** bzw. (**schmitz mueller**) die zugehörigen Werte.

$$\text{seminar} \;\Longleftarrow\; \text{(sprache deutsch teilnehmer (schmitz mueller))}$$

Das nächste ist ein Gegenbeispiel, da 1985 eine Zahl ist bzw. (**teilnehmer und dozent**) eine Liste.

$$\text{seminar} \;\Longleftarrow\; \text{(1985 jahr (teilnehmer und dozent) (schmitz mueller))}$$

Die entsprechenden operationen für Eigenschaftslisten sind der Selektor **get** und der Modifikator **setf**. Deren Syntax ist wie folgt:

$$(\text{GET } atom \; indikator)$$

get liefert—falls vorhanden—den Wert von $indikator$ auf der Eigenschaftsliste von $atom$.

$$(\text{SETF } (\text{GET } atom \; indikator) \; wert)$$

setf setzt auf der Eigenschaftsliste des literalen Atoms $atom$ unter $indikator$ den Wert $wert$. Falls der Indikator noch nicht existiert, wird die Eigenschaftsliste entsprechend erweitert[11].

Im folgenden Beispiel wird **get** aufgerufen:

$$\text{(get (quote seminar) (quote teilnehmer))}$$

und ergibt:

$$\text{(schmitz mueller)}$$

Der folgende Aufruf von **setf** trägt auf der Eigenschaftsliste von **seminar** unter dem Indikator **Veranstalter** den Wert **kifs** ein.

```
(setf (get (quote seminar)
           (quote veranstalter))
      (quote kifs))
```

4 Wichtige Daten in der Entwicklung von LISP

1958 John McCarthy, Massachusetts Institute of Technology (MIT), beginnt mit zwei Programmierern auf einer IBM 704 die Implementierung einer listenverarbeitenden Sprache.

1960 Erscheinen der klassischen Arbeit von J. McCarthy[27].

---

[11] Die Prozedur **setf** ist ein allgemeiner Zuweisungsoperator. Sobald wir ihn benutzen, programmieren wir nicht mehr im funktionalen Programmierstil, da wir Seiteneffekte erzeugen. **setf** hat folgende allgemeine Syntax: (SETF ($selektor$ $datenstruktur$) $neuer\text{-}wert$) oder—wie im Falle von get (SETF ($selektor$ $datenstruktur$ $index$) $neuer\text{-}wert$). Der $selektor$ gibt zusammen mit dem $index$ an, welcher Teil von $datenstruktur$ durch $neuer\text{-}wert$ ersetzt werden soll.

```
(COND (test₁ konsequenz₁) ; erste Klause
      (test₂ konsequenz₂) ; zweite Klause
      ...
      (testₙ konsequenzₙ) ; vorletzte Klause
      (T in jedem anderen Fall))
```

Abbildung 2: Syntax von **cond**

1962 Erscheinen des ersten LISP-Handbuches zu LISP 1.5, das über viele Jahre hinweg das einzige publizierte Dokument über die Programmiersprache LISP bleibt[26]. Wurde deshalb oft für einen Standard gehalten und bildete den Ausgangspunkt zahlreicher Reimplementierungen.

1970 Zwei unterschiedliche Dialekte werden entwickelt: MacLISP am MIT und BBN-LISP bei Bolt, Beranek and Newman (Software-Haus in Cambridge USA).

1973 Aus BBN-LISP wird INTERLISP durch gemeinsame Arbeiten bei BBN und Xerox. Besitzt auf Jahre hinaus die beste Programmierumgebung.

1978 Spezielle LISP-Maschinen werden als Einzelplatzrechner bei Xerox und am MIT entwickelt.

1980 Die LISP-Maschinen führen zu Kommerzialisierung von LISP[33,42].

1984 Es wird ein erster Entwurf zu einer Standardisierung von verschiedenen Herstellern und Forschungsgruppen unter dem Namen CommonLisp erarbeitet[35].

1986 Ein Antrag zur Erarbeitung eines Standards für LISP wird an die International Standardization Organisation (ISO) gestellt.

5 Kontrollstrukturen und selbstdefinierte Funktionen

5.1 Konditional

In LISP gibt es — wie in den meisten Programmiersprachen auch — die Möglichkeit, Fallunterscheidungen zu treffen. Dies geschieht mit Hilfe des Konditionals **if** bzw. **cond**. Die Syntax dafür lautet wie folgt:

(IF *test konsequenz andernfalls*)

Zuerst wird *test* evaluiert. Ist der berechnete Wert verschieden von NIL, so wird *konsequenz* evaluiert und dessen Wert ist der Wert des if-Aufrufes. In jedem anderen Fall wird *andernfalls* evaluiert und liefert den Wert für den if-Aufruf.

Es gibt eine allgemeinere Form des if-Konditionals, die einer Schachtelung von if-Aufrufen im *anderenfalls*-Zweig entspricht. Deren Syntax ist etwas komplizierter (s. Abb. 2). Es wird die erste Klause (engl. clause) genommen, deren $test_i$ verschieden von NIL ist. Der Wert des Konditionals **cond** ist der Wert des entsprechenden $konsequenz_i$-Teils der Klause (s. Abb. 3). Es ist guter Programmierstil, die letzte Klause für den Fall der Fälle vorzusehen, d.h. sie sollte in jedem Fall genommen werden, wenn alle $test_i$ versagen. Als entsprechenden Test nimmt man dazu den Wahrheitswert T.

5.2 Definieren von Funktionen

Der Sprachumfang von LISP kann jederzeit um neue Funktionsdefinitionen erweitert werden. Dies geschieht mit dem Konstruktor **defun**. Er unterscheidet sich von den anderen bisher vorgestellten

```
(cond ((null x) (quote prima))
      ((eq (quote hallo) x)
       (quote (auch gut)))
      (T (error "die Variable x hat den falschen Wert")))
```

Abbildung 3: Beispiel von cond

```
(DEFUN name
       formale-parameterliste
       rumpf)
```

Abbildung 4: Syntax von **defun**

Funktionen dadurch, daß er seine Argumente nicht evaluiert — ähnlich wie **quote** (s. Abb. 4). **defun** definiert eine (globale) Funktion *name* mit entsprechenden formalen Parametern und einem Rumpf, in dem die Parameter als freie Variablen vorkommen können (s. Abb. 5).

Der Aufruf (meine-erste-lisp-funktion (quote lisp)) liefert (lisp ist schoen).

5.3 Rekursion

Rekursion ist die mächtigste Kontrollstruktur in LISP. Sie basiert auf der Möglichkeit der Fallunterscheidung und der Reduktion eines schwierigen Problems auf ein einfaches. Dies wollen wir an einem einfachen Beispiel diskutieren. Nehmen wir an, wir wollen eine Funktion schreiben, die die Länge einer Liste berechnet. Deren Name sei **laenge** und sie soll z.B. die folgenden Werte liefern:

$$(\text{laenge (quote (eine liste))}) \Longrightarrow 2$$
$$(\text{laenge ()}) \Longrightarrow 0$$
$$(\text{laenge (quote (noch (eine liste)))}) \Longrightarrow 2$$

Jede Problemlösung fängt in LISP ganz einfach an und zwar mit einer runden Klammer auf:

```
(
```

Da wir eine Funktion definieren wollen, überlegen wir, welchen Konstruktor wir dafür nehmen wollen—defun—und welche Parameter wir ihm übergeben müssen.

```
(defun laenge (liste) ···
```

```
(defun meine-erste-lisp-funktion ; der Name
       (x)                        ; die Parameterliste
       (cons                      ; der Rumpf
          x (quote (ist schoen)))))
```

Abbildung 5: Beispiel für **defun**

```
(defun laenge (liste)
    (if (null liste)
       0
       (plus 1 (laenge (cdr liste)))))
```

Abbildung 6: Definition von **laenge**

```
(DEFUN Funktionsname
       Parameterliste
       (IF der einfachste Fall
           Endergebnis
           Kombination aus Zwischenwert und rekursivem Aufruf))
```

Abbildung 7: Schema für einfache rekursive Funktionen

Wir überlegen uns nun, für welche Listen wir sofort die entsprechende Länge angeben können. Dies ist die leere Liste. Für jede andere Liste müssen wir sicherlich etwas mehr tun. Wir führen deshalb eine Fallunterscheidung ein, in der wir zuerst feststellen, ob es sich um die leere Liste handelt. Wenn ja, so geben wir 0 als Wert zurück. Ansonsten wissen wir, daß die liste in jedem Fall mindestens ein Element enthält, ihre Länge also mindestens 1 beträgt. Wenn wir aus der Liste das erste element weglassen und die Länge der restlichen Liste berechnen, so brauchen wir lediglich 1 dazuzählen und haben die Länge der ursprünglichen Liste. Wir definieren aber gerade eine Funktion, die die Länge einer Liste berechnet. Warum also nicht genau diese Funktion benutzen, um die Länge dieser Restliste zu berechnen? Damit erhalten wir die Definition in Abb. 6.

Eine Funktion wie **laenge** wird als **rekursive Funktion** bezeichnet. Gemeint ist damit, daß dieselbe Funktion im Rumpf einer Funktionsdefinition aufgerufen wird. Diese Art und Weise, Funktionen (Prozeduren) zu definieren, ist gewöhnnungsbedürftig. Doch nach einiger Übung wird man feststellen, daß dies oft eine sehr natürliche Art ist, um Problemlösungen zu beschreiben.

Wir können aus der Definition von **laenge** ein Schema ableiten, nach dem wir in einfachen Fällen rekursive Funktionen definieren können (s. Abb. 7). Daraus ergibt sich ein ganz allgemeines Schema, das beschreibt, wie man vorgehen kann, um eine beliebige rekursive Funktion zu konstruieren (s. Abb. 8). Ganz allgemein geht es darum:

- Wie erkennt man den einfachsten Fall?

- Wie den nächstschwierigeren Fall?

- ...

- Wie den schwersten Fall?

- Terminiert dies so gefundene Verfahren?

Der letzte Punkt ist sehr entscheidend. Man muß sich in jedem Fall davon überzeugen, daß keine Endlosrekursion auftritt. Die Standardmethode besteht zur Zeit darin, daß man sich geeignete Testdaten überlegt. Die Prozedur wird dann damit aufgerufen und man muß überprüfen, ob die dabei erhaltenen Ergebnisse mit den Erwartungen übereinstimmen.

```
(DEFUN Funktionsname
       Parameterliste
       (COND (der einfachste Fall sein Wert)
             (der nächstschwierigere Fall sein Wert)
             ...
             (der schwerste Fall sein Wert)))
```

Abbildung 8: Allgemeines Schema für rekursive Funktionsdefinitionen

```
(defmacro if (test action otherwise)
  '(cond (,test ,action)
         (T ,otherwise)))
```

Abbildung 9: Beispiel für eine Makrodefinition von if

5.4 Makros und Spezialformen

In LISP gibt es neben dem Konditional und der Rekursion noch eine Reihe anderer Kontrollstrukturen, die durch spezielle Prozeduren definiert sind. Sie sind deswegen speziell, weil sie ihre Argumente nach eigenen Evaluierungsregeln behandeln, wie wir bei if und cond gesehen haben. Außerdem muß man meist eine besondere Syntax bei der Formulierung der Argumente beachten (s. cond). Der Mechanismus, nach dem derartige Prozeduren funktionieren, besteht darin, daß die Argumente beim Aufruf der Prozedur nicht sofort evaluiert werden. Sie werden genau in der Form, wie sie im Prozeduraufruf geschrieben sind, an die (formalen) Parameter der Prozedur gebunden. Im Rumpf der Prozedur wird dann bestimmt, welche Argumente bzw. Teile davon evaluiert werden.

Wir können jederzeit selber neue Kontrollstrukturen definieren. Dies geschieht mit Hilfe sogenannter **Makros**[12]. Z.B. könnten wir if mit Hilfe von cond als Makro definieren[13]. Wir verwenden dafür einen speziellen Konstruktor **defmacro**, der ähnlich wie **defun** funktioniert (s. Abb. 9). Bei einem Aufruf von if werden die drei Argumente jeweils an die drei Parameter gebunden. Der Rumpf von if enthält in einer speziellen Notation das Kodeschema, in das ein if-Aufruf expandieren soll, d.h. zu dem er äquivalent ist. Alle Elemente in diesem Schema, das nach dem " ' " beginnt, werden normalerweise als Konstante betrachtet[14]. Nur die mit einem "," markierten Stellen werden evaluiert und der Wert an dieser Stelle eingefügt (s. Abb. 10).

---

[12]In einigen LISP-Dialekten, z.B. INTERLISP-D, wird der hier beschriebene Makromechanismus nicht in dieser Weise unterstützt. In solchen Fällen kann man versuchen, ihn zu emulieren (s. [9, Kapitel 3]). Oder man verwendet sogenannte Spezialformen (s. [9, Kapitel 2]).

[13]In CommonLisp ist es genau umgekehrt (s. [35, Abschnitt 7.6]). Dieses Beispiel dient nur der Illustration. Man hüte sich davor, dieses so einem CommonLisp-System einzugeben! Die hier gewählte Richtung ist nur sehr viel einfacher als die umgekehrte.

[14]Das Zeichen " ' " wird auch **backquote** oder **quasiquote** genannt. Es ist ein sogenanntes **Einlesemakro**, das vom Leseprozeß des LISP-Systems gemäß der Definition des " ' "-Makros in eine Listenstruktur umgewandelt wird. Ein weiteres, sehr viel häufiger gebrauchtes Einlesemakro stellt eine Abkürzung für quote-Aufrufe dar: (QUOTE irgendetwas) ⟺ 'irgendetwas.

```
(if (null liste) 0 (plus 1 (laenge (cdr liste))))
                    ⇓
(cond ((null liste) 0)
      (T (plus 1 (laenge (cdr liste)))))
```

Abbildung 10: Beispiel für eine Makroexpansion von if

```
(defun sammle-eltern (bewohnerschaft)
   (cond ((null bewohnerschaft) NIL)
         (T (cons (list (get (first bewohnerschaft) 'mutter)
                        (get (first bewohnerschaft) 'vater))
                  (sammle-eltern (rest bewohnerschaft))))))
```

Abbildung 11: Beispiel für eine besondere Form rekursiver Funktionen

5.5   Die Map-Funktionen

In LISP gibt es die besondere Möglichkeit, nicht nur Daten als Argumente einer Funktion zu übergeben sondern auch Funktionen, d.h. Prozeduren. Angenommen wir haben die Bewohner eines Ortes und ihre Familienbeziehungen mit Hilfe von Eigenschaftslisten dargestellt. So können wir mit der Funktion in Abb. 11 die Eltern jedes Bewohners in einer Liste zusammenstellen.

Diese Funktion zeichnet sich durch folgende Punkte besonders aus:

- Die Liste, die als Argument übergeben wird, ist gleich lang zur Ergebnisliste.

- Auf jedes Element der Liste wird dieselbe Operation angewendet.

Diese Situation kommt sehr häufig vor und deshalb gibt es eine besondere Funktion, mapcar, mit der sich diese Eigenschaften klar darstellen lassen (s. Abb.12). Die Sprechweise ist dabei wie folgt: das Argument **get-eltern** heißt **funktionales Argument**[15]. Es wird sukzessive auf alle Elemente des ersten Arguments, bewohnerschaft, angewendet oder appliziert. Die Werte der Applikation werden in einer Liste zusammen gefaßt und diese ist der Wert von mapcar.

Statt der benannten Funktion **get-eltern** kann man auch eine **unbenannte Funktion** verwenden. Dies ist dann vorteilhaft, Wenn **get-eltern** nur im Rumpf der **sammle-eltern** Funktion verwendet wird. Dazu wird die sogenannte **Lambda-Notation** verwendet (s. Abb. 13). Sie erlaubt die Zusammenfassung einer Parameterliste und eines Prozedurrumpfes, ohne daß dafür ein Name vergeben werden muß.

Um besser zu verstehen, wie mapcar funktioniert, schaue man sich die selbstdefinierte Version in Abb.14 an. Wir sehen, daß der Rumpf von mapcar nur den Rahmen abgibt, in dem beliebiger Kode ausgeführt werden kann.

---

[15]Damit das funktionale Argument einerseits als Konstante genommen und andererseits als auszuführender Kode verstanden wird, muß man in vielen LISP-Dialekten statt (QUOTE *funktionales Argument*) (FUNCTION *funktionales Argument*) nehmen.

```
(defun sammle-eltern (bewohnerschaft)
  (mapcar (function get-eltern)
          bewohnerschaft))

(defun get-eltern (bewohner)
  (list (get bewohner 'vater)
        (get bewohner 'mutter)))
```

Abbildung 12: Beispiel für einen **mapcar**-Aufruf

```
(defun sammle-eltern (bewohnerschaft)
  (mapcar (function (lambda (bewohner)
            (list (get bewohner 'vater)
                  (get bewohner 'mutter))))
          bewohnerschaft))
```

Abbildung 13: Beispiel für einen **mapcar**-Aufruf mit **lambda**

```
(defun mapcar* (fn liste)
  (cond ((null liste) NIL)
        (T (cons (apply fn (list (first liste)))
                 (mapcar* fn (rest liste))))))
```

Abbildung 14: Selbstdefinierte Version von **mapcar**

```
(defun umkehren (liste)
    (cond ((null liste) nil)
          ((null (cdr liste)) liste) ; nur ein Element in der Liste
          (T (cons   ; hole das letzte Element:
                (car (umkehren (cdr liste)))
                                    ; drehe die Liste um, die das letzte
                                    ; Element nicht mehr enthält:
              (umkehren
                  (cons (car liste)
                        ; drehe das Mittelstück um
                        ; (ohne erstes und letztes Element).
                        (umkehren
                            (cdr (umkehren (cdr liste)))))))))))
```

Abbildung 15: Funktionaler Programmierstil im Extrem

5.6 Der funktionale Programmierstil

Der Teil von LISP, den wir bisher kennengelernt haben, unterscheidet sich von anderen Programmiersprachen in folgendem Punkt. Berechnungen werden hier mit Hilfe von Funktionen durchgeführt. Dabei werden entsprechende Teilschritte als Funktionsaufrufe notiert, die als Argumente eines (anderen) Funktionsaufrufes verwendet werden. Diese Art und Weise zu programmieren bezeichnet man als den **funktionalen Programmierstil**.

Ein extremes Beispiel ergibt sich aus folgender Aufgabe. Definiere eine Funktion **umkehren**, die eine Liste als Argument nimmt und als Wert eine Liste zurück gibt, in der die Elemente in umgekehrter Reihenfolge enthalten sind. Diese Funktion soll ausschließlich mit Hilfe von **cond, null, car, cdr, cons** und **umkehren** selbst geschrieben werden (s. Abb. 15)[16].

Neben dem funktionalen Programmierstil gibt es noch eine Reihe von anderen, z.B. den **imperativen** und den **objektorientierten** Programmierstil. LISP zeichnet sich dadurch aus, daß alle diese Stile unterstützt werden und sie gleichberechtigt nebeneinander (sogar in derselben Prozedurdefinition) verwendet werden können. Für den objektorientierten Stil werden wir in den folgenden Abschnitten einen Interpreter entwerfen und realisieren.

5.7 Das LISP-System

Das LISP-System besteht aus mehreren Teilen. Die drei wichtigsten sind

1. der Einleseprozeß,

2. der Ausgabeprozeß und

3. der Interpreter.

Diese drei Teile sind in einer Endlosschleife organisiert, die dafür sorgt, daß jede Eingabe eingelesen und evaluiert wird, und daß der erhaltene Wert ausgedruckt wird (s. Abb. 16).

---

[16]Das Beispiel stammt aus [2, Seite 50].

```
(loop (print (eval (read))))
```

Abbildung 16: Die Endlosschleife des LISP-Systems

read ist die Einlesefunktion und leistet die lexikalische Analyse der eingegebenen Zeichenketten. Sie erzeugt ggf. neue literale Atome und die entsprechenden Listenstrukturen im Arbeitsspeicher des LISP-Systems. **eval** ist der LISP-Interpreter, der als Argument einen auszuwertenden Ausdruck bekommt. **print** ist die Ausgabefunktion, die eine angemessene (externe) Repräsentation ihres Argumentes erstellt.

5.8   Die Programmierumgebung in LISP

Die Programmierumgebung des LISP-Systems enthält neben dem Interpreter und den Ein-/Ausgabeprozessen die folgenden Komponenten:

- **Compiler.** Er erzeugt aus unseren in Listennotation geschriebenen Programmen dazu äquivalente Programme in einer maschinennäheren Sprache und führt Optimierungen durch. Damit werden unsere Programme schneller und sie nehmen weniger Platz in Anspruch.

- **Syntaxorientierter Editor.** Mit ihm können wir leichter und sicherer LISP-Programme erstellen und korrigieren.

- **Hilfen für Fehlersuche.** Wir können das Ein- und Ausgabeverhalten unserer Funktionen sichtbar machen, explizit die Evaluierung schrittweise vorantreiben und an beliebigen Stellen Unterbrechungspunkte setzen, um uns den aktuellen Zustand der Berechnungen anzuschauen.

- **Dateiverwaltung.** Unsere Funktionsdefinitionen können in Dateien aufbewahrt werden, so daß sie bei Bedarf immer wieder verwendet werden können.

- **Benutzerschnittstelle.** Auf den LISP-Maschinen als auch allgemeineren Rechnertypen, z.B. Mikrorechnern, existieren Fenstersysteme, werden Zeigeinstrumente und sowohl Farb- als auch Tonausgabe unterstützt.

Jede dieser Komponenten besitzt Schnittstellen zu den anderen Teilen des Systems und zeichnet sich durch ein hohes Maß an Interaktivität aus. Dies fördert die schnelle Implementierung von Prototypen und exploratives Programmieren [4,7,22].

5.9   Zusammenfassung des Bisherigen

Das ist alles, was wir von LISP zu wissen brauchen—im Prinzip! Die wichtigen Punkte, an die wir uns erinnern müssen, sind die folgenden:

1. Die wesentlichen Datentypen sind **Atome** und **Listen**.

2. **Literale Atome** besitzen einen eindeutigen **Namen**, eine **Eigenschaftsliste** und können einen **Wert** oder eine **Funktionsdefinition** haben.

3. Programmieren erfolgt durch Definieren von **Funktionen**, die in **Präfixnotation** aufgerufen werden.

4. Programme werden mit Hilfe derselben Datentypen dargestellt wie die Daten (sogenannte **Programm-Daten-Äquivalenz**).

5. Zwei wichtige Kontrollstrukturen sind das **Konditional** und die **Rekursion**.

6. Alle LISP-Ausdrücke werden nach einer kleinen festen Anzahl von **Regeln** evaluiert. Lediglich einige **Spezialformen** und **Makros**, z.B. **quote**, haben eigene Regeln.

7. Mit Hilfe von **Makros** werden neue Kontrollstrukturen und andere Syntaxen definiert.

6 Objektorientiertes Programmieren in LISP

In der vorangegangenen kurzen Einführung haben wir in erster Linie den funktionalen Programmierstil, wie er in LISP verwendet werden kann, dargestellt[17]. Daneben gibt es wie gesagt noch eine Reihe von anderen Stilen, die entweder in LISP unterstützt oder durch syntaktische Erweiterungen eingeführt werden können (s. [38]). Insbesondere der objektorientierte Stil ist in den letzten Jahren durch **Smalltalk** sehr populär geworden [18]. In den folgenden Abschnitten wird gezeigt, wie man LISP syntaktisch so erweitern kann, daß man außer in den schon vorhandenen Stilen auch objektorientiert programmieren kann.

Objektorientiertes Programmieren ist in der Informatik eine altbekannte Idee, die zuerst in **SIMULA** realisiert wurde [5][18]. Viele andere Systeme und Programmiersprachen basieren inzwischen auf dieser Idee. Eine der wichtigsten Sprachen ist **Smalltalk** [18]. In der Künstlichen Intelligenz hatte diese Idee einigen Einfluß bei der Entwicklung von Frame- und anderen objektorientierten Wissensrepräsentationssprachen, z.B. **FRL** [32], **ACT1** [25] oder **OBJTALK** [24].

Doch zuerst müssen wir einige allgemeine Bemerkungen zum objektorientierten Programmierstil machen. Dazu macht man sich am besten klar, welches Verarbeitungsmodell diesem Stil zugrunde liegt. Es ist ein Kommunikationsmodell. In diesem Modell werden die Kommunikationspartner **Objekte** genannt. Sie tauschen untereinander Informationen durch **Versenden von Nachrichten** aus. Berechnungen erfolgen dadurch, daß Objekte Nachrichten, die sie erhalten, verarbeiten, wobei sie u.u. wiederum Nachrichten an andere Objekte versenden. Jedes Objekt hat einen inneren Zustand, der von außerhalb des Objektes nicht direkt einzusehen ist, und Möglichkeiten, sich in einen anderen Zustand zu transformieren.

Der erste Vorteil des objektorientierten Programmierstils liegt darin, daß eine Objektdefinition eine Datenstruktur mit ihren Operationen organisatorisch zusammenfaßt. Insofern ist dieser Stil ähnlich zu dem Konzept der abstrakten Datentypen (ADT). Zweitens—und dies im Unterschied zu den ADT—ist das Protokoll eines Objektes inkrementell erweiterbar. Drittens, bei der Entwicklung großer Software-Systeme kann man Objektdefinitionen benutzen, um die Module in der Systemarchitektur zu implementieren. Die Protokolle definieren dann auch gleich die Schnittstellen im System.

Im Zusammenhang mit der Software-Entwicklung für die MIT-Lispmaschine ist eine Erweiterung des darauf verwendeten ZetaLisp-Dialektes vorgenommen worden, die objektorientiertes Programmieren unterstützt [42]. Diese Erweiterung wird **Flavor**-System genannt wird. Das Flavor-System wird in der Systemsoftware der Lispmaschine vielfältig eingesetzt; so ist u.a. das Fenstersystem und das multitasking mit Hilfe von Flavors realisiert. Der Grund dafür liegt darin, daß einerseits durch Objektdefinitionen ganze Programmbibliotheken hierarchisch organisiert werden können und andererseits viele Betriebssystemprobleme unter Zugrundelegung eines Kommunikationsmodells sehr

---

[17]Dieser Abschnitt basiert auf Teilen von [11] und [12].
[18]**SIMULA**, eine **ALGOL**-ähnliche Sprache, war gedacht für die Implementierung von Simulationssystemen.

$$ereignis ::= (flavor\text{-}name\ selektor\ arg_1\ arg_2 \cdots)|$$
$$(SEND\ instanz\ selektor\ arg_1 \cdots)$$

$$fortgesetztes\text{-}nachrichtenversenden ::=$$
$$(SEND\ ereignis\ selektor\ arg_1 \cdots)\ |$$
$$(SEND\ fortgesetztes\text{-}nachrichtenversenden$$
$$selektor\ arg_1 \cdots)$$

Abbildung 17: Syntaktische Formen des Nachrichtensendens

viel einfacher zu lösen sind als bei anderen Verarbeitungsmodellen—wie man leicht gerade bei den genannten Beispielen vermuten kann.

6.1 Terminologie im Flavor-System

Da die verwendete Terminologie zum objektorientierten Programmierstil nicht einheitlich ist, werden hier die wichtigsten der im Flavor-System verwendeten Begriffe zusammengefaßt. Im Flavor System unterscheidet man zwei Sorten von Objekten. Die eine Sorte wird flavors genannt[19]. Flavors repräsentieren **generische Objekte** (Klassen in **Smalltalk**). Die andere Sorte besteht aus **Instanzen** von Flavors, die individuelle Realisierungen eines generischen Objektes darstellen.

Objekte werden aktiviert, indem man ihnen eine Nachricht zusendet. Eine Nachricht besteht aus einem **Selektor** und einer beliebigen Anzahl von **Argumenten**. Der Selektor gibt an, welche Leistung das Empfängerobjekt erbringen soll. Unter einem **Nachrichtenversendeereignis** (kurz: **Ereignis**) verstehe ich das tatsächliche Senden und Empfangen einer Nachricht. Das Ergebnis eines Ereignisses kann selbst wieder ein Objekt sein[20]. Wird diesem Objekt direkt wieder eine Nachricht gesendet, so spreche ich von **fortgesetztem** (oder **kaskadiertem**) **Nachrichtenversenden**. Das vollständige Verhalten eines Objektes wird als sein **Protokoll** bezeichnet. Es setzt die Selektoren der Menge aller Nachrichten, auf die das jeweilige Objekt sinnvoll reagieren kann, d.h. ohne eine Fehlernachricht zu erzeugen, zu Prozeduren in Beziehung, die die gewünschte Leistung erbringen. Diese Prozeduren werden **Methoden** genannt. Die syntaktischen Formen für die lineare Repräsentation von Ereignissen sind in Abb. 17 dargestellt[21].

6.2 Vererbung von Informationen

Neben diesen beiden wichtigen Konzepten, Objektbegriff und Versenden von Nachrichten, wird im allgemeinen die **Vererbung** von Informationen zwischen den generischen Objekten bei ob-

---

[19]Der Begriff Flavor stammt von Steves Eisdiele in Cambridge, Massachussetts, wo auf Wunsch Nuß- und Schokoladenstücke in eine Portion Vanilleeis hineingemischt werden, um ein Eis mit individuellem Geschmack (Flavor) zu bekommen.

[20]In einer *reinen* objektorientierten Sprache wie Smalltalk ist das Ergebnis immer ein Objekt. Lediglich bei eingebetteten Sprachen wie dem Flavor-System kann der Wert auch etwas sein, dem man keine Nachricht senden kann.

[21]Bei der eigenen Implementierung eines ähnlichen Systems, dem **Poor Mans Flavor System (PMFS)**, stellte sich heraus, daß der objektorientierte Programmierstil nur eine andere sichtweise des funktionalen Stils ist, d.h. die Aktivierung eines Objekts ist nichts anderes als der Aufruf einer Funktion mit einem *inneren Zustand*, die das Objekt repräsentiert [15]. Zu derselben Einschätzung kommen auch [38, s.190ff] und [1, s.225]. In [41] wird in sehr prägnanter und formaler Art und Weise Zusammenhang und Unterschied zwischen funktionalem und objektorientiertem Programmierstil dargestellt: LAMBDA (X) F(X) entspricht der Funktionsabstraktion. Hier wird dieselbe Funktion F auf unterschiedliche Daten X angewendet. LAMBDA (F) F(X) entspricht der Datenabstraktion. Dasselbe Datum X wird in unterschiedlichen Funktionen F verwendet.

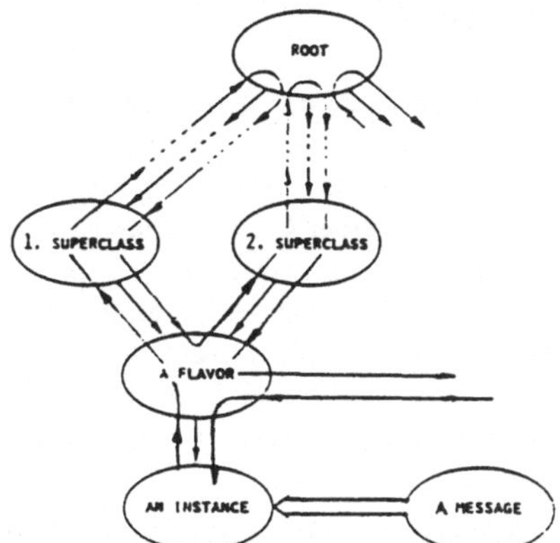

Abbildung 18: Vererbung im Flavor-Graph für die Verarbeitung einer Nachricht

jektorientierten Sprachen als drittes Konzept des objektorientierten Programmierens dazugezählt. Damit ist es u.a. möglich, aus vorhandenen Objekten spezialisierte Objekte ohne Redundanz zu erzeugen[22].

Führt man Vererbung ein, erreicht man eine höhere Modularität in der Definition generischer Objekte und einen höheren Grad der Wiederverwendbarkeit derselben generischen Objekte in unterschiedlichen (Definitions-)Kontexten.

Damit die in einem Flavor enthaltene Information an ein anderes Flavor vererbt werden kann, sind die Flavors in einem gerichteten Graphen, dem sogenannten **Flavor-Graphen**, angeordnet. Ein Flavor-Graph erlaubt die Vererbung von Informationen längs der gerichteten Kanten. Bei der Definition eines neuen Flavor muß spezifiziert werden, von welchen anderen Flavors etwas ererbt werden soll, d.h. an welcher Stelle im Graphen es eingefügt werden soll. Dies geschieht durch Nennung der direkten Vorgängerknoten im Graphen, die **Superklassen** des jeweiligen Flavor genannt werden. Da mehrere Superklassen angegeben werden können, wird diese Form **multiple Vererbung** genannt[23]. Die **Komponenten eines Flavor** sind alle seine Superklassen, deren Superklassen usf..

Die Berechnung der Komponenten erfolgt nach einem bestimmten Algorithmus, der normalerweise von links nach rechts und von dem gegebenen Flavor aus über die Superklassenrelation durch einen Flavor-Graphen geht (s. Abb. 18). Dabei müssen Doppeleintragungen in der Komponentenliste vermieden und Schleifen im Graphen erkannt werden. Ein Flavor wird im allgemeinen in seiner Definition noch zusätzliche neue Informationen enthalten bzw. solche, die Teile der ererbten Information für die Verarbeitung einer Nachricht ergänzen, modifizieren oder ersetzen kann.

---

[22]Dieses Konzept läßt sich schon mit Hilfe der beiden anderen realisieren. In **ACT1** z.B. besitzt jedes Objekt eine Menge von ihm bekannten Objekten, die sogenannten **Bekanntschaften** (engl. acquaintances). Das sind genau diejenigen Objekte, mit denen der Besitzer dieser Menge kommunizieren kann. Vererbung kann man mithilfe dieser Relation realisieren. Die Ober- bzw. Superklassen müssen dazu zur Bekanntschaft eines Objektes gehören. Falls im Protokoll des Objektes keine Methode zur Evaluierung einer Nachricht gefunden werden kann, so wird kein Fehler erzeugt, sondern man fragt die Superklassen nach einer geeigneten Methode.

[23]Ein solcher Graph wird oft nach ähnlichen Prinzipien aufgebaut, wie z.B. Taxonomien in der Biologie, wo diskriminierende Eigenschaften herangezogen werden, um z.B. Säugetiere in Primaten, Huftiere, etc. einzuteilen. Durch andere unterscheidende Merkmale, z.B. Fleischfresser vs. Pflanzenfresser, kann man mit denselben Klassen eine andere Taxonomie aufbauen. Multiple Vererbung, wie sie beim objektorientierten Programmieren verwendet wird, ergibt sich dadurch, daß die verschiedenen Taxonomien übereinandergelegt werden. So sind Rinder sowohl Säugetiere als auch Pflanzenfresser, Tiger dagegen Säugetiere und Fleischfresser. Es gibt aber auch noch andere Kriterien, nach denen ein Flavor-Graph aufgebaut werden kann.

6.3 Das Protokoll von Objekten

Das Protokoll eines Objektes ist ein Verzeichnis der Selektoren, die in Nachrichten an das Objekt verwendet werden können. Mit jedem Selektor ist eine **Methode** assoziiert, in der festgelegt wird, wie das Objekt auf die Nachricht reagieren soll. Eine Methode wird im Flavor-System wie eine LISP-Prozedur definiert, d.h. sie besteht aus einer Liste formaler Parameter und einem Rumpf. Bei der Verarbeitung (Interpretation) einer Nachricht werden eventuell vorhandene Argumente an die formalen Parameter dieser LISP-Prozedur gebunden und dann der Rumpf evaluiert. Innerhalb einer Methode können an beliebige Objekte Nachrichten gesendet, der *innere Zustand* des empfangenden Objektes verändert oder LISP-Prozeduren aufgerufen werden. D.h. innerhalb einer Methode sind wir frei, jeden beliebigen vorhandenen Programmierstil zu verwenden, um die *Reaktion* des Objektes auf die Nachricht zu programmieren.

Im Flavor-System gibt es ein ausgezeichnetes Flavor mit Namen vanilla, das keine Superklassen besitzt. Es dient als voreingestellte Komponente, die als letztes Element in der Komponentenliste jedes anderen Flavor enthalten ist. Damit wird sichergestellt, daß jedes Flavor ein einheitliches Basisprotokoll besitzt. Es dient in erster Linie dazu, eine einfache Benutzerschnittstelle zu realisieren und Auskünfte über das Protokoll des jeweiligen Flavor zu bekommen.

Bei Instanzen eines Flavor wird der innere Zustand durch **Instanzenvariablen** definiert. Sie dienen dazu, Instanzen desselben Flavor individuelle Informationen mitzugeben. In der Definition eines Flavor werden zwar die Namen und die Anzahl der Instanzenvariablen festgelegt, aber nur in den Instanzen selbst können ihnen Werte zugeordnet werden. D.h. die in einem Flavor—u.a. durch Vererbung akkumulierte—Information bestimmt leider zum einen das Protokoll des Flavor und zum anderen das der Instanzen von diesem Flavor[24].

Da eine Instanz einen internen Zustand hat, möchte man diesen auch verändern können. Wird eine Nachricht an eine Instanz geschickt, so kann man innnerhalb der durch sie angestoßenen Methode auf die Instanzenvariablen zugreifen. In Methoden, die zum Protokoll der Instanzen gehören, können Instanzenvariable als freie Variablen verwendet werden. Von außerhalb einer Instanz kann man nur mit Methoden auf diese Variablen zugreifen oder ihren Wert verändern[25]. Häufig ist es sinnvoll, daß eine Methode, in der der innere Zustand des Objektes geändert wurde, dieses Objekt selbst als Wert zurückgibt. Dazu besitzt jedes Objekt die Variable self, die immer an das Objekt selbst gebunden ist. Damit kann ein Objekt auch an sich selbst eine Nachricht schicken—während gerade eine Methode als Reaktion auf eine an das Objekt gesendete Nachricht evaluiert wird.

Man kann nur an solche Objekte Nachrichten schicken, auf die man einen Verweis besitzt. Dies kann ein (globaler) Name sein, wie z.B. bei den Flavors selbst, eine Variable oder ein Bestandteil einer Datenstruktur, insbesondere als Wert einer Instanzenvariablen. Objekte, die nicht erreichbar sind, werden durch den garbage collector der Freiliste zugeführt.

Bei der Modularisierung mithilfe eines Flavor-Graphen ist es sinnvoll, Methoden der *abstrakteren* Flavors, d.h. solchen, die weiter oben in der Vererbungskette stehen, sehr allgemein zu definieren. Allerdings werden dann auf den tieferen Ebenen Spezialisierungen dieser Methoden benötigt. Ein Ausweg könnte darin bestehen, daß die ererbbare Methode durch eine spezialisierte Form überschrieben wird. Damit geht aber der Vorteil der Abstraktion, den Flavor-Graphen bieten, wieder verloren, da dadurch entweder toter oder redundanter Kode entsteht. Besser ist eine Modularisie-

---

[24]Besser trennt man zwischen dem Protokoll für Instanzen und für Flavors. Das für Instanzen sollte im jeweiligen Flavor festgehalten werden und das für Flavors in sogenannten **Metaklassen**. So wird z.B. in Smalltalk und CommonLOOPS verfahren. Im PMFS haben auch Flavors einen inneren Zustand. Ich mache aber im folgenden davon keinen Gebrauch. Führt man diesen Gedanken aber konsequent weiter, so kommt man damit auch zum Konzept der Metaklassen.

[25]Im PMFS muß man innerhalb von Methoden auch Nachrichten an die Instanz versenden, um an die Instanzenvariablen heran zu kommen.

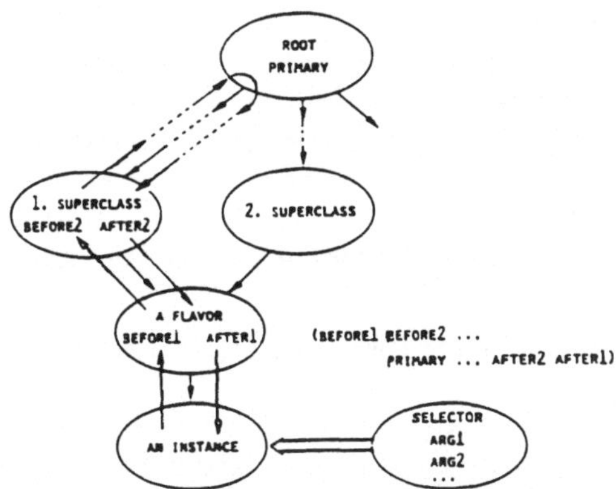

Abbildung 19: Vererbung von Primärmethoden und ihren Kapseln

rung von Methodendefinitionen, die parallel zu der Modularisierung der Flavor-Definitionen durch denselben Flavor-Graphen gegeben wird und eine sukzessive Verfeinerung allgemeiner Methoden erlaubt.

Im Flavor-System kann man zu jeder Methode, die ein Flavor ererbt, eine **Kapsel** definieren. Diese Kapseln werden dämonen genannt und danach unterschieden, ob sie vor der ererbten Methode wirksam werden—**before-dämonen**—oder nachher—**after-dämonen**[26]. Der Vererbungsalgorithmus muß so geändert werden, daß neben der sogenannten Primärmethode auch alle Kapseln zu einer kombinierten Methode zusammengefaßt werden. In Abb. 19 wird dargestellt, in welcher Reihenfolge die Kapseln und die Primärmethode kombiniert werden.

6.4 Objekte sind Closures

Die Mikroversion eines Flavor-Systems läßt sich leicht mithilfe von Funktionen implementieren, die einen inneren Zustand besitzen. Es gibt derartige sogenannte funktionale Objekte in LISP. Sie werden üblicherweise als **closures** bezeichnet [38, Kapitel 9]. Intuitiv kann man dieses wichtige Programmierkonzept anhand einer objektorientierten Implementierung von cons-Zellen verstehen, wie das folgende Beispiel zeigt.

Zum Protokoll eines solchen cons-objektes müssen alle Operationen gehören, die normalerweise für cons-Zellen in LISP durch Prozeduren definiert sind. Insbesondere first und rest, um die beiden Bestandteile einer cons-Zelle selektieren zu können. Jede individuelle cons-Zelle unterscheidet sich von anderen im allgemeinen durch ihren Inhalt—also gerade durch die mit first und rest selektierbaren Teile. In der Terminologie des Flavor-Systems sind first und rest Methoden. Die beiden Teile des Inhalts einer cons-Zelle werden durch Instanzenvariablen, sagen wir left und right, definiert. In Abb. 20 findet sich eine hand-codierte objektorientierte Definition einer individuellen cons-Zelle, d.h. einer Instanz.

Sehen wir uns zuerst einmal in Abb. 20 den lambda-Ausdruck an. Er besitzt einen Restparameter, d.h. er kann auf eine beliebige Anzahl von Argumenten angewendet werden, die alle evaluiert und in einer Liste zusammengefaßt an diesen Parameter gebunden werden[27]. Im Rumpf dieses Ausdrucks wird mithilfe des ersten Argumentes eine der selectq-klauseln ausgewählt[28]. Ist dieses

---

[26]Die Verwendung des Begriffs *dämon* hat nicht viel mit dem zu tun, was in der datengesteuerten Programmierung darunter verstanden wird.

[27]Die formale Parameterliste kann in CommonLisp sogenannte Schlüsselworte enthalten, z.B. &*rest*. Diese bewirken dann eine spezielle Form des Abgleichens mit den aktuellen Parametern, d.h. den Argumenten im Funktionsaufruf.

[28]Das *selectq* ist eine weitere Variante des Konditionals.

```
#'(lambda (&rest message)
   (let ((left 'a) (right '(b c)))   ; instanzenvariablen
     (selectq (first message)        ; das ist der selektor
       (first left)                  ; methode für den selektor first
       (rest right)                  ; methode für den selektor rest
       (otherwise
         (error "unknown message to a CONS-cell"))))))
```

Abbildung 20: Handcodierte Form einer objektorientierten cons-Zelle

Argument gerade first, so wird auf die Variable left referiert und deren Wert ist der *wert* des lambda-Ausdrucks. Analoges gilt für die zweite Klausel. In der letzten wird ein LISP-Fehler erzeugt, d.h. die Nachricht kann nicht interpretiert werden[29].

Die beiden Variablen, left und right, werden hier als Instanzenvariablen verwendet. Der let-Ausdruck bindet diese beiden Variablen an die Konstanten a bzw. (b c). Das Flavor-System ohne Vererbungsmechanismus ist nichts anderes als eine bequemere Benutzeroberfläche—mithilfe von Makros realisiert—, um derartige closures wie in Abb. 20 zu erzeugen. Diese kurze Einführung in das objektorientierte Programmieren muß hier genügen. Im nächsten Abschnitt wird die Implementierung einer Mikroversion—basierend auf dem **Poor Man's Flavor System**—beschrieben.

7 Die Mikroversion des Flavor-Systems

Bevor wir anfangen können zu programmieren, müssen wir uns überlegen, was unser Flavor-System tatsächlich leisten soll. Wir wollen es einerseits so dicht wie möglich an dem *großen* Flavor-System realisieren, andererseits ist dieses so umfangreich, daß dies in einem ersten Anlauf sicherlich eine zu schwierige Aufgabe ist. Es soll deshalb so offen sein, daß man inkrementell die Mikroversion des Flavor-Systems erweitern kann.

7.1 Der Entwurf

Das Flavor-System stellt eine eigene Programmiersprache dar. Wir müssen also alles das machen, was auch sonst üblich ist, um einen Interpreter für eine Programmiersprache zu implementieren. Wir werden also einen Interpreter für das Flavor-System realisieren. Wie schon oben erwähnt, kann man für den Rumpf der Methodendefinitionen irgendeinen Programmierstil verwenden. Wir nehmen den funktionalen Programmierstil, d.h. der Einfachheit halber LISP, und außerdem natürlich den objektorientierten. Wir können dies auch so sehen, daß wir LISP um Sprachkonstrukte erweitern, die einen objektorientierten Programmierstil unterstützen. Um diese Sprachkonstrukte in LISP verfügbar zu machen und andererseits auch in diesen Konstrukten wieder LISP-Ausdrücke verwenden zu können, bedienen wir uns der Einbettungstechnik statt Schichten von Sprachen aufeinander zu türmen—beginnend bei LISP—, bis wir bei unserer objektorientierten Sprache angekommen sind (s. Abb. 21). Dies bedeutet, daß wir keine vollständige Sprache definieren, sondern lediglich die Teile, die—in unserem Fall—in LISP noch nicht vorhanden sind, um objektorientiert zu programmieren. Alle anderen Teile übernehmen wir unverändert von LISP. Mithilfe dieser Technik realisiert man besonders schnell Interpreter für (neue) Sprachen.

---

[29]Dies ist ein sehr einfaches Beispiel für eine Prozedur, mit der man in LISP Ausnahmesituationen erzeugen kann. Es gibt außerdem noch eine Reihe von Prozeduren, die es erlauben, eine solche Situation abzufangen.

Abbildung 21: Einbetten vs. Schichten von Sprachen

Für die speziellen Sprachkonstrukte des objektorientierten Programmierens werden Konstruktoren gebraucht und zwar für:

- Flavors (**defclass**)[30],

- Instanzen (**create-instance**) und

- Methoden (**defmeth**).

- Weiterhin benötigen wir einen **Nachrichteninterpreter** und einige Hilfsfunktionen.

7.2 Implementation einer einfachen Mikroversion

Wie das Beispiel der **cons**-Zellen gezeigt hat, unterscheidet sich im Falle des Flavor-Systems objektorientiertes Programmieren nur in der Vorstellung des Programmierers vom funktionalen Programmieren. Wir werden deshalb versuchen, alle Sprachkonstrukte des Flavor-Systems direkt durch Funktionen zu realisieren. Da Flavors global benannte Objekte sind, kann man sie als global benannte Funktionen darstellen. Instanzen dagegen werden nicht global benannt. Sie könnte man also durch unbenannte funktionale LISP-Objekte darstellen, z.B. **lambda**-Ausdrücke. Das versenden von Nachrichten fassen wir als syntaktische Variante des Aufrufens von Funktionen auf. Und schließlich sollten Methoden auch als unbenannte funktionale LISP-Objekte realisiert werden können.

Trotzdem müssen wir uns jetzt überlegen, welche Informationen Instanzen und Flavors besitzen sollen. Nur dann werden wir sagen können, wie wir sie implementieren müssen. Eine Instanz muß ihre Instanzenvariablen und deren aktuelle Werte kennen und wenn sie eine Nachricht erhält, so muß sie den Nachrichteninterpreter mit der Nachricht aufrufen (s. Abb. 22). Dazu benötigt sie auch den Namen des Flavors, von dem sie eine Instanz ist. Ein Flavor dagegen muß im wesentlichen das Protokoll für alle seine Instanzen bereitstellen. D.h. ein Flavor muß den Selektor in einer Nachricht, die von einer Instanz empfangen wird, auf die entsprechende Methode abbilden (s. Abb. 23).

Beginnen wir mit der Realisierung des Nachrichteninterpreters. Der Name ist **handle-message** und dieser Funktion müssen wir auf jeden Fall die Nachricht bestehend aus dem Selektor und den Argumenten übergeben als auch den Namen des Flavors, bei dem die Suche nach einer Methode beginnen soll. Wir gehen davon aus, daß Methoden als unbenannte LISP-Funktionen definiert sind, deren Parameterliste gerade zu den Argumenten einer korrekt abgesendeten Nachricht paßt. Damit ist der Nachrichteninterpreter trivial zu realisieren (s. Abb. 24).

Um die Definition von **handle-message** zu vervollständigen, müssen wir zum einen entscheiden, wo wir das Protokoll eines Flavors ablegen wollen. Es bietet sich die Eigenschaftsliste des Flavors an.

---

[30]Wird das Mikro-Flavor-System in ZetaLisp implementiert, muß man dafür sorgen, daß keine Namenskonflikte auftreten, d.h. man muß andere Bezeichner für die Konstruktoren wählen als die im Flavor-system verwendeten: *defflavor*, *make-instance* und *defmethod*.

beschreibung des internen zustands
instanzvariable$_1$ *wert*$_1$
instanvariable$_2$ *wert*$_2$
...   ...

verweis auf zugehöriges Flavor
nachrichteninterpreter

Abbildung 22: Was eine Instanz braucht

beschreibung des protokolls
selektor$_1$ *methode*$_1$
selektor$_2$ *methode*$_2$
...   ...

verweis auf superklassen
nachrichteninterpreter

Abbildung 23: Was ein Flavor braucht

Wir legen jeweils unter dem Namen des Selektors den Kode der jeweiligen Methode ab (s. Abb. 25). In **handle-message** greifen wir dann mit dem entsprechenden Selektor für Eigenschaftslisten, **get**, zu (s. Abb. 26). Zum anderen müssen wir dafür sorgen, daß die auszuführenden Methoden auf die Instanzenvariablen zugreifen können und eine Referenz auf das Objekt, in dem die Nachricht evaluiert wird, besitzen. Dazu führen wir zwei weitere Parameter für **handle-message** ein, **self** und **environment**, und sorgen dafür, daß sie bei einem Aufruf von **handle-message** an die entsprechenden Werte gebunden werden.

Das Senden einer Nachricht ist ebenfalls sehr einfach zu realisieren. Wir brauchen uns lediglich klar zu machen, daß alle Objekte—**Flavors** und **Instanzen**—Funktionen sind, benannte bzw. unbenannte. Senden wir ihnen eine Nachricht, so heißt das nichts anderes, als daß wir den LISP-Interpreter aufrufen müssen. Wir übergeben ihm als auszuwertenden Ausdruck gerade die Funktionsdefinition, die das jeweilige Objekt repräsentiert, und die gesamte Nachricht (s. Abb. 27). Wir rufen hier den LISP-Interpreter nicht durch **eval** auf, sondern mit **apply**. Der Unterschied besteht darin, daß **apply** eine Funktion auf eine Liste von Argumenten für diese Funktion anwendet.

Nehmen wir als Beispiel die weiter oben objektorientiert realisierten **cons**-Zellen (s. Abb. 20).


```
(defun handle-message
     (class selector arguments)
  (apply                        ; Aufruf des LISP-Interpreters
      Zugriffsfunktion auf die Methode
      arguments))               ; Argumente der Nachricht
```

Abbildung 24: Erste Realisierung des Nachrichteninterpreters

$$\textit{flavor-name} \Longleftarrow (\textit{selektor}_1 \ \textit{methode}_1$$
$$\textit{selektor}_2 \ \textit{methode}_2$$
$$\ldots)$$

Abbildung 25: Ablegen des Protokolls auf der Eigenschaftsliste des Flavor-Namens

```
(defun handle-message
       (self environment class selector arguments)
    (apply                      ; Aufruf des LISP-Interpreters
      (get class                ; hole die Methode
           selector)            ; von der Eigenschaftsliste der Klasse.
      (cons self (cons environment arguments))
                                ; Argumente der Nachricht
```

Abbildung 26: Zweite Realisierung des Nachrichteninterpreters

```
(defun send-message
       (receiver &rest message)
    (apply                      ; Aufruf des LISP-Interpreters
      receiver                  ; das nachrichtenempfangende Objekt
      (cons receiver message))) ; die Nachricht
```

Abbildung 27: Das syntaktische Konstrukt zum Versenden von Nachrichten

```
(defclass cons-cell        ; name des flavors
         (left right)      ; liste der instanzenvariablen
         ())               ; liste der superklassen

(defaction (cons-cell first) ()
         (send-message self 'left))

(setf cons1 (create-instance 'cons-cell))

(send-message cons1 'left) ⟹ NIL
```

Abbildung 28: Die Definition von cons-Zellen durch ein Flavor

$$((instanzvariable_1\ aktueller\text{-}wert_1)$$
$$(instanzvariable_2\ aktueller\text{-}wert_2)$$
$$\ldots)$$

Abbildung 29: Datenstruktur für die Bindungsumgebung der Instanzenvariablen

Statt einer Realisierung von Hand verwenden wir aber jetzt die entsprechenden Konstrukte des Mikro-Flavor-Systems (s. Abb. 28). Zuerst erzeugen wir uns ein Flavor mit dem Namen cons-cell[31]. Außerdem erzeugen wir uns eine Instanz von diesem Flavor und weisen sie der Variable cons1 zu. Dieser Instanz senden wir eine Nachricht, um das erste Element der durch cons1 repräsentierten Zelle zu bekommen. Da der Instanzenvariablen kein Wert zugeordnet wurde, sollten wir NIL erhalten.

Führen wir uns vor Augen, was passieren muß. Zum einen sollte jede Instanz eine Parameterliste besitzen, mit der sie jede beliebige Nachricht, die an sie gesendet wird, annehmen kann. Das erste Element in jeder Nachricht ist der Selektor. Danach folgt eine beliebige Anzahl von Argumenten. In send-message sorgen wir dafür, daß der Empfänger einer Nachricht sich selbst als Argument mit übergeben wird. Deshalb ist self der erste Parameter in der Instanzenparameterliste. Die Parameterliste kann also die Form (self selector &rest arguments) bekommen. Außerdem muß eine Instanz ihre Instanzenvariablen und deren aktuelle Werte enthalten. Da Instanzen keinen globalen Namen haben wie die Flavors, haben sie auch keine Eigenschaftslisten, die wir wie dort zum Ablegen des Protokolls jetzt zum Ablegen der Instanzenvariablen und ihrer Werte verwenden könnten. Stattdessen kreieren wir uns eine eigene Datenstruktur in Form einer Liste, in der die benötigten Informationen aufbewahrt werden (s. Abb. 29). Eine Liste dieser Form wird auch **Assoziationsliste** genannt. Für diese Datenstruktur gibt es in LISP keine vordefinierten Konstruktoren oder Modifikatoren aber Selektoren, u.a. **assoc**.

Diese Datenstruktur machen wir als Argument in dem Aufruf von **handle-message** zugänglich (s. Abb. 30). Es bleibt nur noch ein Problem übrig, das wir erst bei der Definition des Konstruktors für Instanzen lösen können. Wir müssen noch erklären, woher die Instanz weiß, von welcher Klasse sie eine Instanz ist.

---

[31] Da Flavors als global benannte Funktionen repräsentiert werden, dürfen wir nicht einfach *cons* nehmen, da sonst die schon vorhandene LISP-Funktion *cons* überschrieben wird.

```
(lambda (self selector &rest arguments) ; formale Parameterliste in jeder Instanz
  (handle-message self '((first nil) (rest nil)) 'cons-cell selector arguments))))))
```

Abbildung 30: Die Definition der ersten Instanz von cons-cell

```
(LAMBDA ; formale Parameterliste in jeder Instanz:
      (SELF SELECTOR &REST ARGUMENTS)
  ; als nächstes kommt der Aufruf des Nachrichteninterpreters:
  (HANDLE-MESSAGE SELF Konstruktor für die Assoziations-Liste
        flavor-name SELECTOR ARGUMENTS))))))
```

Abbildung 31: Das Kodeschema für alle Instanzen

Wenn wir aus dem Kode in Abb. 30 alle die Stellen parametrisieren, die ausschließlich etwas mit der Definition von cons-cell zu tun haben, dann erhalten wir ein Kodeschema, nach dem wir jede Instanz von jedem beliebigen Flavor erzeugen können. Der daraus abgeleitete Konstruktor für Instanzen findet sich im Anhang. Um die Assoziationsliste für die Instanzenvariablen zu erzeugen, wird die (Hilfs-)Funktion pair-up verwendet (s. Anhang). Die Funktion function im Rumpf von create-instance ist gerade der Konstruktor des LISP-Systems für unbenannte Funktionen[32]. Der function-Aufruf wird durch das backquote " ' " aufgebaut und durch einen expliziten Aufruf des LISP-Interpreters evaluiert.

Bevor wir die schwierige Aufgabe in Angriff nehmen, den Konstruktor für Flavors zu realisieren, überlegen wir uns, wie der Konstruktor für Methoden aussehen kann. Definieren von Methoden bedeutet, daß Kode in einer Datenstruktur abgelegt wird, die mit dem Flavor-Namen assoziiert ist. Wie wir in Abb. 25 festgelegt haben, ist dies die Eigenschaftsliste des jeweiligen Flavors. Damit wir deutlicher sehen, was der Konstruktor leisten muß, schauen wir uns einen Beispielaufruf an, der eine Methode für cons-cell definiert, mit der das zweite Element aus der Liste, die durch diese Zelle repräsentiert wird, selektiert werden kann (s. Abb. 32). Der Konstruktor weiß durch die Angaben des Flavor-Namens und des Selektors, auf welcher Eigenschaftsliste unter welchem Indikator die Methodendefinition abgelegt werden soll. Der zu erzeugende Kode für die Methodendefinition bestimmt sich aus der Parameterliste und dem Rumpf (s. Anhang).

Der Konstruktor, der ein Flavor definiert, ist leider kompliziert. Er muß die folgenden Leistungen erbringen:

1. Definiere eine LISP-Funktion, die ein Flavor repräsentiert.

---

[32]Hier passieren eigentlich noch ein paar andere Dinge, die aber in diesem Zusammenhang keine Rolle spielen. Tatsächlich werden sogenannte *closures* erzeugt, mit deren Hilfe man auch eine andere Möglichkeit hat, die Bindungsumgebung der Instanzenvariablen zu realisieren.

```
(defaction (cons-cell second) ; Verbindung zwischen generischem Objekt und Selektor
    ()                         ; formale Parameterliste
  (car (send-message self 'rest))) ; Rumpf
```

Abbildung 32: Beispiel eines Konstruktoraufrufs für Methoden

```
(defaction (cons-cell left) ()
    (car (cdr (assoc 'car 'environment)))) ; der Zugriff in die Assoziationsliste

(defaction (cons-cell set-left) (new-value) ; der Selektorname wird konstruiert
  ; durch Seiteneffekt neuen Wert zuweisen
  (setf (car (cdr (assoc 'car 'environment)))
      new-value))
```

Abbildung 33: Explizite Konstruktoraufrufe für Zugriffsmethoden von **left**

```
'(defaction (,class ,variable) ()
    (car (cdr (assoc ',variable environment)))))

'(defaction (,class ,(intern (format nil "SET-~S"variable)))
                      (new-value)
    (setf (car (cdr (assoc ',variable environment))) new-value))
```

Abbildung 34: Schemata der Konstruktoraufrufe für Zugriffsmethoden

2. Definiere Methoden (automatisch), um auf Instanzenvariablen zuzugreifen.

3. Definiere Methoden (automatisch), um Instanzenvariablen neue Werte zuzuweisen.

Wir wissen, wie mit **defaction** Methoden definiert werden. Wollten wir für die Instanzenvariable **left** unseres Flavors **cons-cell** selber die entsprechenden Zugriffsmethoden definieren, müßten wir die **defaction**-Aufrufe in Abb. 33 eingeben. Jetzt bedienen wir uns derselben Überlegung wie bei dem Instanzenkonstruktor **create-instance** und parametrisieren alle Stellen, die spezifisch für **cons-cell** sind. Damit erhalten wir Schemata für **defaction**-Aufrufe, die zu jeder beliebigen Instanzenvariablen eines Flavors entsprechende Methoden erzeugen (s. Abb. 34).

Den Flavor-Konstruktor definieren wir als ein Makro, dessen Expansion eines Aufrufes eine Sequenz von LISP-Funktionsaufrufen erzeugt, die dann der Reihe nach evaluiert werden (s. Abb. 35). Der **defun**-Aufruf definiert das Flavor **class** als globale LISP-Funktion. Der **setf**-Aufruf stellt die Verbindung zwischen einem Flavor und seinen Superklassen her. Dies dient in der späteren Version dazu, um Vererbung zu realisieren. Die beiden Listen von **defaction**-Aufrufen erzeugen automatisch die notwendigen Methoden, damit Werte von Instanzenvariablen erfragt und ihnen auch neue Werte zugewiesen werden können. Das letzte Element in dieser Sequenz bestimmt den Wert des Konstruktoraufrufes. Es ist der Name des neu definierten Flavors (s. Anhang).

8 Schlußbemerkungen

Wie in [34] bemerkt, ist es einem Zufall zu verdanken, daß ich während des Einführungskurses in LISP die Mikroversion des Flavor-Systems entwickelte. Dafür bin ich allen Teilnehmern in den beiden Kursen, die ich abhielt sehr dankbar. Die vorliegende Darstellung vermittelt leider nur unvollkommen die Stimmung, in der diese Mikroversion entstand: am Nachmittag fand der eine und spät abends fand der andere Kurs in einem übervollen Raum statt; implementiert wurde

```
(DEFCLASS class list-of-instance-variables list-of-superclasses)
                              ⇓
(PROGN
     (DEFUN class ···)
     (SETF (GET 'class 'SUPERCLASSES) 'list-of-superclasses)
     eine Liste von DEFACTION-Aufrufen,
     die Zugriffsfunktionen für Instanzvariablen definieren
     eine Liste von DEFACTION-Aufrufen,
     die Modifikatorfunktionen für Instanzvariablen definieren
     class)
```

Abbildung 35: Expansion eines Flavor-Konstruktoraufrufes

gleichzeitig auf verschiedenen Anlagen (VAX 11 in VAX-LISP, Daendilion in Interlisp-D, Symbolics in Zetalisp) bis tief in die Nacht. Dies war nur möglich aufgrund der großzügigen Unterstützung der Firmen DEC, Siemens, Symbolics und Xerox und der hervorragenden Organisation von Hans-Werner Hein. Ausdrücklich möchte ich mich noch bei Hans-Werner bedanken, der die große Geduld aufgebracht hat, zu warten, bis das Manuskript fertig wurde. Am Ende folgt dasselbe Zitat von Alan Perlis, mit dem ich auch auf der KIFS die beiden LISP-Kurse abgeschlossen habe, und das für mich das Motto gewesen ist.

> I think that it's extraordinarily important that we in computer science keep fun in computing. When it started out, it was an awful lot of fun.
>
> ···
>
> I think we're responsible for stretching these machines, setting them off to new directions, and keeping fun in the house. I hope the field of computer science never loses its sense of fun. Above all, I hope we don't become missionaries. Don't feel as if you are bible salesmen. The world has too many of those already.
>
> What we know about computing other people will learn. Don't feel as if the key to successful computing is only in your hands. What's in your hands, I think and hope, is intelligence:
>
> The ability to see the machine as more than when you were first led up to it, that you can make it more (aus dem Vorwort von Alan J. Perlis in [1]).

Literatur

[1] Abelson, H.; Sussmann, G.J. **Structure and Interpretation of Computer Programs.** MIT Press, Cambridge (MA), 1984
Ein allgemeines Lehrbuch zur Informatik, das aber vollständig auf dem LISP-Dialekt SCHEME basiert. Meines erachtens eines der besten Lehrbücher im Bereich Programmstrukturen.

[2] Allen, J. **The Anatomy of LISP.** McGraw-Hill, New York, 1978
Jedem zu empfehlen, der Implementierungstechniken von LISP-Interpretern und -Compilern erlernen möchte. Enthält sehr viel Theorie.

[3] Barr, A.; Feigenbaum, E. (Hrsg.) **The Handbook of Artificial Intelligence. Vol. I, Vol. II** William Kaufmann, Los Altos (CA), 1981

Das vollständige Nachschlagewerk zur Künstlichen Intelligenz. Sehr empfehlenswert. Der dritte Band ist von Cohen und Feigenbaum herausgegeben (siehe dort).

[4] Barstow, D.R.; Shrobe, H.E.; Sandewall, E. (Hrsg.) **Interactive Programming Environments.** McGraw-Hill, New York, 1984
Ein sehr wichtiger Sammelband zum Thema Programmierumgebungen. Behandelt neben LISP auch UNIX-Umgebungen und andere. Schön ist der immer noch futuristisch anmutende Artikel von T.Winograd über 'Breaking the complexity barrier again'.

[5] Birtwistle, G.; Dahl, O.-J.; Myhrhaug, B.; Nygaard, K. **SIMULA BEGIN.** Auerbach, Philadelphia, 1973
Das ursprungsbuch über SIMULA.

[6] Bobrow, D.G.; Kahn, K.; Kiczales, G.; Masinter, L.; Stefik, M.; Zdybel, F. **COMMON-LOOPS. Merging CommonLisp and Object-Oriented Programming.** Xerox PARC, Palo Alto, ISL-85-8, 1985
Erstes Arbeitspapier füer eine standardisierte objektorientierte Erweiterung von CommonLisp. Schwierig zu lesen.

[7] Bromley, R.A. **Programming in Common LISP.** John Wiley&Son, New York, 1986
Führt in die Benutzung der LISP-Maschinen von Symbolics ein. Ist auch brauchbar für die Maschinen von Texas Instruments und Lisp Machine Inc. (LMI).

[8] Charniak, E.; McDermott, D. **Introduction to Artificial Intelligence.** Addison-Wesley, Reading (MA), 1985
Nicht nur das neuste, sondern auch das beste Buch zur Einführung in die Künstliche Intelligenz. Bezüglich Theorie und Überblick hält es eine mittlere Position zu Nilsson und Winston.

[9] Charniak, E.; Riesbeck, C.; McDermott, D. **Artificial Intelligence Programming.** Lawrence Erlbaum, Hillsdale, 1980
Wie das vorige Buch ist auch dieses sehr gut. Leider wird der aus der Mode gekommene LISP-Dialekt UCI-LISP verwendet.

[10] Christaller, T.; Rome, E. *LISP.* **Computer Magazin**, Sonderheft Programmiersprachen, Oktober, 1985, S.40-46

[11] Christaller, T. **Die Entwicklung generischer Kontrollstrukturen aus kaskadierten ATNs.** Dissertation, Univ. Hamburg, Hamburg, 1986
Unter anderem wird hier gezeigt, wie man Kontrollstrukturen objektorientiert definieren kann. Bei geeigneter abstrakter Definition kann man mit Hilfe der multiplen Vererbung aus einfachen Kontrollstrukturen komplexere zusammenbauen.

[12] Christaller, T.; Rome, E.; Wittur, K.-H. **Einführung in Interlisp.** GMD, Sankt Augustin, 1986
Entstanden aus Programmierkursen für Nicht-Informatiker.

[13] Cohen, P.R.; Feigenbaum, E.A. (Hrsg.) **The Handbook of Artificial Intelligence. Vol. III** William Kaufmann, Los Altos (CA), 1982

[14] Dertouzos, M.L.; Moses, J. (Hrsg.) **The Computer Age: A Twenty-Year View.** MIT Press, Cambridge (MA) 1979
Ein wenig Zukunftsmusik aus dem gesamten Informatikbereich.

[15] di Primio, F.; Christaller, T. **A Poor Man's Flavor System.** ISSCO, Universität Genf, Genf, 1983
Dieser Bericht beschreibt die Entwicklung eines objektorientierten Systems in LISP. Setzt einige Programmierkenntnisse voraus, erfreut sich aber zunehmender Beliebtheit.

[16] Gabriel, R. P. **Performance and Evaluation of Lisp** The MIT Press, London, 1985
Vergleicht Laufzeit- und Speicherverhalten aller bis 1985 auf dem Markt erhältlichen LISP-Systeme. Enthält auch die verwendeten benchmark-Programme.

[17] Ghezzi, C.; Jazayeri, M. **Programming Language Concepts.** John Wiley&Sons, New York, 1982
Ein schönes Buch über Programmiersprachen ohne missionarischen Eifer für eine der vielen schönen Sprachen, die bisher entwickelt wurden.

[18] Goldberg, A.; Robson, D. **Smalltalk 80: The Language and its Implementation.** Addison Wesley, Reading (MA), 1983
Für alle wichtig, die sehen wollen, was objektorientiertes Programmieren ist.

[19] Groß, E.; Walther, J.; Christaller, T.; Rome, E.; Müller, B.S. *Softwareentwurf und Realisierung des Expertensystemwerkzeugs BABYLON mit Hilfe objektorientierter Programmierung.* In: Hommel, G.; Schindler, S. **GI-16. Jahrestagung. Band I** Springer, Berlin, 1986, s.180-194

[20] Hamann, C. **Einführung in das Programmieren in LISP.** De Gruyter, Berlin, 1982
Eine deutschsprachige Einführung. Führt in der zitierten Ausgabe für meinen Geschmack zu detailliert ein einziges Kapitel in Winston, Horn aus.

[21] Horowitz, E. **Fundamentals of Programming Languages.** Springer, Berlin, 1983
Hier findet man alle wichtigen Programmiersprachen versammelt. Sehr schönes Buch!

[22] Kaisler, S.H. **INTERLISP. The Language and Its Usage.** John Wiley&Sons, New York, 1986
Ein Lehrbuch zu InterLisp mit vielen Beispielen. Wichtig sind vor allem die Kapitel über die Programmierumgebung. Leider sind die Spezialitäten von Interlisp-D nicht in dem Buch enthalten. Der Autor hat aber angekündigt, daß er diese in einem weiteren Buch beschreiben wird.

[23] Keene, S.E.; Moon, D.A. **Flavors: Object-oriented Programming on Symbolics Computers.** Symbolics, Cambridge (MA), 1985

[24] Laubsch, J. **ObjTalk. Eine LISP-Erweiterung zum objekt-orientierten Programmieren.** Inst. für Informatik, Univ. Stuttgart, Bericht, 1982

[25] Lieberman, H. **A Preview of ACT1.** MIT AI-Lab., AI Memo 625, Cambridge (Mass.), 1981
Beschreibt die Actor-Sprache ACT1 auf einem sehr technischem Niveau.

[26] McCarthy, J.; Abrahams, P.W.; Edwards, D.J.; Hart, T.P.; Levin, M.I. **LISP 1.5 Programmer's Manual.**
MIT-Press, Cambridge (MA), 1962
Nur noch historisch interessant? Das erste LISP-Handbuch.

[27] McCarthy, J. *Recursive Functions of Symbolic Expressions and their Computation by Machine. Part I* **Communications of the ACM**, 3:4, 1960, S.184-195
Die theoretische Grundlagenarbeit zu LISP.

[28] McCarthy, J. *History of LISP*. **SIGPLAN Notices**, 13:8, 1978, S.217-223
Amüsant zu lesen. Aber Stoyan bringt alles genauer und umfangreicher.

[29] Nebel, B. *Ist LISP eine 'langsame' Sprache?* In: B.Neumann (Hrsg.) **GWAI-83** Springer, Berlin, 1983, S.21-30
Räumt mit dem Vorurteil auf, das A.Perlis so treffend formuliert hat.

[30] Nebel, B. **How well does a Vanilla Loop fit into a Frame?** TU Berlin, Berlin, KIT-Bericht 30, 1985
Vergleicht verschiedene objektorientierte Erweiterungen von LISP und frame-Sprachen miteinander.

[31] Nilsson, N.J. **Principles of Artificial Intelligence.** Tioga, Palo Alto (CA), 1980
Eine gute, sehr theoretische Einführung mit Schwerpunkten auf Logik und Theorembeweisern.

[32] Roberts, R.B.; Goldstein, I.P. **The FRL Manual.** MIT AI-Lab., AI Memo 409, Cambridge (Mass.)
Handbuch zu FRL mit einigen Anmerkungen zum Hintergrund. Sehr technisch.

[33] Sannella, M. (Hrsg.) **InterLisp-D Reference Manual.** Rank Xerox, Palo Alto (CA), 1984
Interessant für Benutzer der LISP-Maschine von Rank Xerox und Siemens.

[34] Spade, F. **Objektorientierte Programmierung in LISP.** FB Kommunikationswissenschaften, FU Berlin, Berlin, 1986
Beschreibt die Interlisp-D Mikroversion des Flavor-Systems.

[35] Steele, G.L. **CommonLisp.** Digital Press, 1984
Der angestrebte LISP-Standard. Es ist kein Handbuch, sondern wendet sich in erster Linie an Systementwickler.

[36] Stefik, M.J.; Bobrow, D.G.; Kahm, K.M. *Integrating Access-Oriented Programming into a Multiparadigm Environment.* **IEEE Software**, Vol. 3:1, 1986, s.10-18

[37] Stoyan, H. **LISP-Anwendungsgebiete, Grundbegriffe, Geschichte.** Akademie-Verlag, Berlin, 1980
Das erste deutschsprachige Buch über LISP. Die darin beschriebene Geschichte von LISP erscheint besonders gelungen. Die beiden anderen Themen, die im Titel genannt werden, sind besser im nachfolgenden Buch behandelt.

[38] Stoyan, H.; Görz, G. **LISP. Eine Einführung in die Programmierung.** Springer, Berlin, 1984
Ein Lehrbuch für Informatikstudenten. ähnlich wie Abelson, Sussman mehr eine allgemeine Einführung in die Informatik, die LISP verwendet. Der LISP-Dialekt ist TLC-LISP und ist für Mikrorechner verfügbar.

[39] Stoyan, H.; Wedekind, H. (Hrsg.) **Objektorientierte Software- und Hardwarearchitekturen.** B.G. Teubner, Stuttgart, 1983
Eine (vorwiegend) deutschsprachige Publikation. Der einführende Beitrag von Stoyan, Görz ist sehr lesenswert.

[40] Stroustrup, B. **The C++ Programming Language.** Addison-Wesley, Reading (MA), 1986
Beschreibt eine objektorientierte Erweiterung von C.

[41] Wegner, P. *Capital-Intensive Software Technology.* **IEEE Software**, 1984, Juli, S.7-45

[42] Weinreb, D.; Moon, D. **LISP Machine Manual.** MIT, AI Laboratory, Cambridge (MA), 1984
Interessant für ZetaLisp-Benutzer. Ist ein Bruchteil der Gesamtdokumentation der entsprechenden LISP-Maschinen von LMI, Symbolics und Texas Instruments.

[43] Wilensky, R. **LISP Craft.** W.W. Norton, New York, 1984
Ein schönes Einführungsbuch. Verwendet den LISP-Dialekt FranzLisp.

[44] Winston, P.H. **Artificial Intelligence.** Addison-Wesley, Reading (MA), 2. Edition 1984
Auch eine Einführung in Künstliche Intelligenz. Ist aber zu oberflächlich für ein ernsthaftes Studium.

[45] Winston, P.H.; Horn, K.P.H. **LISP.** Addison-Wesley, Reading (MA) 2. Edition, 1985
Ist ein Lehrbuch, das auf CommonLisp basiert. Vermittelt weniger Konzepte, dafür mehr Rezepte. Der Programmierstil ist mehr imperativ orientiert als in den anderen LISP-Büchern. Ist auf den Inhalt des vorigen Buches abgestimmt. Erscheint demnächst in deutsch.

A Listing der Mikroversion des Flavor-Systems

```
;;; -*- Mode: LISP; Base: 10; Syntax: ZetaLisp  -*-

#| This is a micro-version of the Flavor System based upon the 'Poor
Man's Flavor System' by di Primio and Christaller.

Author: Thomas Christaller

First presented at the KIFS-85, Dassel written in VAX-Lisp and
Interlisp-D.  This version is adopted to ZetaLisp.
What follows is a short summary to understand the basic
LISP-constructs used in the implementation.

1. Formal parameter list
In the formal parameter list of a function (procedure) definition it  is
allowed to use so called keywords. E.g. the keyword &rest can be used to
define  a  function  which  can  take  an  arbitrary  number  of  actual
parameters (arguments).

2. Definition of text macros
LISP contains a general macro processor which enables you to write  text
macros using  the  whole  LISP-language.   A  very  simple  example  is:
(DEFMACRO MY-FIRST (X) (LIST 'FIRST X)) A call of this macro will expand
into the call of  FIRST which by  itself is a  macro which expands  into
code to select the first element of a list. The used terminology is  the
following: the list  (X) in  the definition  of MY-FIRST  is called  the
pattern. When calling a macro this pattern is matched against the  macro
call resulting in  the binding  of the  variables in  the pattern to the
appropriate parts of the arguments in the macro call.

3. The read macro BACKQUOTE
To ease the task of writing the body of a macro definition there  exists
a  shorthand  notation  called  BACKQUOTE.   While  normally  in  LISP
everything is  evaluated  unless  it  is  explixitly marked (by a quote)
inside of a  backquote holds  the reverse:  everything is  treated as  a
constant unless it is  explicitly marked (by  a comma) to  be evaluated.
The following is the definition of MY-FIRST using backquote:  (DEFMACRO
MY-FIRST (X) '(FIRST ,X))  which will expand  a call of  MY-FIRST to the
identical LISP-code as before.
|#
```

```lisp
(defun SEND-MESSAGE (self &rest message)
  "Realizes a Message Passing Event.
It takes as a first argument the object which will receive the message.
All other arguments build the message.
This function binds SELF to the receiver of the message so that
from inside an activated method one can refer to the receiver."
  (apply self (cons self message)))


(defun pair-up (a_list)
  "Pairs up the instance variables and their initializations into an
   association list."
  (if (null a_list)
      '()
      (cons (list (first a_list)
                  (second a_list))
            (pair-up (rest1 (rest1 a_list))))))

(defun CREATE-INSTANCE (a_class &rest initializations)
  "Creates a functional object which represents an instance."
  (eval '(function (lambda (self selector &rest arguments)
           (handle-message self ',(pair-up initializations) ',a_class
                                       a_selector arguments)))))


(defun HANDLE-MESSAGE (self environment a_class a_selector arguments)
  "Is the message interpreter.
It fetches the code from the class of the activated instance or its superclasses
by means of the given selector in the message."
  (let ((handler (get-handler-for a_class a_selector)))
    (if (not handler)                    ; no handler there?
                                         ; signal error.
                                         ; this is the place to introduce
                                         ; default handling via methods.
        (ferror nil "~S cannot handle this message: ~S" a_class a_selector)
        (apply handler (cons self (cons environment arguments))))))

(defun get-handler-for (a_class a_selector)
  (traverse-inheritance-graph  a_selector (list a_class) ()))
```

```
(defun traverse-inheritance-graph (a_selector opened closed)
  "Realizes a top-down, depth-first, left-to-right search through the
   inheritance graph."
  (cond
    ((null opened) nil)                        ; nothing where to look
    ((memq (first opened) closed)              ; already visited, traverse rest
     (traverse-inheritance-graph a_selector (rest1 opened) closed))
    ((get (first opened) a_selector))          ; there is a handler!
    (T                              ; traverse the superclasses and then
                                    ; the other branches
     (traverse-inheritance-graph a_selector
                                 (append (get (first opened) 'superclasses)
                                         (rest1 opened))
                                 ; mark it as visited:
                                 (cons (first opened) closed)
                                 )))))


(defmacro DEFACTION ((a_class a_selector) paramater-list body)
  "Creates a method for a given class and a selector.
It simply puts code onto the property list of the class under the selector
as indicator so that GET-HANDLER-FOR can retrieve it."
  '(setf (get ',a_class ',a_selector)
         (function (lambda (self environment ,@paramater-list) ,body))))


#|

DEFCLASS creates a new class, i.e.  a flavor, in the micro-version.
It is defined as a complex text macro.  A call of DEFCLASS expands
into a sequence of function calls which are evaluated one after
another.

(DEFCLASS a_class a_list-of-instance-variables)
==>
(PROGN (DEFUN a_class ...)
       <a list of DEFACTION-calls defining access-functions for the instance
        variables.>
       <a list of DEFACTION-calls defining update-functions for the instance
        variables.>
       'a_class)

The DEFUN-call defines the class as a global LISP-function whose body
is equal to that of instances.  The first list of (created)
DEFACTION-calls define methods for accessing the actual value of
instance variables.  The scond list of DEFACTION-calls define methods
for updating the value of instance variables.  The last expression in
PROGN gives the value of the macro call, i.e.  the name of the newly
defined class.
|#
```

```
(defmacro defclass (a_class a_list-of-instance-variables a_list_of_superclasses)
  '(progn (defun ,a_class (self a_selector &rest arguments)
            (handle-message ',a_class () ',a_class a_selector arguments))
          (setf (get ',a_class 'superclasses)
                ',a_list_of_superclasses)
          ;; nobody makes use of this inforamtion right now. See CREATE-INSTANCE.
          (setf (get ',a_class 'instance-variables)
                ',a_list_of_instance_variables)
          ,@(mapcar (function (lambda (a_variable)
                                '(DEFACTION (,a_class ,a_variable) ()
                                   (first
                                      (rest1 (assoc ',a_variable environment))))))
                    a_list-of-instance-variables)
          ,@(mapcar (function (lambda (a_variable)
                                '(DEFACTION (,a_class ,(intern (format nil
                                                                "SET-~S"
                                                                a_variable)))
                                     (a_value)
                                   (setf (first
                                      (rest1 (assoc ',a_variable environment)))
                                         a_value))))
                    a_list-of-instance-variables)
          ',a_class))
```

PROLOG: PROgrammieren mit LOGik

Eine Einführung

Helmar Gust, Universität Osnabrück *
Michael König, TU Berlin *

<u>Vorbemerkung:</u> Der vorliegende Beitrag ist eine Zusammenfassung des PROLOG-Kurses auf der KIFS 85. Dabei kann hier keine Darstellung sämtlicher Möglichkeiten von PROLOG erfolgen; vielmehr wollen wir versuchen, PROLOG anhand von Beispielen vorzustellen. Für eine tiefergehende Einführung in PROLOG und logische Programmierung empfehlen sich die Bücher von Clocksin/Mellish ("Programming in PROLOG") und Kowalski ("Logik for Problem Solving").

1 Überblick

Anfang der siebziger Jahre wurde in Marseille ein System für die Programmierung von Grammatiken konzipiert /Colmerauer 1970, 1978/, aus dem sich unter dem Namen PROLOG schnell ein sehr allgemeines Programmierkonzept für Problembereiche aus der Künstlichen Intelligenz entwickelt hat. Der Name PROLOG steht für "PROgramming in LOGic".

Ein PROLOG-Programm läßt sich als eine Wissensbasis auffassen, über der Fragen beantwortet werden können. PROLOG ist eine sehr interaktive Sprache. Die Programmentwicklung selbst läuft eher als Dialog, denn als Eingabe von längeren Programmtexten ab: Dem System wird das nötige Wissen vermittelt, um Anfragen korrekt beantworten zu können.

Neben PROLOG gibt es weitere Programmiersprachen, die an Kalkülen orientiert sind: Z.B. läßt sich Kern-LISP als eine Implementation des Churchschen Lambdakalküls interpretieren. Im Gegensatz zu LISP und ähnlichen Sprachen, deren Grundelemente Funktionen sind, sind die Grundelemente von PROLOG Prädikate bzw. Relationen: PROLOG ist die Implementation eines Beweisverfahrens für einen

---

* Dieser Aufsatz entstand im Rahmen des von der DFG geförderten Projektes "Simulation Grammatischer Kreativität" (Projekt SGK, Universität Osnabrück) und des von der Nixdorf Microprocessor Engineering GmbH (NME) geförderten Projektes "Natürlichsprachliche Anfrageschnittstelle für Verteilte Datenbanksysteme" (Projekt KIT-NATAN, TU Berlin).

prädikatenlogischen Kalkül (Resolutionsverfahren über Hornklauseln). Ein PROLOG-Programm besteht aus einer Menge von prädikatenlogischen Aussagen (einer bestimmten Form) - den Axiomen -, relativ zu denen weitere Aussagen bewiesen werden können.

In Marseille wurde 1972 der erste PROLOG-Interpreter entwickelt. Maßgeblich beteiligt an der Entwicklung von PROLOG waren Colmerauer, Kowalski und Roussel. Die am weitesten bekannte PROLOG-Version ist das DEC10-PROLOG von Warren /Warren 1979/. Dieses System wurde bereits teilweise in PROLOG selbst geschrieben und verfügte über den ersten PROLOG-Compiler. Um 1980 begannen die Japaner mit der Konzeption eines Forschungprojektes zur Entwicklung eines Superrechners. Als Basis für die Software wurde PROLOG gewählt. Diese Entscheidung gab PROLOG starken Auftrieb. Ziel der Japaner: Leistungssteigerung um den Faktor 1000 bis 100000 gegenüber dem DEC-10-PROLOG auf der DEC-20 (bis heute noch eines der schnellsten PROLOG-Systeme). Das Motto: 'Computerleistung muß so verfügbar werden wie Luft'. Inzwischen gibt es eine Vielzahl von unterschiedlichen PROLOG-Systemen mit zum Teil sehr unterschiedlicher Syntax. Außerdem sind Tendenzen vorhanden, PROLOG um funktionale Konzepte zu erweitern, ebenso wie auf der LISP-Seite versucht wird, PROLOG-ähnliche Konzepte zu integrieren (QLISP, LOGLISP u.ä.). Auf der Hardwareseite stehen die ersten PROLOG-Maschinen (vergleichbar mit den großen Lispmaschinen) zur Verfügung.

Wir verwenden im folgenden die DEC-10-PROLOG Syntax /Clocksin, Mellish 1981/, die heute eine Art Standard für PROLOG-Systeme bildet.

2 Die Programmiersprache PROLOG

2.1 Die Syntax von PROLOG

Die Syntax von PROLOG entspricht weitgehend der Sprache der Prädikatenlogik 1. Stufe mit den folgenden Elementen:

Konstanten: Zeichenketten, die mit einem kleinen Buchstaben beginnen, Zahlen und Sonderzeichen; z.B.: hans , egon , 1 , 2 , ...

Variablen: Alle Namen, die mit einem großen Buchstaben beginnen; z.B.: X , Y , GV , Dies_ist_auch_eine , ...
Viele PROLOG-Systeme speichern leider die Variablennamen nicht und arbeiten statt dessen mit intern generierten Zahlen als Namen.

Funktoren: (Funktionssymbole) Namen, die mit einem kleinen Buchstaben beginnen, und Sonderzeichen; z.B.: + , - , * ... , f , g , h , ...

Terme: a) Konstanten
b) Variablen
c) Funktionssymbole angewandt auf Terme; z.B.: +(1,2) , f(X)

Prädikate: Wie Funktionssymbole.

In PROLOG werden sie anhand der Position, in der sie stehen, unterschieden.

Primformeln: Prädikate angewandt auf Argumente; z.B.: vater(hans,egon)
Bei vielen PROLOG-Systemen gehört die Stelligkeit mit zum Prädikatsnamen und muß an manchen Stellen mit angegeben werden.

Quantoren: Für alle: ∀
Es existiert: ∃
Quantoren gibt es in PROLOG nicht.

Junktoren:
und	∧	in PROLOG	,
oder	∨	in PROLOG	;
wird-impliziert	<-	in PROLOG	:-
nicht	⌐	in PROLOG	not

'not' entspricht nicht exakt der logischen Negation (s.u.).

Formeln:
a) Alle Primformeln sind Formeln.
b) Formeln verknüpft durch Junktoren sind Formeln.
c) Quantoren angewandt auf Variablen und Formeln sind Formeln
   (diesen Fall gibt es in PROLOG nicht).

Ein PROLOG-Programm besteht aus Axiomen (Aussagen, die vom System als wahr angenommen werden). Diese Axiome können entweder elementare Aussagen sein (Fakten) oder Implikationen (Regeln), bei denen die Konklusion und die Prämissen elementare Aussagen sind.

Ein einfaches Beispiel:

```
Fakten: vater ( egon , hans ) .        Egon ist der Vater von Hans.
        vater ( hans , fritz ) .       Hans ist der Vater von Fritz.
        mutter ( maria , fritz ) .     Maria ist die Mutter von Fritz.
        vater ( emil , maria ) .       etc.

Regeln: grossvater ( GV , E ) :-       Ein Großvater ist
            vater ( GV , V ) ,         der Vater vom Vater.
            vater ( V , E ) .
        grossvater ( GV , E ) :-       Ein Großvater ist (auch)
            vater ( GV , M ) ,         der Vater von der Mutter.
            mutter ( M , E ) .

Anfrage: ?- grossvater( X , fritz ).   Wer ist der Großvater
         X = egon    ;                 von Fritz ?
         X = emil
```

PROLOG hat sehr viel gemeinsam mit Datenbanken, jedoch dürfen die Einträge Variable enthalten und an die Gültigkeit von Einträgen dürfen Bedingungen geknüpft werden.

2.2 Variablen in PROLOG

Variablen haben in PROLOG die Funktion von Platzhaltern und unterliegen bestimmten Beschränkungen:

- Wird ein Axiom (Fakt oder Regel) für einen Beweis benutzt, so wird eine Kopie davon angefertigt. Der Geltungsbereich der Variablen ist nur diese Kopie. Variablen sind also in jeder Verwendung eines Axioms lokal.
- Variablen haben keinen Typ im Sinne der klassischen Programmiersprachen. Eine Variable kann Werte der unterschiedlichsten Struktur annehmen (einen beliebigen Term).
- Es gibt keine explizite Wertzuweisung für Variablen. Die Werte der Variablen werden vom PROLOG-System implizit während der Beweisversuche bestimmt.
- Eine Variable, die einen Wert bekommen hat, verhält sich wie eine Konstante. Man denke sich jedes Auftreten dieser Variablen durch ihren Wert ersetzt. Die Belegung einer Variablen mit einem Wert kann im weiteren Programmablauf (außer durch Backtracking) nicht mehr geändert werden!

Ein Axiom entspricht in etwa einer Booleschen Funktion in einer Sprache wie PASCAL, wobei
- die Variablen den lokalen Variablen der Funktion,
- die Konklusion dem Funktionskopf,
- die Prämissen dem Funktionsrumpf und
- der Funktionswert dem Gelingen bzw. Mißlingen des Beweises

entsprechen. Diese Analogie ist jedoch wegen des anderen Status der Variablen und dem automatischen Backtracking in PROLOG nur eine grobe Annäherung.

2.3 Operatoren

Operatoren sind eine spezielle (einfachere) Schreibweise für ausgewählte Ausdrücke:

```
1 + 2          statt     + ( 1 , 2 )
3 * 2 + 5      statt     + ( * ( 3 , 2 ) , 5 )
```

Mit dem vordefinierten Prädikat 'op' werden Operatoren vereinbart:

```
op ( <priorität> , <operatortyp> , <operatorname> )
```

Operatoren haben eine Priorität, die die Klammerung regelt. Der Prioritätsbereich beträgt 1...255: Je kleiner die Zahl ist, desto höher die Priorität (Bindung). Die wichtigsten Operatortypen sind:

```
xfx - Infix: Der Operator steht zwischen den zwei Argumenten. Bei Operatoren
      gleicher Priorität muß explizit geklammert werden.
xfy - Infix, Klammerung von rechts bei gleicher Priorität:
      1.2.nil        ==>    . ( 1 , . ( 2 , nil ) )
yfx - Infix, Klammerung von links bei gleicher Priorität:
      1 + 2 + 3      ==>    + ( + ( 1 , 2 ) , 3 )
fx  - Präfix: Der Operator steht vor dem Argument.
```

xf - Postfix: Der Operator steht nach dem Argument.

Es können eigene Operatoren definiert werden; dabei kann die Operatorenschreibweise auch für Prädikate verwendet werden.

```
Beispiel:    :- op ( 50 , xfx , ist-der-vater-von ) .
             erlaubt     hans ist-der-vater-von egon.
             statt       vater ( hans , egon ).
```


2.4 Listen

Ein sehr wichtiger Operator ist der Listenkonstruktor '.'

$$. (a , . (b , . (c , nil)))$$

ist die Repräsentation eines binären Baumes:

Wie in Lisp werden solche Bäume als Listen interpretiert. Da '.' als Operator mit 'op(51,xfy,'.')' vereinbart ist, dürfen wir schreiben (implizite Klammerung von rechts): 'a.b.c.nil'.

In PROLOG hat sich noch eine weitere, gebräuchlichere Schreibweise für Listen durchgesetzt: '[a,b,c]' statt 'a.b.c.nil'.

Analog zu Lisp steht   [a , b , c]

als Abkürzung für   [a : [b : [c : []]]]

In den Beispielen kommen häufig Strukturen mit der Form [E : R] vor: Dies ist eine Liste mit dem ersten Element E und der Restliste R (also eine Liste mit mindestens einem Element). Wie Lisp kennt PROLOG als Datenstrukturen nur Bäume (Terme sind Bäume).   Im Gegensatz zu Lisp sind diese Bäume nicht notwendig binär. Listen (wie in Lisp binäre Bäume) spielen aber auch in PROLOG eine wichtige Rolle. Viele Implementationen unterstützen daher Listen als Basiskonzepte.

Induktive (rekursive) Definitionen über den Aufbau von Termen (insbesondere Listen) sind typische Definitionsschemata in PROLOG. Einige typische Operationen auf Liste sind:

- 'ist-element(<element>,<liste>)' ist wahr, falls <element> ein Element von
  <liste> ist:

```
      ist-element ( E , [ E : REST ] ) .
```

E ist ein Element einer Liste, wenn es das erste Element ist.

```
ist-element ( E , [ X : REST ] ) :-
     ist-element ( E , REST ) .
```

E ist ein Element einer Liste, falls E ein Element der um das erste Element verkürzten Restliste ist.

Dies ist eine rekursive Definition: Das zu definierende Prädikat wird zur Definition verwendet. Diese rekursiven Definitionen sind eines der wichtigsten Definitionsschemata in PROLOG. Damit keine Zirkelschlüsse entstehen, muß folgendes beachtet werden:

- Es müssen auch nicht rekursive Regeln existieren.

- Die rekursiven sollten nach den nichtrekursiven kommen.

- In den rekursiven Regeln müssen die Strukturen abgebaut (z.B. die Listen kürzer) werden.

- 'verkette(<listel>,<liste2>,<verkettung>)' ist wahr, falls <verkettung> die Verkettung von <listel> mit <liste2> ist:

```
verkette ( [] , L , L ) .
```

Eine leere Liste verkettet mit irgendeiner Liste L ergibt diese Liste L.

```
verkette ( [ E : REST ] , L , [ E : NREST ] ) :-
     verkette ( REST , L , NREST ) .
```

Eine nichtleere Liste hat ein erstes Element E. Dieses Element ist auch das erste Element der Verkettung dieser Liste mit L. Den Rest der ersten Liste verkettet mit L ergibt den Rest NREST der Verkettung.

```
Beispiel:    ?- verkette ( [ a , b , c ] , [ d , e ] , X ) .
             X = [ a , b , c , d , e ]
```

PROLOG-Programme funktionieren häufig auch "rückwärts": der Aufruf

```
?- verkette ( X , Y , [ a , b ] ) .
```

liefert die Ergebnisse

```
X = []           Y = [ a , b ]       ;
X = [ a ]        Y = [ b ]           ;
X = [ a , b ]    Y = []
```

also alle möglichen Zerlegungen der Liste [a , b].

2.5 Bäume

Komplexe Terme lassen sich als Bäume interpretieren. So kann z.B. der Ausdruck

$$a (b , c (e , f) , d)$$

durch folgenden Baum repräsentiert werden:

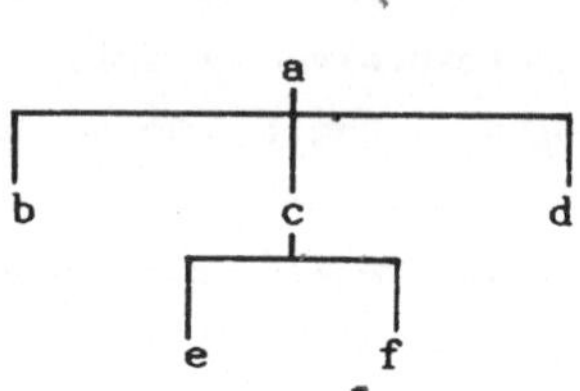

Das folgende Programm liefert zu einem Baum im ersten Argument die Liste der Blätter im zweiten Argument:

- 'blaetter(<baum>,<liste der blaetter>)' ist definiert mit:

```
blaetter ( B , [ B ] ) :-
    atomic ( B ) .
blaetter ( X ,  BL ) :-
    not atomic ( X ) ,
    X =.. [ F : NACHFOLGER ],
    blaetter-von-liste ( NACHFOLGER , [] , BL ) .
```

Das erste Axiom behandelt den Fall, daß der Baum nur aus einem Blatt besteht. Anderenfalls sind die Blätter des Baumes die Verkettung der Blätterlisten der Nachfolger.

- blaetter-von-liste(<liste von baeumen>,<bisherige liste der blaetter>, <erweiterte liste der blaetter>) ist definiert mit:

```
blaetter-von-liste ( [] , BL , BL ) .
blaetter-von-liste ( [ E : REST ] , BL-VORHER , BL-NACHHER ) :-
    blaetter ( E , BL ) ,
    verkette ( BL-VORHER , BL , BL-NEU ) ,
    blaetter-von-liste ( REST , BL-NEU , BL-NACHHER ) .
```

'blaetter-von-liste' wendet 'blaetter' auf die Elemente einer Liste von Bäumen an und verkettet die Ergebnisse.
Dieses Zusammenspiel der Definitionen zweier Prädikate ist typisch für PROLOG: Ein Prädikat definiert die Operation auf einem einzelnen Element. Das zweite Prädikat setzt die Operation auf Listen fort.

Um PROLOG-Terme dynamisch manipulieren zu können, bietet PROLOG die Möglichkeit der Umwandlung von allgemeinen PROLOG-Termen in Listen und umgekehrt. Dazu dient der Operator '=..' :

$$\langle prologterm \rangle \ =.. \ [\ \langle funktor \rangle \ | \ \langle argumentliste \rangle \ ]$$

```
Beispiele: X =.. [ + , 2 , 3 ]        X wird + ( 2 , 3 )
           vater ( hans , egon ) =.. L    L wird [ vater , hans , egon ]
```

2.6 Vordefinierte Prädikate

Es gibt notwendige Bereiche einer Programmiersprache, die sich nicht oder nur umständlich durch logische Axiome beschreiben lassen. Dazu gehören z.B.:

- Ein- und Ausgabe,

- Arithmetik,

- Wissensbasismanipulationen, etc.

Diese Bereiche werden in PROLOG durch vordefinierte Prädikate abgedeckt. Bei vielen dieser Prädikate kommt es nicht auf die Beweisbarkeit an, sondern auf die Aktionen (Seiteneffekte), die während des Beweises auftreten.

Die wichtigsten Ein- und Ausgabeprädikate:

```
write ( <prologterm> )          Ausgabe eines Terms.
nl                              Zeilenvoschub.
read ( <variable> )             Eingabe eines Terms.
listing ( <praedikatsname> )    Ausgabe einer Definition.
listing                         Ausgabe der Wissensbasis.
consult ( <filename> )          Einlesen von Definitionen
reconsult ( <filename> )            von einer Datei.
```

Wissensbasismanipulationen:

```
asserta ( <axiom> )             Eintrag vor den alten Definitionen.
assertz ( <axiom> )             Eintrag nach den alten Definitionen.
assert ( <axiom> )
retract ( <axiompattern> )      Löschen von Einträgen.
```

Sonstige Prädkate:

```
<variable> is                   Auswertung arithmetischer Ausdrücke.
     <arithmetischer ausdruck>
var ( <term> )                  Test auf freie Variable.
atomic ( <term> )               Test auf atomaren Term .
integer ( <term> )              Test auf Zahl.
```

2.7 Vergleich zu anderen Programmiersprachen

Die meisten Programmiersprachen bauen auf Funktionen und dem Zuweisungsoperator auf. PROLOG hingegen baut auf Relationen auf. Explizite Wertzuweisungen für Variablen gibt es nicht! Funktionssymbole dürfen verwendet werden, die Funktionen werden aber nicht ausgewertet. Jeder Ausdruck, der Funktionen enthält, läßt sich jedoch in einen Ausdruck transformieren, der nur Relationen enthält:

$$Y := f (g (X) , a) \quad ==> \quad relf (Y , Z , a) , relg (Z , X)$$

Funktionssymbole gehen über in Relationssymbole, die ein Argument mehr haben (den Funktionswert). Für Argumentpositionen, die funktionale Ausdrücke enthalten, werden neue Variablen eingeführt. Die entstehenden relationalen Audrücke werden durch 'und' verknüpft.

```
Beispiel: 'Hans ist 25 Jahre älter als Fritz'
          Funktional: alter( hans ) :=  + ( alter( fritz ) , 25 )
          Relational: rel-alter ( hans , A ) :-
                          rel-alter ( fritz , X ) ,
                          rel-plus ( X , 25 , A ) .
```

3 Der Zusammenhang zwischen Logik und PROLOG

Dieser Abschnitt soll keine Einführung in die Logik sein. Er setzt einfache Vorkenntnisse der Prädikatenlogik voraus.

Aussagen der Prädikatenlogik 1. Stufe lassen sich auf folgende Normalform bringen:

$$\text{Quantorenpräfix : Klausel-1} \land \text{Klausel-2} \land \ldots \land \text{Klausel-n}$$

Dabei hat jede Klausel die Form

$$\text{A-1} \lor \text{A-2} \lor \ldots \text{A-k}$$

wobei die A-i negierte oder nicht-negierte elementare Aussagen (Prädikatsname gefolgt von Argumenten) sind. Durch die Einführung von Skolemfunktionen lassen sich die Existenz-Quantoren eliminieren: Jede existenzquantifizierte Variable wird durch eine neue (noch nicht verwendete) Funktion unter Berücksichtigung von allquantifizierten Variablen, in deren Geltungsbereichen sie vorkommt, ersetzt. Die All-Quantoren können dann per Konvention weggelassen werden, wenn alle freien

Variablen als implizit allquantifiziert angenommen werden. Es entsteht damit eine quantorenfreie konjunktive Normalform.

Für Axiomensysteme dieser Form gibt es ein sehr effizientes Beweisverfahren: Das Resolutionsverfahren von Robinson /Robinson 1965/. Dieses Verfahren beruht auf der indirekten Beweisführung: Die zu beweisende Aussage wird negiert und als neues Axiom hinzugenommen. Läßt sich nun ein Widerspruch ableiten, so ist die ursprüngliche Aussage wahr. Für die Ableitung des Widerspruchs wird dabei folgende Ableitungsregel verwendet:

$$(A \vee \neg B) \wedge (B \vee C) \Rightarrow (A \vee C)$$

d.h. tritt die gleiche Aussage in einer Klausel negiert und in einer anderen Klausel nicht negiert auf, so kann eine neue Klausel aus den restlichen Gliedern dieser beiden gebildet werden. Gelingt es, die leere Klausel abzuleiten, so ist der Widerspruch gezeigt, denn die leere Klausel ist nur ableitbar aus zwei Klauseln der Form $\neg B$ und B. Im folgenden wollen wir die nicht negierten Glieder auch als positive Glieder und die negierten Glieder entsprechend als negative Glieder bezeichen.

In PROLOG sind nun nicht beliebige Klauseln zugelassen, sondern nur solche, die höchstens ein positives Glied besitzen, Klauseln dieser Form heißen Hornklauseln. Ersetzen wir die Disjunktion noch durch ',', dann haben Hornklauseln die Form:

$$C , \neg P1 , \ldots , \neg Pn$$
$$\text{oder} \quad C$$
$$\text{oder} \quad \neg P1 , \ldots , \neg Pn$$

Der erste Fall entspricht der Implikation (oder Regel)

$$C \leftarrow P1 \wedge \ldots \wedge Pn .$$

Das positive Glied ist die Konklusion und die negativen Glieder die Prämissen. Der zweite Fall entspricht dem elementaren Fakt C. Der dritte Fall entspricht in PROLOG den Anfragen (s.u.). Wichtig ist, daß C und alle Pi elementare Aussagen sind.

Die Wissensbasis in PROLOG besteht aus Axiomen, die nur ein positives Glied haben. Diese Axiome lassen sich nach dem Prädikatsnamen des positiven Glieds (der Konklusion) zusammenfassen. Diese zu einem Prädikatsnamen gehörende Menge von Axiomen fassen wir als Definition des Prädikats auf. Zu einer gegebenen negierten elementaren Aussage läßt sich nun sehr einfach testen, ob ein Axiom existiert, das diese Aussage nicht negiert (also als Konklusion in der Implikation) enthält.

Aus Axiomen, die freie Variable enthalten, können neue Axiome gewonnen werden, indem Variable umbenannt oder einige dieser Variablen mit Werten belegt werden (Übergang zu einer spezielleren Aussage, da freie Variable implizit allquantifiziert sind). Entsprechend können in einer zu beweisenden Aussage, die ja negiert als Axiom betrachtet wird, freie und daher implizit allquantifizierte Variable vorkommen und mit Werten belegt werden.

Für den Beweis einer Aussage kommen also nicht nur Axiome in Frage, die exakt diese Aussage als positives Glied besitzen, sondern auch solche Axiome, deren positives Glied durch Belegen von freien Variablen in dem Axiom und in der zu beweisenden Aussage mit dieser Aussage identisch gemacht werden kann.

Dieser Vorgang wird als 'Unifikation' bezeichnet und ist das Herzstück eines jeden automatischen Beweisers. Die Belegungsvorschrift für die Variablen heißt 'Unifikator'. Ein Unifikator kann als Liste von Paaren, bestehend aus einem Variablennamen und einem Wert (der auch wieder Variable enthalten kann), aufgefaßt werden. Eine interessante Frage ist nun, ob es mehrere Unifikatoren geben kann. Dies ist in der Tat der Fall, denn jede Spezialisierung eines Unifikators ist wieder ein Unifikator. Für PROLOG gilt jedoch, daß es, falls es überhaupt einen Unifikator gibt, genau einen allgemeinsten gibt. Dies bedeutet, daß sich alle anderen als Spezialisierung (einsetzen von Werten für freie Variable) dieses einen Unifikators darstellen lassen. Dies ist eine sehr wichtige Eigenschaft von PROLOG, die in allgemeineren Systemen nicht immer erhalten bleibt. Z.B. sind die beiden Ausdrücke

```
verkette ( X1 , [ X2 , X3 ] , [ Y , b ] )
verkette ( [] , X , X )
```

unifizierbar, denn durch die Variablenbelegung

```
X1 := []
X  := [ X2 , X3 ]
X2 := Y
X3 := b
```

werden beide Ausdrücke gleich. Dies ist auch der allgemeinste Unifikator. Aus ihm lassen sich unendlich viele Unifikatoren durch das Einsetzen beliebiger Terme für Y ableiten. Das PROLOG-System findet immer den allgemeinsten Unifikator.

Einen Unifikator u (d.h. eine Variable-Wert-Paarliste) können wir auch als Substitutionsvorschrift auffassen. Das Ergebnis der Anwendung einer solchen Substitution u auf eine Aussage A bezeichnen wir formal mit Au. Als Komposition von zwei Substitutionen u und v definieren wir die Verkettung der Variable-Wert-Paarlisten und schreiben dafür uv. Dabei müssen eventuell Variable umbenannt werden.

<u>Das Unifikationsverfahren:</u>

<u>Vergleich</u>			<u>Aktion</u>
Variable	<->	Variable	Identifiziere beide Variablen.
Term	<->	Variable	Die Variable erhält den Term als Wert.
Variable	<->	Term	Die Variable erhält den Term als Wert.
Konstante	<->	Konstante	Test auf Gleichheit.
Struktur	<->	Struktur	Test auf Gleichheit der Funktoren. Anschließend Unifikation der Argumente.

PROLOG kann die existenzquantifizierte Konjunktion elementarer Aussagen beweisen, da

$$\exists\ x1...xm\ :\ A1\ \wedge\ ...\ \wedge\ An$$

gleich $\qquad\qquad \forall\ x1...xm\ :\ \neg A1\ \vee\ ...\ \vee\ \neg An$

ist und damit der Hornklausel $\neg A1,..., \neg An$ (kein positives Glied) entspricht.
x1...xm seien dabei alle in A1...An vorkommenden freien Variablen.

<u>Das Beweisverfahren von PROLOG:</u>

Die Negation von $\qquad\qquad\qquad \exists\ x1...xm\ :\ A1\ \wedge\ ...\ \wedge\ An$

ergibt $\qquad\qquad\qquad\qquad \forall\ x1...xm\ :\ \neg A1\ \vee\ ...\ \vee\ \neg An\ .$

Dies entspricht der Hornklausel $\qquad\qquad \neg A1\ ,\ ...\ ,\ \neg An\ .$

Starte das Verfahren mit L := [A1 , ... , An] , s := [] .

  (1) Falls L = [] Rückgabe von s (erfolgreicher Beweis).

  (2) Anderenfalls wähle ein Ai aus L.
       L := [A1 , ... , Ai-1 , Ai+1 , ... , An]
       AXIOME := Liste der Axiome des Prädikats von Ai.

  (3) Suche ein Axiom in AXIOME
       C :- P1 , ... , Pj   mit C unifizierbar mit (Ai)s ;
       berechne den Unifikator u;
       setze AXIOME auf die Restliste der Axiome.

  (4) Falls kein solches Axiom mehr existiert:
       Rückgabe von FAIL (Abbruch des Beweises dieser Aussage).

  (5) Anderenfalls wende das Verfahren rekursiv auf die Liste der Prämissen an:
       Rette L, AXIOME und s; L := [P1 , ... , Pj]; s := u;
       Aufruf des Verfahrens;
       restauriere L, AXIOME und s.
       Das Verfahren liefert entweder FAIL oder eine Substitution v1.

  (6) Falls FAIL gehe nach 3.

  (7) Anderenfalls wende das Verfahren rekursiv auf L an:
       Rette L, AXIOME, s und v1 ; s := sv ;
       Aufruf des Verfahrens ;
       restauriere L, AXIOME, s und v1.
       Das Verfahren liefert entweder FAIL oder eine weitere Substitution v2.

  (8) Falls FAIL gehe nach 3.

  (9) Anderenfalls ist der Beweis gelungen:
       Rückgabe der Ergebnissubstitution: v := sv1v2.

Dieses Verfahren liefert zu einer existenzquantifizierten Konjunktion elementarer
Aussagen entweder FAIL, falls kein Beweis gefunden wurde, oder eine Substitution s,
falls ein Beweis gefunden wurde. Dies bedeutet, daß nicht nur eine Entscheidung über
die Beweisbarkeit getroffen wird, sondern, daß im Falle der positiven Entscheidung

eine Variablenbelegung der existenzquantifizierten Variablen berechnet wird. Sind yl...yi alle in (Al,...,An)s vorkommenden freien Variablen, so liefert der Beweis

$$\forall \; yl...yi \; : \; (Al \; \wedge \; ... \; \wedge \; An)s$$

Es handelt sich also trotz der indirekten Beweisführung um ein konstruktives Verfahren. Dieses Verfahren ist an zwei Stellen nicht deterministisch:

a) Es kann mehrere Axiome geben, die 2. erfüllen, und

b) die Reihenfolge, in der mehrere Prämissen bewiesen werden, ist unbestimmt.

PROLOG wählt in der Eingabereihenfolge das erste Axiom aus, das (3) erfüllt und arbeitet die Aussagenliste L (die Prämissen) in der Eingabereihenfolge derart ab, daß zunächst ein vollständiger Beweis für die erste Prämisse gesucht wird, anschließend für die zweite usw. Da diese Strategie in Sackgassen führen kann, muß die gesamte Beweisgeschichte aufgehoben werden, um in diesem Fall zu früheren Beweisstadien zurückkehren zu können.

4 Backtracking und Kontrollstrukturen

Das Verhalten eines PROLOG-Programms, aufgefaßt als Axiomensystem, sollte unabhänging von der Reihenfolge der Eingabe der Axiome und innerhalb der Axiome unabhängig von der Reihenfolge der Prämissen sein. Dies ist jedoch nicht immer der Fall. Der Grund liegt in der oben beschriebenen sequentiellen Abarbeitungsstrategie des PROLOG-Interpreters: 'depth first, left to right' in der Reihenfolge der Eingabe der Axiome. Folgendes Beispiel demonstriert die Probleme:

```
subtrahiere ( X , 0 , X ) .
subtrahiere ( X , Y , Z ) :-
     dekrementiere ( X , XM1 ) ,
     dekrementiere ( Y , YM1 ) ,
     subtrahiere ( XM1 , YM1 , Z) .
```

Dieses Programm führt die Subtraktion zweier nicht negativer Zahlen auf das Dekrementieren beider Zahlen zurück. Wenn wir von X (1.Argument) nichts abziehen (2.Argument gleich 0) erhalten wir als Ergebnis X (erstes Axiom). Anderenfalls dekrementieren wir X und Y und subtrahieren die dekrementierten Werte. Irgendwann wird das zweite Argument 0 und das erste Axiom liefert die Lösung. In dieser Reihenfolge funktioniert das Programm korrekt. Vertauschen wir jedoch die beiden Axiome, so führt der PROLOG-Interpreter eine Endlosschleife aus, da immer erst versucht wird, das (in der Eingabereihenfolge) erste Axiom anzuwenden, was in diesem Fall immer möglich ist. D.h. rekursive Definitionen können (müssen aber nicht) kritisch sein bezüglich der Eingabereihenfolge. Aber auch in den Fällen, wo die Programme unabhängig von der Reihenfolge der Axiome funktionieren, ist es sinnvoll, die rekursiven Axiome zum Schluß und die Abbruchbedingungen vorher anzugeben. Unter gewissen Bedingungen kann der Interpreter dann die Rekursion sogar in eine Iteration umwandeln. Es gilt die Faustregel: Wenn möglich sollte der rekursive Aufruf nur im letzten Axiom und dort in der letzten Prämisse auftreten.

Eine Möglichkeit, den Kontrollfluß in einem PROLOG-Programm darzustellen, sind Beweisbäume. Einem PROLOG-Programm kann auf folgende Weise ein Beweisbaum (Und-oder-Baum) zugeordnet werden:

(1) Die zu beweisende Aussage bildet die Wurzel des Baums.
(2) Für jedes Axiom der Definition des Prädikats dieser Aussage wird ein Nachfolgerknoten eingetragen. Diese Knoten sind durch 'oder' verbunden.
(3) Für jede Prämisse eines Axioms wird ein Nachfolgerknoten für dieses Axiom eingetragen. Diese Knoten sind durch 'und' verbunden.
(4) Dieser Prozeß wird für die Prämissen (die ja ebenfalls zu beweisende Aussagen sind) wiederholt.

Die Blätter des Baumes entsprechen Axiomen, die keine Prämissen haben.
Betrachten wir folgendes PROLOG-Programm und den zugehörigen Beweisbaum:

```
grosseltern ( [ GV , GM ] , E ) :-
     vater ( GV , X ) ,
     mutter ( GM , X ) ,
     kind ( E , X ) .

kind ( X , Y ) :- vater( Y , X ) .
kind ( X , Y ) :- mutter ( Y , X ) .
```

<u>Der zugehörige Beweisbaum:</u>

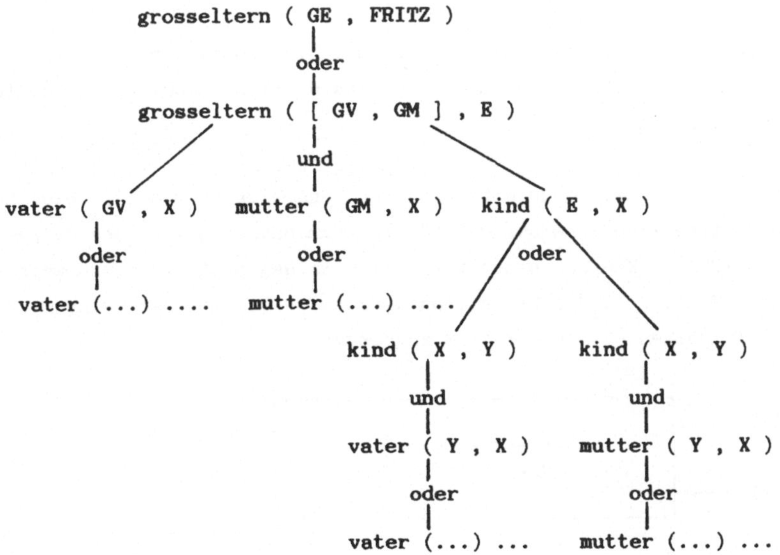

Der PROLOG-Interpreter arbeitet nach der Methode 'depth first, left to right' den Beweisbaum ab: Bei einem 'und'-Knoten müssen alle Nachfolger erfolgreich bearbeitet werden, dagegen reicht bei einem 'oder'-Knoten die erfolgreiche Bearbeitung eines Nachfolgers aus. Ist an einem Knoten die Fortsetzung des Beweises nicht möglich, wird im Baum bis zu einem 'oder'-Knoten zurückgegangen (backtracking), bei dem rechts noch eine nicht getestete Alternative vorhanden ist. Diese wird dann versucht. Auf dem Weg zurück müssen alle Variablenbelegungen, die auf diesem Weg vorgenommen wurden, wieder rückgängig gemacht werden.

Zur Steuerung der Auswertung gibt es die Prädikate '!' (Cut) und 'fail'. Bei der Auswertung von '!' wird im Beweisbaum der übergeordnete 'oder'-Knoten abgeschnitten, so daß die noch nicht getesteten Alternativen bei einem späteren Backtracking nicht mehr gefunden werden können. Der Beweis wird jedoch normal weitergeführt. 'fail' mißlingt immer, so daß damit ein Backtracking erzwungen werden kann. Mit der Kombination von '!' und 'fail' kann in PROLOG eine Art Negation realisiert werden. Die logische Negation (der Prädikatenlogik) ist nicht möglich, da die entstehenden Axiome nicht mehr Hornklauseln sind. Beim Gebrauch des folgenden Programms ist daher Vorsicht geboten.

```
not ( AUSSAGE ) :- AUSSAGE , ! , fail .
not ( AUSSAGE ) .
```

AUSSAGE muß zur Auswertungszeit als Wert eine Aussage besitzen (AUSSAGE ist eine Metavariable). Kann diese Aussage bewiesen werden, so mißlingt diese Definition von 'not' durch '!' und 'fail'. Ein Mißlingen des Beweises von AUSSAGE führt zum Beweis von 'not(AUSSAGE)' durch das zweite Axiom. Diese Negation ist nur unter sehr starken Restriktionen äquivalent zur logischen Negation:
- AUSSAGE darf zur Auswertungszeit keine freie Variablen enthalten.
- Die Wissensbasis muß vollständig sein, d.h., was nicht beweisbar ist, ist falsch (closed world assumption).

Um die Wirkung von '!' zu demonstrieren, ist das Vierportmodell, eine andere Möglichkeit, den Kontrollfluß in einem PROLOG-Programm darzustellen, besser geeignet /Clocksin, Mellish 1981/. Hierbei handelt es sich im Gegensatz zu den Beweisbäumen um ein prozedurales Modell. Jeder Definition wird eine Box mit zwei Eingängen CALL und REDO und zwei Ausgängen FAIL und FINISH zugeordnet.

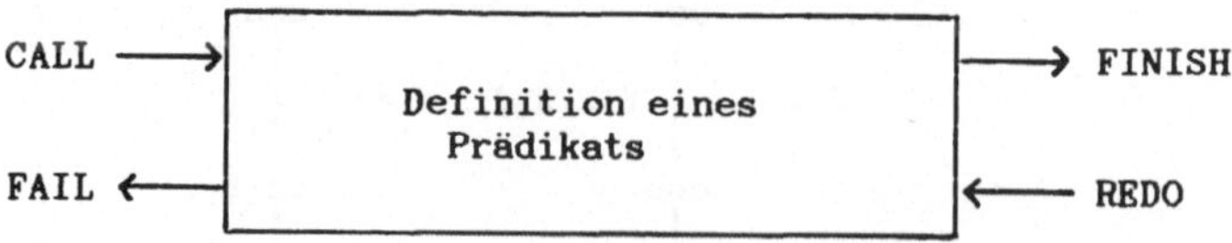

In dieser Box wird für jedes Axiom eine Kette von Boxen eingetragen, beginnend mit einer Box für die Unifikation mit der Konklusion und gefolgt von je einer Box für jede Prämisse. Normalerweise ist der FINISH-Ausgang einer Box mit dem CALL-Eingang der nächsten Box und der FAIL-Ausgang mit dem REDO-Eingang der vorhergehenden Box verbunden. Bei einer Definition mit mehreren Axiomen wird beim Betreten durch den REDO-Eingang der Definition dabei der REDO-Eingang der letzten Box des Axiomes gewählt, von dessen FINISH-Ausgang die Definition verlassen wurde. Dies wird in der Abbildung durch einen Umschalter symbolisiert, der beim Verlassen der Box entsprechend eingestellt wird.

Für das Prädikat VERKETTE ergibt sich dann folgende Box:

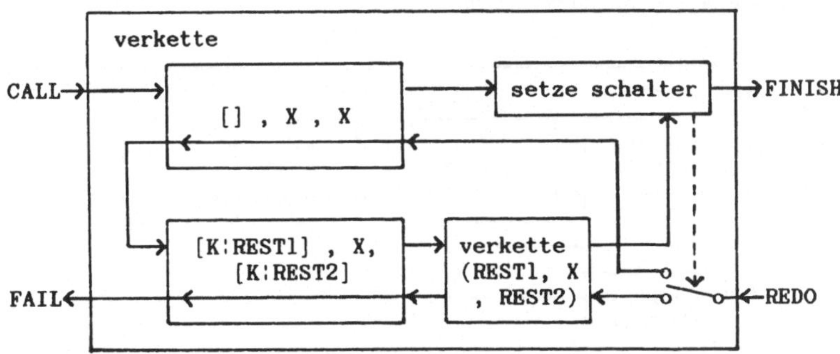

Da die Unifikation in PROLOG eindeutig ist (falls sie gelingt, existiert genau eine allgemeinste Variablenbelegung), führt der REDO-Eingang der Unifikationsboxen direkt zum FAIL-Ausgang. Nach dieser Modellvorstellung entspricht eine Liste zu beweisender Aussagen einer Kette von Boxen.

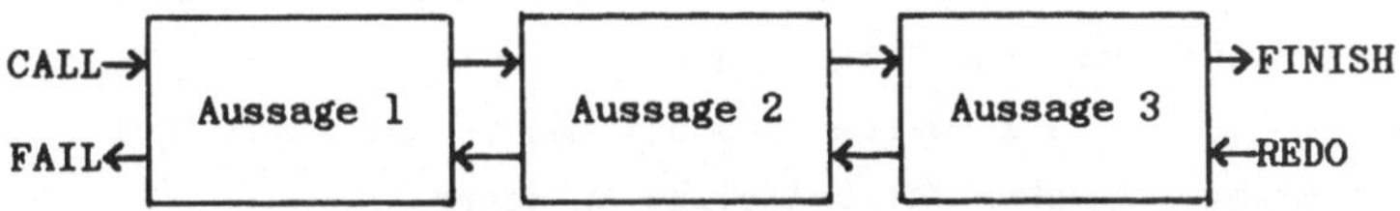

Nehmen wir einmal an, ein Beweisvorgang sei bei 'Aussage 2' angekommen. Diese Box wird zunächst durch den CALL-Eingang betreten. Dabei wird die Box durch eine Kopie der Definitionsbox des zugehörigen Prädikats ersetzt. Gelingt der Beweis, so wird die Box durch den FINISH-Ausgang verlassen und die nächste Box 'Aussage 3' durch den CALL-Eingang betreten. Mißlingt der Beweis, so wird die Box durch den FAIL-Ausgang verlassen und die davor liegende Box 'Aussage 1' durch den REDO-Eingang betreten. Dieser Vorgang wird mit 'Backtracking' bezeichnet: Der Beweisweg wird zurückverfolgt. Dabei müssen alle Variablenbelegungen, die auf diesem Wegstück (auf dem Hinweg) durchgeführt wurden, wieder rückgängig gemacht werden. Gelingt ein alternativer Beweis für 'Aussage 1', so wird diese Box wiederum durch den FINISH-Ausgang verlassen und 'Aussage 2' durch den CALL-Eingang betreten.

Die Prädikate '!' und 'fail' entsprechen den Boxen:

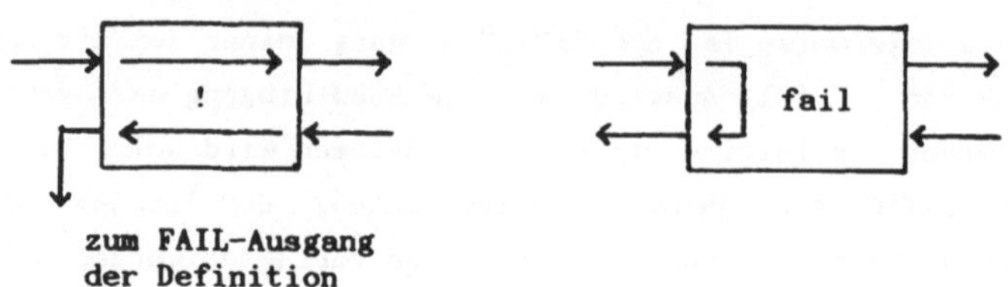

'fail' erreicht also niemals seinen FINISH-Ausgang.   Der FAIL-Ausgang von '!' ist nicht mit dem REDO-Eingang der vorhergehenden Box, sondern mit dem FAIL-Ausgang der Definition des Prädikats verbunden.

'not' läßt sich als Box so darstellen:

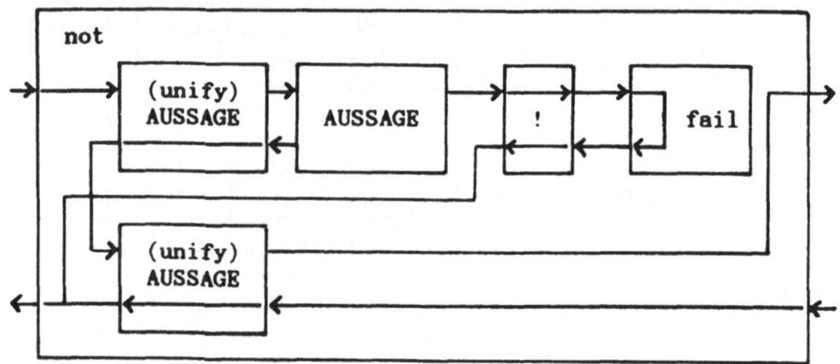

Das erste Axiom (oberer Teil der Box) besagt, daß, falls AUSSAGE beweisbar ist, die Negation von AUSSAGE falsch ist.   '!' bewirkt dabei, daß in diesem Fall die Definition von 'not' nach dem von 'fail' erzwungenen Backtracking durch den FAIL-Ausgang verlassen wird, ohne einen alternativen Beweis von AUSSAGE zu suchen und ohne das zweite Axiom von 'not' zu benutzen.   Mißlingt dagegen der Beweis von AUSSAGE, so wird '!' nicht ausgewertet und das zweite Axiom von 'not' kann verwendet werden.   Dieses Axiom gilt aber für beliebige Aussagen.

Definitionen, die '!' enthalten, sind hochgradig empfindlich gegenüber der Vertauschung von Axiomen und natürlich auch von Prämissen in den Axiomen, in denen '!' vorkommt.   Es entspricht daher gutem Programmierstil, auf '!' weitgehend zu verzichten.

Die Verwendung von '!' kann weitgehend durch 'not' ersetzt werden. Folgendes Definitionsschema ist typisch für '!':

```
c :- a , ! , b .
c :- d .
```

Falls 'a' gilt, soll 'c' dann gelten, wenn b gilt. Andernfalls soll 'c' dann gelten, wenn 'd' gilt. Dies ist aber nicht die deklarative Interpretation der obigen Axiome. Bei der deklarativen Interpretation kann '!' ignoriert werden, denn '!' ist immer wahr. Der gleiche Sachverhalt läßt sich durch folgendes Definitionsschema wesentlich klarer ausdrücken:

```
c :- a , b .
c :- not ( a ) , d .
```

Ein weiterer Vorteil: Diese Definition ist unabhängig von der Reihenfolge der Axiome (im Gegensatz zur ersten Definition). Deklarative und prozedurale Interpretation stimmen überein. Der Nachteil: 'a' wird eventuell zweimal ausgewertet.

Zu beachten bleibt allerdings das Problem der freien Variablen in 'a'. Als eine nicht immer befriedigende Lösung gibt es in manchen PROLOG-Systemen ein Prädikat 'numbervars' , mit dem alle noch freien Variablen belegt werden können.

```
numbervars ( <aussage> , <integer> , <variable> )
```

In der Aussage (1.Argumente) werden die noch freien Variablen, beginnend mit der Zahl im zweiten Argument, durchnummeriert. Im dritten Argument wird die letzte verwendete Zahl plus 1 übergeben.

5 Ein etwas umfangreicheres Beispiel

Als Beispiel soll hier das Dominospiel realisiert werden: eine vorgegebene Menge von Dominosteinen soll so angeordnet werden, daß die Übergangsbedingungen erfüllt sind. Dieses Beispiel zeigt einige typische Definitiosschemata in PROLOG.

```
:- op ( 230 , xfy , d ) .
```
Für die Darstellung der Dominosteine definiert man zunächst den Infix-Operator 'd', dessen Argumente die Bilder von Dominosteinen repräsentieren sollen. Die Spielzustände werden durch eine Liste von Dominosteinen der Form 'XdY' dargestellt.

```
domino ( ANFANG , LOESUNG ) :-
    generiere ( ANFANG , LOESUNG ) ,
    teste ( LOESUNG ) .
```
Eine Steinreihe ANFANG läßt sich in einen korrekte Reihe LOESUNG überführen, indem eine Lösung generiert wird, die danach - auf richtige Reihenfolge - getestet wird.

```
generiere ( ANFANG , LOESUNG ) :-
    permutiere ( ANFANG , X ) ,
    rotiere ( X , LOESUNG ) .
```
Die möglichen Lösungen erhält man durch Permutieren der Steinreihenfolge, wobei die einzelnen Steine noch gedreht werden können.

```
permutiere ( [] , [] ) .
permutiere ( L , [K:NL] ) :-
    loesche ( K , L , RL ) ,
    permutiere ( RL , NL ) .
```

Die Permutation einer leeren Liste ist eine leere Liste. Die Permutation einer nichtleeren Liste L erhält man, indem man aus dieser Liste ein Element K herausnimmt und dieses vor die permutierte Restliste RL anfügt.

```
loesche ( K , [K:L] , L ) .
loesche ( X , [K:L] , [K:NL] ) :-
    loesche ( X , L , NL ) .
```

Das Herausnehmen erfolgt von vorn durch die Liste hindurch, indem zunächst das erste, dann ein folgendes Element entnommen wird. Da 'loesche' mit dem Listenkopf beginnt, liefert 'permutiere' zunächst die Originalreihenfolge, erst danach Permutationen.

```
rotiere ( [] , [] ) .
rotiere ( [ X : L ] , [ Y : NL ] ) :-
    rotiere_stein ( X , Y ) ,
    rotiere ( L , NL ) .
```

Das Rotieren eines Steins besteht aus einer 180-Grad-Drehung, hier im Programm durch den Tausch der beiden Bilder realisiert. Die Rotation einer leeren Liste ist wieder eine leere Liste. Die Rotation einer nichtleeren Liste [X:L] erhält man durch die Rotation des ersten Elementes X, das vor die sich aus der rotierten Liste L ergebende neue Liste NL eingefügt wird.

```
rotiere_stein ( X , X ) .
rotiere_stein ( L d R , R d L ) .
```

Die erste Form der Rotation eines Steines ist, ihn nicht zu drehen; daher liefert 'permutiere' zunächst die Anfangssituation. Die Rotation geschieht dann durch Tausch der beiden Bilder des Steins.

```
teste ( [ STEIN ] ) .
teste ( [ X d Y , Y d Z : REST ] ) :-
    teste ( [ Y d Z : REST ] ) .
```

'teste' prüft schließlich die erzeugte Kombination. Besteht sie nur aus einem Stein, so handelt es sich um eine korrekte Lösung. Andernfalls ist sie nur korrekt, wenn sie aus einer Anfangskombination 'XdY' und 'YdZ' besteht, und der weitere Test mit 'YdZ' und dem REST gelingt.

```
Der Aufruf      ?- domino ( [ 2 d 3 , 5 d 7 , 1 d 3 , 5 d 2 ] , X ) .
liefert dann    X = [ 1 d 3 , 3 d 2 , 2 d 5 , 5 d 7 ]
```


6 Programmentwicklungsumgebungen

In PROLOG können sehr einfach neue Sprachebenen eingeführt werden, falls das PROLOG-System gewisse Vorausetzungen erfüllt (z.B. die Variablennamen erhält). Die Programmentwicklung kann dann erheblich vereinfacht werden, imdem eine dem Problem angemessene Sprachebene definiert wird. Ein kleiner (selbst in PROLOG geschriebener) Übersetzer überführt die Ausdrücke dieser Sprache in PROLOG-Axiome und wieder zurück. Zusammen mit einem sprachspezifischen Editor und einem Prettyprinter ergibt sich dann folgendes Konzept:

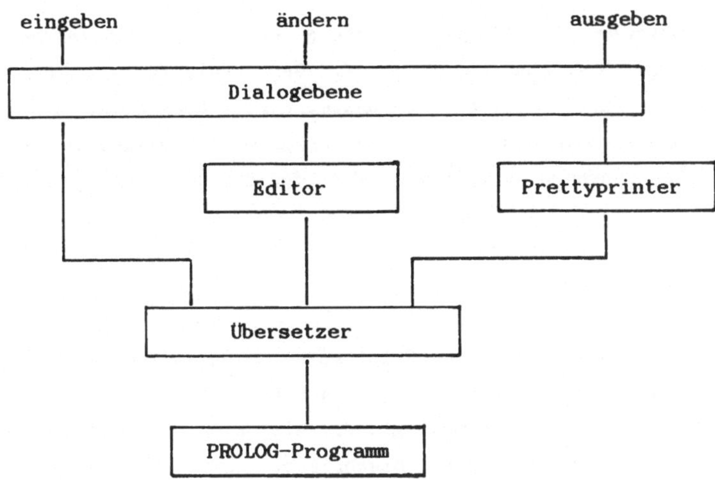

Der Benutzer sieht dabei nur seine selbstdefinerten Sprachebenen, ohne sich um die zugehörigen PROLOG-Programme kümmern zu müssen. Beispiele für solche Sprachebenen sind:

- Grammatikregeln

- algebraische Spezifikationen

- objektorientierte Notationen (OBLOG; /Gordon 1985/)

   Im japanischen '5.Generation'-Projekt wird mit diversen solchen über PROLOG liegenden Sprachebenen gearbeitet. Viele PROLOG-Systeme verfügen heute jedoch leider noch nicht über eine ausreichende interaktive Programmentwicklungsumgebung.

7 Zusammenfassung und Ausblick

   Für die Programmierung in PROLOG werden eine Reihe von Basiskonzepten verwendet:
- Rekursion: Induktion über den Termaufbau; Beispiel: Listenoperationen
- Definition von Prädikaten für einzelne Terme und neue Prädikate als Fortsetzung
  für Listen von Termen; Beispiel: Domino 'rotiere'
- Backtrackingschleife: Bespiel: Domino 'generiere(X) , teste(X)'
- Benutzerdefinierte Sprachebenen

   Die Beschränkung auf Hornformeln beinhaltet eine ganze Klasse gravierender Prolbleme in PROLOG, die eng miteinander zusammenhängen:

- Die Negation
- Mengenbildende Quantoren: Häufig besteht das Problem, Aussagen über die Menge
  aller Terme zu machen, die ein Prädikat erfüllen.

- Die starre Abarbeitungsstrategie des PROLOG-Systems: 'depth first, left to right'.

Für diese Problemklassen existieren in den gegenwärtigen PROLOG-Systemen keine logisch einwandfreien Lösungen /Naish 1984/. Der Preis für logisch einwandfreie Lösungen, insbesondere der ersten beiden Punkte, dürfte hoch sein, denn diese Punkte führen über die Hornklauseln hinaus. Beweisverfahren für allgemeine Axiomensysteme sind aber um Größenordnungen komplexer. Für den dritten Punkt sind Lösungen in Sicht:

- Ausgefeilte Coroutinenkonzepte.
- Parallele Beweisverfahren.

Ein weiterer Problembereich: PROLOG ist keine einheitliche Programmiersprache, sondern eine Programmierkonzeption. Die syntaktischen Unterschiede zwischen existierenden PROLOG-Systemen sind weit größer, als z.B. die zwischen C und PASCAL. Das Spektrum reicht von der hier beschrieben DEC10-PROLOG-Syntax über die Klauselnotation der ersten PROLOG-Interpreter bis zu streng an der Lisp-Syntax orientierten Systemen. Diese Situation ist allerdings nicht ganz so katastrophal, da Übersetzungsprogramme von einer Syntax in die andere in PROLOG relativ einfach realisierbar sind. Einige PROLOG-Systeme (z.B. Symbolics) unterstützen sowohl eine DEC-10-ähnliche als auch eine Lisp-ähnliche Syntax. Gravierender sind Bedeutungsunterschiede bei den vordefinierten Prädikaten. Hier zeichnet sich jedoch z.Zt. eine Standardsetzung durch das DEC-10-PROLOG ab.

8 Literatur

/Clocksin, Mellish 1981/ W. F. Clocksin, C. S. Mellish: "Programming in Prolog" Springer-Verlag, 1981.

/Coelho, Cotta, Pereira 1980/ H. Coelho, J.C. Cotta, L.M. Pereira: "HOW TO SOLVE IT WITH PROLOG" Laboratorio Nacional de Engenharia Civil, Lisaboa, 1980.

/Colmerauer 1970/ A. Colmerauer: "Les systemes-Q ou une formalisme pour analyser et synthetise des phrases sur ordinateur", Interner Bericht no. 43, Department d'Informatique, Universite de Montreal, Canada 1970.

/Colmerauer 1978/ A. Colemrauer: "Metamorphosis Grammers" in: L. Bolc (Ed.): "Natural Language Communication with Computers", Springer-Verlag 1978.

/Colmerauer 1982/ A. Colemrauer: "PROLOG II Referenz Manual and Theoretical Model" Group de IA, UER de Luminy, Univ. d'Aix-Marseille 1982.

/Gordon 1985/ Thomas F. Gordon: "Objekt-Oriented Pradicate Logic and its Role in Representing Legal Knowlegde" Arbeitspapiere der GMD Nr. 135, Gesellschaft fuer Mathematik und Datenverarbeitung mbH, St. Augustin 1985.

/McCabe 1981/ F.G. McCabe: "Micro-PROLOG Programmer's Reference Manual" Logic Programming Associates Ltd, London, 1981.

/Kowalski 1979/ R. Kowalski: "Logic for Problem Solving" North-Holland, 1979.

/Naish 1984/ Lee Naish: "ALL SOLUTIONS PREDICATES IN PROLOG" Technical Report 84/4, Department of Computer Science, The University of Melbourne, 1984

/Pereira, Warren 1980/ F.C.N. Perreira, D.H.D. Warren: "Definite Clause Grammers for Language Analysis - A Survey of the Formalism and a Comparison with Augmented Transition Networks", Artificial Intelligence 13, 1980.

/Pereira 1981/ F.C.N. Pereira: "Extraposition Grammers" American Journal of Computational Linguistics, Volume 7 Number 4, 1981.

/Robinson 1965/ J.A. Robinson: "A Machine Oriented Logic Based on the Resolution Principle". Journal of the ACM 12, 1965.

/Warren 1979/ D.H.D. Warren: "Prolog on the DEC-system-10" DAI Research Paper no. 127 University of Edinburgh, 1979.

ROBOTIK UND KÜNSTLICHE INTELLIGENZ

P. Levi, J. Foldenauer, Th. Löffler

Forschungszentrum Informatik
Haid-und Neu-Str. 10 - 14
D - 7500 Karlsruhe 1

Zusammenfassung

Die Fähigkeiten der gegenwärtigen Robotergeneration genügen
nicht, um einzelne Aktionen sensorgestützt zu planen und auszuführen. Aus diesem Grund muß die zukünftige Robotergeneration
die Wahrnehmung mit der Aktion im Sinne einer autonomen Ent-
scheidungsfindung verknüpfen. Soll diese Verknüpfung intelligent
sein, so müssen Methoden der künstlichen Intelligenz bei der Planung, der Ausführung und der Überwachung von Roboteraktionen eine zentrale Rolle spielen. Die Robotik fordert von der künstlichen Intelligenz, daß deren Methoden realitätsgerecht sind und
sowohl die Unsicherheiten als auch die Komplexität von realen Be-
tätigungsfeldern in sich aufnehmen. Methoden, die für eine "Klötzchenwelt" entwickelt wurden, genügen diesen Anforderungen im allgemeinen nicht. Die künstliche Intelligenz ihrerseits drängt die
Robotik, sich damit zu befassen, welches Wissen wann und wie zu
repräsentieren und z.B. bei der Steuerung eines Montageroboters
zu verarbeiten ist.

Dieser Beitrag beschreibt in einem strikten top-down Ansatz die
wechselseitigen Beziehungen zwischen der Robotik und der künstlichen Intelligenz. Er trennt die konventionellen Forschungsrich-
tungen der Robotik von denjenigen, die der künstlichen Intelligenz zuzuordnen sind. Anhand von Montageaufgaben werden die gegenwärtigen Ansätze und die zukünftigen Anforderungen an die
Strukturierung der Robotersteuerungssysteme, an die Aufgabenzerlegung und die Planung der Aktionsfolgen in Form von Manipula-
tions- und Sensorplänen charakterisiert. Ein fortgeschrittenes
Systemkonzept zur Ablaufsteuerung von Montagerobotern wird erör-
tert. Vorgestellt werden auch die neueren Ansätze der aufgabenorientierten Roboterprogrammierung. Spezielle Techniken wie Hindernisumgehung, Entwicklungen von Greifstrategien und einer Feinbewegungssynthese, die prinzipiell für den gesamten Produktions-
prozeß bedeutsam sind, werden, ohne auf Details einzugehen, herausgestellt.

INHALT

1. Einleitung

2. Fähigkeiten vorhandener Industrieroboter

3. Dritte Robotergeneration

4. Roboter: Strukturen und konventionelle Forschungsschwerpunkte
   4.1 Mechanisches System
   4.2 Sensorsystem
   4.3 Steuerungssystem

5. Intelligente Roboter
   5.1 Einfluß der Robotik auf die KI
   5.2 Einfluß der KI auf die Robotik

6. Steuerungsstrukturen für Roboter

7. Aufgabenzerlegung und sensorgestützte Aktionsplanung
   7.1 Aufgabenzerlegung
   7.2 Erstellung des Manipulationsplans
   7.3 Erstellung des Sensorplans
   7.4 Planprüfung

8. Modell einer Ablaufsteuerung für Montageroboter
   8.1 Steuerungssystem eines Montageroboters
   8.2 Montage- und Vorranggraph
   8.3 Ein Beispiel: Montage einer Laugenpumpe

9. Aufgabencodierung
   9.1 Klassifikation der Robotersprachen
   9.2 Roboterorientierte Programmierung
   9.3 Aufgabenorientierte Programmierung

10. Literatur

1. EINLEITUNG

Ein Roboter, so definiert die amerikanische Robotic Industries Association (RIA, vormals bekannt als Robot Institute of America), ist

> ein reprogrammierbarer, multifunktionaler Manipulator, der entwickelt wurde, um Material, Teile, Werkzeuge oder spezielle Geräte mit Hilfe von beliebig programmierbaren Bewegungen zu transportieren. Er ist in der Lage, zahlreiche Aufgaben durchzuführen.

Im analogen Sinn wird ein Roboter auch von der International Organization for Standardization (ISO) und von dem Verein Deutscher Ingenieure (VDI) definiert. Diese Definitionen treffen auf die zwei gegenwärtig eingesetzten Robotergenerationen zu. Ein Roboter der dritten Generation soll künftig

> a) eine bestimmte Anzahl von Aufgaben selbständig planen, durchführen und überwachen,
> b) sich adaptiv verhalten und
> c) sowohl Aufgaben als auch Algorithmen zur Druchführung und Überwachung lernen.

Die unter Punkt b) genannte Adaption läßt sich strukturieren in eine aufgabenbezogene und eine aus der Unsicherheit resultierende Komponente. Die aufgabenbezogene Adaption ("Aufgabenadaption") entspringt der Komplexität der jeweils durchzuführenden Aufgabe, die meistens im voraus nicht hinreichend gut detailliert werden kann. Sie dient vor allem der Umstellung von einzelnen Roboteraktionen im Rahmen der flexiblen Fertigung und Montage. Die adaptive Synthese von Roboteraktionen in komplexen Zustandsräumen kann eine Neuplanung erforderlich machen und somit eine modifizierte bzw. alternative Aufgabendurchführung erzwingen, welche die ursprüngliche Operationsfolge korrigiert. Hierbei müssen u.a. Probleme bezüglich besser angepaßter Aufgabenspezifikationen, Objektdarstellungen und Manipulationspläne gelöst werden.

Im Gegensatz zur aufgabenorientierten Anpassung liegt die Problematik bei der Unsicherheitsadaption in der Ableitung von modifizierten Aktionsfolgen auf der Basis von Diskrepanzen, die zwischen realen Zuständen und einem internen (mit a priori gegebenen Erwartungswerten) Weltmodell diagnostiziert werden. Typische Unsicherheiten beziehen sich z.B. auf die spätere exakte Position und Orientierung von Werkstücken. Diese "Unsicherheitsbewältigung" ist für die Feinbewegung eines Robotergreifers notwendig. Eine Feinbewegungssynthese kann als eine Implementierung einer Strategie definiert werden, die die Unsicherheiten so lange reduziert, bis die gewünschte Zielkonfiguration erreicht ist. Eine derartige Synthese enthält typischerweise:

> . überwachte Bewegungen, um die gewünschten Konfigurationen zu erhalten
> . korrigierende Bewegungen, um die Positionsgenauigkeit von ungewollten Konfigurationen zu erhöhen
> . informationssammelnde Bewegungen, um die Positionsungenauigkeit zu reduzieren
> . Schleifen, um überwachte Bewegungen, die nicht erfolgreich waren, zu wiederholen
> . Unsicherheitsvariablen, die durch korrigierende und informationssammelnde Bewegungen aktualisiert werden.

Roboter der dritten Generation können sehen und sind "intelligent". Sie verfügen über zahlreiche verschiedene Sensoren, deren Informationen zu integrierten Merkmalsdarstellungen und zu logischen Aussagen verarbeitet werden können (multisensorielle symbolische Bildverarbeitung), sowie über Verfahren der künstlichen Intelligenz, die die selbständige Verknüpfung zwischen Wahrnehmungen und Aktionen ableiten.

Die künstliche Intelligenz spielt dabei die zentrale Rolle, eine Maschine in die Lage zu versetzen, eigenständig zu planen, Bedingungen wahrzunehmen, die nicht a priori bekannt waren, und dann zu entscheiden, welche Aktionen ausgeführt werden sollen. Kurz gesagt, ein Roboter dieser zukünftigen Generation kann Aufgaben durchführen, die Adaptionsvermögen und Verfahren der künstlichen Intelligenz zugrunde legen. Die Programmierung erfolgt aufgabenorientiert (textuell oder natürlichsprachlich) und kann durch grafische Hilfsmittel unterstützt werden.

Die anfangs zitierte Roboterdefinition der RIA vernachlässigt den in komplexen Aktionsräumen mit unsicheren Zuständen bedeutsamen Adaptionsaspekt und erweist sich für Roboter der dritten Generation als unadäquat. Eine geeignetere Begriffsbestimmung ist die folgende:

> Ein Roboter ist eine mit Sensoren ausgerüstete Maschine, die eine Klasse von definierten Aufgaben unter Bedingungen, die nicht a priori bekannt sind, selbständig lösen kann. Die hierzu notwendigen Planungs-, Durchführungs-, und Überwachungsschritte können unter Eigenregie aufgebaut bzw. gelernt werden.

Diese Definition enthält implizit die geforderte Flexibilität und berücksichtigt die Verknüpfung von Wahrnehmung und Aktion. Die erwähnte Selbstorganisationsfähigkeit (Lernfähigkeit) befindet sich allerdings gegenwärtig noch in der Phase der Grundlagenforschung und soll daher in diesem Beitrag nicht weiter behandelt werden.

Robotik ist die Wissenschaft, die sich mit der Konstruktion (Entwurf und Aufbau) und dem Einsatz von Robotern befaßt. Sie hat sich daher auch mit klassischen ingenieurwissenschaftlichen Disziplinen wie der Kinematik, der Dynamik und der Regelungstechnik zu befassen. Wir werden sowohl diese klassischen Disziplinen als auch die Fähigkeit der jetzt noch eingesetzten Robotergenerationen veranschaulichen. Diese Beschreibung dient dem Ziel, die Roboter in ihre drei wesentlichen Strukturkomponenten Mechanik, Sensorik und Steuerung zu untergliedern und soll die konventionellen Forschungsschwerpunkte der Robotik von den zukünftigen abgrenzen, die ihrerseits stark mit den Themen der künstlichen Intelligenz korrespondieren. Die Beziehung zwischen der Robotik und der künstlichen Intelligenz wird schließlich das Hauptthema unserer Ausführungen sein. Wir werden strukturierte Steuerungssysteme für Roboter, Systeme zur Ablaufsteuerung von Montagerobotern und die aufgabenorientierte Programmierung von Robotern kennenlernen. Für die Planung, die Ausführung und die Überwachung von Roboteraktionen sind verschiedene Arten des Argumentierens (reasoning) zu implementieren, deren Grundtechniken in diesem Beitrag aber nicht zur Sprache kommen. Diese werden vielmehr in einem nachfolgenden Beitrag, der sich dem objektorientierten Argumentieren (Grobbewegung, Greifstrategie, Feinbewegung etc.), dem aufgabenorientierten Argumentieren (qualitative Prozeßtheorie, Metawissen etc.) und der Überwachung in Form von aktionsorientiertem Argumentieren widmet, enthalten sein.

Als Isaac Asimov 1940 seine drei Gesetze der Robotik verfaßte, beabsichtigte er, Roboter nach dem menschlichen Vorbild agieren zu lassen. Gegenwärtig beschäftigt sich unsere Gesellschaft jedoch mit der Frage, wie sie zu den Robotern steht. Daher wurden 1985 die ersten drei Gesetze durch drei weitere Gesetze ergänzt /Nof 85/. Der gesamte "Robotik Kodex" kann wie folgt beschrieben werden:

```
------------------------------------------------------------
|                                                          |
|   1. Ein Roboter darf keinen Menschen verletzen, oder    |
|      durch Untätigkeit zu Schaden kommen lassen.         |
|                                                          |
|   2. Ein Roboter muß den Befehlen der Menschen gehor-    |
|      chen, es sei denn, diese Anweisungen stehen im      |
|      Widerspruch zum ersten Gesetz.                      |
|                                                          |
|   3. Ein Roboter muß seine eigene Existenz schützen,     |
|      solange sein Handeln nicht dem ersten oder          |
|      zweiten Gesetz widerspricht.                        |
|                                                          |
|   4. Roboter müssen Menschen in gefährlichen Arbeits-    |
|      bereichen ersetzen.                                 |
|                                                          |
|   5. Roboter müssen Menschen bei Arbeiten ersetzen,      |
|      die diese nicht ausführen wollen.                   |
|                                                          |
|   6. Roboter sollten Menschen ersetzen, deren Arbeit     |
|      durch Roboter ökonomischer durchgeführt werden      |
|      kann, sofern Menschen diese Arbeit nicht aus-       |
|      führen wollen.                                      |
|                                                          |
------------------------------------------------------------
```

2. FÄHIGKEITEN VORHANDENER ROBOTER

Die Fabrik der Zukunft kann man sich als ein komplexes Feld von rechnergesteuerten Prozessen vorstellen, die in einzelne Fertigungszellen aufgeteilt und über ein Informationssystem (offline: Planung, Entwurf, Teilebeschreibung; on-line: Maschinen-Status, Teile-Status) miteinander verbunden sind. Innerhalb der einzelnen Zellen bestimmen Virtuosen wie programmierbare Werkzeugmaschinen und fest installierte bzw. mobile Roboter den Leistungsgrad dieser flexiblen Maschinerie /Spur 85/. Gegenwärtig ist die rechnerintegrierte Fertigung (CIM) der Kern der zukünftigen Weiterentwicklung traditioneller Produktionstechniken (Serienfertigung), die in Richtung von flexiblen Fertigungssystemen (FMS) mit geringen Stückzahlen und einer großen Produktvielfalt expandiert. Anhand der historischen Entwicklung, die zu dieser integrierten Fertigungspraxis geführt hat, sollen im folgenden die beiden bereits in der Praxis eingesetzten Robotergenerationen charakterisiert werden.

Die Funktionen eines Fertigungsprozesses können, was die durch Sensoren zu erfassende und zu verarbeitende Informationstypen bzw. Signalart betrifft, in die folgenden fünf Klassen eingeteilt werden /Spur 84/: Ort, Zeit, Material, Menge, Geometrie.

Die Materialinformation bezieht sich u.a. auf die Qualität der Rohteile und die Güte der Fügeoperationen durch einen Industrieroboter. Die Mengeninformation dient der Überwachung von Mengenflüssen wie Stückzahl und Durchfluß. Die geometrische Information stellt die Veränderungen der Oberflächengestalt wie Fertigteilgestalt, Form- und Lagegenauigkeit sowie die Oberflächenbeschaffenheit dar. Die Lageinformation dient der Überwachung der bewegten Objekte im Raum wie Translation und Orientierung. Die Zeitinformation beschreibt die Änderung der zeitlichen Ablauffolge wie Zeitpunkte und Vorrang, sowie zeitabhängige Meßgrößen wie Frequenz, Geschwindigkeit und Beschleunigung.

In allen aufgezeigten Fällen geht es darum, Sensoren einzusetzen, um
Unsicherheiten innerhalb des Produktionsvorgangs auszuschließen, d.h.
sie zu erkennen und angemessen darauf zu reagieren. Im Bereich der industriellen Montageroboter lassen sich bestehende Unsicherheiten zu-
rückführen auf:

- Unsicherheiten durch die in der Montage eingesetzten Werkzeuge
  (Roboter, Zuführungen, Fixierungen)
- Unsicherheiten, die von den Teilen selbst herrühren (Fertigungsto-
  leranzen).

Es gibt prinzipiell zwei verschiedene Wege, um diese Unsicherheiten
in einem Montagefeld zu umgehen:

1. Vermeidung aller Unsicherheiten bereits in der Phase der Anlagepla-
   nung

2. Auflösung der Unsicherheiten durch den Einsatz von Sensoren und
   Verfahren der künstlichen Intelligenz.

Der erste Weg entspricht der traditionellen Vorgehensweise. Er führte
sehr schnell zu starren Systemen, die teuer sind und viel Zeit erfordern. Gemeint sind hiermit insbesondere die Planung und der Bau von
speziellen Komponenten zur Teilebereitstellung. Diese Lösung macht
den raschen Wechsel auf ein anderes, ähnliches Produkt (Flexibilität)
durch hohe Umrüst- und Nebenzeiten bald unwirtschaftlich.

Die Entwicklung der einzelnen Robotergenerationen spiegelt das Verlassen des ersten Lösungsansatzes und die Hinwendung zum Sensoreinsatz
und für KI wider.

E r s t e   R o b o t e r g e n e r a t i o n. Diese Roboter (z.B.
Unimation 2000, 1975) können nur feste Haltepunkte anfahren (z.B.
Punkt-zu-Punkt Steuerung) und werden mit Hilfe einer "teach-box" programmiert. Sie benutzen keine Sensoren (z.B. Kamera) zur Objekterken-
nung und zur Bahnsteuerung. Sie sind Kraftprotze, die "dumm und blind"
sind und können nur für sehr einfache Aufgaben (pick-and-place) eingesetzt werden. Ihre Umgebung muß aufgabenspezifisch präpariert werden,
damit sie ihre Aktionen durchführen können. Einsatzbeschränkungen, die
notwendig sind, beziehen sich auf exakte Werkstückpositionierungen,
auf feste räumliche Beziehungen zu anderen Maschinen und auf Sicher-
heitsvorkehrungen. Die erste Robotergeneration hat nur motorische Fähigkeiten.

Z w e i t e   R o b o t e r g e n e r a t i o n. Diese Roboter verfügen neben der Optimierung der Bewegungsfunktion (Motorik) zusätzlich
über sensorische Fähigkeiten (z.B. PUMA 600, 1980). Es wird damit begonnen, die Sensorik mit der Motorik zu verschmelzen, um sowohl Objekte bahngesteuert zu führen, als auch Korrekturen an dem im Steuerungs-
rechner gespeicherten Anwendungsprogramm anzubringen. Diese letztere
Fähigkeit ist insbesondere für komplexe Fertigungsaufgaben (z.B. Montage) erforderlich. Ein typischer Roboter der zweiten Generation verfügt daher über einen Mikroprozessor für jeden Freiheitsgrad und über
einen Steuerrechner, der sowohl diese Prozessoren überwacht und koordiniert als auch Funktionen höherer Ebene (z.B. Strategieentscheidun-
gen oder Aufgabenzerlegung) zur Verfügung stellt /Rosen 85/. Im Gegensatz zur ersten Generation ist diese Robotergeneration aufgrund der
vorhandenen Rechnerkapazität im Sinne der Informatik programmierbar
(z.B. VAL, RAIL, /Blume 83a/). Diese Sprachen enthalten auch Sensoranweisungen, so daß das Einlernen einer Folge von Manipulationsaktionen
mit Hilfe einer "teach-box" entfällt. Gleichwohl müssen aber die einzelnen Bewegungsabläufe in der Programmiersprache explizit angegeben

werden (explizite Programmierung). Das Programmierobjekt ist stets der Roboter selbst und nicht die Objekte oder gar die Aufgabe.

3. DRITTE ROBOTERGENERATION

Die zukünftige, dritte Robotergeneration wird mit mehreren Sensoren ausgestattet sein und mit anderen Maschinen (Robotern) kommunizieren können, um die Motorik und die Sensorik in ein Gesamtsystem zu integrieren. Diese Generation wird anpassungsfähiger (flexibler) sein als ihre Vorgänger, da sie sich adaptiv verhalten kann. Diese Fähigkeit zur Selbstorganisation erlangt ein Roboter der dritten Generation zum einen durch eine verbesserte Sensorausstattung /Burckhard 85/ und zum anderen durch die Nutzung von KI-spezifischen Modellen des Produktionsprozesses bzw. der natürlichen Szene. Zur Aktualisierung (Verbesserung) dieses Modellwissens trägt die Kommunikationsfähigkeit dieser Generation bei. Dieses Weltwissen ist notwendig, um die Sensorinformation in adäquate steuerungstechnische Strukturen bzw. Modelle einzubringen. Erst durch diese Umsetzung erhält die Sensorinformation ihre aktionsbezogene Bedeutung und kann nun Änderungen von Standardbedingungen, die durch Sensoren detektiert wurden, in entsprechende Modifikationen des Fertigungsablaufs umrechnen und über den Steuerrechner anweisen /Iberall 84/.

Die Programmierung dieser Roboter erfolgt aufgabenorientiert auf implizite Weise. So kann eine Anweisung eines Steuerungsprogramms für die Montage wie folgt lauten:

Befestige Teil A auf Teil B mit einer M8-Schraube.

Ein Planungsprogramm interpretiert diese Anweisung und erzeugt anschließend die richtige Folge von weiteren Teilaufgaben und Aktionen. Es sollte alle verwendeten Schraubenarten kennen und veranlassen, daß diese Schraube durch den Roboter aus dem Regal geholt und in die zuvor korrekt ausgerichteten Teile A und B eingefügt wird. Danach wird der feste Sitz der Schraube überprüft. Stellt man sich im Vorgriff auf zukünftige Roboterrealisierungen einen solchen "intelligenten" Roboter der 3. Generation vor, so kann er folgendermaßen kurz beschrieben werden: Er muß Aufgabenpakete in einzelne Arbeitsschritte zerlegen können (planen) und sie in einer sich ändernden Umgebung (adaptives Verhalten) durchführen können. Mit Hilfe der Sensordaten aktualisiert er sein Weltmodell und trifft diesbezügliche Aussagen (Signal/Symbol Transformation), um die Folgerungen (Handlungsfolge) in Arbeitsschritte (Aktionen) aufzulösen. Roboter, die mit diesen Fähigkeiten ausgestattet sind, müssen sowohl über ein Multisensorsystem (visuell, taktil, akustisch) mit einer sehr komplexen Bildverarbeitung (maschinelles Sehen) als auch vor allen Dingen über maschinelle Intelligenz in Form von Wissensbasen und darauf operierenden Inferenzmechanismen verfügen. Im einzelnen fallen hierunter die folgenden Teilgebiete der KI: Problemlösung, Planung, automatische Programmierung und Verifikation, Lernen, Verstehen von natürlicher Sprache und Argumentieren (bei unsicheren Gegebenheiten). Diese Teilbereiche befinden sich derzeit noch in einem frühen Stadium der Entwicklung. Es läßt sich aber bereits absehen, daß die laufenden Forschungsanstrengungen erst in einem Zeitraum von etwa fünf Jahren wichtige Teilergebnisse hervorbringen, die dann in der industriellen Fertigung eingesetzt werden können/Hunt 85/.

Mobile Roboter, die sich in einer natürlichen Umgebung selbständig bewegen und eigenständige Entscheidungen treffen, bieten sowohl für den Haushalt als auch für Dienstleistungssektor bemerkenswerte Einsatzmöglichkeiten. Die Dienstleistungen beinhalten den Konstruktionsbereich, die Ausbildung, das Transportieren und Verteilen von Gütern, die Feuerbekämpfung, den Dienst im Krankenhaus, im sozialen Bereich (z.B. Unterstützung von Behinderten), in der Landwirtschaft etc.

Bevor autonome mobile Robotersysteme technisch ausgereift verfügbar sind, kann man sich ein hybrides Teleoperator/Roboter-System vorstellen, dessen Großteil der Systemintelligenz vom Menschen stammt. Diesem System stehen die modernsten benutzerfreundlichen Schnittstellen in Form von Spracheingabegeräten, Schaltern und Steuerknüppel zur Verfügung, um die Manipulation des Roboters zu steuern. Für den Haushalt kann man sich ein kleines elektrisch angetriebenes Fahrzeug vorstellen, das mit einem beweglichen Arm, einer Hand, mit visuellen und taktilen Sensoren ausgestattet ist und das durch einen Steuerknüppel und eine Spracheingabe gesteuert werden kann. Es ist mit speziellem Zubehör ausgestattet, um Objekte zu heben, zu putzen etc. Hohe Geschwindigkeit und Präzision sind nicht erforderlich.

4. ROBOTERSTRUKTUREN UND KONVENTIONELLE FORSCHUNGSSCHWERPUNKTE

Ein Roboter kann wegen seiner Fähigkeiten (Intelligenz) und seiner konstruktiven Struktur gut charakterisiert und gegen andere technische Systeme abgegrenzt werden, die im sensormotorischen Bereich keine derart signifikanten Potentiale bereitstellen und die in der Robotik permanent ausgebaut werden.

Ein Roboter setzt sich aus drei wesentlichen Komponenten zusammen: Mechanik, Sensorik und Steuerung. Bild 4.1 zeigt eine verfeinerte Darstellung dieser drei Komponenten:

MECHANIK

Greifer	
Arme	Kinematik
Füße	Dynamik
Antriebe	Lokomotion
Einspannverrichtungen	

SENSORIK

Sichtsystem	Multisensorik
taktiler Sensor	Ikonik
Kraft/Drehmoment	Symbolik
Abstandsmessung	Signal/Symbol Transformation
Näherungssensor	Weltmodell

STEUERUNG

Gelenkregelung	Planung
Servosteuerung	Aufgabenzerlegung
Multiprozessorsystem	Problemlösung
Architektur	Programmierung
Kommunikationsprotokoll	Schlußfolgern
	Überwachung

Bild 4.1: Die drei Grundbausteine eines Roboters und die zugehörigen theoretischen Forschungsbereiche

4.1 Mechanisches System

Die Genauigkeit bzw. Wiederholgenauigkeit vieler Roboter ist heute bei
einer Belastung des Greifers nicht ausreichend. Daher werden in den
Laboratorien Anstrengungen unternommen, die Antriebe für die einzelnen
Robotergelenke (elektrisch, pneumatisch, hydraulisch) weiterzuentwik-
keln /Coiffet 84/. So wird u.a. am MIT einem elektrischen Direktan-
trieb gearbeitet /Nagel 84/.

Nicht immer wird aber eine erhöhte Genauigkeit benötigt. In diesen
Fällen wird daran gearbeitet, mit z.B. nachgiebigen (compliant) Greifern zu montieren /Mason 82/, /Lozano-Perez 85a/. An dem Charles Stark
Draper Laboratory z.B. konzentriert man sich seit einigen Jahren auf
diese speziellen Entwicklungen /CSDL 83/.

Ein Endeffektor ist eine Funktionseinheit, die mit dem Handgelenk eines Roboters verbunden wird. Im wesentlichen werden drei Typen von
Endeffektoren unterschieden: Hand, Werkzeug und Hand/Werkzeug-Halter.
Im folgenden konzentrieren wir uns nur auf den wichtigsten Endeffektor: die Hand. Es gibt zwei wesentliche Entwicklungsrichtungen, die
Handkonstruktionen voranzutreiben: die **schnell wechselbare** (quick
change) Hand und die **geschickte** (dexterous) Hand. Die **schnell wechselbare** Hand kann der Roboter "abstreifen" und sich eine neue Hand "an-
heften". Das größte Hemmnis in diesem Bereich ist das Fehlen einer
Norm für das Anbringen der Hand an den Arm. Diese Norm muß nicht nur
die physikalische Verknüpfung festlegen, sondern sie muß auch die
Schnittstellen für die Stromversorgung und die Steuerung standardisie-
ren.

Die Entwicklung einer **geschickten** Hand, die für möglichst viel
Anwendungen benutzbar ist, ist nach wie vor noch ein Gegenstand der
Forschung. Die Hand sollte mehrere (z.B. 2 oder 3) Finger haben. Jeder
Finger sollte eine Geschicklichkeit besitzen, wie die eines menschlichen Fingers. Er muß sowohl starr ("Knochen") als auch nachgiebig
("Fleisch") sein, auf der Oberfläche taktile Sensoren ("Haut") haben
und über Näherungssensoren für die Kollisionsvermeidung (kein menschliches Äquivalent) verfügen. Die geschickte Hand kann mit einem
Kraft/Drehmomentsensor im Handgelenk, einem visuellen Sensor (hand-in-
eye), einem Abstandssensor (Laser, Ultraschall) und Berührungssensoren
ausgerüstet sein. Die direkte Auswertung der Signale sollte direkt in
der Hand (Sensorprozessoren) erfolgen.

Ein Beispiel für eine dreifingrige geschickte Hand ist diejenige, die
gegenwärtig gemeinsam von der Universität von Utah und vom MIT entwik-
kelt wird /Jacobsen 84/.

M o b i l e   R o b o t e r. Die meisten industriell eingesetzten Roboter sind ortsfest. Die Bewegung der mobilen Roboter erfolgt in Abhängigkeit von dem Gelände, in dem sie eingesetzt werden sollen, mit
Rädern, Ketten, Düsen oder Schiffsschrauben. Die meisten dieser Roboter sind radgestützt. Zu den Schwierigkeiten, die es im Bereich der
Mobilität zu überwinden gilt, zählen /Giralt 84/:

a) Stabilitätsprobleme des mechanischen Systems /Wittenburg 85/,
   /Miuara 84/
b) Navigation und relative Positionierung (andocken) des Fahrzeugs
   /Dillmann 85a/, /Freyberger 84/
c) Entwicklung von Verfahren der multisensoriellen Bildverarbeitung
   zur Hinderniserkennung und -vermeidung /Moravec 84/.

Seitens der Manipulationen und nicht von der technischen Entwicklung
her, wie wir es bislang betrachtet haben, sind im Zusammenhang mit der

Mechanik eines Roboters die beiden Schwerpunkte Kinematik und Dynamik
zu nennen /Walker 85/.

K i n e m a t i k. Die Position und die Orientierung einer Roboterhand
wird mit Hilfe von Frames (nicht zu verwechseln mit der Wissensrepräsentation gleichen Namens) in zwei verschiedenen Koordinatensystemen
beschrieben /Paul 83/:

- Gelenkkoordination
- Weltkoordinaten.

Gelenkkoordinaten müssen benutzt werden, um die Befehlsfolge an die
einzelnen Gelenke eines Roboters auszugeben, die den Greifer an die
gewünschte Stelle fahren. Die Benutzer von Robotern ziehen es jedoch
vor, den Greifer in Weltkoordinaten zu beschreiben /Blume 81/. Neben
den Ortskoordinaten spielen auch die Geschwindigkeiten und die Beschleunigungen der einzelnen Gelenke des Roboters eine zentrale Rolle.
Den Zusammenhang zwischen den Geschwindigkeiten der Gelenkvariablen
und der Geschwindigkeit bzw. der Winkelgeschwindigkeit des Greifers
stellt die Jacobische Matrix dar. Sie ist aufwendig zu berechnen, darum werden in der Literatur immer noch viele Verfahren angegeben, die
die Berechnung dieser Matrix optimieren z.B. /Orin 84/.

D y n a m i k. Die Dynamik setzt die angewendeten Kräfte bzw. Drehmomente zu den Bewegungen der Gelenke (Positionen, Geschwindigkeiten
und Beschleunigungen) in Beziehung. Zwei Dynamikprobleme können unterschieden werden /Horn 79/:

. Das "Vorwärtsproblem" - aus den angewendeten Kräften und Dreh-
  momenten werden die Geschwindigkeiten der Gelenke abgeleitet.
. Das "inverse Problem" - aus den vorhandenen Bewegungen der Gelenke werden die hierfür notwendigen Kräfte/Drehmomente berechnet.

Die dynamischen Gleichungen eines Roboterarmes bestehen aus n gekoppelten Differentialgleichungen zweiter Ordnung. Sie sind komplex, da
sie Terme von jeweils zwei benachbarten Gelenken enthalten (Reaktion
und Coriolis-Drehmoment). Vollständige, nicht linearisierte Lösungsansätze beruhen auf iterativen Verfahren, die sich entweder auf den La-
grange-Formalismus oder auf den Newton-Euler-Ansatz stützen /Holler-
bach 82/. Keines dieser beiden Verfahren ist dem anderen in bezug auf
Rechenaufwand deutlich überlegen. Beide Verfahren benötigen spezielle
Rechnerstrukturen, um in Realzeit ablaufen zu können.

4.2 Sensorsystem

Sensoren dienen der Reduktion bzw. der Auflösung von Unsicherheiten.
Sie werden bei Robotern eingesetzt, um Augenblicksinformation für Ableitung späterer Aussagen zu erzeugen oder um Roboteraktionen gezielt
zu steuern. Für einen Montagevorgang z.B. muß das Objekt erkannt (Kamera), gegriffen (Kamera, Druck), transportiert (Kamera) und gefügt
(Kraft/Drehmoment) werden. Die bedeutsamste Sensorart bildet bislang
die Kamera. Sie dient der Unterstützung der folgenden Aufgaben:

. Identifikation, Lokalisierung und Orientierung von Objekten
. einfache Inspektionsaufgaben (ist das Teil vollständig?...)
. visuell geführte Bewegung
. Navigation und Bildanalyse.

Betrachtet man z.B. die Kriterien zur Bestimmung eines Greifpunktes,
so spielen die Geometrie des Objektes, die geometrischen Restriktionen

und die Unsicherheiten zur Durchführungszeit die wesentlichen Kriterien zur Bestimmung der Wirkflächen und der Stabilität. Selbst wenn der Greifpunkt regelbasiert bestimmt wird, so sind Sensoren unumgänglich. Geeignete notwendige Bedingungen zur Greifpunktbestimmung lauten wie folgt:

- . 2 Flächen
- . Fläche und Eckpunkt
- . Fläche und Kante
- . Paare koplanarer Kanten.

Zwei Eckpunkte eignen sich nicht, da sie nicht rotationsstabil sind. Kanten und Eckpunkte sind zum Greifen ungeeignet, da sie gegen Verdrehungen anfällig sind etc.

Die Verifikation dieser Bedingungen ist ohne Sensoren nicht möglich. Neben der Kamera oder dem Laserabtaster sind noch weitere Sensoren notwendig. Dies wird deutlich, wenn man sich allein die Evaluierungskriterien für die Stabilität eines Greifpunktes betrachtet. Die folgenden Maße sind hierfür notwendig:

- . Verrutschen (Druck, Kraft)
- . Verdrehen (Druck, Drehmoment)
- . Kippen (Drehmoment).

Sensoren lassen sich grob einteilen in taktile Sensoren (Kraft, Drehmoment, Druck, Temperatur, Position) und in nicht-taktile Sensoren (Kamera, Laser, Näherungsschalter, ...). Bei den nicht-taktilen Sensoren ist die Bildverarbeitung am weitesten vorangeschritten.

Die Bildverarbeitung kann in die ikonische und symbolische Bildverarbeitung eingeteilt werden. Die ikonische Bildverarbeitung befaßt sich mit bildhaften Beschreibungen. Die symbolische Bildverarbeitung arbeitet mit sinnbildlichen Beschreibungen. Die ikonische Bildverarbeitung befindet sich in einem Stadium, in dem sehr viele Verfahren bereits bekannt sind. Was allerdings noch fehlt, ist die Vereinheitlichung der Grundfunktionen der Bildverarbeitung und der Merkmalsextraktion aus Grauwertbildern /Levi 85a/. Die symbolische Bildverarbeitung steht erst an ihrem Anfang /Binford 82/, /Niemann 85a/.

Die mehr konventionellen Forschungsschwerpunkte für nicht-taktile Sensoren lassen sich wie folgt aufzählen:

- . Entwicklung von Laserabtastern
- . effiziente Verarbeitung von Abstandsdaten
- . Verbesserung der Stereoverfahren /Dreschler 85/
- . Entwicklung von 3-D Sichtsystemen (Kamera und Laser) /Besl 85/
- . verbessertes Verständnis der Schnittstelle zwischen ikonischer und symbolischer Schnittstelle
- . Entwicklung einer multisensoriellen ikonischen Bildverarbeitung /Rembold 84a/
- . Kopplung von CAD mit Sichtsystemen
- . Verbesserung der "shape from shading, motion..." Verfahren /Ballard 82/
- . Entwurf von speziellen Architekturen für Bildverarbeitungsrechner auf der Basis von VLSI.

Taktile Sensoren benötigen für ihre Wirkungsweise physikalischen Kontakt mit dem Objekt, dessen Eigenschaften gemessen werden sollen. Sie werden daher auch als Kontaktsensoren bezeichnet. Trotz der großen Bedeutung dieser Sensoren z.B. für den Greifvorgang und die Feinbewegung

des Roboters sind taktile Sensoren nicht weit entwickelt
/Harmon L. 84/. So wird jetzt erst damit begonnen, mit Hilfe von Dehn-
meßstreifen (strain gauges) Drucksensoren in die Fingerspitzen einzubauen. Die meisten der aufwendigen und komplexeren taktilen Sensoren
befinden sich in den Laboratorien noch im Entwicklungsstadium.

Gegenwärtige Forschungsarbeiten laufen auf den folgenden Gebieten:

> . Entwicklung von Materialien, die weniger verschleißen und sehr
>   geringe Hystereseeigenschaften haben, um eine künstliche Haut
>   aufzubauen
> . Entwicklung von Halbleitersensoren (z.B. piezo-elektrische)
> . Felder von taktilen Sensorelementen, die bereits Verarbeitungs-
>   elemente enthalten
> . Interpretation von Druckbildern.

Diese Schwerpunkte zeigen bereits, daß die noch zu lösenden Probleme
(1) in einer Verbesserung der Technologie, (2) in einer Verbesserung
der Druckbildinterpretation und (3) in einer Integration der Druckin-
formation mit den anderen Sensoren, um das Steuerungssystem flexibler
bezüglich der Aufgabendurchführung zu machen, liegen.

4.3 Steuerungssystem

Das klassische Steuerungssystem eines Roboters überwacht die Bewegungen eines Manipulators im hindernisfreien Raum mit Hilfe eines Posi-
tionsservoantriebs für jedes Gelenk. Wenn von dem Manipulator zusätzlich verlangt wird, daß er der Bewegung unter einem definierten
Kraft/Drehmoment ausführt, so müssen neben den Positionen auch diese
beiden Servoantriebe geregelt werden. Die Verfahren hierfür stammen
aus der Regelungstechnik /Vukobratovic 85/. In Deutschland und in Japan wurden viele Anstrengungen unternommen, um Modelle für nichtlineare Steuerungen zu entwickeln. Diese Verfahren können auch für die -
koordinierte Bewegung von mehreren Robotern eingesetzt werden
/Freund 84/.

In dem Maße, wie die Entwicklung von Greifern und ihren Stellmechanis-
men voran geht, werden an das Steuerungssystem neue Anforderungen gestellt. Die Vorteile der "geschickten" Hand, der Sensoren, der Programmierung durch Sensoren /Hirzinger 84/, der Mobilität und der Komplexität der neuen Fertigungsaufgaben erweitern alle die Fähigkeiten
des Steuerungssystems. An den folgenden einzelnen Schwerpunkte des Robotersteuerungssystems wird gegenwärtig gearbeitet.

H i e r a r c h i s c h e   S t e u e r u n g s s t r u k t u r /
P r o g r a m m i e r v e r f a h r e n . Das Steuerungssystem eines
Roboters der zweiten Generation zeigt üblicherweise die folgende Ebe-
nenaufteilung:

> (1) Servosteuerung zur Erzeugung eines geschlossenen Regelkreises
> (2) Transformation von kartesischen in Gelenk-Koordinaten
> (3) Interpolation von Trajektorien auf der Basis von Stützpunkten
> (4) Roboterorientierte Sprache mit geringen Möglichkeiten der Sen-
>   sormanipulation.

Die zukünftigen Anstrengungen werden sich auf den nach oben gerichteten Ausbau dieser Hierarchie richten. Die 5. Ebene könnte durch den
Einsatz von mehreren Armen, von geschickten Händen, Bewegungsmechanis-
men und weiteren mechanischen Fortentwicklungen definiert werden. Die
6. Ebene wird durch eine aufgabenorientierte Sprache dargestellt (vgl.
Abschn. 9). Graphische Systeme werden dazu dienen, sowohl die Program-

mierung von Robotern, als auch die Simulation ihrer Aktionen dem Anwender zur Verfügung zu stellen /Dillmann 85b/. Betriebssysteme für
Roboter könnten von dem Programmierer die Last der elementaren Sensor-
steuerung und der Kommunikation wegnehmen. Sie werden ähnlich eingesetzt wie die heute verwendeten Betriebssysteme für Rechner.

Die wesentliche Forschungsrichtung auf dem Gebiet der mobilen Roboter
wird die autonome Steuerung sein. Sie enthält Antriebssteuerungen, die
Sensorverarbeitung, die Navigation, die Hindernisumgehung und die Kommunikation (Protokoll und Übertragungsstrecke).

Der Leser hat sicher bereits erkannt, daß die bislang erwähnten (konventionellen) Forschungslinien eine sich verbreiternde und stabilisie-
rende Basis bereitstellen, die es ermöglicht, künftig die methodischen
Grundlagen der KI intensiver als bisher in die Robotik einzufügen und
zur experimentellen Erprobung von Adaptions-/Selbstorganisationsmodel-
len zu nützen, wodurch nicht zuletzt Robotersysteme mit neuartigen
internen Kommunikationsstrukturen in den Mittelpunkt rücken.

V e r t e i l t e s   S y s t e m. Sowohl die Steuerung jeder Achse
eines Roboters mit einem Mikroprozessor als auch die soeben erwähnte
Kommunikationsfähigkeit von Robotern setzt voraus, daß ein ganzes Netz
von Rechnern aufgebaut werden muß, damit Roboter als Echtzeitsysteme
agieren können. Diese Forderung nach einem verteilten System kommt
aber auch durch die Strukturierung des Steuerungssystem zustande. Jede
Steuerungsebene hat ihren eigenen Prozessor. Eine Anweisung einer höheren Ebene erzeugt mehrere Anweisungen in der nächsten Ebene usw. die
ganze Kette hinunter. Einzelne Funktionen wie Sensorverarbeitung, End-
effektorsteuerung etc. werden durch separate Prozessoren bearbeitet.

D a t e n b a n k a n s c h l u ß. Die zuvor geforderte Schnittstelle
zu anderen Rechnern auf der Basis von lokalen Netzen liefert auch die
geeigneten Schnittstellen, um auf CIM-Datenbanken zugreifen zu können.
Die geometrischen und physikalischen Eingenschafte der zu notierenden
Teile sind bereits in diesen Datenbanken abgespeichert.

Desweiteren ist es heute absehbar, daß Roboterberichte für die Steuerung der Arbeitszelle benötigt werden, und daß von dem Steuerungssystem
der Fertigungsstraße (shop flor) Aufträge an die Arbeitszelle erteilt
werden. Somit muß das Robotersteuerungssystem auf andere Datenbanken
zugreifen und mit anderen Fertigungssystemen kommunizieren.

Es wird in vielen Laboratorien an der Integration von einzelnen Komponenten (CAD, Sichtsysteme, Roboter) zu einem kompletten CIM-System gearbeitet. Allerdings sind wesentliche Beiträge erst später zu erwarten. Ein bedeutender Schritt in diese Richtung ist MAP (Manufacturing
Automation Protocol), das von Generals Motors initiiert wurde. Es
sollte jedoch nicht unerwähnt bleiben, daß allein die Verknüpfung von
Sichtsystemen mit CAD-Systemen noch erhebliche Schwierigkeiten berei-
tet. Damit eine einheitliche Modellbildung möglich ist, müßten erst
einmal die folgenden Schnittstellen realisiert werden:

  - Direkte Zugriffs- und Änderungsmöglichkeiten auf die internen
    Objektdarstellungen in CAD-Systemen. Dies ist bislang in keiner
    Weise möglich und steht einer sofortigen realen Verschmelzung
    der beiden angesprochenen Disziplinen sehr entgegen.
  - Einigung auf eine gemeinsame 3D-Modellierung. Eine Octtree-Dar-
    stellung beispielsweise besitzt den Vorzug, daß sie mit Hilfe
    eines Laserabtasters oder mittels "Stereosehen" (zwei Kameras)
    direkt während der Lernphase erzeugt werden. Denkbar wäre hier
    auch das Lichtschnittverfahren. Als Ergänzung hierzu könnten
    flächenhafte Darstellungen (Bezier, Coon, B-splines) für kom-

plexere Oberflächen herangezogen werden. Ein einfaches
Drahtmodell reicht häufig nicht aus.
- Einheitliche Darstellung bezüglich der in der ikonischen Bild-
  verarbeitung üblichen Merkmale.
- Automatische Generierung von Objektmerkmalen für die Bildverar-
  beitung aus dreidimensionalen CAD-Darstellungen.

5. INTELLIGENTE ROBOTER

Betrachtet man menschliche Fähigkeiten als das Maß der Dinge und klas-
sifiziert sie nach einem solchen Schema, wie es technisch adäquat beschrieben werden kann, so können diese Eigenschaften folgendermaßen
spezifiziert werden:

(1) Multiple Sinnesmodalitäten: visuell, taktil, akustisch etc.
(2) Multisensorielle Bildverarbeitung: Algorithmen, Kombination von
    Sensorauswertungen (Merkmalen)
(3) Mobilität
(4) Erfahrungen und momentane Wahrnehmungen können verknüpft werden
(5) Selbstorganisationsfähigkeiten (Lernen durch Erfahrung, Analogie
    etc.)
(6) Generierung einer Aktionsfolge (zielorientiert) aus der Situa-
    tionsaktualisierung, der Erfahrung und der Szeneninterpretation
    (Aussage)
(7) Kommunikation und Verständigung miteinander, um einen erweiterten
    und modifizierten Aktionsplan zu generieren
(8) Veränderung der Umwelt durch Aktionen.

Es ist offensichtlich, daß die Inkorporation der soeben aufgezählten
Leistungsbestandteile in adaptive Roboter der 3. Generation erst noch
durchgeführt werden muß. Es müssen im wesentlichen diejenigen Prozesse
nachgebildet werden, für die der Mensch Intelligenz benötigt. Die Roboter der 2. Generation zeigen bereits auf elementaren Ebenen die folgenden Leistungsbegrenzungen:

(a) geringe Geschicklichkeit
(b) begrenzte Sensorverarbeitungskapazität und keine multisensoriellen
    Auswertealgorithmen
(c) nur explizit und roboterspezifisch programmierbar
(d) die Erkennung und Vermeidung von Fehlern bleibt dem Anwender über-
    lassen
(e) schlechte Zusammenarbeit (Kooperation) mit anderen Geräten (Robo-
    tern).

Roboter der dritten Generation koppeln die Wahrnehmung mit der Aktion
/Brady 85/. Der künstlichen Intelligenz fällt hierbei eine zentrale
Rolle zu. Erst sie kann den Roboter mit Intelligenz ausstatten. Ihre
Implementierung stellt hohe Anforderungen an die betreffenden Wissens-
verarbitungsmechanismen (knowledge engineering). Die KI kann bei Er-
werb, Darstellung und Manipulation von Wissen mit Vorteil für Roboter
verwendet werden. Sie spielt ebenfalls bei dem Steuerungskonzept durch
Planung, Aufgabenzerlegung und Überwachung eine bedeutende Rolle.

Die Robotik richtet das Interesse der KI auf reale Objekte, die sich
in einer komplexen Welt befinden. Die Leistungsfähigkeit der KI-Ansät-
ze wird sich in deren Aufnahme durch die Robotik niederschlagen. Viele grundlegenden Techniken und Darstellungen der KI wurden in Umgebungen mit eingeschränkter Komplexität und mit leicht beschreibbaren
Objekten (z.B. Klötzchenwelt) erarbeitet und aufgestellt. Jetzt geht
es darum, diese Konzepte z.B. auf reale Montageaufgaben für Roboter
auszuweiten.

Im folgenden Teil dieses Abschnitts wollen wir der Frage nachgehen, welche Wechselbeziehungen zwischen der Robotik und der künstlichen Intelligenz vorhanden sind.

5.1 Einfluß der Robotik auf die KI

A. W i s s e n s a r t e n

Zukünftige Roboter sollen eine integrierte Auswertung multipler Sensorinformationen durchführen, das dabei angesammelte visuelle Wissen zu symbolischen bzw. abstrakten Aussagen verdichten, hieraus Schlußfolgerungen ziehen und letztlich Aktionen bestimmen, die sie auch überwachen. Konkretisieren wir diese Ablauffolge auf einen rechnerintegrierten Fertigungsvorgang, so müssen die einzelnen konkreten Aufgaben noch genauer spezifiziert werden. Er muß nicht nur abstrakt formuliert werden können, sondern er muß auch automatisch auf die Probleme der Wegsuche, der Trajektorienbestimmung, auf die Entwicklung einer Greifstrategie verfeinert werden und letztlich in Feinbewegungen umgesetzt werden. Doch, selbst wenn man die Aufgabenstellung nicht so genau betrachten will, gibt es noch eine Fülle von Informationsarten, die bekannt sein müssen, bevor der Roboter eingesetzt werden kann. Wir verdeutlichen dies an der Planung des Arbeitsablaufs eines Montageroboters /Rembold 84 b/.

Die Gestalt und Funktion eines Produktes wird von dem Entwickler und dem Konstrukteur festgelegt. Sobald der endgültige Prototyp für das Produkt von der Entwicklung freigegeben ist, gibt es eine begrenzte Menge von praktisch durchführbaren Montagefolgen und -bewegungen, um es zusammenzubauen. In der Serienfertigung wird aus dieser Menge in der Regel nur diejenige Alternative gewählt, die in einem gegebenen Fertigungssystem ökonomisch durchführbar ist. In den einzelnen Fertigungen wird dem Monteur ein größerer Spielraum überlassen, um das Produkt nach seinen Erfahrungen und seinen Fähigkeiten zusammenzubauen. Grundsäztlich brauchen einem Monteur nicht alle elementaren Montageschritte vorgegeben werden, z.B. hat er gelernt eine Schraube aus einem Behälter herauszunehmen, und über welche Trajektorie und in welcher Position sie an ein Schraubenloch heranzuführen ist. Ebenfalls wird er das Verschrauben ohne besondere Anweisung durchführen können. Es liegt also nahe, dem Planer von Montageaufgaben und dem Programmierer Werkzeuge der künstlichen Intelligenz zur Verfügung zu stellen, die Vorgaben für den Arbeitsablauf des Roboters aus zielorientierten Anweisungen automatisch generieren.

Hierfür braucht der Roboter ein Sichtsystem, einen Kraftmomentsensor für das Handgelenk, einen Näherungssensor, Berührungssensoren und Rutschsensoren. Weiterhin muß ein Planer (Expertensystem) vorhanden sein, der Wissen über die Umwelt des Roboters hat und die Montageaufgabe in seine Grundelemente zerlegen kann. Mit Hilfe des Sensormodells wird der Sensorplan erstellt, die zur Lösung der Aufgabe notwendig ist. Zum Beispiel wird das Sichtsystem Anweisungen über die wichtigen Merkmale der Schraube und des Montageobjektes bekommen. Diese Information kann z.B. direkt aus der CAD-Datenbank des Konstrukteurs erhalten werden. Damit ist das Sichtsystem in der Lage, diese Objekte zu identifizieren. Als nächstes wird die Trajektorie des Greifers bestimmt, die der Arm durchfahren muß, um das Objekt zu erfassen und in die Montageposition zu bringen. Die Umwelt des Montagesystems und des Roboters ist in dem Weltmodell beschrieben. Für das Erfassen und Verschrauben müssen dataillierte Sensordaten generiert werden, um die Vorgänge zu leiten und durchzuführen. Diese Aufgabe wird sowohl mit Hilfe des Sichtsystems als auch mit den anderen Sensoren durchgeführt. Die wichtigsten Aufgaben werden dabei die Näherungs-, Berührungs-, Rutsch- und Gelenksensoren haben. Für die Berechnung der Bewegungstra-

jektorien der Greiferarme muß Information über den Roboter aus dem
Weltmodell verwendet werden. Die Bewegungen des Roboters sind so zu
planen, daß während der Durchführung der Aufgabe keine Konflikte und
Kollisionen vorkommen. Z.B. kann der Roboter bedingt durch seine Konfiguration nur begrenzte Bewegungen durchführen. Ebenfalls wird es
notwendig sein, bestimmte Objekte zu umgehen oder einem anderen Robo-
terarm auszuweichen. Ein Planer müßte also die folgende Information
enthalten oder Zugriff dazu haben.

- Montageobjekt
  Abmessungen
  Form
  Gewicht
  Materialparameter
  Greifpunkt
  Passungen

- Haltevorrichtungen
  Funktion
  Arbeitsraum
  Belastbarkeit

- Montagefunktionen
  Montagebewegungen
  Motion time measurement
  Information
  Optimierungsalgorithmen
  Montagesequenzen
  Fügeoperationen
  Fügeparameter (Kräfte, Reibung)

- Werkzeuge
  Funktion
  Gewicht
  Form
  Arbeitsraum
  Belastbarkeit
  Energiezufuhr

- Montageroboter
  Art
  Konfiguration
  Bewegungsraum
  Trajektorien
  Geschwindigkeiten
  Beschleunigungen
  Belastbarkeit
  Genauigkeit
  Toleranzen

- Arbeitsraum
  Konfiguration des Arbeitsraums
  Beschreibung der Roboter, Hilseinrichtungen und des Montageobjektes
  Lage des Objektes und der Werkzeuge
  Hindernisse im Arbeitsraum

- Sensorsystem
  Kenntnis über das Montageobjekt
  Kenntnis von Abnahmeparameter für das montierte Objekt
  Sensorhypothesen für die unterschiedlichen Montagephasen.

Neben der Planung spielt die Überwachung des Roboters in der Fertigung
eine zentrale Rolle. Es kann sich hierbei um eine bloße Situationsüberwachung (situation monitoring) oder um eine Arbeitsüberwachung
(execution monitoring) handeln. Im Gegensatz zu herkömmlichen Rechen-
systemen können die auftretenden Fehler auch von externer Art sein.
Sie haben ihren Ursprung in der Wechselwirkung zwischen Roboter und
dynamischer Umwelt. Beispiele für solche Fehlerquellen sind z.B. bei
der Montage:

- inkorrekte oder defekte Teile (Komponenten, Fehler)
- fehlerhafte Teilezuführung (fehlendes Teil oder Orientierungsfehler)
- fehlerhafte Greiferaktionen (Lagefehler)
- inkorrekte Teileplazierung (Kollisions- oder Positionsfehler).
- Eindringen von Fremdobjekten in den Arbeitsraum

Damit diese Fehler entdeckt und, falls möglich, behoben werden können,
muß eine dynamische Umweltmodellierung auf der Basis von wissensbasierten Diagnosesystemen stattfinden. Hierzu gehören vor allem die
folgenden Informationsklassen:

(a) aktueller Zustand des physikalischen Systems
(b) Vorhersagen über Systemzustände
(c) aktualisierte Sensoreingänge
(d) Vorhersagen über Sensoreingänge
(e) Planung der Roboteraktivitäten
(f) Überprüfung der Planung auf ihre Durchführbarkeit.

Dieser Katalog von notwendigen Informationsarten zeigt bereits, daß
die anstehenden Aufgaben noch zu komplex sind, als daß sie in ihrer
Gesamtheit gegenwärtig schon lösbar wären. Isolierte Problemkreise
werden jedoch bereits in Angriff genommen. So ist die Überprüfung von
Arbeitsplänen für Roboter auf der Basis von symbolischen Manipulationen offensichtlicher geeigneter und flexibler als die rein numerische
Behandlung von inkorrekt plazierten Teilen und der Fertigungstoleranzen von Werkstücken. Insgesamt sind aber die Fehler, die z.B. bei der
Beschickung einer Fertigungszelle auftreten, sehr vielschichtig. Fehler, die z.B. bei Greifoperationen diagnostiziert werden können, sind:

- Lokalisierungsfehler (Zuführung verklemmt, Teil defekt, ...)
- Näherungsfehler (Kollision, fehlendes Teil, ...)
- Greiffehler (kein Teil, Orientierungsfehler, ...).

Das Planungsmodell geht davon aus, daß das Wissen über den Fertigungsprozeß sich auf eine ideale Umgebung bezieht. Die Robotik fordert von
der KI nicht nur, sich mit realen Dingen wie Werkzeugen, Haltevorrichtungen, Sensorsystemen etc., die es eben in ihrer Individualität in
einer "Klötzchenwelt" nicht gibt, zu beschäftigen, sondern im Zusammenhang mit der Aktionsüberwachung auch verstärkt auf mögliche Fehler
einzugehen. Als weitere wichtige Quelle für Abweichungen im Fertigungsvorgang sind die im 2. Abschnitt bereits aufgeführten Unsicherheiten zu nennen.

Unsicherheiten kommen zustande, wenn die Folgerungsketten sich auf Daten stützen müssen, die ungewiß, unbestimmt oder inkonsistent sind.
Unsicherheiten sind die erlaubten Abweichungen einer idealen Weltmodellierung. Unsicherheiten können, wie bereits zum Teil aufgeführt
wurde, auftreten bei der

(a) Fertigung und Manipulation
    . Produktionstoleranzen der Werkstücke
    . zu geringe Steifigkeit des Roboters (Mechanik)
    . Ungenauigkeit bei der Positionsbestimmung eines Objektes
      (Sensorik)
    . ungenügende Auflösung der Roboterantriebe (Steuerung)

und bei der

(b) Umweltmodellierung
    . unpräzise geometrische Modelle (z.B. Drahtmodelle)
    . ungenügende Berücksichtigung der Beleuchtungsverhältnisse
      und anderer Umwelteinflüsse
    . Unbestimmte Anfangsposition.

Eine prinzipiellere Beschreibung geht von strukturellen und parametrischen Unsicherheiten aus. Strukturelle Unsicherheiten beziehen sich
auf grundlegende Beobachtungen wie "Werkstück A ist vorhanden oder
nicht", wohingegen die parametrischen Unsicherheiten sich z.B. auf die
anfängliche Position des Werkstücks A beziehen.

Fehler sind Abweichungen, die außerhalb der zugelassenen Toleranzgrenzen (Unsicherheiten) liegen. Beispiele hierfür liefern die weiter oben
erwähnten Fehlerquellen bei der Montage. Zusammenfassend kann gesagt

werden, daß für einen roboterintegrierten Fertigungsprozeß Wissen über
die folgenden Gegebenheiten vorhanden sein muß.

. Entwurfsmodell (Funktion, Struktur, Beschaffenheit)
. Weltmodell (Objekte, Relationen, Kontext) über geometrische, funk-
  tionale und semantische Fakten
. Manipulatormodell (Kinematik und Dynamik von Robotern, Greifern,
  Fließbändern, etc.)
. Werkzeugmodell (Struktur/Funktion)
. Sensormodell (generische Beschreibung z.B. der erwarteten Bildeinga-
  be einer Kamera)
. Steuerungsmodell (Strukturierung und Wirkungsweise der Steuerungs-
  hierarchie)
. Aufgabenbeschreibung (Problembereich)
. Planungsstrategie
. Monitormodell (Durchführung und Überwachung).

B. W i s s e n s d a r s t e l l u n g e n
Ein besonderes Anliegen der KI-Forschung ist es, Wissen zu verarbeiten, das explizit - zumeist in symbolischer Form - dargestellt werden
kann. In einer verschlüsselten und rein numerischen Wissensdarstel-
lung können z.B. Strukturen und Einschränkungen nur sehr aufwendig und
nicht allgemein gültig formuliert werden. Betrachtet man allein die
Darstellung der mit Sensoren gewonnenen Information (z.B. visuelles
Wissen), so ist es noch nicht geklärt, ob die gängige Wissenseintei-
lung durch Relationen (geometrisch, topologisch, funktional) in der
Form

                Verallgemeinerung/Spezialisierung (ist ein)
                Teil/Ganzes   (Teil von)
                Abstraktion/Detail   (Spezialisierung von)

ausreicht, um dieses Wissen zu ordnen. Gängige Darstellungsformen wie
semantische Netze, Frames, ATN's, Produktionssysteme etc.
/Mylopoulos 83/ sind bislang lediglich für Objekte mit begrenzter Komplexität erfolgreich eingesetzt worden. Für hochstrukturierte Ferti-
gungsabläufe muß ihre Tauglichkeit erst noch erprobt werden. Wieweit
z.B. semantische Netze für die Bildanalyse im Zusammenhang mit Robotern tauglich sind, wird z.B. von /Niemann 85b/ untersucht. Roboterspezifische neue Ansätze müssen erst noch geschaffen werden.

Desweiteren sind im Zusammenhang mit Sichtsystemen spezielle geometrische Darstellungen in Form von verallgemeinerten Kegeln und Umrißdar-
stellungen /Marr 82/, und geglättete lokale Symmetrien /Brady 84c/
entwickelt worden. Der Konfigurationsraum zur Hindernisvermeidung
/Brooks 83/ ist ein weiteres Beispiel für die Entwicklung von Wissens-
darstellungen, die von der Robotik in die KI getragen werden. Die Robotik verlangt nach einer erweiterten Palette von Darstellungen, um
die Wahrnehmung mit Hilfe von Argumenten in Aktionen umzusetzen. Inferenzsysteme benutzen diese Darstellungen als Grundlage.

C. W i s s e n s m a n i p u l a t i o n
Eine der Hauptforderungen der Robotik an die Wissensverarbeitung besteht darin, daß man von einer nicht-deterministischen Welt ausgehen
muß. Ein Schwerpunkt, der bislang breiten Raum in der Robotik eingenommen hat, ist die Planung der Roboteraktionen. Hierfür wurden in der
Vergangenheit z.B. bei STRIPS /Nilsson 80/ im wesentlichen die Verfahren der KI wie Produktionssysteme und Mittel-Zweck-Analyse, verwendet.
Die Zustände bezogen sich auf die Klötzchenwelt und wurden mit Hilfe
von Prädikaten (ON(A,B), CLEAR(x), etc.) beschrieben. Der wesentliche
Nachteil dieser Ansätze besteht darin, daß die Unsicherheiten und die
Fehler, die in einer nicht-deterministischen Welt auftreten - kurzum
der dynamische Prozeßaspekt - nicht in Betracht gezogen wurden. Reali-

stischere Planungen der Roboteraktionen basieren auf dem Ansatz der "schrittweisen Konkretisierung" (constraints propagation") und beinhalten sowohl die Auswertung der Sensorikformation als auch die Ausführungsüberwachung /Nitzan 85/. Ein Planer setzt sich zusammen aus einem Plangenerator und einer wissensbasierten Verarbeitung ("Expertensystem"), die ein Weltmodell, Prozeßregeln und Sensorauswahlregeln beinhaltet. Der erzeugte Plan wird dem Ausführungsüberwacher (Monitor) übergeben. Dieser Monitor beauftragt und koordiniert die Prozeßausführung. Bei einer Änderung der Prozeßbedingungen, die durch Sensoren erfaßt wird, werden durch den Monitor Modifikationen an der ursprünglich vorgegebenen Planung vorgenommen. Zur Aufgabe des Planers gehört die Auswahl der für eine Aufgabe geeignetsten Sensoren und die Aktivierung dieser Sensoren zu einem geeigneten Zeitpunkt (z.B. visuelle Beobachtung einer Greiferbewegung).

Weitere roboterspezifische Wissensmanipulationen befassen sich mit ganz speziellen Aspekten des Manipulations- und Navigationsvorgangs. Hierzu zählen die hindernisfreie Trajektorienbestimmung, die Entwicklung einer Greifstrategie und die Konzipierung von Feinbewegungen /Lozano-Perez 84a/. Wir werden auf diese speziellen Problembereiche im Abschnitt 7 eingehen.

Der direkte Zusammenhang zwischen Form und Funktion eines Objektes bzw. eines Werkstückes macht es erforderlich, daß sowohl Sichtsysteme /Levi 84/ als auch Inferenzsysteme sich dieser Thematik annehmen müssen. So ist es notwendig zu fragen, welche Werkstücke benutzt werden müssen, damit eine bestimmte Aufgabe durch den Roboter effizient ausgeführt werden kann. Von /Brady 84 d/ wird ein Ansatz vorgestellt, in welchem Beziehungen zwischen der Struktur und der Funktion eines Werkstückes abgeleitet werden. Pläne und die für ihre Ausführung notwendigen Werkzeuge werden zusammen in einem Suchbaum dargestellt. Der Zusammenhang zwischen der Form und der Struktur eines Objektes kann auch für die automatische Erzeugung von generischen Objektmodellen herangezogen werden /Winston 82/.

Wir sehen insgesamt aus den obigen Ausführungen, daß die Robotik die künstliche Intelligenz dazu anregt, sich mit komplexen Objekten einer realen Welt zu befassen. Dies hat zur Folge, daß Aktionen in einer Welt geplant und überwacht werden müssen, die nicht-deterministisch ist. Es treten strukturelle und parametrische **Unsicherheiten** auf, die in ein Weltmodell aufgenommen werden müssen, damit die Wahrnehmungen (Sensorinformationen) in praktisch verwertbare Aussagen transferiert werden können. Die Roboteraktionen werden wiederum durch situationsgerechte Ableitungen ermittelt, angestoßen und überwacht.

Die Beschäftigung mit der realen Welt impliziert ebenso schwerwiegend wie der Unsicherheitsaspekt die Problematik der **Komplexität**.
Die Darstellungen der einzelnen realen Objekte und ihre Einbeziehung in den Umweltprozeß (Kontext) verlangt Darstellungsformen und Ableitungsmechanismen, die für die jeweilige Aufgabe sowohl den angemessenen Abstraktionsgrad als auch die entsprechend abgestimmten Algorithmen vorweisen können.

5.2 Einfluß der KI auf die Robotik

Die Inferenzbildung zur Lösung eines Problems ist sicher eine der wichtigsten Aktivitäten der KI. Die Arten, wie Schlußfolgerungen gezogen werden, lassen sich sowohl nach ihrer Zielrichtung (Aufgabe, Objekt, Aktion) als auch nach ihrer Verfahrensart (qualitativ, quantitativ) unterscheiden.

A. A r g u m e n t i e r e n
Aufgabenorientiertes (zielorientiertes, strategisches) Argumentieren
bezieht sich auf eine geschlossene (möglicherweise komplexe) Aufgabe.
Es versucht unter Berücksichtigung der Auswirkungen auf alle relevanten Objekte eines Prozesses, die miteinander in Wechselwirkung treten,
eine Aufgabe in weitere Teilaufgaben zu zerlegen. Typische Anwendungen, bei der diese Inferenzart benötigt wird, sind die Fertigungsplanung und die Aufstellung von Montage- und Sensorplänen.

Objektorientiertes (taktisches) Argumentieren bezieht sich auf Teilziele bzw. Teilaufgaben, die mit einzelnen Objekten zu verfolgen sind.
Die Wechselwirkung mit dem übergeordneteren Ziel wird nicht berücksichtigt. Den meisten Raum in den Robotikpublikationen nimmt bisher
diese Art von Folgern ein. Darunter fallen z.B. Inferenzen über die
Bahnplanung und die Greifstrategie für ein Objekt.

Aktionsorientiertes Argumentieren dient der Verknüpfung von Wahrnehmung und Aktion aufgrund von Plänen. Es wird eine geeignete Aktionenfolge, die einen vorgegebenen Anfangszustand in einen Endzustand überführt, bestimmt. Diese Auswahl wird durch die aktuelle Situation beeinflußt, um Abweichungen bzw. Konfliktsituationen erkennen und angemessen (flexibel) reagieren zu können. Diese Art der Inferenzbildung
ist in der Phase der Ausführungsüberwachung durchzuführen.

Das soeben Aufgezeigte sagt noch nichts über die interne Implementierung solcher Systeme aus. Das objektorientierte Folgern kann z.B. mit
Hilfe von rückwärtsverketteten (zielorientierten) Inferenzen realisiert werden. Neben den beiden in der KI üblichen Implementierungsar-
ten für wissensbasierte Systeme (rückwärts- bzw. vorwärtsorientiert)
sollten noch die prinzipiellen Wissensarten und die darauf aufbauenden
Algorithmen berücksichtigt werden.

Qualitatives Argumentieren versucht Entscheidungen abzuleiten, die
nicht auf numerische Weise direkt berechnet werden. Es kann z.B. benutzt werden, um mechanische Probleme auf der Basis von Kausalmodellen
zu behandeln /de Kleer 84a, 84b/, /Yung-Choa 84/. Auf den Montagevorgang eines Roboters angewendet, würden die Regeln etwa lauten:
"drücke stärker senkrecht auf eine Fläche, wenn sie anfängt, wegzurut-
schen" oder "eine verölte Oberfläche rutscht leichter" etc. statt ana-
lytisch mit Reibungskräften zu operieren /Whitney 82/.

Quantitatives Argumentieren benutzt direkt numerische Verfahren (algebraische Gleichungen), um Aussagen bezüglich spezieller Probleme zu
generieren. Sofern es möglich und erstrebenswert ist, werden die quantitativen Aussagen aus den qualitativen abgeleitet.

Beiträge der KI, wie sie etwa in Form einer rekursiven Newton-Euler
Dynamik für die Mechanik vorliegen, werden in den folgenden Abschnit-
ten nicht näher beleuchtet, weil die zentralen Anliegen der KI die
Sensorik und das Steuerungssystem des Roboters ist.

B. S t e u e r u n g s s y s t e m
Die Aufgabe des Roboter-Steuerungssystems besteht darin, bestimmte
Aufgaben wie z.B. die Montage eines Elektromotors eigenständig (3. Robotergeneration) durchzuführen. Hierfür muß die Steuerung in der Lage
sein, die vier Grundoperationen Planen, Wahrnehmen, Ausführen und
Überwachen zu realisieren /Rembold 85/. Der Schlüssel für diesen Auf-
gabenkomplex liegt in der Konzeption des Gesamtsystems und in der KI-
Software, die überhaupt dafür sorgt, daß die Roboter diese Fähigkeiten
erwerben können. Was die Konzeption einer Steuerungshierarchie anbelangt, werden bereits seit Jahren Anstrengungen unternommen
/Albus 81/. Im Zusammenhang mit mobilen Robotern wird dieser Frage-

stellung seit einigen Jahren breiten Raum geschenkt /Denton 84/.
Grundsätzlich ist zu sagen, daß eine moderne Steuerungsstruktur aus
drei Blöcken besteht: Weltmodell, Planung und Überwachung. Das Weltmodell übernimmt die Kopplung zwischen dem Steuerungssystem (Roboter)
und der Sensorverarbeitung.

Diese drei Komponenten einer Steuerungshierarchie erstrecken sich über
mehrere Abstraktionsebenen hinweg. Je nach Abstraktionsebenen wird
aufgaben- oder objektorientiert gefolgert bzw. geplant. Eine detailliertere Beschreibung von Steuerungsschemata folgt in Abschnitt 6. An
dieser Stelle wollen wir uns den prinzipiellen Fragestellungen der
strukturierten Robotersteuerung widmen.

A b s t r a k t i o n s r a u m. Die Wahl eines geeigneten Abstrak-
tionsraums ist zur Gestaltung des Weltmodells, zur Planung und zur
Überwachung unumgänglich. Dabei ist es angebracht, wie bei ABSTRIPS
(Abstraction-Based STRIPS, /Nilsson 80/) hierarchisch gestaffelte Ebenen einzuführen. Im Zusammenhang mit der Planung bedeutet dies, daß
der Problemraum um nicht relevante Details für die einzelne Zielfin-
dung vereinfacht wird. Bei der Weltmodellierung interessiert auf höherer Ebene z.B. nur die Anwesenheit eines für die Montage benötigten
Werkstücks. Auf der niedrigeren Ebene der direkten Manipulationsvor-
gänge interessieren geometrische Details von Objektteilen, und auf der
Ebene der Antriebe sind nur die Gelenkvariablen (Geschwindigkeiten,
Beschleunigungen) von Bedeutung.

Was die Aufgabenformulierung und die Weltmodellierung bei der Montage
anbelangt, so wird hier eine kanonische Darstellung verlangt. Damit
ist gemeint, daß zwei verschiedene Instanzen (Abstraktionsstufen) desselben Objektes nach demselben Schema beschrieben werden. Im 8. Abschnitt wird eine solche kanonische Darstellung für ein Fertigungssystem vorgestellt werden.

P l a n u n g. Planung ist ein Kernstück der Robotik und verlangt
nach einer Vielzahl von zusätzlichen Anstrengungen seitens der KI, bevor Roboter mit selbständiger Entscheidungsfähigkeit wirklich vorhanden sind. Im Licht der weiter oben angegebenen Interferenzarten werden
für die Planung von Roboteraktionen, die vor der realen Aktionsfolge
stattfindet (off-line), aufgaben- und objektorientierte Folgerungen
notwendig. Im einzelnen kann der folgende Katalog angegeben werden.

A u f g a b e n o r i e n t i e r t e s   A r g u m e n t i e r e n
. Aufgabenzerlegung
. Bestimmung alternativer Aktion zur Erreichung eines bestimmten Ziels
. Entwicklung alternativer Pläne bei variierenden Bedingungen
. Planung auf der Basis von strukturellen Unbestimmtheiten
. Planung von Aktionen mit restriktiven zeitlichen Bedingungen
. Berücksichtigung von kausalen Abläufen von Gesamtprozessen (relevan-
  te Komponenten und ihre Wechselwirkung)
. Planung auf der Basis von Funktion/Struktur-Zusammenhängen z.B. für
  den Fertigungsprozeß
. Schnelle Neuplanung im Fehlerfall
. Aufgabenkodierung (Programmierung).

O b j e k t o r i e n t i e r t e s   A r g u m e n t i e r e n
. Einsatzplanung der Manipulatoren (Kinematik, Dynamik)
. Bewegungsplanung (Hindernisumgebung)
. Bestimmung der Feinbewegung (guarded motion, compliant motion,
  /Hörmann 85/)
. Festlegung der Greifstrategie

. Bestimmung der Operationsfolge (z.B. Fügen) in Abhängigkeit des be-
  nutzten Werkzeugs und der Objektsymmetrie
. Erkennung der Funktion eines Werkzeugs aufgrund seiner Struktur
. Planung auf der Basis von parametrischen Unbestimmtheiten.

Die Art und Unterschiedlichkeit der aufgezeigten Punkte, die bei der
Planung notwendig sind, verdeutlicht bereits, daß diese Aspekte inner-
halb der KI sich immer noch in der Forschungsphase befinden. Diese
Forschung erfolgt sowohl theoretisch (verbesserte Inferenzfähigkeiten)
als auch praktisch (Realisierung paradigmatischer Systeme), um die
Leistungsfähigkeit der einzelnen Techniken zu demonstrieren.

Ü b e r w a c h e n. Die Tätigkeit des Überwachens dient, wie bereits
früher erwähnt, zwei Zielen. Zum einen können Szenen (Situationen) beobachtet werden, um relevante Änderungen zu entdecken. Aufgrund von
veränderten Ausgangsbedingungen müssen dann die entsprechenden Pläne
modifiziert werden und neue Aktionen eingeleitet werden (Flexibilität). Zum anderen müssen die aktuellen Aktionen eines Roboters überwacht werden. Die Aktionspläne sind mit Unsicherheiten behaftet, deren
Art und Ausmaß durch das adaptive System des Roboters während der einzelnen Aktion überwacht und in modifizierte Aktionen umgesetzt werden
muß. Die Unsicherheiten können erst während der aktuellen Ausführung
behoben werden. Es können aber auch Fehler auftreten, die z.B. erst
durch Reparaturmaßnahmen behoben werden können. In diesem Fall muß die
Ausführung unterbrochen werden und kann erst nach der Reparatur wei-
tergehen. Im einzelnen sind die folgenden aktionsorientierten Folgerungen notwendig.

A k t i o n s o r i e n t i e r t e s   A r g u m e n t i e r e n
(Ausführen und Überwachen)
. Situationsüberwachung (Signal/Aussage-Transformation)
. Ausführungsüberwachung
. Erkennung von Konfliktsituationen
. Anstoß neuer Planungsaktivitäten
. Entscheidung zwischen alternativen Plänen
. Anstoß von modifizierten Roboter-Aktionsfolgen
. Fehlererkennung und Fehlerbehebung.

Neuerdings gibt es auch Anstrengungen aus dem Situationswissen und der
Beobachtung von Aktionen heraus, andere Pläne zu erkennen. Dies ist
auch in der natürlichsprachlichen Erkennung von Bedeutung, da eine
Aussage oder eine Frage häufig ein Bestandteil einer größeren Aufgabe
ist.

P l a n / A u s f ü h r u n g - V e r k n ü p f u n g. Es gibt prinzipiell zwei Möglichkeiten, die Verknüpfung von Plänen mit der gewünschten Ausführung zu bewerkstelligen. Die erste Möglichkeit besteht
darin, zunächst sämtliche Schritte der Aktionsfolge festzulegen und
diese anschließend auszuführen. Diese Vorgehensweise impliziert allerdings eine perfekte Modellierung der Einsatzumgebung und setzt weiterhin ein fehlerloses Agieren des Roboters voraus.

Die zweite Möglichkeit besteht darin, iterativ zu steuern, d.h. ab-
wechselnd einen Schritt zu planen, ihn auszuführen, den nächsten
Schritt zu planen, ihn auszuführen etc. Auf diese Weise kann einer
sich ändernden Umgebung am flexibelsten begegnet werden. Der Nachteil
dieses Schemas liegt in der Verhinderung einer parallelen Ausführung
von Planung und Aktion und in einer sehr langsamen Operation, was insbesondere für die höchsten Planungsebenen zutrifft.

Variationen dieser beiden Schemata sind angebracht. Ein dynamisch variables System, das beide Ansätze beinhaltet, sollte bevorzugt werden. Auf der höchsten Ebene kann die Planung ziemlich unabhängig von einzelnen Details der Umgebung durchgeführt werden (aufgabenorientiert). Aufgaben (Kommandos) können erteilt werden, ohne daß eine sofortige Rückmeldung abgewartet werden muß. In den untersten Ebenen sind die Kommandos, die herausgegeben werden, auf Umgebungsänderungen sehr sensitiv. Hier ist es besser, die Aktionen abzuwarten und danach, auf diesen Rückmeldungen basierend, die Planung fortzusetzen (objektorientiert). In den Zwischenstufen der Steuerungshierarchie können unterschiedlich große "Bündel" von Planaufträgen mit der Statusinformation vermischt werden. Die niedrigste aufgabenorientierte Schicht kann Rückmeldungen von sämtlichen objektorientierten Schichten erhalten.

Was die Implementierung einer solchen gemischten Planung/Ausführung Verkettung anbelangt, so müssen neben dem erforderlichen Synchronisationskonzept für die Prozesse auf den einzelnen Hierarchieebenen die Aufträge in zwei Modi abgegeben werden können. Im Einzelmodus wird zu einem bestimmten Zeitpunkt nur ein zuvor geplanter Auftrag abgesetzt und solange gewartet, bis eine Rückmeldung, sei es positiv oder negativ, erfolgt ist. Im Mehrfachmodus kann ein ganzes "Bündel" von Aufträgen abgegeben werden. Der Auftragsprozeß nimmt die einzelnen Rückmeldungen zu verschiedenen Zeitpunkten auf und kann in der Zwischenzeit seinen Planungsprozeß fortsetzen.

N a t ü r l i c h s p r a c h l i c h e   I n t e r p r e t a t i o n. Die Verbesserung der Mensch/Maschine Schnittstelle vereinfacht die Kommandoabgabe an den Roboter, den Zugriff auf die Wissensbasis und ermöglicht eine Dialogführung mit einem Rechner. Die Interpretation eines geschriebenen Textes ist für die Robotik nicht von wesentlicher Bedeutung /Halpin 84/. Systeme, die natürliche Sprache verstehen, sind bereits seit längerer Zeit auf dem Markt. Diese Systeme haben aber noch Schwierigkeiten, Sätze innerhalb eines größeren Kontextes zu verstehen.

Ein natürlichsprachlicher Zugriff auf eine Wissensbank würde die folgenden Vorteile mit sich bringen: einfache Adaption an neue Bereiche und Antwort auf Anfragen, die sich auf Wissensinhalten beziehen.

Die Einzelworterkennung für diverse Sprecher ist in weiten Bereichen bereits zufriedenstellend gelöst worden. Was noch fehlt, ist die Erweiterung, die Interpretation von größeren Dialogen, die sich über mehrere Problembereiche erstrecken, die Interpretation von indirekten Aufforderungen ("Können Sie den Schraubenzieher greifen?"; was einer Nachfrage nach dem Schraubenzieher gleichkommt) und die Entwicklung von Erkennungsverfahren für die subtileren Bedeutungen einzelner Sätze.

Gegenwärtig ist der Einfluß der natürlichsprachlichen Forschung auf Roboteranwendungen aufgrund der oben skizzierten Engpässe erst noch im Aufbau begriffen. Daher verzichten wir in diesem Beitrag auf eine weiterreichende Behandlung diese Themas und verweisen den Leser auf die Beiträge von /Wahlster 82, 85/.

C. S e n s o r s y s t e m
Roboter müssen "sehen" und "fühlen", um die Unsicherheiten des Weltmodells aufzulösen und die Greiferaktionen überwachen zu können. Robotersehen ist lediglich ein Spezialfall des maschinellen Sehens (Computersehen, Bildverstehen). Das Robotersehen kann in vier Phasen eingeteilt werden:

(1) Vorverarbeitung zur Verbesserung der Qualität und der Dar-
    stellung des Bildes
(2) **Merkmalsextraktion**
(3) **Erkennung** des Bildinhalts und **Aussagen** in Form von
    symbolischen Beschreibungen über diese Inhalte
(4) Einleitung von **Aktionen** zur Zielverwirklichung.

Wesentlich für diesen Bildverarbeitungszyklus ist die Einteilung in
die ikonische und in die symbolische Bildverarbeitung. Die ikonische
Bildverarbeitung umfaßt die beiden ersten Punkte. Die symbolische
Bildverarbeitung umfaßt die beiden letzten Stufen (3 und 4) des maschinellen Sehens. Diese symbolische Bildverarbeitung ist gegenwärtig
sehr stark in das Blickfeld der Forscher gerückt, da sie den Schlüssel
zu einem intelligenten Sensorsystem (Sichtsystem) liefert. Viele Fragen bleiben aber noch offen und müssen von seiten der KI noch gelöst
werden. Die folgenden Punkte mögen diese Schwierigkeiten verdeutlichen:

(a) Es gibt noch keine allgemein anerkannten systematischen Ansätze
    wie sensorielles Wissen (visuelles Wissen) dargestellt werden
    soll, welchen Inhalt es haben soll und wie es manipuliert werden
    soll.
(b) Die Übergangsregeln für den kritischen Übergang von den zweiund
    dreidimensionalen Bildmerkmalen zu einer generischen Weltmodellie-
    rung auf der Basis von a priori Wissen sind noch nicht bekannt.
(c) Es gibt nur sehr beschränkte Möglichkeiten, generische Modelle
    mittels Bildern und Lernvorgängen zu erzeugen.
(d) Die Speicherung und das schnelle Wiederauffinden von großem, sen-
    soriellem Wissen in Datenbanken muß erst noch realisiert werden
    /Tamura 84/. Desweiteren bereiten das Auffinden und die Darstel-
    lung der Symmetrie von dreidimensionalen Objekten noch erhebliche
    Schwierigkeiten /Radig 85/.

Zur Lösung dieser Problematik werden sicher Expertensysteme beitragen
/Nees 85/. Im einzelnen kann man sich vorstellen, daß Expertensysteme
für die folgenden Sensorprobleme in Zukunft eingesetzt werden
/Blume 84/:

(a) Selbständige Merkmalsgenerierung innerhalb der ikonischen Bildver-
    arbeitung
(b) Auswahl von Sensoren und deren Modellierung im Sinne einer multi-
    sensoriellen Bildverarbeitung.
(c) Erzeugung generischer dreidimensionaler Umweltmodelle, die die Be-
    leuchtungsverhältnisse und die Sensormodelle beinhalten.
(d) Regelbasierte Vorhersage und Verifikation einzelner Merkmale auf-
    grund von dreidimensionalen generischen Modellen.

Diese einzelne Punkte verdeutlichen, daß ein wissensbasierter Ansatz
gegenwärtig als der erfolgversprechendste Versuch angesehen wird, die
Problematik der symbolischen Bildverarbeitung bzw. Sensorverarbeitung
in Richtung von intelligenten Robotern zu lösen /Neumann 85/. Eine
vertiefte Behandlung über Merkmalsarten und Modellbildung, die in der
Zukunft notwendig sein werden, damit Sichtsysteme flexibler eingesetzt
werden können, findet der Leser bei /Nagel 85/.

Der Zweck eines mit einem Roboter gekoppelten Sensorsystems besteht
kurz gesagt in der Situationsüberwachung, der Ermöglichung bzw. Er-
leichterung von Robotermanipulation (Reduktion der Unsicherheiten zum
Zwecke der Manipulationsausführung) und der Ausführungsüberwachung.
In Abhängigkeit von dem Sensorrückfluß müssen Steuerungsanweisungen

ausgegeben werden, die der Aufgabenstellung entsprechen. Dies bedeutet, daß bei einem aktiven Roboter das Steuer- und das Sensorsystem stark miteinander verkoppelt sind. In dem nächsten Abschnitt, der den Aufbau und die Struktur von Steuerungssystemen für Roboter der dritten Generation bespricht, werden wir daher ständig die Sensorverarbeitung mit in die Diskussion bringen.

6. STEUERUNGSSTRUKTUREN FÜR ROBOTER

Bild 6.1 zeigt das Grundkonzept eines hierarchischen Steuerungssystems für Roboter der dritten Generation, wie es von /Albus 84/ entwickelt wurde.
Das Steuerungssystem selbst (computational hierarchy) wird durch drei Blöcke, die in jeder Ebene zu finden sind, aufgebaut: (1) Komponenten zur Aufgabenzerlegung (H1...H5), (2) Komponenten zur Sensorverarbeitung (G1...G5) und (3) ein hierarchisches Weltmodell (M1...M5). Jede Ebene der Aufgabenzerlegung unterteilt höhere Teilaufgaben in eine Folge von niedrigeren Teilaufgaben für die darunter liegende Ebene. Die Art dieser Kommandos wird von dem Sensorrückfluß derselben Ebene beeinflußt. Die Weltmodellhierarchie verbindet die einzelnen Komponenten der Aufgabenzerlegung und Sensorverarbeitung auf jeder Ebene. Sie erzeugt Hypothesen über die erwarteten Sensoreingänge in Abhängigkeit von der gestellten Aufgabenstellung.

Die Hierarchie für die Aufgabenzerlegung erhält in der fünften Ebene (H5) zum Beispiel den Auftrag, eine Baugruppe aus den Bestandteilen ABCD zusammenzubauen. In der vierten Ebene (H4) wird zuerst die Teilgruppe AB zusammengefügt, dann die Teilgruppe CD, bevor beide Blöcke zusammengebaut werden. In der dritten Ebene (H3) werden einfache Unteraufgaben (Fetch A, etc.) entgegengenommen und als Anweisungen für Elementarbewegungen (Reach to (A), etc) an die zweite Ebene (H2) weitergereicht. Bei der ersten Ebene (H1) werden die Transformationen auf die Gelenkvariablen durchgeführt und die Kommandos an die Servoantriebe ausgegeben.
Die Aktivitäten der Sensorverarbeitungshierarchie (Gi) und der Weltmodellierung (Mi) richten sich nach den von den Hi-Komponenten erteilten Aufträgen. So werden auf der untersten Ebene der Sensorhierarchie (G1) die Gelenkvariablen, die Kräfte und die Drehmomente geregelt. In dem Modul G2 werden sowohl Berührungs- und Näherungsdaten, als auch einfache visuelle Merkmale wie Abstände aus den Sensordaten extrahiert. In der dritten Ebene (G3) werden dreidimensionale Merkmale wie Kanten, Ecken und Löcher berechnet, und die Position und Orientierung von Oberflächen und Volumen der Objekte bestimmt. In den beiden höchsten Ebenen (G4 und G5) werden Informationen über einfache bzw. komplexe Aufgaben gesammelt.

Die wesentliche Aufgabe der Sensorhierarchie besteht darin, Unterschiede zwischen den einzelnen Vorhersagen, die von den Weltmodellkomponenten erzeugt werden, und den realen Beobachtungen festzustellen. Diese Unterschiede werden sowohl an die Weltmodellkomponente Mi als auch an die Aufgabenzerlegungskomponente Hi zurückgespielt. Im ersten Fall wird das Weltmodell aktualisiert und für die nächste Befehlsfolge werden die neuen Vorhersagen ausgegeben. Im zweiten Fall wird gegebenenfalls von dem Hi-Modul eine modifizierte Aktionsfolge angestoßen.

Die Programmierung eines so strukturierten Robotersteuerungssystems kann auf jeder Ebene durch verschiedene Programmiersprachen erfolgen. Dieses System wurde bislang mit Zustandsgraphen (Bild 6.2) oder mit Zustandstabellen (Bild 6.3) programmiert.

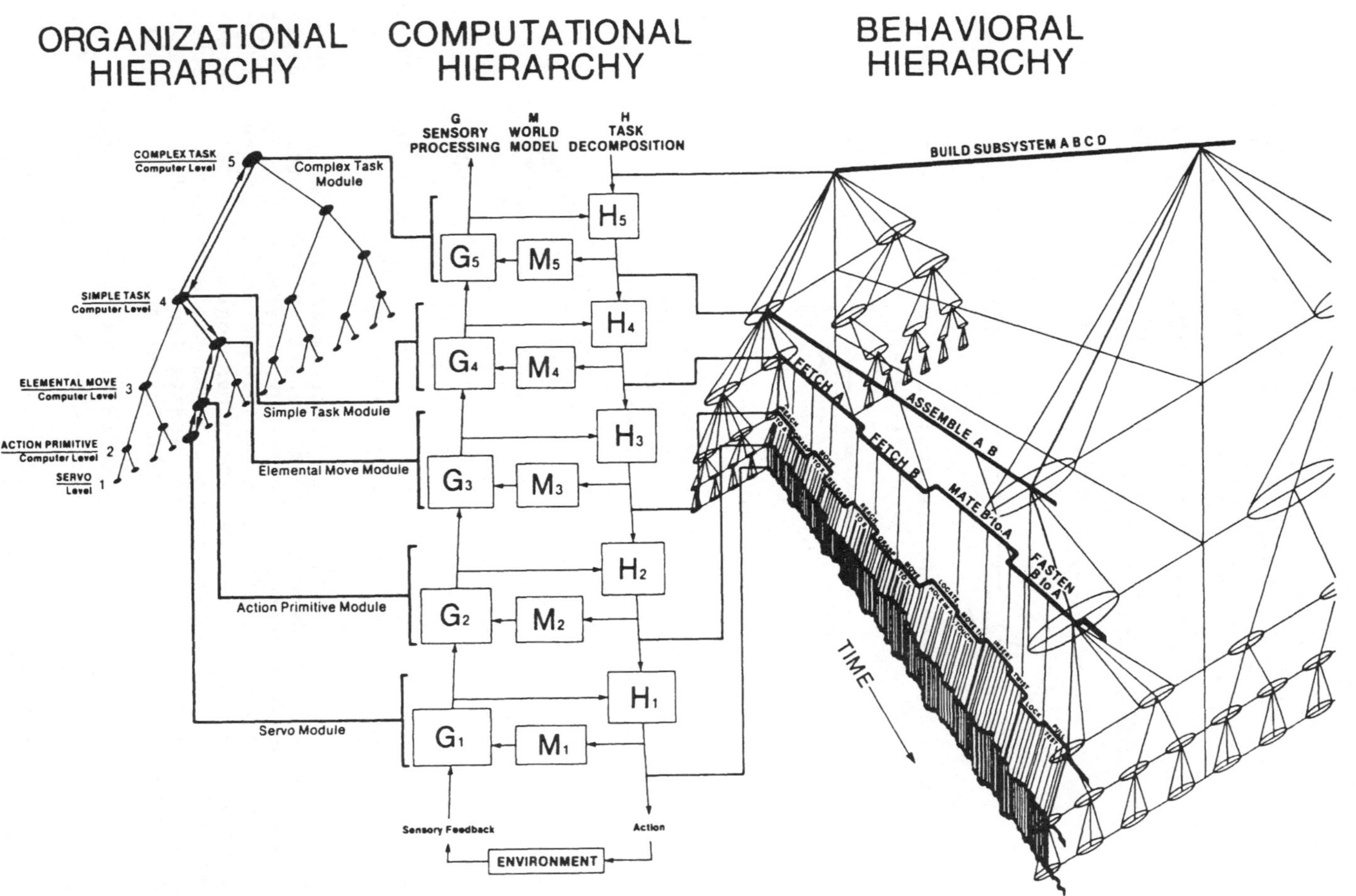

Bild 6.1: Hierarchischer Aufbau eines Steuerungssystems, /Albus 84/

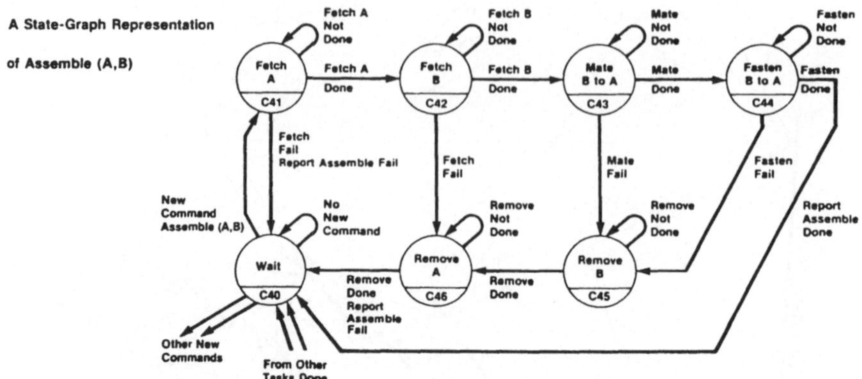

Bild 6.2: Zustandsgraph für die Programmierung der vierten Ebene (H4); (Assemble (A,B)). Nach /Albus 84/

The State-Transition Table Representation

of Assemble (A,B)

Command	State	Feedback	Next State	Output	Report
—	C40	No New Command	C40	Wait	—
Assemble (A,B)	C40	New Command	C41	Fetch (A)	—
"	C41	Fetch Fail	C40	Wait	Report Assemble Fail
"	C41	Fetch Not Done	C41	Fetch (A)	—
"	C41	Fetch Done	C42	Fetch (B)	—
"	C42	Fetch Fail	C46	Remove (A)	—
"	C42	Fetch Not Done	C42	Fetch (B)	—
"	C42	Fetch Done	C43	Mate (B,A)	—
"	C43	Mate Fail	C45	Remove (B)	—
"	C43	Mate Not Done	C43	Mate (B,A)	—
"	C43	Mate Done	C44	Fasten (B,A)	—
"	C44	Fasten Fail	C45	Remove (B)	—
"	C44	Fasten Not Done	C44	Fasten (B,A)	—
"	C44	Fasten Done	C40	Wait	Report Assemble Done
"	C45	Remove Not Done	C45	Remove (B)	—
"	C45	Remove Done	C46	Remove (A)	—
"	C46	Remove Not Done	C46	Remove (B)	—
"	C46	Remove Done	C40	Wait	Report Assemble Fail

Bild 6.3: Zustandstabelle für die Programmierung der vierten Ebene (H4); (Assemble (A,B)). Nach /Albus 84/

Diese Zustandstabellen können zur Programmierung aller drei Modulklassen innerhalb des Steuerungssystems benutzt werden. Diese Tabellen können für höhere Ebenen auch zu Produktionsregeln der Form if/then erweitert werden. In Analogie zu den biologischen Vorgängen im Großhirn wurde diese Programmierart zu einem sogenannten CMAC (Cerebellar Model Arithmetic Computer) erweitert. Es hat sich in der Zwischenzeit jedoch herausgestellt, daß dieser Ansatz für die niedrigeren Ebenen nicht effizient und für die höheren Ebenen nicht mächtig genug ist.

Bild 6.4 verdeutlicht die Integration eines solchen Konzeptes in ein fertigungstechnisches System, das seit Jahren von dem NBS in Washington entwickelt wird.
Zwei Datenbasen sind dem Steuerungskonzept angegliedert. Die rechte Datenbasis enthält die Programme für die Werkzeugmaschinen, die Manipulationsprogramme für die Roboter, die Materialanforderungen, die Algorithmen für die Wegplanung etc. Es handelt sich somit insgesamt um

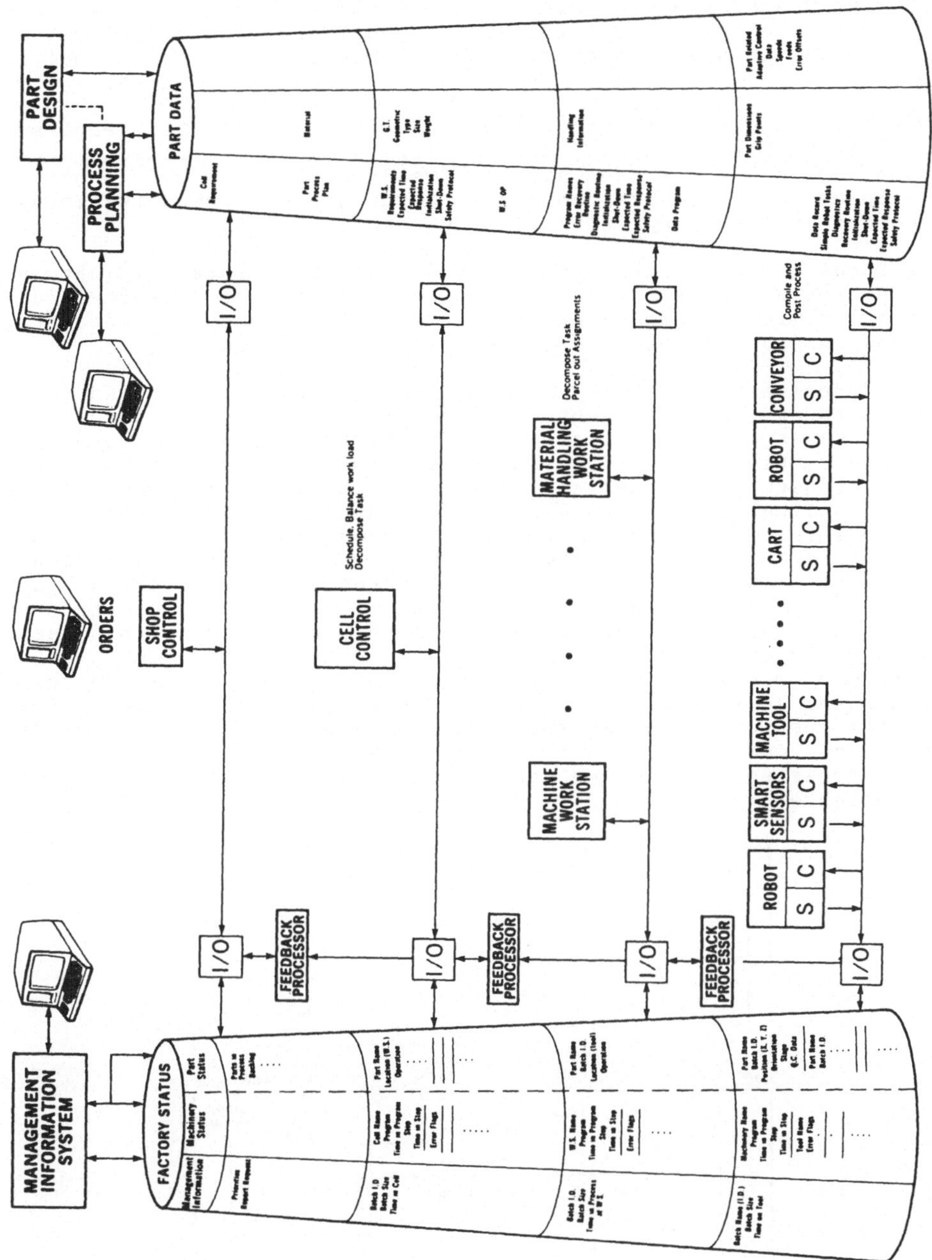

Bild 6.4: Hierarchisches Steuerungssystem für die Fertigung. /Albus 84/

statische Beschreibungen. Die linke Datenbasis beschreibt den aktuellen Zustand der Fabrik und ist somit dynamisch veränderlich. Diese Datenbasis ist ebenfalls hierarchisch strukturiert (Geräte, Arbeitsstation, Roboter).

Die Entwicklung mobiler Roboter bietet seit geraumer Zeit eine sehr interessante Plattform, auf der komplexe Steuerungssysteme diskutiert werden. Bei der Konzeption solcher Systeme ist stets zu beachten, daß es sich um verteilte Systeme handelt, für die ein Kommunikations- bzw. Synchronisationskonzept erarbeitet werden muß.

Eine Steuerungsstruktur, die von derjenigen von Albus abweicht, wird von /Harmon S. 84/ vorgestellt (US Navy). In diesem Entwurf werden drei wesentliche Komponenten unterschieden: Sensormodul, Steuerungsmodul und Inferenzmaschine (wissensverarbeitendes Modul).

Die Inferenzmaschine liefert die Hilfsmittel zur Planung und zur Schlußbildung. Sie überwacht die Sensorinformation und übergibt Aktionspläne an den Steuerungsmodul oder Berichtspläne an den Sensormodul. Pläne, die von dem Steuerungsmodul empfangen werden, werden von ihm in Steuerungsaufgaben zerlegt, die sich wiederum in zwei Teile aufspalten. Der Sensorplan wird an diejenigen Sensoren übergeben, die einen bestimmten Greifer zu überwachen haben. Die Steuerungskommandos werden direkt an die Antriebe übergeben. Der Sensorplan wird von der Inferenzmaschine überwacht, um das Steuerungsmodul bei der Aufgabenanalyse zu unterstützen und Fehler des Steuermoduls zu erkennen. Die Kommunikationsprotokolle, die die Synchronisation zwischen diesen Moduln definieren, werden durch ein Transportsystem (Schicht 4 des ISO-Referenzmodelles) in Form von Botschaften, die von Prozessen verarbeitet werden, bewerkstelligt. Inhalte dieser Botschaften sind Pläne und Berichte. Berichte sind Rückmeldungen an die Inferenzmaschine, die vom Steuerungs- oder Sensormodul ausgegeben werden. Bild 6.5 zeigt das gesamte Wechselspiel zwischen den Moduln durch den Austausch von Plänen und Berichten.

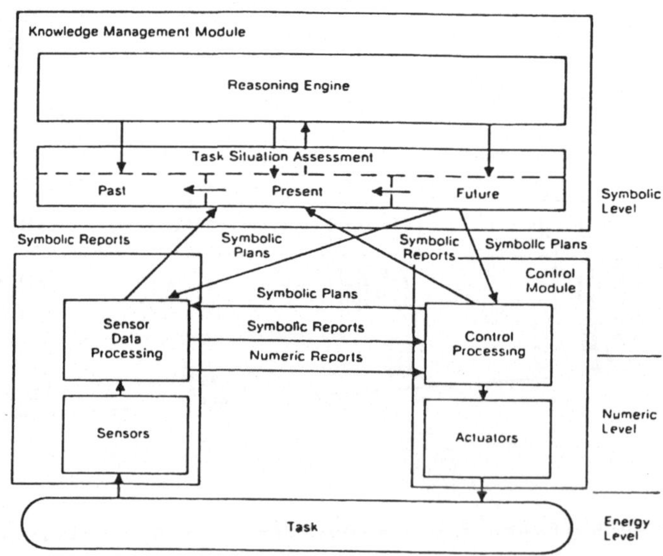

Bild 6.5: Interner Aufbau und Wechselwirkung der einzelnen Moduln des Steuerungssystems nach /Harmon S. 84/

Ein Plan setzt sich zusammen aus einem Namen, einer Anfangsbedingung,
einer Anstoß(trigger)-bedingung, einer Beendigungsbedingung und einer
Planaktion. Der Plan selbst ist in Form einer Produktionsregel definiert. Eine Planaktion kann entweder einen neuen Plan initiieren, oder
sie überwacht die Ausführung eines bereits aufgestellten Plans. Zwei
Arten von Aktionen können angestoßen werden: Berichtsaktionen und
Steuerungsaktionen. Eine Berichtsaktion hat zur Folge, daß eine oder
mehrere Berichte übermittelt werden, die bestimmte Teile eines lokalen
Weltmodells beschreiben. Solch eine Aktion wird dadurch spezifiziert,
daß die Objektattribute des Weltmodells, die im Bericht verlangt werden, festgelegt werden.

Eine Steuerungsaktion verursacht einen Wechsel in einigen Teilen des
lokalen Weltmodells. Die Aktionen selbst können weiter in offene und
geschlossene Prozeßsteuerungen unterteilt werden. Im Falle von konkur-
rierenden Aktionen entscheidet ein Meta-Operator, welches Ziel erreicht werden soll. Bestehende Pläne können vernichtet, aktiviert, zu-
rückgestellt und modifiziert werden.

Ein "blackboard" (Tafel) repräsentiert das Weltmodell für jedes Robo-
tersubsystem. Alle Sensor- und Stellgliederzustände und die daraus abgeleiteten Aussagen (symbolische Beschreibungen) werden hier festgehalten. Neben diesen passiven Wissensobjekten gibt es Prozeduren, die
diese Objekte in Realzeit innerhalb einer Multiprozeßumgebung manipulieren. Intern ist die Struktur des "blackboard" so aufgeteilt, daß
sowohl datenorientierte als auch modellgesteuerte Kontrollflüsse mit
eingebaut werden. Bild 6.6 zeigt den gesamten Schnittstellenmechanis-
mus.

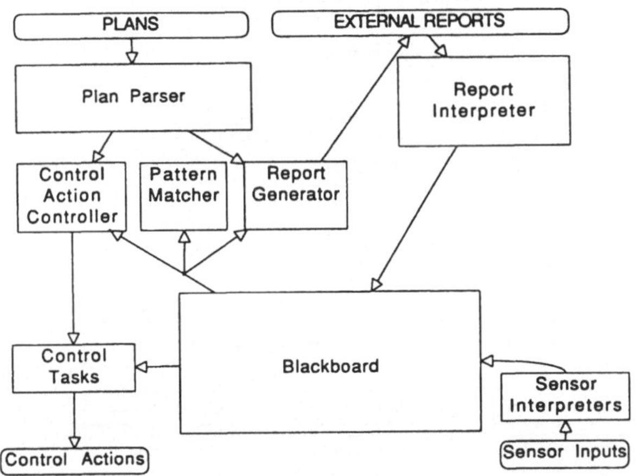

Bild 6.6: Symbolische Schnittstellen nach /Harmon S. 84/

Der Plan-Parser erhält Pläne, macht Eintragungen in Bedingungslisten
und verteilt Information. Er übergibt die Information der Steuerungsaktion an den entsprechenden Parser, der die Listeneintragungen für
den Überwacher der Steuerungsprozesse vornimmt. Diese Prozesse greifen
direkt auf die "blackboard"-Information zu, um alle unnötigen Prozeß-
verzögerungen auszuschließen.

Der "pattern matcher" überwacht die Initiierung, den Anstoß und die
Beendigung von Plänen. Jede der drei zuvor genannten Bedingungen, die
mit einem Plan verknüpft sind, ist ein Ausdruck, der sich aus Objekt-
attributen zusammensetzt, die in dem "blackboard" stehen. Der
"matcher" prüft die Bedingungen, die mit jedem Plan verknüpft sind,

und stößt die entsprechenden Aktionen an, falls die Bedingung als wahr
evaluiert wird. Von seinem Konzept her arbeitet der "pattern matcher"
wie bei jedem Produktionssystem kontinuierlich und läßt diejenigen Regeln feuern, die im Einklang mit der "blackboard"-Information sind.
Diese Information wird mit Hilfe von Berichten und von Sensoreingängen
aktualisiert. Typische Produktionssysteme feuern ihre Regeln nur einmal, wenn die Bedingung erfüllt wird. Dies trifft für die Initiie-
rungs- und Beendigungsbedingungen von Plänen zu. Anstoßbedingungen
werden jedoch solange ständig evaluiert, bis ihre Beendigungsbedingungen erfüllt sind.

Dieses Konzept wurde nicht nur in einem autonomen mobilen Roboter,
sondern auch in einer automatisierten Schweißzelle implementiert. Es
hat sich gezeigt, daß die sehr verschiedenartigen Anforderungen bei
diesen beiden Anwendungen durch dieses eine Konzept erfüllt werden
konnten. Dabei hat sich herausgestellt, daß der"blackboard"-Mechanis-
mus gut geeignet ist, verschiedene Programmierer, die an unterschiedlichen Teilkomponenten eines Steuerungssystemblocks arbeiten, zu ko-
ordinieren.

Ein drittes Konzept des Steuerungssystems für Roboter der dritten Generation wird von /Orlando 84/ vorgestellt (NASA). Bild 6.7 zeigt den
gegenwärtigen Entwurf dieses Systems.

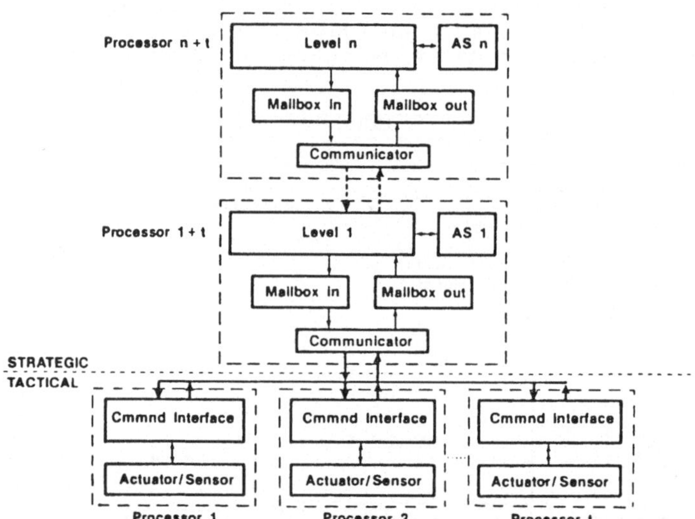

Bild 6.7: Entwurf eines Steuerungssystems nach /Orlando 84/

Auf der taktischen Ebene weiß man, wie Servoantriebe zu steuern sind,
wie Greifer geöffnet oder geschlossen werden etc. Die niedrigste strategische Ebene integriert diese Bewegungen in Bewegungen innerhalb einer Klötzchenwelt, die die erste Abstraktionsstufe der Umwelt bildet.
Die zweite strategische Ebene dient der Durchführung einer einfachen
Aufgabe (Aufbau der Türme von Hanoi). Ähnlich wie in dem Beispiel zuvor dient ein ausgeklügeltes Kommunikationsprotokoll der Synchronisation zwischen den einzelnen Ebenen. Desweiteren war es möglich, verschiedene Modi der Plan/Ausführung-Verkettung auszuprobieren. Jedoch
war das ausgewählte Beispiel zu einfach, um die optimale Verkettungs-
strategie herauszufinden.

7. AUFGABENZERLEGUNG UND AKTIONSPLANUNG

Die Entwicklung von wissensbasierten Planungs- und Steuerungssystemen
für hochautomatisierte Produktionsstätten ist schwierig und beinhaltet
vor allem eine nicht ohne weiteres zu erkennende Zerlegung des viel-
schichtigen Produktionsprozesse in spezielle Aufgaben /Beitz 84/,
/Levi 85b/. Betrachtet man z.B. eine Roboterzelle, so sind vor allem
das Layout dieser Zelle, der Arbeitsraum, die Zerlegung der globalen
Aufgabenstellung (z.B. Montage eines Elektromotors) in einzelne Arbeitsschritte (Ziel, Funktion) und die zeitliche Abfolge dieser
Schritte festzulegen /Hanne 84/. Bei der flexiblen Auslegung von Robo-
tersystemen sind zunächst die folgenden Planungsgrundlagen als wesentlich anzusehen /Owen 84/:

(a) **Komponentenvariabilität.** Die Montage richtet sich u.a.nach dem Ma-
    terial. Bei einem elektromechanischen Produkt (z.B. Laugenpumpe)
    kommen die folgenden Materialien in Betracht: Plastik, Metall, ge-
    druckte Schaltkreise, elektromechanische Komponenten, elektroni-
    sche Bauteile und Verdrahtungen.

(b) **Verbindungsart.** In einem Katalog wird festgehalten, welche reali-
    sierbaren permanente bzw. semipermanente Verbindungen auftreten
    können und von dem Planungssystem einzubeziehen sind.

<u>permanent</u>   <u>semipermanent</u>
kleben   verbolzen
klammern   klemmen
nieten   stecken
löten   schrauben
spleißen
schweißen

(c) **Befestigungsgruppe.** In Abhängigkeit von dem verwendeten Material
    ist die zuvor selektierte Befestigungsart vorzugeben: Materialien
    wie Metall, Plastik, Keramik und Papier lassen sich kleben; Papier
    läßt sich nicht spleißen etc.

(d) **Standardmanipulationen.** Aus einem Satz von Grundaktionen wie posi-
    tioniere, greife, bewege, füge etc. wird eine Folge von Aktionen
    generiert.

Diese wenigen Beispiele verdeutlichen bereits, daß der Konstruktionsprozeß durch eine Reihe von Randbedingungen, die von dem Entwurf, der
Oberflächenbeschafffenheit, der Funktionalität des Produktes, von dem
Arbeitsprinzip, der Technologie etc. herrühren, stark beeinflußt wird.
Systeme, die den gesamten Konstruktipons- und Fertigungsablauf auf un-
ternehmensspezifischer Ebene modellieren, sind zur Zeit noch Gegenstand intensiver Forschungs- und Entwicklungsanstrengungen. Es ist
aber unbestritten, daß die Programmierumgebungen der KI aufgrund ihrer
komplexitätsreduzierenden Eigenschaften die konventionellen Methoden
der Prozeßdatenverarbeitung essentiell unterstützen können /Kempf 85/.

Praxisnahe Planungsverfahren und aufgabenorientierte Roboter-Program-
miersysteme (vgl. Abschn. 9) gehen davon aus, daß die Entwurfsphase
abgeschlossen ist und die entsprechenden Modelle in einem globalen
CIM-Modell festgehalten sind. Die Aufgabenbeschreibung des Fertigungsprozesses ist somit bereits vorhanden, und sowohl die Detaillierung
als auch die Arbeitsvorbereitungen für den Roboter müssen noch geplant
werden /Kempf 83/. Bild 7.1 skizziert den jetzt einsetzenden Prozeß:
es ist ein Algorithmus für die gestellte Aufgabe, in unserem Beispiel
einen Montageauftrag, zu entwickeln. Der Planungsvorgang wird in drei
Elemente gegliedert. Der erste Scchritt befaßt sich mit der Zerlegung

/Lozano-Perez 85b/. Die notwendigen Inhalte dieses Weltmodells sind
geometrische, kinematische und physikalische Beschreibungen. Die Aufgabenbeschreibung kann durch eine Folge von Zuständen des Weltmodells
definiert werden /Trum 85/. Ein Zustand des Weltmodells kann durch die
Konfiguration, die typischerweise durch räumliche Relationen zwischen
den Objekten der Umwelt definiert wird, spezifiziert werden.

Eine alternative Aufgabenspezifikation besteht darin, statt der Folge
von Modellzuständen eine Folge von Operationen und den zugehörigen Parametern zu benutzen. Dieser Ansatz hat den Vorteil, daß spezifiziert
werden kann, wie fest z.B. eine Schraube bei der Montage angezogen
werden soll. Zusätzlich enthalten die Operationen in der Regel auch
die Beschreibung der räumlichen Beziehungen der Objekte untereinander.
Die Angabe, daß zwei Objekte einander berühren (a g a i n s t), sollte
eine angepaßte (compliant) Bewegung erzeugen, die solange ausgeführt
wird, bis der Kontakt hergestellt ist.

Im folgenden wollen wir an Hand von vier bekannten Systemen exempla-
risch die Problematik und die gegenwärtig vorhandenen Lösungsansätze
für die Aufgabenbeschreibung und die Aufgabenzerlegung darstellen. Sowohl die ersten beiden Systeme als auch das letzte spezifizieren die
Aufgabenstellungen mit Hilfe von Modellzuständen; das dritte System
benutzt hierfür eine Operationenfolge.

A. R A P T
Die aufgabenorientierte Sprache RAPT (Robot Automatically Programmed
Tool) /Popplestone 80/ benutzt symbolische Beziehungen, um die räum-
liche Konfiguration von Objekten zu beschreiben. In Bild 7.2 wird die
Position von Block 1 relativ zu Block 2 durch die Relationen
f_3 a g a i n s t f_1 und f_4 a g a i n s t f_2 beschrieben.

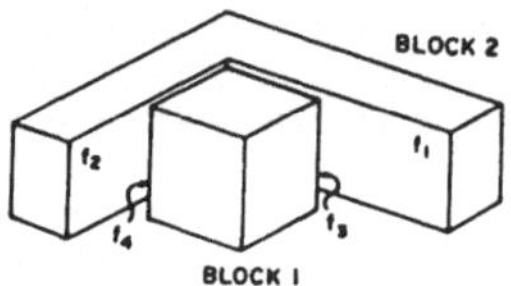

Bild 7.2: Die Position von Block 2 relativ zu Block 1, die symbolisch
          durch die Relation a g a i n s t   beschrieben wird

Weitere räumliche Beziehungen zwischen Objekten werden durch die Relationen c o p l a n a r, a l i g n e d, p a r a l l e l und
f i t s definiert. Desweiteren können Aktionen wie Bewegungen senkrecht zu einer Oberfläche und eine Rotation um eine Achse spezifiziert
werden. Die Objekte werden durch ihre Oberflächenmerkmale (Ebenen, Zylinder, Löcher etc) beschrieben. Die verschiedenen Phasen innerhalb
eines Montageprozesses können sowohl durch räumliche Beziehungen, die
zwischen den Objektmerkmalen gelten, als auch durch die Angabe von Bewegungen relativ zu den Merkmalen spezifiziert werden. Hiermit ist es
möglich, allgemeine Programme zu schreiben, die z.B. einen Manipulator
befähigen, ein wahlfrei plaziertes Objekt zu greifen und es in einer
bestimmten Orientierung am Zielort abzulegen. Der Nachteil einer der-
artigen symbolischen Beschreibung liegt in dem Mangel, Konfigurationen
direkt zu spezifizieren; diese müssen erst in quantifizierte Größen
oder Gleichungen transformiert werden, bevor sie angewendet werden
können.

Das RAPT Inferenzsystem geht von einem Anfangszustand aus, der dem
Weltmodell entnommen wird. Dieser Zustand ist netzwerkartig repräsentiert, wobei die Knoten Instanzen des Objektes und die Kanten die

einer globalen Aufgabenbeschreibung in einzelne durchführbare Unteraufgaben. Der Planer (Modul: Aufgabenzerleger) erzeugt hierfür jeden
einzelnen Schritt, der durchzuführen ist. Im zweiten Schritt wird
festgelegt, in welcher Weise jeder einzelne Schritt im Detail auszuführen ist. Hierzu gehört die Lösung solcher Teilprobleme wie Bahnplanung, Greifen und Teilefügen. Als Resultat dieses zweiten Teils werden
ein Manipulations- und Sensorplan erzeugt, die zusammen die einzelnen
Manipulationsschritte (greifen, bewegen etc.) sensorgestützt im Detail
spezifizieren. Die Implementierung dieser beiden zuletzt genannten
Teile erfolgt ebenfalls im Planer (Modul: Aktionsplanung).

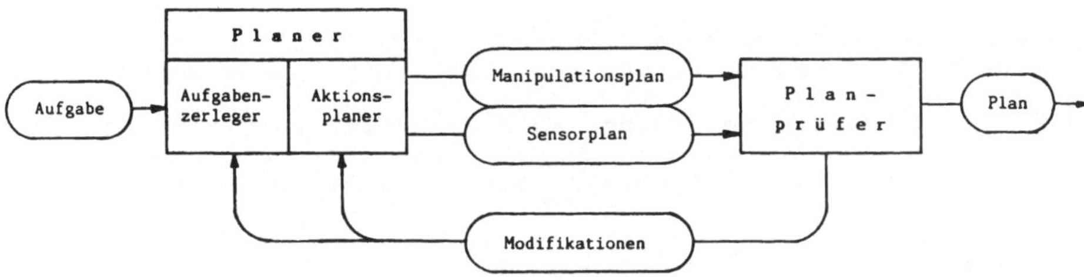

Bild 7.1   Prinzipschema des Planungsvorganges für eine Montage

Der Planer muß intern über aufgaben- und objektorientierte Inferenzen
verfügen, denn bei der Aufgabenstrukturierung sind globale Aufgabenbe-
schreibungen wissensbasiert in fertigungstechnische Prozeßplanungs-
teilziele umzusetzen, während sich die Ableitung von Roboteraktionen
der Techniken des objektorientierten Argumentierens bedienen muß, um
diese Teilziele noch weiter im Detail zu spezifizieren.

Der dritte Teil dient der Überprüfung des im Detail vorgelegten Mani-
pulations- und Sensorplans auf ihre Durchführbarkeit in Anbetracht
vorhandener Unsicherheiten. Hier muß der Planprüfer die Auswirkungen
der einzelnen Detailschritte auf die anderen Schritte feststellen und
falls einzelne Schritte nicht durchführbar sind, Modifikationen anbringen. Erst ein korrekter Plan wird von dem Planprüfer an das Steuerungssystem des Roboters weitergegeben.

Legt man das hierarchische Steuerungssystem von Albus zugrunde (vgl.
Abschn. 6), so muß diese Planung in allen Schichten erfolgen. Eine
Verdeutlichung dieser einzelnen Ebenen wird im nächsten Abschnitt vor-
genommen. Zuerst führen wir die grundlegenden Konzepte bezüglich der
Aufgabenzerlegung der Erstellung von Manipulations- bzw. Sensorpläne
und der Planprüfung ein.

7.1. Aufgabenzerlegung

Die Forschung zur Planung von Roboteraktionen wurde initiiert durch
das "Shakey"-Projekt in Stanford. Die Planung wurde als ein Element
der Problemlösung angesehen, welche mit Hilfe eines einfachen Weltmo-
delles (Prädikatenlogik 1. Stufe) durchführbar ist. Beispiele hierfür
sind die bereits erwähnten Planungssysteme STRIPS und ABSTRIPS. Bedingt durch deren eingeschränktes Weltmodell wurde keine Sensorinformation zur Auflösung von Unsicherheiten verwendet. Somit wurden auch
nicht die Grobbewegung (Trajektorienbestimmung), das Greifen und die
Feinbewegung geplant.

Die Planung von speziellen Aufgaben setzt einen realistischen Problemraum zur Aufgabenspezifikation und ein umfangreiches Weltmodell voraus

räumlichen Beziehungen beschreiben. Das Inferenzsystem dient der Manipulation des Netzwerkes zur Lokalisierung der Objektinstanzen und der Bestimmung der nach der Manipulation noch verbleibenden Freiheitsgrade. Die grundsätzliche Vorgehensweise dieses Inferenzsystems läßt sich in vier Schritte untergliedern:

(1) Definition von Koordinatensystemen für Objekte und ihre Merkmale
(2) Definition von Gleichungen für die Konfigurationsparameter sämtlicher räumlicher Beziehungen für jedes Merkmal
(3) Kombination der Gleichungen für jedes Objekt
(4) Lösung des Gleichungssystems nach den Konfigurationsparametern jedes Objektes.

Eine detaillierte Beschreibung dieser Verfahrensart für das in Bild 7.1 gezeigte Beispiel findet der Leser bei /Lozano-Perez 82/.

Das RAPT System benutzt neuerdings auch Sensorinformation in geringem Umfang /Yin 83/. Es ist für eine nachfolgende Aktionsplanung (Manipulations- und Sensorplan) allerdings noch nicht hinreichend entwickelt worden.

B. A u f g a b e n z e r l e g u n g   d u r c h   I n d u k t i o n
Als Induktion wird hier die Ableitung eines generischen Modelles aus der Beschreibung von einigen Ausprägungen dieses Modelles aufgefaßt. In unserem Fall wird aus den möglichen Sequenzen von Teilaufgaben, die jeweils die gestellte Aufgabe zu lösen vermögen, mit Hilfe von Regeln eine einzige (optimierte) Aktionenfolge generiert /Dufay 84/.

Die Beschreibung einer Aufgabe setzt sich aus drei Teilen zusammen: (1) Modelle der Handhabungsobjekte, (2) die anfänglichen Relationen zwischen den Teilen und (3) die Zielrelation. Nehmen wir das altbekannte Beispiel, einen Stift (P1) in ein angefastes Loch (P2) einzuführen, so wird der Anfangszustand hier mit Hilfe von symbolischen Relationen, wie wir sie bereits bei RAPT kennengelernt haben, wie folgt definiert:

    (and (no contact) (aligned (axis P1) (axis P2))).

Diese Anfangsrelation wird durch numerische Attribute geometrischer Größen und die a priori erwarteten Unsicherheiten (z.B. Winkelungenauigkeiten zwischen den beiden Achsen) ergänzt. Die Zielrelation lautet dann schließlich:

    (and (aligned (axis P1) (axis P2)
    (against (extremity P1) (bottom P2))).

Der Planer geht von diesen beiden Modellzuständen aus und generiert verschiedene Pläne in Form von Graphen, die denselben Anfangs- und Endzustand enthalten. Die Knoten dieser Graphen repräsentieren die Bewegungen und die Kanten stellen die nach der Bewegungsausführung vorhandene Situation dar. Bild 7.3 zeigt zwei Pläne für die oben behandelte Aufgabe.

Im linken Teil des Bildes 7.3 wird der Stift zuerst längst der Achse geführt, bis er mit der Anfasung in Kontakt (contact 1) kommt. Danach wird der Stift längs dem Kraftvektor, der senkrecht zur Achse steht, solange geführt, bis er mit der Lochachse ausgerichtet ist. Er wird danach direkt eingeschoben, bis sich die Spitze des Stiftes (extremity) mit dem Boden des Loches berührt (bottom). Im rechten Zweig wird bis zum Knoten "move along force" identisch verfahren, danach wird der Stift längs der Anfasung so lange heruntergedrückt, bis beide Achsen wiederum ausgerichtet sind. Zum Schluß wird der Stift bis zur endgül-

tigen gegenseitigen Berührung in das Loch eingefügt. Die dritte und
einfachste Möglichkeit besteht darin, daß beide Teile von Anfang an so
ausgerichtet sind, daß der Stift ohne zu verkanten eingeführt werden
kann (Bild 7.4).

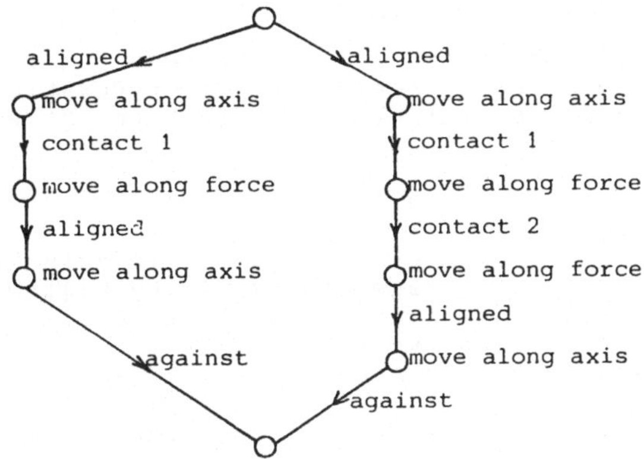

Bild 7.3: Zwei verschiedene Pläne, um einen Stift in ein Loch einzufügen. Die Knoten beschreiben die Bewegung; die Kanten den Zustand danach /Dufay 84/

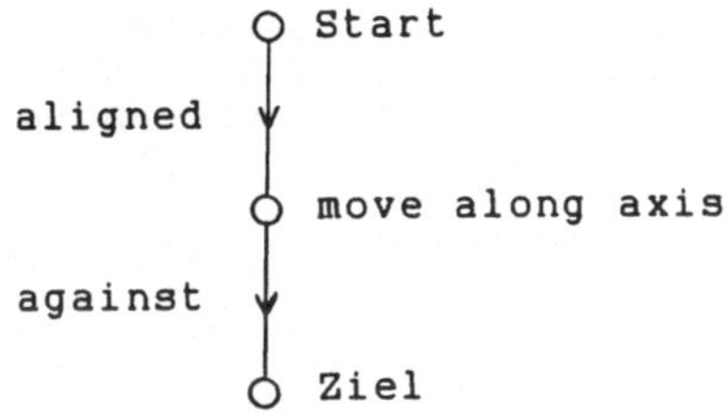

Bild 7.4: Einfachster Plan zur Stift/Loch Aufgabenlösung

Bild 7.5 zeigt den vom Planer ausgegebenen vorläufigen Aktionsplan mit
zwei Zyklen.

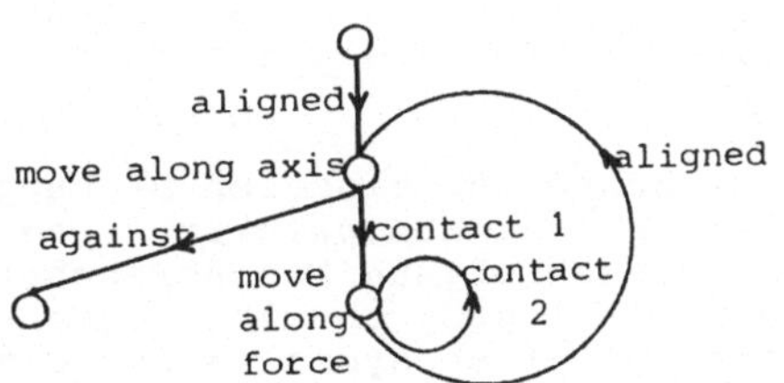

Bild 7.5: Endgültiger Plan zur Lösung der Loch/Stift Aufgabe. Der Zyklus "contact 2" verdeutlicht eine alternative Vorgehensweise

Der Planer ist als Produktionssystem implementiert und arbeitet mit
Regeln der Form

<conditions> ==> <plan>.

Der linke Teil enthält:

. Bedingungen bezüglich der Objekte
. eine Beschreibung des aktuellen Zustandes und des Zieles und
. Bedingungen bezüglich der numerischen Attribute, die zu diesen Relationen gehören.

Der rechte Teil enthält eine Liste der resultierenden Bewegungen. Jede
Bewegung wird durch eine Translation (oder Rotation) längs (um) eines
Vektors und durch die Zielrelation, die erreicht werden soll, defi-
niert.

Die Panungsregeln haben die folgende Syntax:

```
PR: (goal relation = (and aligned (axis Pl)(axis P2)
                             (against extremity Pl)(bottom P2))))
      (current relation = (and(aligned(axis Pl)(axis P2))
                             (no contact)))
      ( < (uncertainty (distance (axis Pl)(axis P2)))(width P2))
      ==>
      (plan = (l((motion =(translation along (axis Pl) by (distance
      (extremity Pl) (bottom P2))))
                  (goal relation = (and(aligned(axis Pl)(axis P2)
                                     (against (extremity Pl)
                                     (bottom P2)))))))))
```

Der nunmehr skizzierte Planer enhält auch einen Modul zur Generierung
von Aktionen; die Aufgabenzerlegung wird hierin allerdings nicht exakt
von der Aktionserzeugung separiert. So enthält der erstellte Plan bereits einzelne Bewegungselemente. Zur Überprüfung der Planerausgabe
gelangen dessen Daten schließlich zu einem Planprüfer, der die einzelnen Aktionsschritte auf ihre Durchführbarkeit untersucht, indem er die
numerischen Unsicherheiten berücksichtigt (vgl. Abschn. 7.4).

C. A C S L
ACSL (Analog Concept Learning System) ist eine prototypische Entwicklung, welche gleichfalls auf dem Induktionsprinzip basiert
/Michie 85/. Dieses System versucht aus Beispielen zu lernen, um regelbasierte Pläne zu erstellen. Jedes Beispiel enthält zwei Teile:
eine Liste von charakteristischen Merkmalen mit den zugehörigen Attri-
butwerten und die Spezifikation, zu der die Situation gehört. Dieses
System wurde angewendet, um mit Hilfe von zwei Robotern eine Brücke
aus Klötzchen aufzubauen. Ein kleiner Roboter holt die Einzelteile und
der größere Roboter montiert sie nach dem zuvor generierten Plan. Hervorzuheben ist insbesondere die Fähigkeit zur Interkommunikation von
erlernten Strategien.

Eine deutliche Trennung zwischen der globalen Planung und der darauf
aufbauender Angabe von Sensor- und Manipulationsvorschriften existiert
in diesem System nicht. Das nachfolgend beschriebene System trennt
deutlich zwischen Aufgaben- zerlegung und Aktionsgenerierung und behandelt die Unsicherheiten auf einer symbolischen Basis.

D. A T L A S
ATLAS (Automatic Task Level Assembly Syntheziser) definiert die Aufgabenstellung durch Sequenzen von Operationen in Form von "Skelettpro-
grammen" /Lozano-Perez 84b/. Ein "Skelett" enthält die wesentlichen
Schritte einer Planausführung.

Für eine einfache Montageaufgabe, die darin besteht, die Teile A und B
zu holen und auf einem Tisch zu montieren, könnte der folgende erste
Programmansatz erstellt werden:

```
1.  Open Fingers To  <width>
2.  Move To  <A>  Via  <path>
3.  Grasp  <A>
4.  Move To  <table>  Via  <path>
5.  Ungrasp  <A>
6.  Move To  <B>  Via  <path>
7.  Grasp  <B>
8.  Move To  <table>  Via  <path>
9.  Align  <A>  To  <B>
10. Ungrasp  <B>
11. Mount  <A>  To  <B>
```

Die Details werden in dieses Plangerüst (Skelett) schrittweise eingeführt. Zu diesen Details gehören vor allem die Angabe, wann und wo
welche Sensoren einzusetzen sind, welche Zuführungen und Halterungen
für die Werkstücke notwendig sind, welche Bewegungen (grob und fein)
in Abhängigkeit von den Randbedingungen, die die Aufgabe stellt (z.B.
angepaßte Bewegung auf einer Oberfläche, um die Gußnaht zu entgraten)
durchzuführen sind. Kurzum, das Skelett muß durch die Aktionsgenerierung durch realistische Manipulations- und Sensorpläne ergänzt werden.
Hierauf werden wir im folgenden Abschnitt intensiver eingehen.

In diesem Zusammenhang wird bereits ersichtlich, daß die z.B. im Rahmen des strukturierten Programmierens übliche hierarchische Dekomposi-
tion nicht ohne weiteres für die Roboteraktionsplanung anzuwenden ist.
Der Grund hierfür liegt in den Unsicherheiten. Die Wahl des Greifpunktes bestimmt, welche Handbewegung notwendig ist, um das Werkstück zu
positionieren. Die nachfolgende Montageoperation ist ebenfalls von dem
Greifpunkt abhängig.

Mit diesen kurzen Beispielen sollte illustriert werden, daß zwischen
den einzelnen Bestandteilen eines Roboterplans starke Abhängigkeiten
bestehen. Im allgemeinen beeinflussen die Entscheidungen auf niedrigeren Ebenen (Greifen, Grobbewegung und Sensoreinsatz) die Schritte, die
davor und danach zu tun sind. Aus diesem Grunde gibt es bei diesem
System eine Vorwärts- und Rückwärtsverkettung der Bedingungsausbreitung.

Bedingungen werden dargestellt als Ungleichungen über drei Arten von
formalen Variablen. Es wird unterschieden zwischen physikalischen,
Plan- und Unsicherheitsvariablen. Physikalische Variable definieren
aktuelle Zustände des Weltmodells (z.B. aktuelle Werkstückposition).
Planvariablen sind erst zur Ausführungszeit bekannt. Während des Pla-
nungsvorgangs werden Nominalwerte für diese Variable angenommen (z.B.
Erwartungswert für die Werkstückposition). Unsicherheitsvariablen sind
selbst zur Ausführungszeit unbekannt (Manipulatorungenauigkeit, Fer-
tigungstoleranz etc.). Sie stellen üblicherweise den Unterschied zwischen einem physikalischen und nominalen Wert dar.

Ein Skelettprogramm wird durch vier Arten von Größen definiert:

(a) geometrische Beschreibung der Objekte
(b) aktueller Zustand dieser Objekte
(c) einen Satz von Anwendbarkeitsbedingungen (applicability con-
    straints) und
(d) einen Satz von Ausbreitungsbedingungen (propagation constraints).

Ein Skelett wird instantiiert, indem eine Übereinstimmung (match) zwischen der geometrischen Beschreibung und dem bekannten (erfaßten) Weltzustand gefunden wird. Beide Sätze von Bedingungen werden in dem Skelett durch Variable beschrieben, die durch physikalische Variable instantiiert werden. Ist ein Skelett instantiiert worden, so ist der entsprechende Plan bzw. Planschritt durchführbar. Erfüllt die physikalische Situation die Anwendbarkeitsbedingungen, dann ist auch der Erfolg der Planung gesichert. Die Arbeitsbedingungen schränken die möglichen physikalischen Zustände ein, die durch den Plan erzeugt werden.

Ein Beispiel möge den Typ und die Einsatzart der beiden soeben angesprochenen Bedingungsmengen illustrieren. Wir bleiben wiederum bei dem Stift/Loch-Problem (Bild 7.6).

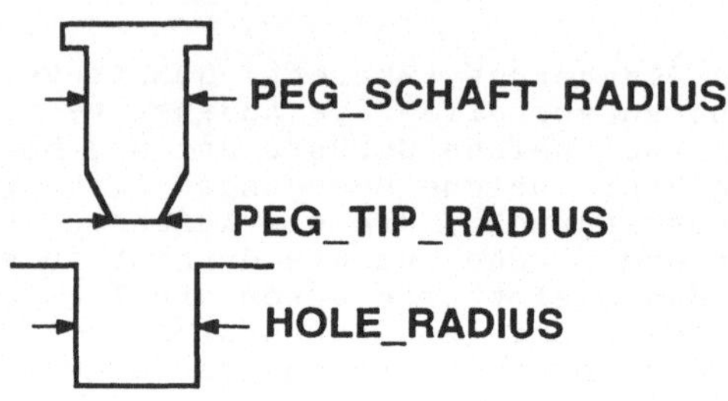

Bild 7.6: Stift/Loch Beispiel

Typische Anwendbarkeitsbedingungen (physikalische Variable) sind z.B.

```
        peg_shaft_radius < hole_radius;
        (peg_tip_radius - hole_radius)
    ≤ (hole_position  - peg_position)
```

und

```
        nominal(hold_position)= nominal(peg_position).
```

Die Ausbreitungsbedingungen (physikalische Variable) lauten z.B.

```
        (peg_shaft_radius - hole_radius)
    ≤ (hole_position - peg_result_position)
```
und
```
        nominal(hole_position) = nominal(peg_result_position).
```

Die Funktion nominal bezieht sich auf den geplanten Wert für eine physikalische Variable. Die peg_result_position ist die Position des Stiftes, nachdem er in das Loch eingeführt wurde.

Ein "skeleton matcher" vergleicht die Gegebenheiten der realen physikalischen Situation mit den Anwendbarkeitsbedingungen. Sind diese Bedingungen erfüllt, so werden die beiden Sätze von Bedingungen instantiiert und in die nachfolgenden Planschritte propagiert. Hierfür werden die physikalischen Variablen umgesetzt in Plan- und Unsicherheitsvariable. Ein "constraint propagator" überträgt diese Variablen auf die nachfolgenden Planschritte, um die Einhaltung der jeweiligen Anwendbarkeitsbedingungen zu überprüfen. Bei vorgegebener Unsicherheit der Lochposition müssen spätere Schritte des Plans überprüfen, ob ihre Anwendbarkeitsbedingungen bezüglich der noch verbleibenden Unsicherheit der Stiftposition (nach der Einführung) noch erfüllt werden können. Ist dies nicht der Fall, so wird zu demjenigen Planschritt zurückgegangen, an dem die Anwendbarkeitsbedingungen noch erfüllt waren.

7.2 Erstellung des Manipulationsplan

Nachdem die Frage, was an konkreten Teilaufgaben wirklich getan werden
muß, durch den Aufgabenzerleger beantwortet wurde, besteht der nächste
Schritt darin, die roboterspezifischen Bewegung und Sensorbefehle zu
erzeugen. Die Spezifikationen auf Aufgabenebene müssen umgesetzt werden in solche auf der Roboterebene.

Im letzten Abschnitt haben wir ein einfaches aufgabenorientiertes Programm angegeben (D.ATLAS). In dieser Form ist es jedoch nicht durchführbar. Es fehlen Angaben über die anfänglichen Objektpositionen im
Arbeitsbereich, die Zuführung von neuen Objekten in den Arbeitsbereich
muß festgelegt sein, kollisionsfreie Trajektorien müssen berechnet
werden, die Greifpunkte müssen bekannt sein etc. Jeder der obigen
Programmschritte wird stark durch von Unsicherheiten belastet.

Zusammenfassend sind selbst für einen einfachen Montagevorgang zur Ableitung der notwendigen Operationsschritte die folgenden Punkte zu beachten:

(1) Bestimmung der Teilezuführung
(2) Bestimmung der Teilehalterungen
(3) Festlegung des Arbeitsbereichs
(4) Definition der Grobbewegung (kollisionsfreie Bahnplanung für den
    Manipulator und die Last)
(5) Definition der Greifpunkte
(6) Definition der Feinbewegung. Zu dieser Bewegungsart zählen sowohl
    die überwachten als auch die angepaßten Bewegungen.

Ein genaueres Roboterprogramm, das diese Punkte mit einbezieht, könnte
demnach wie folgt lauten:

```
1.  Open Finger To  <width>
2.  Gross Move To  <A>  Via  <path>
3.  Guarded Move To  <grasp location of A>
4.  Close Fingers To <width_A>
5.  Gross Move To  <table front>
6.  Guarded Move To  <assembly position on the table>
7.  Open Fingers To  <width>
8.  Guarded Move To  <front of the table>
9.  Gross Move To  <B>  Via  <path>
10. Guarded Move To  <grasp location of B>
11. Close Fingers To  <width_B>
12. Gross Move To  <table front>  Via  <path>
13. Guarded Move To  <assembly position on the table>
14. Compliant Move Along  <direction on table>  Until
    <A and B are aligned>
```

Selbst eine sehr einfache Aufgabe führt aufgrund der vorhandenen Unsicherheiten zu einem umfangreichen Roboterprogramm, dessen Komplexität noch zunimmt, wenn zusätzliche Sensoroperationen in diese Montage-
anweisungen eingefügt werden. Treten während der Montagesequenz noch
Fehler auf, so müssen, was die absehbaren Fehler bestrifft, zusätzliche Fehlererkennungs- bzw. Fehlerbehebungsanweisungen in das Programm inkorporiert werden.

Bleiben wir bei dem Beispiel der einfachen Montageaufgabe, so besteht
die Aufgabe der Aktionsplanung, neben der Erstellung eines Sensorplans
einen Manipulationsplan aufzustellen, der jeden Aufgabenschritt in die
folgende Sequenz von Bewegungen zerlegt:

a) Grobbewegung
b) Greifen
c) Feinbewegung
d) Loslassen.

Die Grundmoduln eines Aktionsplaners sind daher:

- Grobbewegungsplaner
- Greifplaner und
- Feinbewegungsplaner.

Der Grobbewegungsplaner erzeugt solche Roboterbewegungen, für die die einzige Restriktion darin besteht, daß der Roboter und seine Last, die er gerade trägt, mit keinem Objekt der Umwelt zusammenstoßen darf. Intern gehört zu diesem Aufgabenkreis auch die Interpolation für die Bahnsteuerung. Dieser Planer erhält als Eingabe die Anfangs- und Endposition der Hand. Desweiteren erhält er Unsicherheitsangaben des Manipulators (z.B. Genauigkeit) und Randbedingungen, die von der Trajektorie z.B. in Form einer bestimmten Lastorientierung eingehalten werden muß. Der Grobbewegungsplaner erzeugt solche Trajektorien (möglicherweise durch Planvariable parametrisiert), die die optimale Bewegung vom Anfangs- zum Zielpunkt garantieren.

Der Greifplaner erhält als Eingabe die Greif- und die Ablegeposition des Werkstücks, Schranken über die Unsicherheit dieser beiden Positionen und diejenigen Einschränkungen, an welchen Stellen das Teil gegriffen und an welchen nicht gegriffen werden darf. Der Planer bestimmt, wo das Teil mit welcher Greiferorientierung gegriffen werden soll. Drei wesentliche Betrachtungen sind hierbei zu berücksichtigen:

1. <u>Sicherheit</u>. Der Roboter muß an der Anfangs- und Endkonfiguration des Greifpunktes sicher sein.

2. <u>Erreichbarkeit</u>. Der Roboter muß in der Lage sein, den Anfangs- und den Endgreifpunkt zu erreichen.

3. <u>Stabilität</u>. Der Griff muß stabil sein, damit die Kräfte, die während der Grobbewegung und während der Montage auftreten, das Teil nicht entgleiten lassen.

Der Planer für die Feinbewegung erhält als Eingaben die möglichen Anfangspositionen der Teile und die zulässigen Bereiche der Zielkonfiguration. Er erhält ebenso die Schranken für die Unsicherheiten der Manipulatorposition, wie für die auftretenden Kräfte und Grenzen, die die Unsicherheiten der Geschwindigkeiten und Beschleunigungen umreissen. Letztlich können Bewegungsbedingungen, die z.B. das Berühren bestimmter Oberflächen, oder obere Grenzen für die zulässigen Kräfte vorgegeben werden.

Der Feinbewegungsplaner definiert überwachte und angepaßte Bewegungen, die sicher stellen, daß die Teile in der Endkonfiguration auch richtig plaziert werden, wenn sie in dem vorgegebenen Startbereich waren. Typischerweise wird dieser Planungsprozeß zusätzliche Bedingungen an die zulässigen anfänglichen Positionen stellen.

Verallgemeinernd läßt sich feststellen, daß die Erzeugung von Manipulationsplänen auf umfangreiches Wissen zurückgreifen muß. Diesbezüglich sind Repräsentationsschemata gefragt, welche geeignetes Wissen zum richtigen Zeitpunkt zur Verfügung stellen. Auf die Montage zugeschnitten würde dies bedeuten, daß Montagegraphen und Vorranggraphen unterschiedlicher Detaillierungsstufen (vgl. nächsten Abschnitt) vor-

handen sein müssen. Einen ersten Ansatz zur Folgerung von Montageoperationen zeigt das bereits zuvor erwähnte RAPT System. Auf der Basis
von definierten Anfangs- und Endzuständen und der Aufgabenbeschreibung
in Form von Modellzuständen können die Endpositionen und die verbleibenden Freiheitsgrade berechnet werden. Bild 7.7 verdeutlicht diesen
Vorgang.

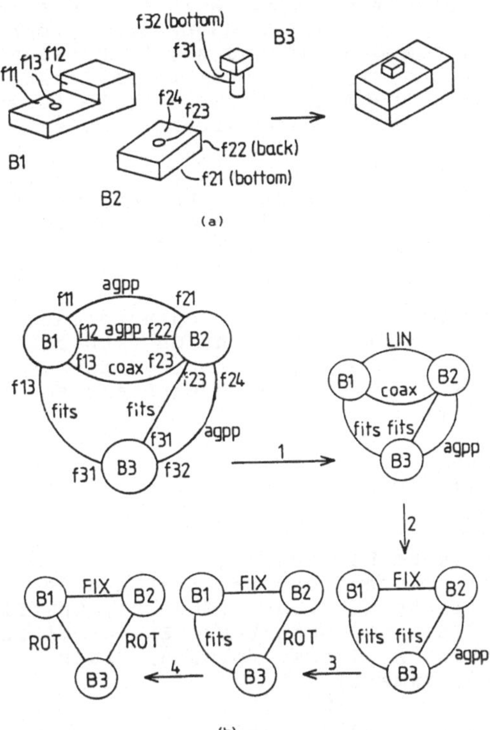

Bild 7.7: Inferenzbildung zur Montage. 7.7a definiert visuell die Flä-
          chenmerkmale der einzelnen Objekte und die gewünschte End-
          montage. 7.7b geht aus von einem Montagegraph (dargestellt
          durch ein semantisches Netz) und zeigt die Einzelschritte,
          die zur endgültigen Darstellung der Merkmale untereinander
          führt

Die Darstellung des Endproduktes erfolgt mit Hilfe eines semantischen
Netzes. Die Kanten dieses Netzes enthalten die bereits erwähnten räumlichen Beziehungen zwischen diesen Merkmalen:

  - agpp (against with opposed normals)
  - coplanar (with aligned normals)
  - fits (with opposed normals)
  - coaxial (with aligned normals).

Die Freiheitsgrade der einzelnen Komponenten können durch drei Angaben
definiert werden:

  - LIN zeigt einen translatorischen Freiheitsgrad an
  - ROT zeigt einen rotatorischen Freiheitsgrad an
  - FIX zeigt, daß kein Freiheitsgrand übrigbleibt.

Das RAPT-System kann objektbezogene Inferenzen bezüglich der Montage
nur auf der Basis von geometrischen Regeln durchführen. Mit Hilfe dieser Regeln wird in vier Schritten bestimmt, daß die beiden Körper 1
und 2 im Endzustand fest sind und daß Körper 3 noch einen rotatorischen Freiheitsgrad hat.

Ein ausgereifter Montageplan muß jedoch weit über die Fähigkeiten des
zuletzt angesprochenen Systems und der zuvor angesprochenen Planungs-
moduln zur Grobbewegung, zum Greifer und zur Feinbewegung verfügen. Er
muß neben den geometrischen (Objekte, räumliches Verstehen), auch primär kinematische (Manipulatoren) und physikalische (Gewicht, Oberfläche etc) Beschreibungen enthalten. Desweiteren muß er viele Details
des Fertigungsprozesses als Restriktionen definieren. Diese Restriktionen beziehen sich auf die Struktur, die Form, die räumlichen Beziehungen von bewegten Teilen eines Objektes und auf die fertigungs- und
funktionsbedingten Vorschriften für die Montage selbst. Zudem muß das
geeignete Werkzeug automatisch ausgesucht und sowohl der Einsatzzeit-
punkt als auch die Handhabung diese Werkzeugs festgelegt werden.

Welches Detailwissen zur Erzeugung eines Montageplanes notwendig ist,
lassen die Eintragungen in eine kanonische Objektbeschreibung, die zum
Beispiel als Resultat eines CAD-unterstützten Konstruktionsvorgangs
erzeugt wird, erkennen. Ein derartiges Objektframe sollte die folgenden Beschreibungen enthalten:

```
        Objekt: Name
        Komponente(i): Name(i)
        - Anzahl
        - Relevanz
        - volumetrische Darstellung
        - Geometrie (numerische Beschreibung der Merkmale)
        - physikalische Attribute (Gewicht, Oberfläche...)
        - Kontaktflächen, Kontaktart (Ebene, Linie, Punkt)
        - Restriktionen (Größe, Volumen, Fläche)
        Struktur(i): Name(i)
        - topologische Relationen
        - Symmetrie, Gruppierungen
        - Restriktionen (Form, räumliche Relationen der begwegli-
          chen Komponenten)
        Funktion(i) : Name(i)
        - kausales Netz
        - funktionale Primitiva
        - kinematische Primitiva
        - Restriktionen (funktionsbedingt, prozeßbedingt)
        Montage(i) : Name(i)
        - Montagegraph
        - Aktionsgraph (Vorranggraph, Bewegungsgraph)
        - Greifspezifikationen ((a,b), P)
          a,b: Kontaktflächen
          P: Position und Orientierung des Greifers
```

Diese Objektdarstellung ist an die einzelnen Abstraktionsstufen des
Konstruktionsvorgangs angepaßt und enthält auch die zahlreichen Restriktionen, die bei der Endmontage zu berücksichtigen sind (zum Beispiel Oberfläche, Funktion, Prozeßumgebung). Auf die Zusammenhänge
zwischen der Form und der Funktion eines Objektes bzw. Gerätes werden
wir im Fortsetzungsteil im Zusammenhang mit dem objektorientierten
Argumentieren ausführlicher eingehen.

Allerdings befinden sich diese Anforderungen erst noch im Stadium der
experimentellen Grundlagenforschung. Es gibt noch keine komplexe Anwendung, die in einer solch konzertierten Aktion die Manipulation

durchführt. Dies hängt teilweise damit zusammen, daß einzelne Teilgebiete der Robotik wie die Entwicklungen von Greifstrategien und Hindernisumgehung noch nicht genug entwickelt sind; zum anderen hat man
noch nicht gelernt, die kombinatorische Explosion der wechselwirkenden
Teilaufgaben zu beherrschen.

7.3 Erstellung des Sensorplanes

Viele Montagevorgänge sind nur mit der Unterstützung von Sensorinformationen durchzuführen. Bei der Aufgabenplanung werden Sichtsysteme
benötigt, um Objekte zu erkennen und die Objektkonfiguration mit der
geforderten Genauigkeit zur Ausführungszeit festzustellen. Grobbewegungen (Hindernisumgehungen) und überwachte Bewegungen sind ebenfalls
nur mit Sensoren möglich. Sensoren zur Kraftmessung ermöglichen den
Einsatz von angepaßten Bewegungen. Berührungsinformation unterstützt
diese Art von Bewegungen. Sensoren dienen vor allem auch dazu, die Unsicherheiten der Umwelt (Ungenauigkeiten des Manipulators, Fertigungstoleranzen der Teile, Plazierungstoleranzen der Teile), die zur Pla-
nungszeit nicht bekannt sind, und die erst während der Ausführungszeit
gemessen werden können, in den Manipulationsplan mit einzubeziehen.
Der zweite wesentliche Grund, Sensoroperationen mit dem Manipulationsplan zu verknüpfen, liegt in der Vielschichtigkeit der Aufgabendurchführung selbst. Viele möglichen Ausführungsschritte können im voraus
nicht bis ins Detail geplant werden; vielmehr können einzelne Entscheidungen erst bei der genauen Kenntnis der aktuellen Sachlage ge-
fällt werden.

Speziell muß ein Sensorplan erstellt werden, um die folgenden Aspekte
befriedigend lösen zu können:

(1) Definition derjenigen Stellen im Manipulationsplan, an denen ein
    ganz bestimmter Sensortyp (z.B. Kamera) eingesetzt werden muß, um
    die Montageoperation erfolgreich durchführen zu können. Nach dem
    Verfahren von /Brooks 82/, das auch ATLAS zugrunde liegt, werden
    dann Sensoren notwendig, wenn die vorhandenen Unsicherheiten es
    nicht erlauben, die strengen, für einzelne Operatione notwendigen
    Restriktionen, einzuhalten.

(2) Definition einer Sensorhierarchie zur Unterstützung des Manipula-
    tionsplans. Gemeint ist hiermit der Einsatz von Multisensorik
    /Takanashi 85/. Im einzelnen geht es darum, wieviele Sensortypen
    wo und wann eingesetzt werden sollen und wie die unterschiedliche
    Sensorinformation zu einer integrierten Darstellung zusammengefaßt
    werden kann. Eine wesentliche Voraussetzung für den multisensori-
    ellen Einsatz liegt jedoch in einer allgemein akzeptierten Sensor-
    spezifikation, die auf logischer Ebene aufbaut /Hansen 83/. Die
    Basis hierfür würde eine Art "Sensorwissenschaft" liefern, die
    eine Sensorhierarchie plant und die verschiedenen Sensoren gezielt
    einsetzt /Hackwood 84/. Zusätzlich müssen neben der Weltmodellie-
    rung auch Sensormodelle vorhanden sein. Dieser zweite Punkt kann
    als Erweiterung des ersten Punktes betrachtet werden.

(3) Generierung von sensorspezifischen Ausprägungen von Objekten bzw.
    Weltmodellen, um die einzelnen Sensorsysteme in die Lage zu ver-
    setzen, aufgabenbezogen eingesetzt werden zu können.

(4) Generierung von impliziten Sensoranweisung. Eine solche Anweisung
    definiert lediglich das gewünschte Resultat und spezifiziert nicht
    explizit, was der Sensor im einzelnen tun soll. Im Regelfall sind
    die unter den beiden ersten Punkten erwähnten Sensoranweisungen
    von impliziter Natur.

(5) Generierung von expliziten Sensoranweisungen, die einen ganz be-
    stimmten Sensortyp instruieren, wann er was zu messen hat. Auf
    diese Art werden die heutigen Sensoren betrieben.

Nach der Erstellung eines Sensorplanes und seiner Abstimmung mit dem
Montageplan steht ein vollständiger und detaillierter Aktionsplan für
die einzelnen Montageoperationen zur Verfügung. Bevor diese Anwei-
sungsfolge jedoch an das Steuerungssystem des Roboters übergeben wird,
wird der gesamte Plan von einem Prüfer auf seine Durchführbarkeit
überprüft.

7.4 Planprüfung

Die Aufgabe eines Planprüfers besteht darin, zu entscheiden, ob ein
Aktionsplan, der sich aus einem Manipulations- und Sensorplan zusammensetzt, durchführbar ist und die gewünschten Resultate liefert. Wird
hierfür die von dem bereits beschriebenen ATLAS System benutzte Technik der Skelettprogramme und Bedingungsausbreitungstechnik realisiert,
so müssen diese Programme, die mit Hilfe von Plan- und Unsicherheitsvariablen bis ins Detail ausgefüllt wurden, hinsichtlich der Zusammenhänge zwischen diesen einzelnen Skeletten und den Auswirkungen einzelner Planschritte auf die davor und dahinterliegenden Planschritte untersucht werden. Der Kommunikationsmodus zwischen den einzelnen Ske-
lettprogrammen ist die Bedingungsausbreitung. Die Anwendbarkeitsbedingungen jedes dieser Programme (z.B. Planung des Greifvorgangs und
der Feinbewegung) müssen erfüllt sein, damit das Programm zur Ausführung gelangen kann. Nach dem Durchlauf eines solchen Programms werden
die Ausbreitungsbedingungen erzeugt. Wenn die Anwendbarkeitsbedingungen eines Skelettprogramms nicht durch die Ausbreitungsbedingungen
des vorangehenden Programms erfüllt werden, so wird zurück verzweigt.

Die Nachteile des Verfahrens zur Bedingungsausbreitung sind zweifach.
Erstens sine viele Fehler nur schwer abschätzbar und, da die Ausbrei-
tungstechnik von Unsicherheiten auf der Hypothese des "schlimmsten
Falls" basiert, können unrealistische Überschätzungen zustande kommen.
Zweitens ist diese Ausbreitungstechnik nur auf lineare Programme ange-
wendet worden.

Das im Abschnitt 7.1 (Teil B) dargestellte System, das die Aufgabenzerlegung mit Hilfe der Induktion bewerkstelligte, besitzt ebenfalls
einen Planprüfer. Er ist als Produktionssystem aufgebaut und enthält
sogenannte Analyse Regeln (AR). Sie sind von der Form:

        <conditions> ==> <relation>

Die linke Seite der Regel beinhaltet

. Bedingungen bezüglich der Teile
. eine Beschreibung der vorhergehenden Relationen und der Zielkonfiguration
. Bedingungen bezüglich der vorhergehenden und aktuellen Kraft- und
  Positionssensordaten.

Die rechte Seite der Regel enthält eine Beschreibung der Endkonfiguration. Sie kann ergänzt werden durch numerische Attribute, die diese
Relationen quantifizieren.

Das nachfolgende Beispiel einer Analyseregel verdeutlicht die obigen
Angaben:

```
AR: (previous relation=(and(aligned(axis P1)(axis P2))
                         (no contact)))
    (goal relation=(and(aligned(axis P1)(axis P2))
                       (against(extremity P1)(bottom P2)))))
    (current position condition =
      ( < (distance(extremity P1)(bottom P2))(uncertainty(distance
                                   (extremity P1)(bottom P2)))))
    ==>
    (current relation=(and(aligned(axis P1)(axis P2))
                         (against(extremity P1)(bottom P2)))))
```

Wenn die Zielrelation der letzten Bewegung die rechte Seite einer anwendbaren Regel ist, dann wird der Planschritt als durchführbar (korrekt) eingestuft und der nächste Schritt kann untersucht werden. Andernfalls wird der Aufgabenzerleger bzw. Aktionsgenerator wieder aufgerufen, um den ursprünglichen Plan zu modifizieren.

Die beiden zuvor aufgeführten Beispiele eines Planprüfers verdeutlichen wiederum einmal mehr, daß der gesamte Aspekt der Planung von Roboteraktionen, der in einer realen Umgebung ablaufen soll und daher von vornherein Sensoren zur Reduktion von Unsicherheiten mit in Betracht zieht, in den Anfängen steckt.

8. MODELL EINER ABLAUFSTEUERUNG FÜR MONTAGEROBOTER

8.1 Steuerungssystem eines Montageroboters

Bild 8.1 stellt eine Montageablaufsteuerung dar, die sowohl Element des hierarchischen Steuerungskonzepts von Albus (Abschn. 6) als auch die Planungsaktivitäten, die im vorigen Abschnitt beschrieben wurden (Aufgabenzerlegung, Manipulationsplan etc.) enthält. Im letzteren Fall wurde aus Gründen der Übersichtlichkeit, darauf verzichtet, einen Planprüfer einzuzeichnen.

Die einzelnen Ebenen haben zwar unterschiedliche Aufgaben, doch wird angenommen, daß ihre Grobstrukturen gleich aufgebaut werden können. Die Bausteine einer Ebene vereinigen die off-line Aspekte der Planung mit den on-line Angaben der Durchführung und Überwachung von Aufgaben. Der Sensormodul und der Monitor übernehmen diese letztere Aufgabe. Das Weltmodell ist zweigeteilt (off-line: Konstruktionsdaten, on-line: Fertigungsstatus) und bildet sowohl die Kopplung zwischen der Sensorverarbeitung und dem Monitor als auch das Basiswissen für den Planer. Die Komponenten einer Ebene werden an einem typischen Bearbeitungsverlauf einer Aufgabe beschrieben.

Der Planer einer Ebene erhält eine (oder mehrere) Aufgaben zur Bearbeitung. Er analysiert die Aufgabe und zerlegt sie in Teilaufgaben, die auf der Ebene selbst erledigt werden können und in solche, die in die nächst tiefere Ebene übermittelt werden müssen. Bei der Zerlegung der Aufgabe in Teilaufgaben liegt der Fortschritt für die Montageablaufsteuerung darin, daß diese Teilaufgaben entweder einfacher auszuführen sind als die allgemeiner formulierte Gesamtaufgabe, oder daß durch sogenannte "Erfahrung" Teilaufgaben genannt werden können, die zur Erfüllung der Gesamtaufgabe notwendig sind.

Um die erhaltene Aufgabe bearbeiten zu können oder um Parameter für die Teilaufgaben zu bestimmen, ist es teilwies notwendig, die aktuelle Systemumgebung einzubeziehen. Diese sollte im Weltmodell enthalten sein. Ist das nicht der Fall oder ist die dort enthaltene Darstellung nicht aktuell genug, muß bereits für die Arbeitsphase des Planers ein Sensorplan für den Einsatz des Sensormoduls erstellt werden.

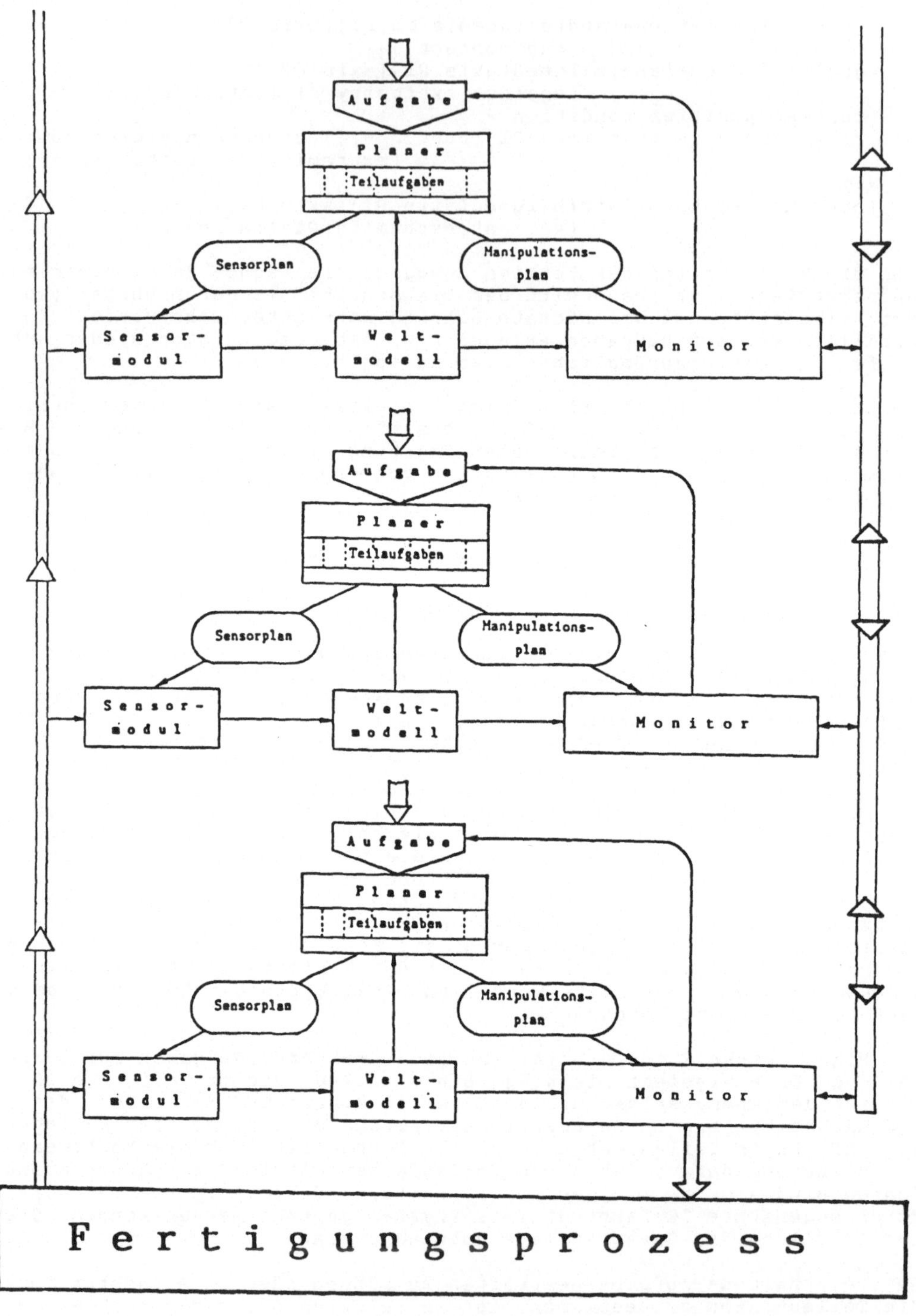

Bild 8.1: Hierarchischer Modellaufbau eines Systems für die Montageablaufsteuerung

Der Planer ist nur in der Lage, den Fortgang der Montage zu planen.
Die Verwirklichung dieses geplanten oder beabsichtigten Fortschritts
obliegt dem Monitor. Er muß immer in Abhängigkeit der Systemumgebung
reagieren. Dazu ist vom Planer durch die Erzeugung eines Sensorplans
das Sensormodul aktiviert worden, das die für die Kontrolle des Fortschritts, bzw. des Verlaufs nötigen Weltmodelldaten liefert. Hier
können zwei unterschiedliche Kopplungen der Systemumgebung an den Monitor definiert werden. Bei der engeren (steuernden) Kopplung bilden
Monitor, Weltmodell und Sensormodul einen Regelkreis. Dieser Typ wird
vorwiegend in unteren Ebenen angewendet. Bei der überwachenden oder
kontrollierenden Kopplung ist für das Weltmodell ein Toleranzbereich
angegeben. Erst wenn die Systemumgebung diesen Toleranzbereich ver-
läßt, muß der Monitor korrigierend eingreifen. Bild 8.2 zeigt das Zusammenspiel zwischen dem Planer und dem Monitor in größerer Ausführ-
lichkeit.

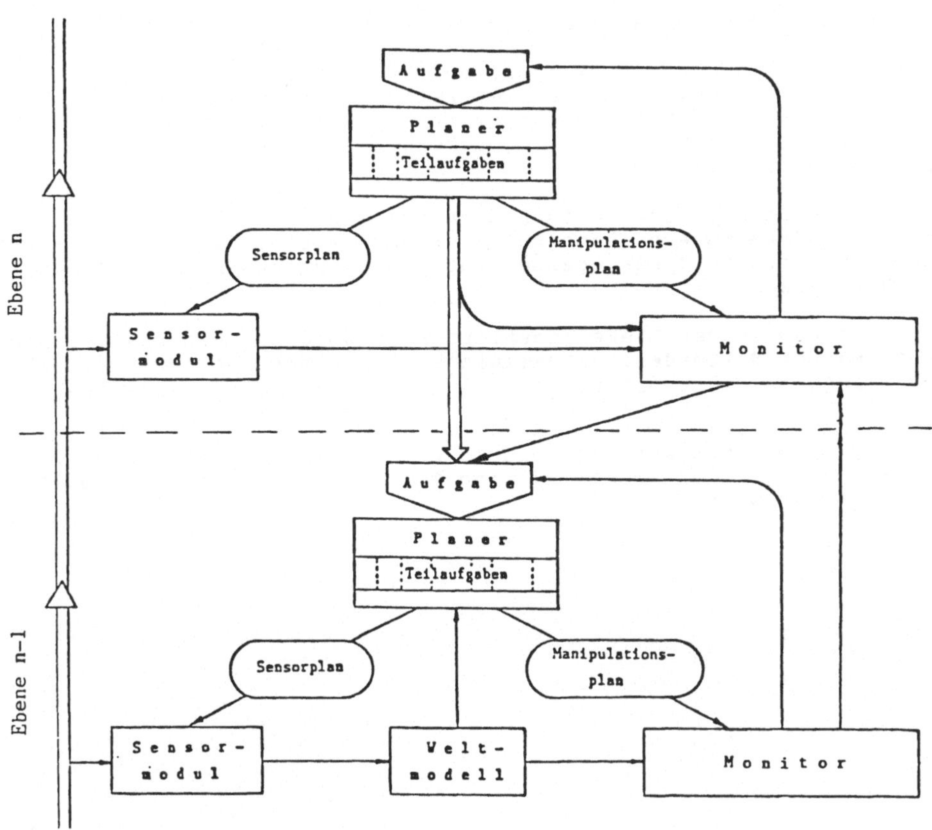

Bild 8.2: Auftragsfluß zwischen den einzelnen Moduln zweier benachbar-
ter Schichten

In einer Ebene erhält der Monitor neben den Überwachungsaufträgen, die
in der Ebene selbst durchgeführt werden sollen (Manipulationsplan)
auch noch diejenigen Überwachungsschritte mitgeteilt, die für die Aufgabendurchführung der nächst tieferen Ebene notwendig sind. Die direkte Weitergabe der Unteraufträge von der Ebene (n) auf die Ebene (n-1)
erfolgt über die Planer. Ist ein Unterauftrag der Ebene (n-1) während
der Ausführung nicht durchführbar, so wird dies von dem Monitor dieser
Ebene an den Monitor der nächst höheren Ebene zurückgemeldet. Der Monitor der Ebene (n) kann eine Umordnung der Aktionen (Neuplanung) in
geringem Umfang selbst vornehmen und diese Neuplanung dem Planer der
Ebene (n-1) mitteilen.

In der Regel sind die Teilaufgaben voneinander abhängig. Das hat zur
Folge, daß der Monitor die Teilaufgaben nicht zu beliebigen Zeitpunkten weitergeben oder starten kann, sondern prüfen muß, ob die Voraussetzungen für die Abarbeitung der folgenden Teilaufgabe gegeben sind.
Die folgenden Teilaufgaben können Parameter benötigen, die erst durch
die vorhergehende Teilaufgabe festgelegt wurden. Diese werden, nachdem
sie vom Monitor auf Übereinstimmung mit dem Manipulationsplan geprüft
wurden, über das Weltmodell oder direkt weitergegeben.

Neben der Ausführungsüberwachung muß ein Monitor auch in der Lage
sein, Fehler zu erkennen und sie, falls möglich, zu beheben (error
recovery). Als Reaktion auf unerwartete Ereignisse muß dann häufig
eine Neuplanung mit vorerst ungelösten Zielangaben gestartet werden
/Wilkins 85/.

Die Kontrolle über den Verlauf oder den Erfolg einer Teilaufgabe, die
in eine andere untere Ebene weitergegeben wurde, wird in der Ebene
durchgeführt, die diese erzeugt hat. Dafür stehen zwei Möglichkeiten
zur Verfügung:

- Über einen in der Ebene generierten Sensorplan, der das vom Monitor
  überwachte Weltmodell aktualisiert. Die Ebene ist dann weiterhin mit
  der Aufgabe aktiv befaßt.

- Durch eine entsprechende Meldung aus einer untergeordneten Ebene.
  Dies ist z.B. dann möglich, wenn Toleranzen für eine Teilaufgabe
  festgelegt wurden.

Der Bearbeitungsverlauf einer Teilaufgabe kann zur Folge haben, daß
die ihr folgenden Teilaufgaben oder die ganze Aufgabe wiederholt durch
den Planer bearbeitet werden müssen. Ist dieser nicht in der Lage, einen korrigierten Manipulationsplan zu erstellen, muß die gesamte Aufgabe an die übergeordnete Ebene zurückgegeben werden können.

Der Planer muß die Ausführbarkeit seiner Teilaufgaben beurteilen können. Ist die Ausführung nicht möglich, muß die gesamte Aufgabe an die
übergeordnete Ebene zurückgegeben werden können, die diese neu zu bearbeiten hat. (Beispiel: Es soll ein Teil gefügt werden, das nicht
vorhanden ist. Dieses Teil muß erneut angefordert werden).

8.2 Montage- und Vorranggraph

Der Beschreibung eines Manipulationsplans liegt ein funktionsorientierter Zugang zugrunde für die Konzeption, den Entwurf und die Ausarbeitung von robotergerechten Arbeits- und Bewegungsplänen. Die Angaben
einer detaillierten Arbeitsvorbereitung als Resultat eines CAD-unterstützten Konstruktionsvorgangs verlangen eine kanonische Objektbeschreibung, die im Zuge des Detaillierungsgrads verfeinert wird (vgl.
Abschn. 7.2). Sie ist an die einzelnen Abstraktionsstufen des Konstruktionsvorgangs angepaßt und enthält auch die zahlreichen Restriktionen, die bei der Endmontage zu berücksichtigen sind.

Wesentliche Objekte dieser Umweltmodellierung sind der Montagegraph
als Weiterentwicklung einer Fügeflächenmatrix und ein Vorranggraph,
der in seiner detailliertesten Ausprägung in den realen Aktionsgraphen
übergeht, und der Funktionsgraph. Im folgenden beschreiben wir diese
Objektdarstellungen und Montageanweisung, bevor wir im darauffolgenden
Abschnitt eine exemplarische Ablaufsteuerung der Montage einer Laugenpumpe, die die Strukturen und Objekte der beiden vorangehenden Abschnitte in sich vereinigt, vorstellen.

Die Fügeflächen sind die Flächen der Bauteile, die im montierten Zustand in gegenseitigem Kontakt stehen. Sie geben einen statischen Zustand wieder. Eine binäre Fügeflächenmatrix macht lediglich Aussagen
über die quantitative Kontaktstruktur, d.h. ob ein Kontakt vorhanden
ist oder nicht. Für den Montageablauf kann sie zur Suche nach Baugruppen benutzt werden. Außerdem können aus ihr die für die Montage eines
Bauteils unmittelbar wichtigen Kontaktbauteile bestimmt werden.

Eine qualitative Fügeflächenmatrix enthält ebenfalls die Fügeflächen-
beziehungen und ist um die genaue Beschreibung der Fügefläche erweitert. Diese Beschreibung ist entweder direkt oder über Verweise auf
das CAD-Modell zu erhalten. Fügeflächen werden in der Regel gesondert
bearbeitet. Dadurch müssen sie im Modell gesondert gestaltet und bezeichnet werden, wodurch die Möglichkeit der Kennzeichnung entsteht.
Bild 8.3 zeigt die Fügeflächen einzelner Baugruppen einer Laugenpumpe.

Bild 8.4 zeigt die zugehörige qualitative Fügeflächenmatrix. Die Teile, die mit durchgehenden Balken gekennzeichnet sind, geben die Teile
und Fügeflächen innerhalb der Baugruppe an. In einem Kästchen sind die
Bezeichnungen der Fügeflächen der Einzelteile jeweils durch einen
waagrechten Strich getrennt. Die Teile, die mit der Baugruppe Lagerbügel in Fügekontakt stehen, sind mit unterbrochenen Balken gekennzeichnet.

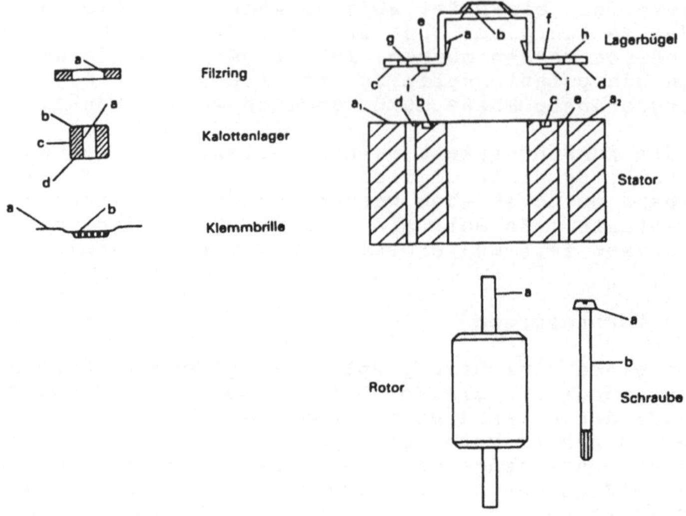

Bild 8.3: Fügeflächen einzelner Baugruppen einer Laugenpumpe

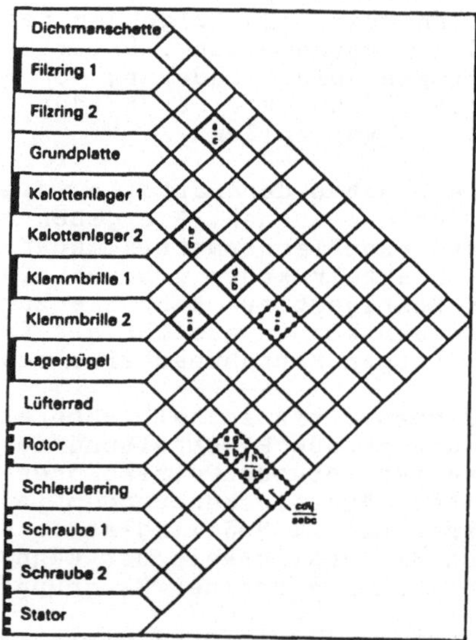

Bild 8.4: Qualitative Fügeflächenmatrix der Baugruppe Lagerbügel

Ziel einer Montage ist es, die zwischen den Teilen vorgesehenen Kontakte herzustellen. Die Kontakte lassen sich grundsätzlich in zwei Gruppen einteilen:

- Kontakte, die ihren Ursprung in der allgemeinen und speziellen Funktionsstruktur haben (Funktionsstrukturkontaktfläche FSK)
- Kontaktflächen, die durch die Herstellbarkeit bedingt sind (Herstellbarkeitskontaktflächen HBK).

FSK's sind dadurch gekennzeichnet, daß sie auf eine Verbindungslinie in der Funktionsstruktur abbildbar sind. Ein Beispiel dafür ist die Fläche a des Kalottenlagers und die zugehörige Fläche a des Roboters (Bild 8.3). HBK's haben zwar auch eine Funktion, diese liegt aber nicht im Funktionsfluß der Gesamtfunktionsstruktur. Die Funktion der HBK's ist lokaler Natur. Beispiel dafür ist die Fläche c i j d des Lagerbügels und die Fläche a1 b c a2 des Stators (Bild 8.3).

Für die Montage unterscheiden sich die Kontaktflächen durch ihre gegenseitige Bewegungsmöglichkeit im montierten Zustand. FSK's sind immer beweglich, haben also einen oder mehrere Freiheitsgrade. HBK's sind in der Regel gegenseitig unbeweglich. Falls eine Bewegungsmöglichkeit vorhanden ist, so liegt sie nicht im Funktionsfluß der lokalen Funktion.

Für FSK's ist es möglich, die funktionsbedingten Freiheitsgrade auszunutzen, um das Auftreten von Haftreibung zu vermeiden oder zu überwinden (z.B. beim Einfügen eines Zylinders in eine Bohrung durch eine Drehbewegung). Für die Feinbewegung ist die Entwicklung der Freiheitsgrade ab dem ersten bis zum endgültigen Kontakt maßgebend. Dabei werden in der Regel nicht mehrere Freiheitsgrade auf einmal eingeschränkt. Die Auswirkungen des Kontakts sind von der Geometrie und der Deformationsmöglichkeit abhängig. Im folgenden werden die Grundkontaktarten unter Berücksichtigung der Deformationsmöglichkeiten aufgeführt. Mit entscheidend für die praktische Auswirkung ist das Verhältnis der Umgebung der Kontaktflächen zueinander. Dies läßt sich in der Angabe der Tangenten im Kontaktbereich beschreiben.

Die Geometrie der Kontaktflächen kann wie folgt sein:

- ideal punktförmiger Kontakt
  . real punktförmig (z.B. Ecke eines Würfels auf Ebene, Kante eines Würfels auf Kante eines anderen Würfels)
  . real linienhaft (z.B. Kante eines Zylinders auf Ebene)
  . real flächenhaft (z.B. Kugel auf Ebene)

- ideal linienförmig
  . real linienförmig (z.B. Kante eines Würfels auf Ebene)
  . real flächenförmig (z.B. Zylinderfläche auf Ebene, Zylinder in einer Bohrung mit größerem Durchmesser)

- ideal flächenförmig
  . real flächenförmig (z.B. Fläche eines Würfels auf Ebene, Zylinder in passender Bohrung).

Die Freiheitsgrade werden z.T. nur in eine Richtung beschränkt. Ein Würfel, der auf einer Ebene liegt, kann selbstverständlich abgehoben und dann beliebig positioniert werden. Für die Montage ist es aber typisch, daß auch solche einseitig beschränkten Freiheitsgrade beibehalten werden. Dies wird erreicht, indem die anschließende Bewegung so durchgeführt wird, daß die entsprechenden Reaktionskräfte zumindest qualitativ erhalten bleiben. Die dann noch zusätzlich auftretenden Reibungskräfte bei Bewegungen in Richtung der verbleibenden Freiheitsgrade müssen entsprechend berücksichtigt werden.

Für die montagegerechte Konstruktion ist zu fordern, daß in der Endlage die Freiheitsgrade mindestens einseitig eingeschränkt sind. Ver-

bleibende Freiheitsgradrichtungen dürfen nicht in Richtung der Schwerkraft liegen. Bleiben Freiheitsgrade ganz frei, so müssen sie durch
die durch die Schwerkraft hervorgerufenen Reibungskräfte behindert
werden. Für bestimmte Feinbewegungen, z.B. Einfügen eines Zylinders in
eine Bohrung, ist es notwendig oder zumindest günstig, wenn Freiheitsgrade nicht schlagartig eliminiert, sondern zu Beginn nur auf ein In-
tervall eingeschränkt werden. Ob diese Bedingung erfüllt ist, läßt
sich feststellen, indem ein Teil etwas aus der Endlage entfernt wird
und dann die Bewegungsmöglichkeiten analysiert werden. So läßt sich
z.B. bei den Kontaktflächen zwischen Stator und Lagerbügel feststellen, daß konusförmige Noppen sich in der Feinbewegungsphase am günstigsten verhalten.

Der elementare Montagegraph ist inhaltlich mit dem Inhalt der qualitativen Fügeflächenmatrix zwar identisch, doch sind seine Kanten mit
Hinweisen auf die Montageoperationen versehen, die erforderlich sind,
um den modellhaft vorgegebenen Endzustand zu erreichen.

Beim u n g e r i c h t e t e n M o n t a g e g r a p h e n wird
durch die einzelnen Montageoperationen keine Aussage darüber gemacht,
welches Teil aktiv und welches passiv sein soll.

Aktiv ist ein Teil, das während einer Montageoperation bewegt wird,
d.h., in der Regel mit dem Manipulator unmittelbaren Kontakt hat. Das
passive Teil verändert dagegen seine Position nicht, jedoch ist es in
der Regel vorher justiert oder in eine Montagestation eingelegt oder
-gespannt worden. Beispiel für solche Montageoperationen sind: Kleben,
Schweissen, Schrauben mit Drehmoment, Auflegen.

Der g e r i c h t e t e M o n t a g e g r a p h ist eine Weiterentwicklung des ungerichteten Montagegraphen und beinhaltet bereits
Vorrangbeziehungen von Montageoperationen der einzelnen Bauteile. Diese Vorrangbeziehung gilt aber immer nur für zwei Teile. Die Kante ist
ein Pfeil, der vom aktiven Bauteil zum passiven zeigt. Sind alle Kanten des Graphen mit einer Richtung versehen, so läßt sich damit z.B.
ein günstiges Basisteil ermitteln.

Bild 8.5 verdeutlicht einen gerichteten Montagegraphen für den Zusammenbau einer Laugenpumpe auf der Ebene von Baugruppen. Die Knoten dieses Graphen sind Baugruppen (wesentliche Komponenten), die sowohl mit
lokalen Koordinatensystemen für diese Objekte und ihre spezifischen

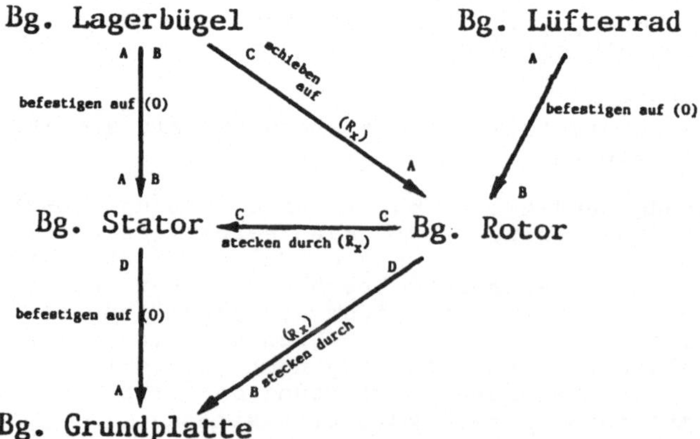

Bild 8.5: Gerichteter Montagegraph auf der Baugruppenebene für eine
Laugenpumpe

Merkmalen ausgestattet sind als auch die zusammenzufügenden Kontaktflächen enthalten. Die Kanten dieses Graphen enthalten die Montageoperation (z.B. befestigen), die topologische Beschreibung (z.B. auf) und
die verbleibenden Freiheitsgrade (z.B. 0).

Der Vorranggraph ist eine Hauptstufe der Montageablaufsteuerung. Er
gibt an, in welcher Reihenfolge die einzelnen Teile der Baugruppe zu
montieren sind, bzw. wo die Reihenfolge keinen oder nur unwesentlichen
Einfluß auf einen optimalen Ablauf hat. Er besteht aus Knoten und Kanten, wobei die Kanten eine Richtung haben und damit die zeitliche Reihenfolge festlegen. Mehrere Pfeile auf einen Knoten bedeuten, daß die
Montageoperationen gleichrangig sind, sie also in beliebiger Reihenfolge ausgeführt werden können.

Beim o b j e k t o r i e n t i e r t e n V o r r a n g g r a -
p h e n bestehen die Knoten nur aus den Bauteilen, bzw. aus Baugruppen, die unmittelbar aus Einzelteilen zu einer losen Verbindung zusam-
mengesetzt worden sind. Er ist eine Vorstufe des operationsorientierten Vorranggraphen. Für Baugruppen, bei denen die Bauteile bei einer
Operation vollständig montiert werden, ist er auch ausreichend. Mit
ihm ist die Reihenfolge der Montage auch schon soweit eingeschränkt,
daß die Montage von Teilen nicht durch bereits montierte Teile verhindert werden kann.

Beim o p e r a t i o n s o r i e n t i e r t e n V o r r a n g -
g r a p h e n repräsentieren die Knoten einzelne, genau spezifizierte Operationen, die auch als Arbeitselemente bezeichnet werden. Er
wird dort angewendet, wo Bauteile schrittweise montiert werden (z.B.
Leitungen anschrauben, justieren) oder Operationen nötig sind, die den
Montagevorgang überwachen (Bild 8.6).

Bild 8.6: Operationsorientierter Vorranggraph

Ob sich eine Baugruppe in einer bestimmten Reihenfolge montieren läßt,
ist stark von der speziellen Geometrie der einzelnen Bauteile abhängig. In der Regel werden mehrere Reihenfolgen möglich sein. Von diesen Alternativen soll dann diejenige ausgewählt werden, die die gewünschten Randbedingungen, z.B. Schnelligkeit oder Einfachheit, erfüllt.

Zur Aufstellung des (operationsorientierten) Vorranggraphen bieten
sich einige Lösungsmöglichkeiten an, die auch miteinander kombiniert
werden können.

- Vollständiger Zusammenbau von einzelnen Baugruppen, bevor diese Bau-
  gruppen miteinander verbunden werden.
- Suche nach Basisteilen, die bestimmte Funktionen oder Bedingungen
  erfüllen.
- Aufteilen nach Einzelfunktionen von Bauteilen.
- Funktionsorientierter Zugang.

Beim funktionsorientierten Zugang wird von der beim Konstruieren er-
stellten allgemeinen und speziellen Funktionsstruktur ausgegangen.
Diese Strukturen können auch als Graphen betrachtet werden, da die
Stoff-, Energie- und Nachrichtenflüsse die einzelnen Knoten gerichtet
verbinden. Diese Funktionsstrukturen existieren in mehreren Ebenen.
In der untersten Ebene ist jede Funktion durch ein Bauteil repräsentiert. In der höchsten Ebene ist die vollständige Konstruktion durch
eine Gesamtfunktion wiedergegeben. Beim funktionsorientierten Konstru-

ieren wird versucht, die Problemlösung so lange wie möglich auf der
Basis von Funktionen zu bearbeiten. Dabei entstehen, wie beim konventionellen Konstruieren auch, sogenannte Baugruppen. Beim funktionsorientierten Konstruieren werden diese aber systematisch erarbeitet
und stehen in entsprechend zugänglicher Form zur Verfügung. CAD-Syste-
me, die in der Lage sind, die gesamte Konstruktion integriert auf dieser Basis durchzuführen, sind bis heute nicht erhältlich. Der Übergang
zwischen den Funktionsebenen muß durch zahlreiche Kataloge unterstützt
werden. Diese sind heute zum Teil für spezielle Anwendungsgebiete bereits in Papierform vorhanden. Die Baugruppen existieren auf allen
Ebenen, von der Funktion "festhalten", stofflich verwirklicht durch
eine Schraube mit Unterlegscheibe, bis hin zu "Personen befördern",
realisiert durch ein Kraftfahrzeug. Einfachere Baugruppen werden zu
immer komplexeren zusammengefügt. Dadurch kann in der Regel ein wichtiger Teil der optimalen Montagereihenfolge bestimmt werden.

Montagegraphen und Vorranggraphen der entsprechenden Detaillierungs-
stufe begleiten die Montage auf den verschiedenen Ebenen. Der Vorranggraph löst sich ab einer bestimmten Ebene von dem die Baugruppe betreffenden Vorranggraphen und bezieht sich nur noch auf den Ablauf der
auf ein einzelnes Objekt bezogenen Montageoperation. Die ab dieser
Ebene generierten Operationen sind von allgemeingültiger Natur und
müssen in funktionaler Hinsicht bereits vor Beginn der Montage fest-
liegen. Die Knoten des operationsorientierten Vorranggraphen bestehen
in den unteren Ebenen lediglich aus Aktionen oder Bewegungen (Aktions-
oder Bewegungsgraph). Er kann deswegen in dieser Stufe als Bewegungsgraph bezeichnet werden.

Ein Übergang vom Montagegraphen zum Bewegungsgraphen, der ausschließlich mit Hilfe von wissensbasierten Systemen (Expertensysteme) erzeugt
werden kann, ist gegenwärtig noch nicht vorhanden. Eine Zwischenstufe
könnte eine interaktive, rechnergestützte Aufstellung der einzelnen
Graphen des Manipulationsplans sein. Die Regeln, die hierfür notwendig
sind, beziehen sich sowohl auf die Funktionen der einzelnen Komponenten als auch auf die funktionalen Verbindungen zwischen Komponenten,
die Topologie, die Geometrie, die Attribute und den technischen Prozeß
selbst. Desweiteren ist eine Komponentenbibliothek und eine Bibliothek
von normierten Bewegungsabläufen des Robotergreifers notwendig. Die
hierbei erforderlichen Inferenzen sollten vorwiegend qualitativ und
prozeßorientiert durchgeführt werdenn /Forbus 82/, /Kuipers 82/.

Die Erstellung der Montagegraphen erfolgt bei dem funktionsorientierten Konstruieren mit Hilfe von Funktionsgraphen. Bild 8.7 zeigt einen
Funktionsgraph, der aus der Entwurfsphase der Laugenpumpe stammt.

Die Knoten dieses Graphen sind die Baugruppen zusammen mit ihren Fügeflächen. Die (gerichteten) Kanten definieren die Funktion, die ein
Knoten dem anderen zur Verfügung stellen muß, und den bei der Erfüllung der Funktion verbleibenden Freiheitsgrad.

Eine Montageoperation bezieht sich immer nur auf ein Teil. Durch sie
wird ein Bauteil oder eine montierte Baugruppe in den modellhaft vorgegebenen Endzustand überführt. Dies ist auch immer das Ziel der Montageoperation. Das Ziel ist also statischer Natur.

Eine Aktion beeinflußt immer die physikalische Konfiguration des gesamten Systems. Sie ist eine zeitlich kurze und von der Beschreibung
her einfache Bewegung.

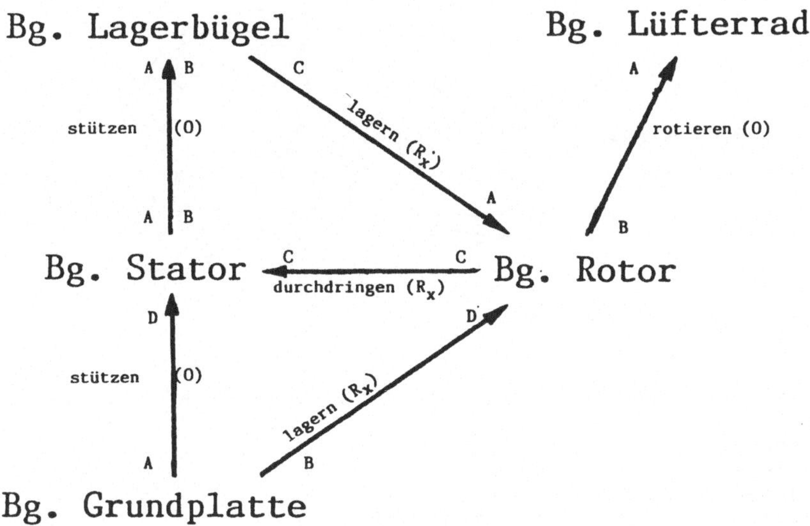

Bild 8.7: Funktionsgraph einer Laugenpumpe auf der Ebene der
Gesamtfunktion

Eine Montageoperation wird in mehrere Aktionen zerlegt. Der Verlauf
der Montageoperation wird durch die Auswahl der Aktionen bestimmt.
Die Nichtausführung von Aktionen bewirkt in der Regel eine Generierung
von neuen Aktionen. Die Aktionen werden durch den Typ und die wesentlichen Aktionsparameter festgelegt.

8.3 Ein Beispiel: Die Laugenpumpemontage

Der Entwurf einer Laugenpumpe möge abgeschlossen und funktionsorien-
tiert erfolgt sein. Als Resultat dieses Vorgangs liegen daher Funk-
tions-, Montage- und Vorranggraphen unterschiedlicher Detaillierungsstufen vor. Wir zeigen im folgenden den Bearbeitungsverlauf einer mo-
dellhaften Montage. Auf jeder Ebene werden die verwendeten Datenstrukturen aufgeführt. Hierbei werden allerdings nur die wesentlichen Teile
angegeben. Die Bearbeitung der unterstrichenen Teilaufgabe wird in der
folgenden darunterliegenden Ebene weiter verfolgt (detailliert). Bei
der Aufgabenerteilung und ihrer Zerlegung wird am Seitenrand jeweils
die Nummer der Ebene angezeigt, die dieses Aufgabenpaket gerade durchführt.

Die Aufgabenstellung lautet:

Ebene 7:

> Montiere Laugenpumpe
> vom Typ X.X

Als zusätzliche Eingabe wird ein Funktionsgraph (Bild 8.7) zur Verfügung gestellt. Die Voraussetzung für die Montage auf der 7. Ebene ist
die Kenntnis (Weltmodell) der einzelnen Baugruppen einer Laugenpumpe
und die Reihenfolge, in der die Baugruppen zu dem Endprodukt zusammengefügt werden sollen (Bild 8.8).

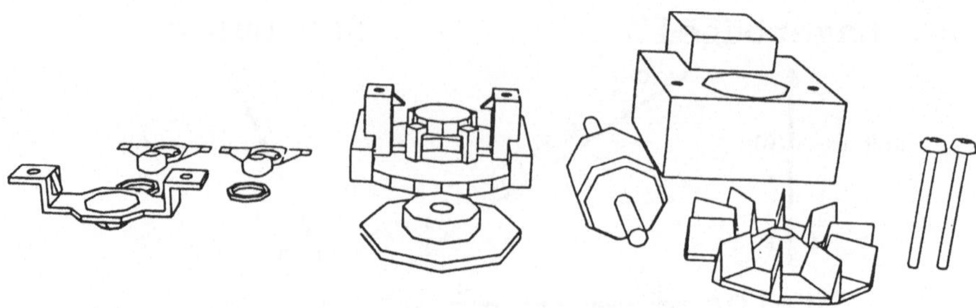

Bild 8.8: Baugruppen der Laugenpumpe

Eine grobe Zerlegung der Aufgabenspezifikation sieht vier Teile vor:

a) Anwesenheit der Teile prüfen
b) Teile bereitstellen
c) Baugruppen einzeln montieren
d) Baugruppen zur Laugenpumpe montieren.

Teile, die bereits vorhanden sind, müssen nicht mehr angefordert werden. Zur Identifizierung der anwesenden Teile und der Teile, die angefordert werden, wird ein Sensorplan erstellt, der das Sichtsystem mit
den entsprechenden Modellen der Einzelteile versorgt. Dieses beginnt
daraufhin mit der Suche nach diesen Teilen. Teile, die in der Umgebung
nicht identifiziert werden können, werden aus dem Lager angefordert.
Die Teile werden anschließend kontrolliert (z.B. auf ihre Fügeflächen)
und am Montageort gelagert. Dazu wird das Weltmodell der Systemumgebung verwendet.

Eine noch feinere Aufgabenzerlegung sieht daher wie folgt aus:

Ebene 7:

Die Unteraufgabe "Laugenpumpe montieren" wird von der 6. Ebene empfangen und intern in zwei große Teilaufgaben zerlegt. Zum einen müssen
die einzelnen Baugruppen (im folgenden häufig BG genannt) aus den Einzelteilen zusammengefügt werden. Zum anderen müssen diese dann zur
Laugenpumpe montiert werden. Daher läßt sich die verfeinerte Aufgabenstellung für die 6. Ebene wie folgt angeben:

Ebene 6:

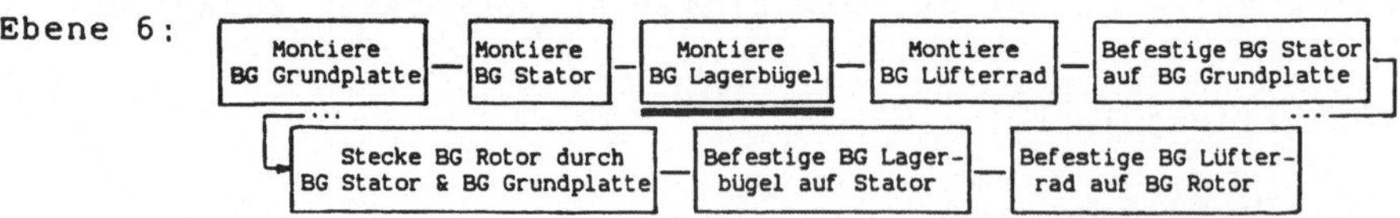

Die 5. Ebene empfängt den Auftrag "Montiere BG Lagerbügel". Die entsprechende Zerlegung dieser Aufgabe in Teilaufgaben durch den Planer
dieser Ebene sieht wie folgt aus:

Ebene 5:

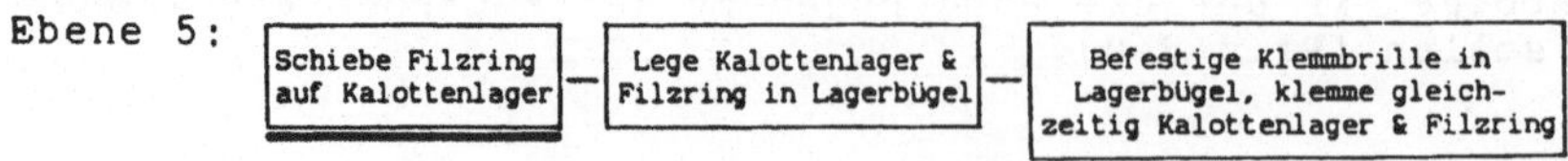

Zur Erzeugung dieser Aufgabenzerlegung sind die entsprechenden Graphen
notwendig. Der Funktionsgraph dieser nächst größeren Detaillierungs-
stufe wird in Bild 8.9 gezeigt.

Der Montage- (Bild 8.10) und der Vorranggraph (Bild 8.11) beziehen
sich auf die Einzelteile. Ihre Montage führt zur Baugruppe Lagerbügel.

In der 4. Ebene wird die Aufgabe "Schiebe Filzring auf Kalottenlager"
weiter bearbeitet. Die im Montagegraph enthaltene Fügekombination
Filzring und Kalottenlager wird zunächst in die Ausrichtung des Kalottenlagers auf der Montagehilfseinrichtung zerlegt. Diese Einrichtung
ist im Weltmodell als Hilfseinrichtung für die Fixierung von Teilen
mit entsprechend funktional oder konstruktiv gestalteten Flächen enthalten.

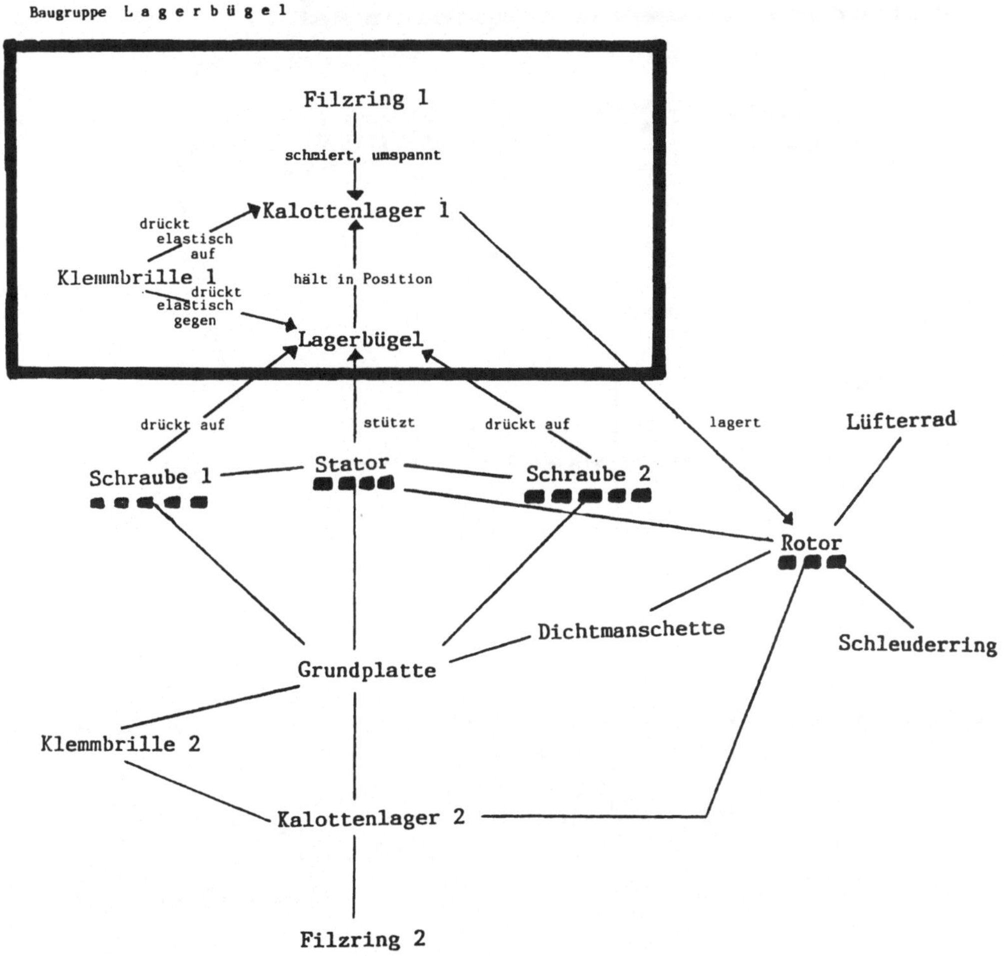

Bild 8.9: Funktionsgraph auf der Ebene der Nebenfunktionen, die durch
die Herstellbarkeit bedingt sind (5. Ebene)

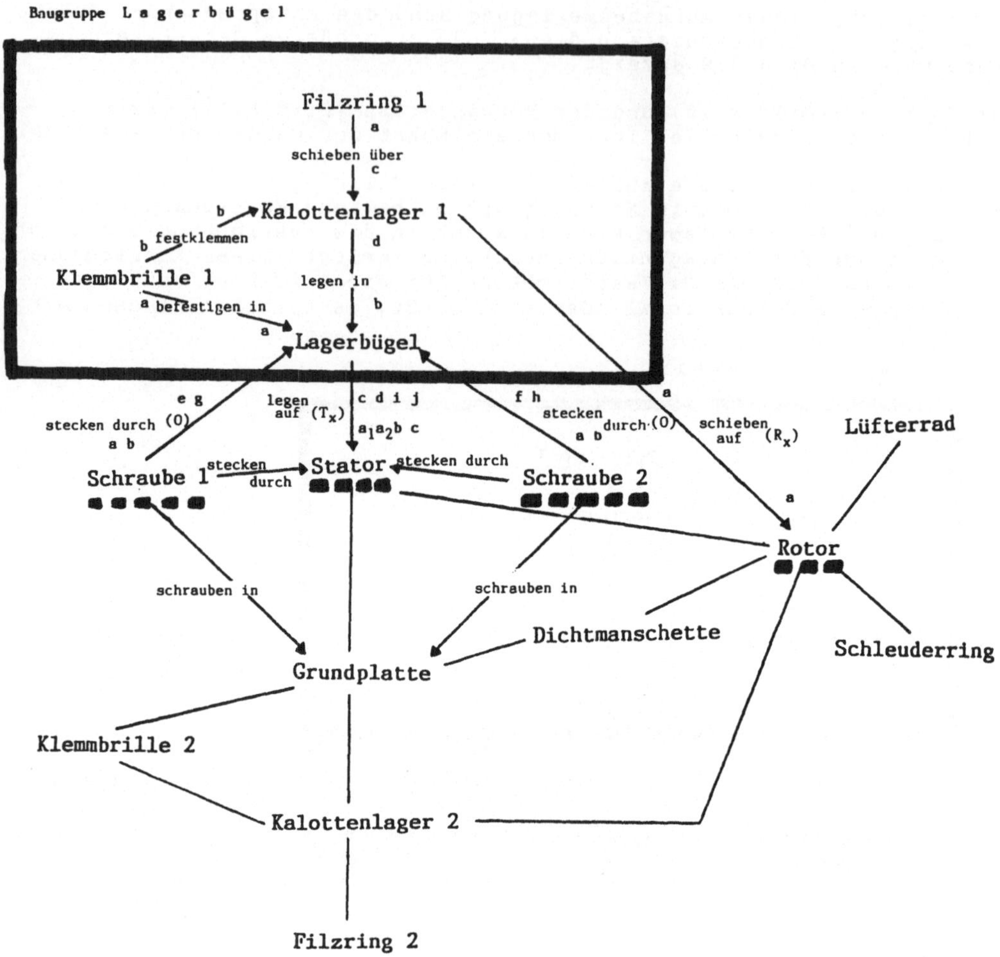

Baugruppe **L a g e r b ü g e l**

Bild 8.10: Gerichteter Montagegraph auf Einzelteilebene bei der Laugenpumpe (5. Ebene)

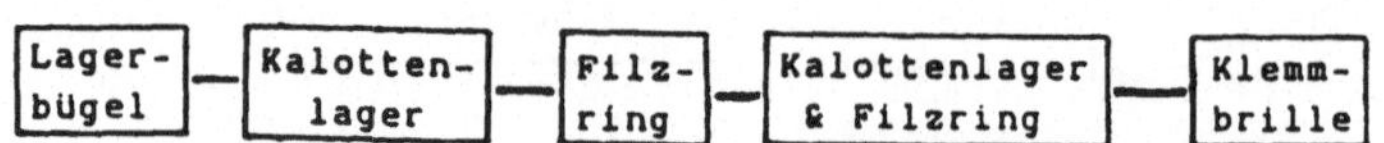

Bild 8.11: Vorranggraph auf Einzelteilebene (Lagerbügel) für die 5. Ebene

Eine Grobzerlegung dieser Aufgabe erzeugt zwei Aufgabenklassen:

Ebene 4:

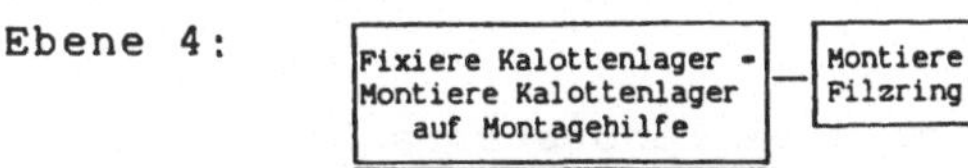

In dieser Ebene ist die auf ein Teil bezogenen Montageoperation enthalten. Die Montageoperationen unterscheiden sich im wesentlichen in
der letzten Phase, der Feinbewegung bei der Fügung. Danach wird eine
mögliche Greiferposition bestimmt, die mit den Randbedingungen des
Greifens und der Fügung verträglich ist. Der Sensorplan enthält ein
Modell des Werkstücks, das nicht nur eine Identifizierung, sondern
eine genaue Positionsbestimmung ermöglicht. Die Darstellung des Werkstücks enthält bereits mögliche Greiferpositionen. Die Feingliederung
der ersten oben genannten groben Aufgabenstellung läßt sich wie folgt
angeben:

Ebene 3:

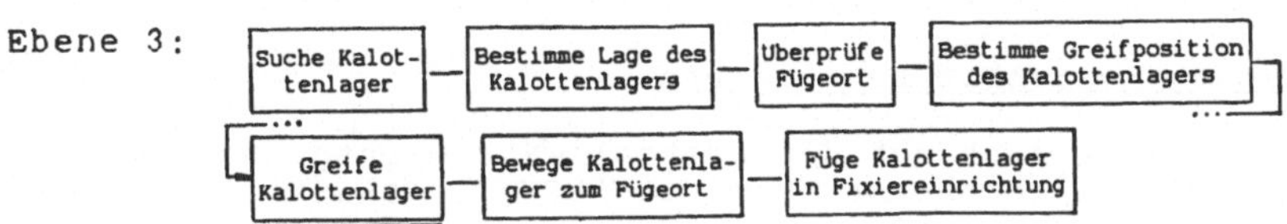

Die 2. Ebene erhält die Aufgabe "Greife Kalottenlager". Aus den Greiferpositionen werden die Trajektorieparameter bestimmt. Auf dieser
Ebene werden soweit wie möglich die für den Verlauf der Montage wesentlichen Bewegungen festgelegt. Die Sensorpläne werden entsprechend
dem handzuhabenden Teil ausgewählt. So kann es notwendig sein, daß die
durch eine Toleranz begrenzte Greifkraft durch ein entsprechendes
Taktilbild ergänzt wird. Für die Feinbewegung werden die Reaktionen
auf Fügekräfte und -momente festgelegt. Die hieraus folgende detaillierte Aufgabenstellung lautet wie folgt:

Ebene 2:

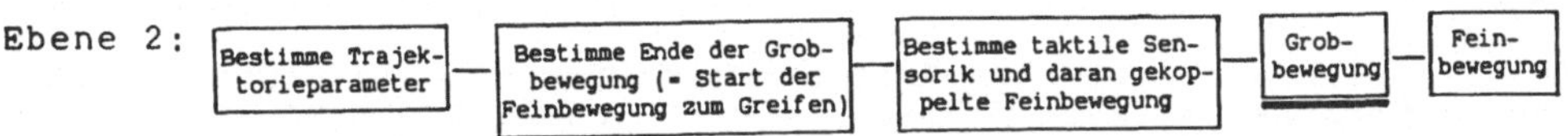

Die Grobbewegung ist im wesentlichen festgelegt. Es wurden auch die
freien, von der Montageoperation unabhängigen Bewegungsparameter bestimmt. Dazu mußte die Umgebung auf Bewegungshindernisse untersucht
werden. Der Sensorplan aktiviert die Sensoren, die Kollisionen während
der Bewegung detektieren können.

Die 1. Ebene erhält den Auftrag "Grobbewegung" zusammen mit kartesischen Trajektorienparameter. Ihre Aufgabenstellung lautet demnach:

Ebene 1:

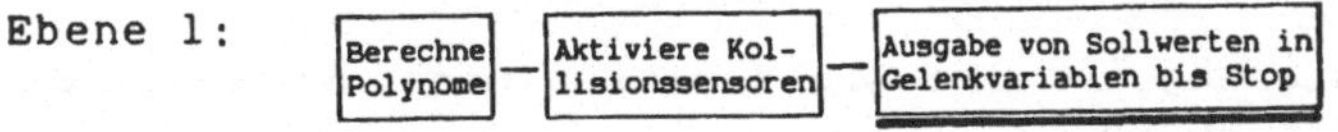

Diese Ebene nimmt somit eine Umrechnung der kartesischen Bahnparameter
in roboterspezifische Gelenkvariable vor. Die Sollwerte in Form von
Gelenkvariablen gehen als Auftrag an die unterste Ebene. Diese 1.
Ebene erzeugt dann letztlich die Eingaben (Ströme) für die Servosteu-
erungen der einzelnen Robotergelenke. Der Sensormodul auf dieser untersten Ebene muß die Meßwerte an den einzelnen Gelenken erfassen und
gibt Abweichungen von den vorgegebenen Werten an die Servosteuerung
(Monitor) weiter.

9. AUFGABENCODIERUNG

9.1 Klassifikation der Robotersprachen

In den vorigen Kapiteln war die Rede von drei Robotersprachengenerationen. In diesem Kapitel werden diese Generationen zum besseren Verständnis noch feiner unterteilt /Hall 84/. Anhand dieser Unterteilung wird ein Überblick über die heutigen Robotersprachen gegeben:

1. Generation: Stellgliedorientierte Sprachen

Stufe 1: Die Sprache programmiert direkt die Motoren und Stellglieder des Roboterarms mittels Mikro-Kode. Zu dieser Stufe zählen auch Master-Slave-Roboter.

Stufe 2: Auf dieser Ebene rangieren Roboter-Kontroll-Hochsprachen, wobei der Programmierer den Arm an einen Punkt fährt und durch einen Knopfdruck diese Position aufzeichnet (Teach Box).

2. Generation: Roboterorientierte Sprachen

Stufe 3: Hier wird immer noch auf der Kontroll-Ebene programmiert, allerdings erleichtern Sprachkonstrukte wie "MOVE", "GRASP", usw. das Programmieren.

Stufe 4: Auf dieser Ebene werden die strukturierten Programmiersprachen mit komplexen Datenstrukturen, vordefinierten Statusvariablen und Sensorbefehlen eingeordnet.

3. Generation: Aufgabenorientierte Sprachen

Stufe 5: Objektorientiertes Programmieren erlaubt dem Programmierer, Roboteraufgaben objektbezogen anzugeben. Der Roboter "weiß" zu jeder Zeit, wo jedes Objekt sich befindet. Befehle haben die Gestalt: "GRASP BOLT".

Stufe 6: Aufgabenorientiertes Programmieren ist mittels einfachen englischen Sprachkonstukten möglich, z.B. "INSERT PEG INTO HOLE". Diese Sprachen basieren auf Weltmodellen, die im Computer gespeichert sind.

Stufe 7: Durch eingebaute Wissensbasen, Bewegungsplaner und Suchstrategien sind Befehle wie "BAUE LASTWAGEN" interpretierbar.

9.2 Roboterorientierte Programmierung

Der Einsatz von Sensoren bei der robotergesteuerten Fertigung stellt an die Programmiersprache folgende Forderungen:

1) Zur Zeit der Programmierung ist die Zielposition nicht bekannt. Ermittelt werden kann sie durch
   - externe Datenbasen
   - Sichtssysteme
   - Auftreffen auf dem Gegenstand.

2) Die Wege, die der Arm zu beschreiben hat, sind nicht bekannt. Sie müssen durch Sensormeldungen ermittelt werden.

3) Die Reihenfolge der Bewegungen ist beim Programmieren nicht bekannt. Das Ergebnis der Sensorinformationen bestimmt die Ausführungsreihenfolge.

Zur Vermeidung der im vorigen Kapitel beschriebenen Nachteile wurden
zwei prinzipiell verschiedene Wege eingeschlagen:

1) Die Technik der "Teach Box" wird soweit modifiziert, daß auch die
   Integration von Sensordaten und Entscheidungen möglich sind.

Diese Technik, auch Technik des "erweiterten Führens" genannt, wurde
für Roboterarme von ASEA /ASEA/, Cincinatti Milacorn /Holt 77/ und
IBM /Summers 82/ angewandt.

Die Variabilität des Programmes basiert auf der Möglichkeit, das Koordinatensystem, relativ zu dem das zu handhabende Objekt liegt, erst
bei dem Ablauf des Programmes zu bestimmen, sei es durch Berührschalter oder durch Sichtsysteme. Auch sind bedingte Sprünge und Unterprogramme möglich.

2) Es werden höhere Programmiersprachen eingesetzt. Diese Sprachen ermöglichen es dem Programmierer, den Roboter aufgabenorientiert zu
   programmieren.

Diese Assembler-ähnlichen Sprachen erlauben Befehle wie: "MOVE, UNTIL,
IF ... GOTO, CLOSE, OPEN, STOP". Die Befehle "UNTIL" und "IF...GOTO"
bilden die Schnittstelle zu den Sensoren; ein Befehl wird ausgeführt,
bis die Bedingung erfüllt ist bzw. Befehle werden übersprungen, wenn
eine Sensorbedingung nicht erfüllt ist.

Vertreter dieser Gattung sind die Sprachen /Ambler 85/, /Gruver 83/,
/Lozano-Perez 83/, /Nitzan 85/, /Rathmill 85/:

```
AL        /Mujtaba 79/,
AML       /Taylor 82/,
EMILY     /Evans 76/,
HELP      /G. E. 82/,
JARS      /Craig 80/,
LAMA-S    /Falek 80/,
LENNY     /Verardo 82/,
LM        /Latombe 81/,
LMAC      /Haurat 83/,
LPR       /Bach 83/,
MAL       /Gini 79/,
MAPLE     /Darringer 75/,
MCL       /Mc D. D. 80/,
MHI       /Ernst 61/,
MINI      /Silver 73/,
ML        /Will 75/,
PAL       /Takase 79/,
PASRO     /Blume 85/,
RAIL      /Franklin 82/,
RCCL      /Hayward 84/,
RPS       /Park 83/,
SIGLA     /Salmon 78/,
SRL       /Blume 83b/,
TEACH     /Rouff 79/,
VAL       /Unimation 80/,
VML       /Gini 80/,
WAVE      /Paul 72/.
```

An generellen Strukturen und Befehlen erlauben diese Sprachen zusammengefaßt folgende /Nitzan 85/:

1) Datentypen: integer, real, character, string, label and aggregate
   (geordnete Menge von Datentypen)

2) Operationen: arithmetische, relationale, logische, Zuweisungen

3) Kontrollausdrücke: Blockstrukturen (BEGIN...END)
                      Sprünge (GOTO)
                      bedingte Sprünge (IF...THEN...ELSE)
                      Schleifen (WHILE...DO, DO...UNTIL)

4) Unterprogramme und -funktionen

An roboterspezifischen Funktionen findet man:

1) geometrische Datentypen: Vektoren, Verschiebungen, Rotationen,
                            Transformationen, Weg durch Punkte

2) Bewegungen des Endeffektors: Spezifizierbare Winkel,
                                gerade Linie zu einem Zielpunkt,
                                gerade Linie durch
                                einen Punkt, Spezifikation
                                der Geschwindigkeit und Beschleuni-
                                gung, Ablegen, Anfahren

3) Sichtsensorik: Bildaufnehmen, binäre Merkmalsgewinnung,
                  umrißbasierte Objekterkennung und -findung,
                  Einstellen von Schwellwerten und Fenstern,
                  Grauwertmerkmalsgewinnung

4) Sensorrückkopplung: Visuelles Fühlen, Berührschalter, und
                       Kraft/Drehmomentsensoren

5) Parallele Prozesse: Simultane Kontrolle von Mehrfacharmen,
                       Sensoren, Maschinen und anderen Hilfsmitteln.

Vergleich der heute gängisten Sprachen

Da es wegen der Vielzahl der heute am Markt erhältlichen Sprachen
nicht möglich ist, einen Vergleich aller Sprachen aufzuführen, wurden
nur die gängigsten Sprachen herausgegriffen /Ahmad 84/. Einander gegenübergestellt werden (siehe Tabelle):

AML: Eine von IBM von Grund auf neuentwickelte Sprache, basierend auf
der Kenntnis von AUTOPASS.

RCCL: Eine auf "C" und dem UNIX-System basierende Roboter-Sprache, auf
Standardisierung angelegt, die aufgrund der Portabilität Zukunft hat.

AL: Beschreibung siehe oben

VAL: Eine primitive Sprache, BASIC-ähnlich, die eine auf kleinen Com-
putern lauffähige Untermenge der Befehle von WAVE darstellt. Sie wurde
von Unimation Inc. für ihre PUMA-Roboter entwickelt.

Im Laufe der Zeit erwies es sich jedoch, daß auch diese Sprachen
schwerwiegende Nachteile hatten /Soroka 83/. Einige finden sich in der
folgenden Aufzählung:

1) Diese Sprachen wurden für einen speziellen Arm entwickelt. Es ist
   daher nicht möglich, die Sprachen zu vereinheitlichen.

2) Es wäre wünschenswert, diese Sprachen mit bereits vorhandenen
   CAD/CAM-Systemen zu koppeln, um bereits computergerecht eingegebene
   Daten weiterverwenden zu können.

3) Die Robotersprachen sind nicht ausreichend intelligent und flexibel, um auf unvorhergesehene Situationen reagieren zu können.

Sprache	AML	RCCL	AL	VAL
Herkunft	IBM	Purdue	Stanford	Unimation
Computer	IBM Serisel mini	VAX 11/780 Supermini	PDP 11 mini	LSI 11 micro
Roboter	RS1	PUMA/Standford	PUMA/Standford	PUMA
Gelenkbewegung	Ja	Ja	Ja	Ja
Arm-Konfiguration	-	Ja	Ja	Ja
Kartesische Bewegung	Ja	Ja	Ja	Ja
Transformation	Ja	Ja	Ja	Ja
Mitfahrende Koord.-Syst.	-	Ja	Ja	Nein
Werkzeugwechsel	-	Ja	Nein	Nein
Funktionelle Bewegung	--	Ja	--	Nein
Sicht	Ja	Ja	Ja	Ja
Kraft Rückkopplung	Keine	Ja	Ja	Nein
Feinbewegung	Benutzerdef.	Ja	Ja	Nein
Berührsensoren	über Kraft	-	-	--
Übersetzt	-	Ja	Ja	--
Interpretiert	Ja	--	---	Ja
Daten-Struktur	Jede	Jede	Jede	Integer + Transformierte
Strukturiert	Ja	Ja	Ja	Nein
Betriebssystem	AML-IBM	UNIX	DEC	VAL
Fehlersuche	Ja	Ja	Editierung	Ja

Tabelle: Vergleich von gängigen Robotersprachen nach /Ahmad 84/

4) Aus Gründen der Geschwindigkeit hängt die Software wesentlich von
der Hardware ab. Dies behindert die Portabilität der Software.

5) Die Sprachen sind zu kompliziert, um sie einem großen Kreis von An-
wendern zugänglich zu machen.

6) Während des Trainings eines Roboters kann nicht produziert werden.

Der nächste Schritt besteht daher darin, eine höhere Sprache zu implementieren und sie mit einem Compiler zu der niedrigeren Stufe auszustatten. Diese Sprachen können in die Kathegorie "Aufgabenorientiertes Programmieren" eingeordnet werden.

9.3 Aufgabenorientierte Programmierung

Unter aufgabenorientierten Programmiersprachen versteht man Sprachen, die dem Programmierer eine objektbezogene Darstellung des Fertigungsprozesses erlauben. Anstatt die Sequenz von Roboterbewegungen anzugeben, ist es möglich zu programmieren: "Füge Schraube in Loch".

Ein Hauptbestandteil dieser Sprachen ist der "Planer". Er übersetzt die ihm gegebene mehr "verbale" Aufgabe in eine Folge von Befehlen, die von einem Roboter-Programm interpretierbar sind. Zur Bewältigung dieser Aufgabe müssen dem Planer die Beschreibung der handzuhabenden Objekte, die mögliche Arbeitsumgebung, der Anfangs- und der Endzustand der Umgebung und der ausführende Roboter vorliegen. Fein- und Grobbewegungen muß der Planer übergangslos aneinanderfügen, sowie Fehler beim Handlungsablauf erkennen und behandeln.

Als Beschreibung der Arbeitsumgebung müssen dem Planer Merkmale wie die Geometrie aller Objekte und Roboter im Arbeitsfeld, die physikalische Beschreibung aller Objekte wie Masse und Trägheit, Schwerpunkt, Reibung, usw., die kinematische Beschreibung aller Verbindungen, sowie die Beschreibung des Roboters wie maximaler Gelenkausschlag, Beschleunigungsgrenzen und Fähigkeiten der Sensoren angegeben werden. Auch einzugeben sind die maximalen Ungenauigkeiten der Position der Teile, Fertigungstoleranzen und Unsicherheiten, die durch das Spiel in den Robotergelenken und die maximale Auflösung der Sensoren bedingt sind.

Vielfach wurde versucht, diese höheren Programmiersprachen auf bereits bestehende Sprachen aufzusetzen, um eine Unabhängigkeit der Sprache vom benutzten Robotertyp zu erreichen.

Die Probleme, die bei der Implementation einer sochen Sprache auftreten, sind so zahlreich, daß aufgabenorientierte Sprachen bis heute nicht aus den Forschungsinstituten herausgekommen sind:

- Die immense Menge von Daten muß von Hand eingegeben werden. Selbst vorgeschaltete CAD-Datenbanken können nur einen Bruchteil der geforderten Daten bereitstellen. Der Aufwand an Eingabe der restlichen Daten kann ein Programmieren im alten Stil wieder sinnvoller erscheinen lassen.

- Die geometrische Beschreibung der Endsituation ist nicht immer eine vollständige Beschreibung der Ziellösung, so muß z. B. eine Schraube nach Beendigung des Prozesses nicht nur in dem Gewinde sitzen, sondern auch mit einer gewissen Kraft angezogen werden.

- Der Planer muß feststellen können, wo er Objekte zu greifen hat, damit er sich beim Einbau oder Ablegen nicht selbst behindert, z. B. darf er eine Schraube zum Einschrauben nicht am Gewinde greifen.

- Die Bewegungsbahnen müssen abhängig von dem gegriffenen Objekt ermittelt werden, um Kollisionen des Roboters bzw. des Objekts mit anderen Gegenständen zu verhindern.

- Ein Kernproblem stellen die Unsicherheiten dar. Der Planer muß mit Unsicherheiten rechnen können, wobei eine Überschätzung der Unsicherheiten zu ineffizienten Programmen bezüglich der Laufzeit und

Länge des Kodes, eine Unterschätzung zu unzuverlässigen Programmen
führt /Dufay 84/. Weiterhin muß entschieden werden, wo Sensoren zu
große Unsicherheiten ausgleichen helfen müssen.

- Dazu muß der Einsatz von Sicht-, Berührungs- und Kraftmeßsensoren
  automatisch koordiniert und die Daten ausgewertet werden.

Geplante Sprachen auf dieser Stufe

AL

AL /Mujtaba 81/ wurde an der Universität Stanford entwickelt. Diese
ALGOL-ähnliche Sprache kann als objektbezogene Sprache angesehen werden, da es möglich ist, die Koordinatensysteme objektgebunden zu programmieren, d. h., das Koordinatensystem eines Objekts verschiebt sich
mit diesem, wenn das Objekt bewegt wird. Die Befehle haben etwa folgende Gestalt:

```
CLOSE hand
MOVE frame1 TO frame2 VIA frame3 WITH speed
OPEN hand
```

wobei framex als zum Objekt gehörig und das Objekt beschreibend betrachtet wird. Die Eingabe des Weltmodells kann sowohl mit Hand erfolgen, als auch mittels des Manipulators eingegeben werden.

AUTOPASS

/Liebermann 77/ Die Eingabe erfolgt in dem Stil, in dem die Anweisungen für eine Fertigung normalerweise angegeben werden. Die Befehle
sind objektbezogen in dem Sinne, als daß Objekte direkt in den Befehlen verwendet werden können. Die Befehle sind in drei Familien aufgeteilt:

- Plazieren:
  Füge ein, Entnehme, Hebe, Senke, Drehe, Greife, Lasse los, ...;
- Operieren:
  Klemme, Belade, Hole, Ersetze, Schalte, Schließe, ...;
- Befestigen:
  Befestige, Führe ein, Niete, Presse, ...

Das Weltmodell besteht aus polyedrischen Objekten, es wird daran gedacht, diese aus CAD-Datenbanken zu beziehen. Sensorik kann in die Befehle eingearbeitet werden.

LAMA

Die Programmierung in LAMA /Lozano-Perez 77/ erfolgt durch Befehle wie
"Füge ein", "Greife", "Plaziere" mit nachfolgender Objektbezeichnung.

Das Weltmodell besteht aus polyedrischen Modellen der Objekte, die vom
Anwender eingegeben werden müssen. Anhand des Weltmodells werden die
Handhabungs- und Sensorpläne erzeugt.

Bei der Bewegungsgrundplanung geht LAMA davon aus, daß alle Teile kor-
rekt liegen und perfekt gefertigt sind, und rechnet erst im zweiten
Schritt mit den Unsicherheiten, um sie dann durch den Einsatz von
Sensoren auszugleichen.

RAPT

RAPT /Ambler 78/ /Popplestone 81/ ermöglicht die objektbezogene Programmierung auf zwei Arten:

- zum einen kann man wie bei AUTOPASS direkt Objekte hinter Befehlen
  wie "Bewege" oder "Drehe" angeben.

- zum anderen kann man Objektbeziehungen wie
  "Richte Löcher zweier Blöcke zueinander aus" oder
  "Plaziere eine Fläche gegen eine andere"

schreiben; die Bewegungen, die nötig sind, um diese Objektbeziehung
herzustellen, werden vom Planer erzeugt.

Das Weltmodell muß vom Benutzer eingegeben werden, es genügen hier Modelle, die nur das detaillieren, was für die Erfüllung der gegebenen
Aufgabe benötigt wird. Damit der Planer seine Aufgabe korrekt erfüllen
kann, müssen auch die anfänglichen räumlichen Beziehungen der Objekte
untereinander angegeben werden.

ROBEX

/Weck 81/ Auch hier können Frames objektbezogen angegeben werden, die
sich dann mit den Objekten mitbewegen.

Ein automatischen Wegplaner mit Hindernisumgehung ist vorgesehen,
ebenso die graphisch interaktive Eingabe des Weltmodells.

Aufgeteilt ist die Sprache in geometrische, Bewegungs- und technologische Befehle:
- geometrische Befehle beschreiben das Werkstück und den Kollisions-
  raum,
- Bewegungsbefehle beschreiben Greiferbewegungen,
- technologische Befehle beschreiben, wie eine Aufgabe zu erfüllen
  ist, sowie Kontrollfunktionen für Greifer, Geschwindigkeiten, usw.

10. LITERATUR

/Ambler 78/   Ambler, A. P. et al.: RAPT: A Language for Des-
                     cribing   Assemblies,   Department   of Artificial
                     Intelligence,   University   of Edinbourgh, RP-79,
                     1978

/Ambler 85/   Ambler, A. P.: Languages for Programming Robots,
                     219-227, in /Brady 85/

/Ahmad 84/   Shahen Ahmad: Robot Level Programming Languages
                     and the SRIL-90 Language, Proc. of the Compsac 84,
                     Chicago, Nov. 7-9, 363-374, 1984

/Albus 81/   Albus, J.: Brains, Behaviour and Robotics BYTE
                     Books, 1981

/Albus 84/   Albus, J.S.: Robotics, in /Brady 84a/, 65-93, 1984

/ASEA/   ASEA Industrial robot system, ASEA AB, Sweden,
                     Rep. ZB 110-301 E

/Bach 83/   Bach, J.: Description of LPR, Renault, France,
                     1983

/Ballard 82/   Ballard, D.; Brown, Ch.: Computer Vision Prentice Hall, 1982

/Beitz 84/   Beitz, W.: Entwicklungszwänge für den Konstruktionsprozeß, ZwF 3, 116 - 119, 1984

/Bernold 85/   Artificial Intelligence: Towards Practical Application (eds. Bernold, Th.; Albers P.), North Holland, 1985

/Besl 85/   Besl, P.; Ramesh, C.: Three Dimensional Object Recognition, Computing Surveys, Vol. 17, No. 1, 76-145, 1985

/Binford 82/   Binford, T.O.: Survey of Model-Based Image Analysis Systems, Journal of Robotics Research, Vol. 1., No. 1, 18-64, 1982

/Blume 81/   Blume, C.; Dillmann, R.: Freiprogrammierbare Manipulatoren - Aufbau und Programmierung von Industrierobotern, Vogel-Verlag, Würzburg, 1981

/Blume 83a/   Blume, C.; Jakob. W.: Programmiersprachen für Industrieroboter, Vogel-Verlag, Würzburg, 1983

/Blume 83b/   Blume, C. et al.: Design of a Structured Robot Language (SRL), Proc. Conf. on Advanced Software in Robotics, Liege, Belgium, 1983

/Blume 84/   Blume, C.; Levi, P.: Die Aufgabe von Expertensystemen im Maschinenbau, Tagungsbericht des 11. Internationalen Kongresses über Mikroelektronik, München, 103-118, 1984

/Blume 85/   Blume, C.; Jacob, W.: PASRO: Pascal for Robots, Springer, 1985

/Brady 82/   Robot Motion: Planning and Control (eds. Brady, M. et al.) MIT Press, 1982

/Brady 84a/   Robotics and Artificial Intelligence (eds. Brady, M.; Gerhard, L.A.; Davidson, H.F.); Springer-Verlag, NATO ASI Series, 1984

/Brady 84b/   Brady, M.; Paul, R.P.: Robotics Research, MIT Press, 1984

/Brady 84c/   Brady, M.; Harna, A.: Smoothed Local Symmetries and Their Implementation, Journal of Robotics Research, Vol. 3, No. 3, 36-61, 1984

/Brady 84d/   Brady, M. et al: The Mechanic's Mate (ECAI-84), Advances in Artificial Intelligence, 681 - 696, North Holland, 1984

/Brady 85/   Brady, M.; Artificial Intelligence and Robotics, Artificial Intelligenz 26, 79 - 121, 1985

/Brooks 82/   Brooks, R.A.: Symbolic Error Analysis and Robot Planning, Journal of Robotics Research, Vol. 11, No. 4, 29-68, 1982

/Brooks 83/   Brooks, R.A.; Lozano-Perez, T.: A Subdivision Algorithm in Configuration Space for Findpath with Rotation, IJCAI-83, Karlsruhe, 799-806, 1983

/Burckhard 85/   Burckhard, C.W.: The Next Generation of Robots: Increated Flexibility through the Use of Sensors, in /Bernold 85/, 47 - 50, 1985

/Coiffet 84/   Coiffet, Ph. (ed.): Robot Technology, Volume 4, Robot Components and Systems, Kogan Page Verlag, London, 1984

/Craig 80/   Craig, J. J.: JARS: JPL autonomous robot system, Jet Propulsion Laboratory, Pasadena, CA, 1980

/CSDL 83/   Charles Stark Draper Laboratory: The Model 4, Instrumental Remote Center Compliance. CSDL-C-5601 Repart, April 1983

/Darringer 75/   Darringer, J. A. et al.: MAPLE: A high level language for research in mechanical assembly, IBM T. J. Watson Res. Center, Tech. Rep. RC 5606, 1975

/Denton 84/   Denton, R.V.; Froeberg, P.L.: Applications of Artificial Intelligence in Automated Route Planning, SPIE Vol. 485, Applications of Artificial Intelligence, 126 - 132, 1984

/Dillmann 85a/   Dillmann, R.; Rembold, U.: Autonomous Robot of the University of Karlsruhe, Proc. of the 15th International Symposium on Industrial Robots (15th ISIR), Tokyo, 91-104, 1985

/Dillmann 85b/   Dillmann, R.; Huck, M.: Ein Softwaresystem zur Simulation von robotergestützten Fertigungsprozessen, Robotersysteme, Band 1, Heft 2, 87 - 98, Springer-Verlag, 1985

/Dreschler 85/   Dreschler-Fischer, L-S.; Triendl, E.E.: Ein allgemeiner und modularer Ansatz zum Korrespondenzproblem, Informatik-Fachberichte 107 (7. DAGM-Symposium), 70 - 74, 1985

/Dufay 84/   Dufay, B.; Latombe, J.-C.: An Approach to Autonomic Robot Programming Based on Inductive Learning, in /Brady 84b/, 97 - 115, 1984

/Ernst 61/   Ernst, H. A. A: computer-controlled mechanical hand, Sc. D. thesis, MIT, Cambridge, 1961

/Evans 76/   Evans, R. C. et al.: Software system for a computer controlled manipulator, IBM T. J. Watson Res. Center, Tech. Rep. RC 6210, May 1976

/Falek 80/   Falek, D. et al.: An evolutive language for an intelligent robot, Indust. Robot, 168-171, 1980

/Forbus 82/   Forbus, K.D.: Modeling Motion with Qualitative Process Theory , Proc. of the national conference on artificial intelligence (AAAI - 82), 205 - 268

127

/Franklin 82/   Franklin, J. W. et al.: Programming vision and
                       robotics systems with RAIL, SME Robots VI,
                       392-406, 1982

/Freund 84/   Freund, E.: Nonlinear Control with Hierarchy
                       for Coordinated Operation of Robots in
                       /Brady 84/, 321 - 344, 1984

/Freyberger 84/   Freyberger, F.; Kampmann, P., Karl, G. und
                       Schmidt, G.: Microbe - ein autonomes mo-
                       biles Robotersystem, VDI-Z, Bd. 127, Nr. 7,
                       231 - 236, 1985

/G. E. 82/   General Electric: GE Allegro documentation,
                       General Electric Corp., 1982

/Gini 79/   Gini, G. et al.: Introducing Software
                       systems in industrial robots, Proc. 9th
                       Int. Symp. on Ind. Robots, 309-321, 1979

/Gini 80/   Gini, G. et al.: Distributed robot pro-
                       gramming, Proc. 10th ISIR, Milan, Italy,
                       1980

/Giralt 84/   Giralt, G.: Mobile Robots, in /Brady 84a/,
                       365 - 393, 1984

/Gruver 83/   Gruver, W. A.; Soroka, B. I.;Craig, J. J.;
                       Turner, T. L.: Evaluation of Commercially
                       Available Robot Programming Languages,
                       Proceedings of the 13th International
                       Symposium on Industrial Robots and Robots 7,
                       Chicago, IL, Apr. 18-21, 12.58-68, 1983

/Hackwood 84/   Hackwood, S.; Beni, G.: Sensor and High-
                       Precision Robotics Research, in /Brady 84b/,
                       529-545, 1984

/Hall 84/   Hall, E. L.;Oh, S. J.: Intelligent Robots
                       for Factory Automation, Proc. of SPIE,
                       Vol. 548, Apr. 9-11, 76-80, 1984

/Halpin 84/   Halpin, S.M.: A Proposal for an Intelligent
                       Interface in MAN-Machine Systems, Proc. of
                       the 23rd IEEE Conference on decision and
                       control, Las Vegas, 592 - 595, 1984

/Hanne 84/   Hanne, K.H.; Schmid, U.; Fähnrich, K.P.:
                       Functional Specification of an Expert System
                       for the Problem of Choosing Appropiate Sensor-
                       Equipment for Robot Application, Informatik
                       Fachberichte 89, 95 - 109, 1984

/Hansen 83/   Hansen, Ch. et al.: Logical Sensor Specification,
                       Proc. of the 3rd ROVISEC, 321-326, 1983

/Harmon L. 84/   Harmon, L.: Tactile Sensing for Robots, in
                       /Brady 84a/, 109-157, 1984

/Harmon S. 84/   Harmon, S.Y. et al: Coordination of Intelligent
                       Subsystems in Complex Robots, Proc. of the first
                       conference on AI, 64 - 69, 1984

/Haurat 83/   Haurat, A. et al.: LMAC: A language generator system for the command of industrial robots, Proc. 13th ISIR, pp JIRA, Tokyo, 683-690, 1983

/Hayward 84/   Hayward, V.; Paul, R. P.: Introduction to RCCL: A Robot Control C Library, IEEE ComSoc, Intern. Conf. on Robotics, Atlanta, pp. 293-297, 1984

/Hirzinger 84/   Hirzinger, G.: Sensor-Programming - A New Way for Teaching a Robot Path and Sensory Patterns Simultaneously, in /Brady 84a/, 395 - 410, 1984

/Hörmann 85/   Hörmann, K.; Raczkowsky: Interfacing Sensors with World Models and Robot Programming Systems, Proc. of the 6th International Conference PROLAMAT, Paris, 1985

/Hollerbach 82/   Hollerbach, J.M.: Dynamics, in /Brady 82/ 51 - 71, 1982

/Holt 77/   Holt, H. R.,: Robot Decision Making, Cincinatti Milacorn, Inc. Rep. MS77-751, 1977

/Horn 79/   Horn B.: Kinematics, Statics and Dynamics of Two-Dimensional Manipulators, 275-308, in /Winston 79/, Vol. 2, 1979

/Hunt 85/   Hunt, V.D.: Smart Robots, Chapman and Hall, New York, London, 1985

/Iberall 84/   Iberall, Th.; Lyons, D.: Towards Perceptual Robotics, Proc. of the international conference on systems, man and cybernetics (IEEE), 147 - 157, 1984

/Jacobsen 84/   Jacobsen, S. et al: The Utah MIT Dexterous Hand: Work in Progress, Journal of Robotics Research, Vol. 3, No. 4, 21 - 50, 1984

/Kempf 83/   Kempf, K.: Artificial Intelligence: Applications in Robotics, Tutorial, IJCAI-83, Karlsruhe, 1983

/Kempf 85/   Kempf, K.: Manufacturing and Artificial Intelligence, in /Bernold 85/, 1-17, 1985

/de Kleer 84a/   de Kleer, J.: Choices without Backtracking, Proc. of the national conference on artificial intelligence (AAAI-84), 79 - 85, 1984

/de Kleer 84b/   de Kleer, J.; Bobrow, D.: Qualitative Reasoning with Higher - Order Derivatives, Proc. of the national conference on artificial intelligence (AAAI-84), 86 - 91, 1984

/Kuipers 82/   Kuipers, B.: Getting the Envisionment Right, Proc. of the national conference on artificial intelligence (AAAI-82), 209 - 212, 1982

/Latombe 81/   Latombe, J. C.: LM: A high-level language for controlling assemblz robots, 11th Int. Symp. on Ind. Robots, Tokyo, Japan, 1981

129

/Levi 84/   Levi, P.: Entwurf eines Expertensystems für die Merkmalsdefinition auf der Basis von funktionalen Beschreibungen und Mustern, Informatik-Fachberichte, Nr. 89, 131 - 142, Springer-Verlag, 1984

/Levi 85a/   Levi, P.: Ikonisches Kernsystem (IKS): Ein Ansatz zur Vereinheitlichung von Grundfunktionen der Bildverarbeitung und der Merkmalsextraktion, Robotersysteme, Heft 1, Nr. 3, 172 - 178, Springer-Verlag, 1985

/Levi 85b/   Levi, P.; Löffler, Th.: Flexibler Robotereinsatz in CIM Systemen, Technische Rundschau Nr. 30/31, 44 - 50, 1985

/Lieberman 77/   Lieberman, L. I. et al.: AUTOPASS: An Automatic Programming System for Computer Controlled Mechanical Assembly, IBM Journal of Res. and Dev., 21, 4, 321-333, 1977

/Lozano-Perez 77/   Lozano-Perez, T. et al.: LAMA: A Language for Automatic Mechanical Assembly, Proc. of the 5th Int. Joint Conf. on Art. Int. (MIT), 710-716, 1977

/Lozano-Perez 82/   Lozano-Perez, T.: Task Planning, in /Brady 82/, 473 - 535, 1982

/Lozano-Perez 83/   Lozano-Perez, T.: Robot Programming, Proc. of the IEEE, No. 7, 821-841, July 1983

/Lozano-Perez 84a/   Lozano-Perez, T.: Mason, M.; Taylor, R.: Automatic Synthesis of Fine-Motion, Strategies for Robots, Journal of Robotics Research, Vol. 3, No. 1, 3-24, 1984

/Lozano-Perez 84b/   Lozano-Perez, T.; Brooks, R.: An Approach to Automatic Robot Programming, in: Boyse,J. et al (eds.), Solid Modeling by Applications, Plenum Press, New York, 1984

/Lozano-Perez 85a/   Lozano-Perez, T.: Compliance in Robot Manipulations, Artificial Intelligence 25, Correspondent's Report, 5 - 12, 1985

/Lozano-Perez 85b/   Lozano-Perez, T.; Brooks, R.: Task-Level Manipulator Programming, in /Nof 85/, 404-418, 1985

/Marr 82/   Marr, D.: Vision, Freemann, San Francisco, 1982

/McD. D. 80/   McDonnell Douglas, Inc: Robotic System for Aerospace Batch Manufacturing, 1980

/Mason 82/   Mason, M.: Compliance and Force Control for Computer Controlled Manipulators, in /Brady 82/, 373-404, 1982

/Michie 85/   Michie, D.: Expert Systems and Robotics, in /Nof 85/, 419 - 436, 1985

/Miura 84/   Miura, H.; Shimoyama, I.: Dynamic Walk of Biped
                    Locomotion, in /Brady 84b/, 303 - 325, 1984

/Moravec 84/   Moravec, H.P.: Locomotion, Vision and
                    Intelligence, in /Brady 84b/, 216-224, 1984

/Mujtaba 79/   Mujtaba, S.; Goldman, R.: AL user's manual,
                    Stanford Artificial Intelligence Lab., Rep.
                    AIM 323, Jan. 1979

/Mujtaba 81/   Mujtaba, S, et al.: AL User's Manual,
                    Computer Science Department, 3rd ed.,
                    Standford Univ., 1981

/Mylopoulos 83/   Mylopoulos, J; Levesque, H.: An Overview of Know-
                    ledge Representation, Informatik Fachbericht Nr.
                    76 (GWAI-83), 143 - 157, Springer-Verlag, 1983

/Nagel 84/   Nagel, R.N.: State of the Art and Predictions
                    for Artificial Intelligence and Robotics, in
                    /Brady 84a/, 3 - 45, 1984

/Nagel 85/   Nagel, H.-H.: Wissensgestützte Ansätze beim ma-
                    schinellen Sehen: Helfen Sie in der Praxis?, In-
                    formatik Fachberichte 112, Springer-Verlag,
                    170-198, 1985

/Nees 85/   Nees, G.: Expertensysteme für die Mustererkennung
                    - Stand und Aussichten, Informatik Fachberichte
                    107 (7. DAGM-Symposium), 138-158, 1985

/Neumann 85/   Neumann, B.: Vision Systems: State of the Art and
                    Prospects, in /Bernold 85/, 51 - 61, 1985

/Niemann 85a/   Niemann, H.: Wissensbasierte Bildanalyse, Informa-
                    tik Spektrum, Band 8, Heft 4, 201 - 214, Springer-
                    Verlag, 1985

/Niemann 85b/   Niemann, H.; Sagerer, G.: Semantische Netze als
                    Ansatz zur Repräsentation und Nutzung von Wissen
                    für die automatische Bildanalyse,Robotersysteme,
                    Band 1, Heft 3, 139 - 150, Springer-Verlag, 1985

/Nilsson 80/   Nilsson, N.J.: Principles of Artificial Intelli-
                    gence, Tioga Verlag, Palo Alto, Kalifornien, 1980

/Nitzan 85/   Nitzan, D.: Development of Intelligent Robots:
                    Achievements and Issues, IEEE Journal of Robotics
                    and Automation, 3 - 13, March 1985

/Nof 85/   Handbook of Industrial Robotics (ed. Nof,
                    S.Y.) John Wiley and Sons, 1985

/Orin 84/   Orin, D.E.; Schrader, W.W.: Efficient Computation
                    of the Jacobian for Robot Manipulators, Journal
                    of Robotics Research, Vo. 3, No. 4, 66 - 75, 1984

/Orlando 84/   Orlando, N.: An Intelligent Robotics Control
                    Scheme, Proc. of the conference on Automated
                    Control Conference (ACC), San Diego, 204-208, 1984

/Owen 84/	Owen, A.: Flexible Assembly Systems Plenum Press, 1984
/Park 83/	Park, W. T.: The SRI robot programming system (RPS), Proc. 13th Int. Symp. on Industrial Robots and Robots, 7, Chicago, Apr.18-21, 12.21-12.41, 1983
/Paul 72/	Paul, R. P.: Modeling, trajectory calculation, and servoing of a controlled arm, Stanford Univ., Artificial Intelligence Lab., Rep. AIM 177, 1972
/Paul 83/	Paul, R.P.: Robot Manipulators, MIT Press, 1983
/Popplestone 80/	Popplestone, R.; Ambler, A.; Bellos, I.: An Interpreter for a Language for Describing Assemblies, Artificial Intelligence 14, 79 - 107, 1980
/Popplestone 81/	Popplestone, R. J.: An Efficient and Portable Implementation of RAPT, Proc. of the 1st Conference on Assembly Automation, 1981
/Radig 85/	Radig, B.; Ch. Schlieder: Modellierung symmetrischer Werkstücke, Robotersysteme, Springer-Verlag, 35 - 42, 1985
/Rathmill 85/	Rathmill, K.: Robotic Assembly: International Trends in Manufacturing Technology, Springer-Verlag, 1985
/Rembold 84a/	Rembold, U.; Levi, P.: Entwicklungstendenzen bei der Robotertechnologie, in: Überblicke Informationsverarbeitung 1984 (ed. H. Maurer), 193 - 274, BI-Verlag, Mannheim 1984
/Rembold 84b/	Rembold, U.; Levi, P.: Wissensbasierte Bildanalyse und intelligente Roboter, Informatik Fachberichte Nr. 88, 29 - 55, Springer-Verlag, 1984
/Rembold 85/	Rembold, U.; Dillmann, R.; Levi, P.: The Task of the Computer in Robot Intelligence , in /Nof 85/, 437 - 463, 1985
/Rosen 85/	Rosen, Ch.A.: Robots and Machine Intelligence, in /Nof 85/, 21 - 28, 1985
/Ruoff 79/	Ruoff, C. F.: TEACH - A concurrent robot control language, Proc. IEEE COMPSAC, pp. 442-445, 1979
/Salmon 78/	Salmon, M. SIGLA: The Olovetti SIGMA robot programming language, 8th Int. Symp. on Ind. Robots, Stuttgart, W.-Germany, 1978
/Silver 73/	Silver, D.: The little robot system, MIT Artificial Intelligence Lab., Rep. AIM 273, Jan 1973
/Soroka 83/	Soroka, B. I.: What can't Robot languages do?, Proceedings of the 13th International Symposium on Industrial Robots and Robots, 7, Chicago, IL, Apr. 18-21, 12.58-68, 1983

/Spur 84/   Spur, G.: Sensoren für Industrieroboter,
                   VDI-Bericht Nr. 509, Sensoren: Technologie und
                   Anwendung, VDI-Verlag, Düsseldorf, 1984

/Spur 85/   Spur, G.: Intelligente Maschinen und die Zukunft
                   der Fabrik, Technische Rundschau, Nr. 37, 13 -
                   18, 1985

/Summers 82/   Summers, P. D. and Grossman, D. D.,: XPROBE: An
                   experimental system for programming robots by
                   example, IBM T. J. Watson Res. Center, Rep., 1982

/Takase 79/   Takase, K. et al.: A structured approach to
                   robot programming and teaching, IEEE
                   COMPSAC, Chicago, IL, 1979

/Takanashi 85/   Takanashi, N. et al.: Hierarchical Robot Sen-
                   sors Applications in Assembly Task, Proc. of
                   the International Conference on Advanced Robo-
                   tics (ICAR, Tokio), 829 - 836, 1985

/Tamura 84/   Tamura, H; Yokaya, N.: Image Database Systems:
                   A Survey, Pattern Recognition, Vol. 17, No. 1,
                   29 - 43, 1984

/Taylor 82/   Taylor, R. H; Summers, P. D.; Meyer, J. M.:
                   AML: A manufacturing language, Robotics
                   Research, vol. 1, no. 3, 1982

/Trum 85/   Trum, P.: A Hierarchical Constraint-Based Planner
                   for Computer-Aided Process Planning, Proc. of the
                   conference on Artificial Intelligence and Advanced
                   Computer Technology, Wiesbaden, 24.-26. Sept. 1985

/Unimation 80/   Unimation Inc., User's guide to VAL: A robot
                   programming and control system, Unimation Inc.,
                   Danbury, CT, v.12, 1980

/Verardo 82/   Verardo, A. et al.: Lenny Reference Manual, Inter-
                   nal Report, University of Genua, Italy, 1982

/Vukobratovic 85/ Vukobratovic, M.; Kircanski, N.: Scientific
                   Fundamentals of Robotics 84, Real Time Dynamics
                   of Manipulation Robots, Springer-Verlag, 1985

/Wahlster 82/   Wahlster, W.: Natürlichsprachliche Systeme, Eine
                   Einführung in die Sprachorientierte KI- Forschung,
                   Informatik-Fachberichte 59, 203 - 283, 1982

/Wahlster 85/   Wahlster, W.: Cooperative Access Systems, in
                   /Bernold 85/, 43 - 45, 1985

/Walker 85/   Walker, M.W.: Kinematics and Dynamics in /Nof 85/,
                   80 - 95, 1985

/Weck 81/   Weck, M. et al.: ROBEX - An off-line pro-
                   gramming system for industrial robots, 11th Int.
                   Symp. On Ind. Robots, Tokyo, Japan, 1981

/Whitney 82/   Whitney, D.E.: Quasi-Stative Assembly of Compli-
                   antly Supported Rigid Parts, in /Brady 82/,
                   409 - 471

/Wilkins 85/   Wilkins, D.: Recovering from Execution Errors
                      in SIPE, Comput. Intell. 1, 33-45, 1985

/Winston 79/   Winston, P.H.; Brown, R.H. (eds.): Artificial
                      Intelligence: An MIT Perspective, Vol. 1 und
                      Vol. 2, MIT Press, 1979

/Winston 82/   Winston, P.H.; Binford, Th. et al: Learning Phy-
                      sical Descriptons from Functional Descriptions,
                      Examples and Precedents, Proc. of the National
                      Conference on Artificial Intelligence (AAAI-I83),
                      Washington, 433 - 439, 1983

/Will 75/   Will, P. M. et al.: An experimental system for
                      computer controlled mechanical assembly, IEEE
                      Trans. Comput., vol. C-24, 9, 879-888, 1975

/Wittenburg 85/   Wittenburg, J.; Wolz, U.: MESA VERDE, Ein Programm
                      zur Simulation der nicht linearen Dynamik von
                      Vielkörpersystemen, Robotersysteme Band 1, Heft 1,
                      7 - 18, Springer-Verlag, 1985

/Yin 83/   Yin, B.: A Framework for Handling Vision-Data in
                      an Objekt Level Robot Language - RAPT, Proc. of
                      the eight international joint conference on arti-
                      ficial intelligence (IJCAI- 83), 814 - 820, 1983

/Yung-Choa 84/   Yung-Choa Pan, J.: Qualitative Reasoning with
                      Deep Level Mechanism Models for Diagnoses of
                      Mechanism Failures, Proc. of the first confe-
                      rence on artificial intelligence applications,
                      Denver, December 5 - 7, 295 - 301, 1984

P R O G R A M M V E R I F I K A T I O N

Volker Penner

Lehrstuhl für Angewandte Mathematik,
insbesondere Informatik
der
Rhein. Westf. Techn. Hochschule Aachen

Zusammenfassung

Die Ziele des Kurses über Programmverifikation bestehen in der Her-
ausarbeitung von Ansatzpunkten für Verifikationsmethoden zur Sich-
erung der Zuverlässigkeit von Software, die Darstellung grundlegen-
der Konzepte und deren Integration in Entwicklungs- und Verifikationssysteme.
Die Einleitung gibt einen globalen Überblick, in Abschnitt 2 wird
eine Einordnung der Verifikationsverfahren in die sonstigen Methoden
des Software Engineering vorgenommen, und in Abschnitt 3 wird der
Stellenwert der Verifikation diskutiert. Die beiden folgenden Abschnitte beschreiben grundlegende Konzepte zur Verifikation von Programmen und von Datenabstraktionen. Aus Platzgründen konzentriert
der Text sich auf die axiomatische Methode und den State-Machine-
Ansatz. Der 7. Abschnitt schließlich beschäftigt sich mit Systemen
zur Verifikation und dabei insbesondere mit dem Gypsy Verification
Environment.

<u>Inhalt</u>

1. Einleitung

2. Verifikation im Software-Lebenszyklus

3. Stellenwert der Verifikation

4. Überblick über Verifikationsmethoden

5. Verifikation von Programmen

6. Verifikation von Datenabstraktionen

7. Entwicklungs- und Verifikationssysteme

1 EINLEITUNG

Für die Programmverifikation spielen die Prädikatenlogik für Spezifikationszwecke und als Verifikationssprache, der Hoare-Kalkül als axiomatische Grundlage für diverse Verfahren zur Programmverifikation (In-
ductive-Assertion Methode, axiomatische Methode, Methode der Predicate
Transformer), Reduktionssysteme als Grundlage für Debug-, Validierungs-
und Beweiszwecke für Datenabstraktionen, LCF (logic for computable
functions) zur Formalisierung der Semantik von Programmiersprachen
(denotationaler Ansatz), die Boyer-Moore-Logik für induktive Definitionen und Beweise und modale Logiken und insbesondere dynamische- und
temporale Logiken für die Verifikation paralleler Programme eine Rolle.

Die Arbeiten über Datenabstraktionen zeigen deren mathematischen Charakter: die Daten bilden Grundbereiche, die Operationen entsprechen
Funktionen darüber und Sätze und Eigenschaften ergeben sich aus Spezifikationen. Drei Ansätze lassen sich unterscheiden: Methode abstrakter Modelle, der State-Machine-Ansatz und der algebraische Ansatz.
Alle drei definieren das Verhalten von Implementationen in nichtprozeduraler Weise und stützen sich dabei auf Abstraktionen aus der Mathematik. Die Verifikation hat die Aufgabe zu sichern, daß Beweise für
benutzende Programme auf der Basis der abstrakten Spezifikationen geführt werden können. Zei Teilaufgaben fallen an: Verifikation benutzender Programme, Verifikation der benutzten Programme.

Inkrementelle Systeme zur Entwicklung und Verifikation erlauben ab-
wechselnd Entwicklungs- und Verifikationsschritte und unterstützen
mehr oder weniger umfassend den gesamten Software-Lebenszyklus. Sie
basieren (mit Ausnahme des Boyer-Moore Provers) auf imperativen Programmiersprachen und unterstützen Datenabstraktionen in der einen oder
anderen Form. Durch Integration der grundlegenden Ideen der strukturierten Programmierung und Datenabstraktion sind Abstraktionsmechanismen nicht nur im Bereich der Programmiersprachen, sondern in demselben Maße auch für Spezifikationen verfügbar. Auf der Basis dieser
Abstraktionsmechanismen sind Verifikationen größerer Programme gelungen. Zu erwähnen ist die Verifikation eines Pascal-Compilers mit
dem Stanford-Verifier bestehend aus etwa 3ooo Zeilen und die eines
Kommunikationsinterfaces mit dem Gypsy-Verification Environment bestehend aus 42oo Zeilen Gypsy-Code.

2 VERIFIKATION IM SOFTWARE-LEBENSZYKLUS

Software-Engineering

Eine erfolgreiche Softwareentwicklung setzt voraus, daß sich für kon-
kurrierende Ziele (hohe Zuverlässigkeit, geringe Wartungskosten, kurze
Entwicklungszeit) ein guter Kompromiß finden läßt. Hilfestellung hierfür bietet die seit 1868/69 bestehende Disziplin "Software Engineering
", welche die Untersuchung und Darstellung von Prinzipien, Methoden
und Werkzeugen zur Herstellung und Wartung von Software zum Gegenstand
hat.

Zur Beurteilung von Software ist entscheidend, inwieweit der vorgese-
hene Funktionsumfang realisiert und der geplante Benutzerkomfort gesichert sind und bis zu welchem Grade Eigenschaften wie Robustheit,
Effizienz, Änderbarkeit, Übertragbarkeit und Zuverlässigkeit gewährleistet sind. Zentral ist dabei die Zuverlässigkeit, welche die Ein-
satzdauer, den Wartungsaufwand und indirekt durch die Verwendung
besserer Entwicklungsmethoden und Werkzeuge die Portabilität, Änderbarkeit und Effizienz positiv beeinflußt.
Software heißt dabei zuverlässig, falls Vertrauen darin besteht, daß
die realisierten Funktionen und Eigenschaften den Anforderungen entsprechen.

Der Begriff der Korrektheit ist hiervon zunächst unabhängig. Man bezieht ihn auf Spezifikationen und nennt ein Programm korrekt, falls
es konsistent mit seiner Spezifikation ist. Die Zuverlässigkeit und
andere Softwareeigenschaften sind für korrekte Programme nur insoweit garantiert, wie es die Spezifikationen vorsehen.

Zur Vermeidung von Fehlern gibt es eine Reihe von Maßnahmen, die
während des Entwurfs- und Entwicklungsprozesses ergriffen werden
können und solche, die am fertigen (Zwischen-) Produkt ansetzen.
Endres 76 spricht von konstruktiven bzw. analytischen Maßnahmen.
Die hierbei möglichen Schritte richten sich nach den Aufgaben, die
im Verlauf der einzelnen Phasen des Software Lebenszyklus zu lösen
sind.

Für Zwecke der Einordnung und Einschätzung betrachten wir im Folgenden eines der bekannten Phasenmodelle und fragen nach Möglichkeiten
für den Einsatz von Verifikationsverfahren.

Software-Lebenszyklus

Der Lebenslauf von Software wird häufig in Phasen eingeteilt. Üblich
sind:
- Problemanalyse und Definition,
- Entwurf,
- Implementation,
- Integration und Test,
wobei im Idealfall jedem Entwicklungsschritt ein Validationsschritt
folgt (vgl. das Bild aus Berg et al. 82).

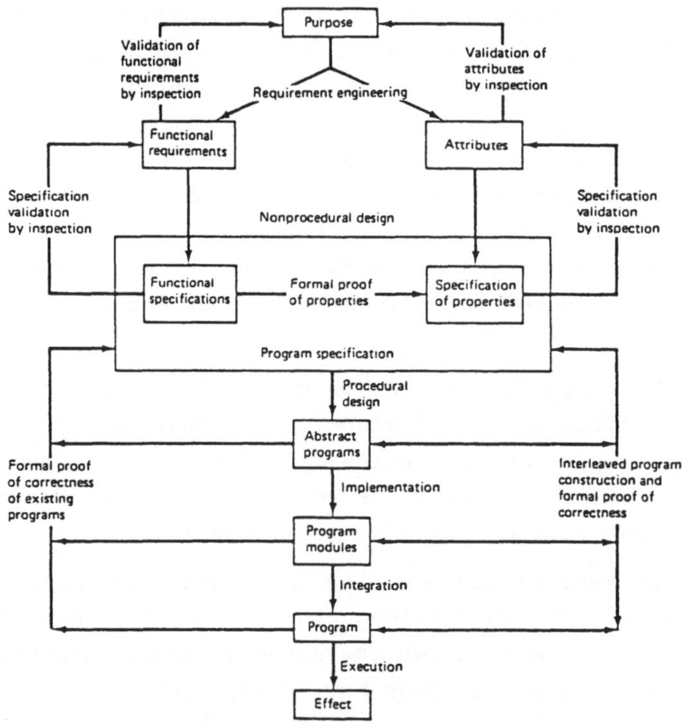

Für die Fragestellung sind die Entwurfs- und Implementationsphase von
Wichtigkeit. Die Diskussion konzentriert sich daher darauf.
Das Diagramm geht von einer zweistufigen Entwurfsphase aus: Nichtpro-
zeduraler Entwurf, Prozeduraler Entwurf.

Als Ergebnis des Nichtprozeduralen Entwurfs wird eine strukturierte
und modularisierte Beschreibung erwartet, welche die Gesamtlösung
auf Eigenschaften und Funktionen von Teilmoduln und deren Interaktionen zurückführt.

Die Aufgabe des Prozeduralen Entwurfs besteht in der Umwandlung der Entwurfsspezifikationen in abstrakte Programme, welche den Daten - und Kontrollfluß des Entwurfs i.a. auf hohem Abstraktionsniveau festlegen. Besitzen Spezifikationen und Implementationen eine formale Basis, dann bestehen Möglichkeiten für Konsistenzbeweise der geforderten Funktionen und Eigenschaften.

Die Grenze zwischen der Entwurfs- und Implementationsphase ist fließend. Grundsätzlich sollte gewährleistet sein, daß wesentliche Entscheidungen für die Problemlösung Aufgabe des Entwurfs sind.

Hauptsächliche Hilfsmittel für den Prozeduralen Entwurf und die Codierphase sind die Methoden des Strukturierten Programmierens und der Datenabstraktionen.

Strukturiertes Programmieren

Die Grundidee sieht eine sich wiederholende Zerlegung einer Funktion in Teilfunktionen allein unter Verwendung von Sequenzen, Verzweigungen und Schleifen vor. Die Beschränkung auf diese drei Sprachelemente hat eine Reihe von Vorteilen im Hinblick auf die Verständlichkeit, Zuverlässigkeit und Anwendbarkeit von Verifikationsmethoden.

Die Analogie zwischen Sprachkonstrukten und Beweistechniken der Mathematik ist offenkundig und kommt in den verschiedenen Verifikationsverfahren in der einen oder anderen Form zum Tragen: beim Inductive-Assertion-Ansatz läuft die Verwendung einer Verzweigung auf die Unterscheidung zweier Kontrollwege hinaus, und beim axiomatischen Ansatz sind zwei Prämissen für die Anwendung der If-Regel zu beweisen. Die Analogie läßt sich fortsetzen: Schleifen führen auf induktive Beweise und bei Sequenzen ist die Nachbedingung eines Programmteils Vorbedingung des sequentiell folgenden.

Datenabstraktionen

Die Methode der schrittweisen Verfeinerung (Wirth 71) sieht vor, Entscheidungen zur Repräsentation und Strukturierung von Daten nach der Entwicklung der Kontrollstrukturen vorzunehmen. Die Programme arbeiten mit abstrakten Daten und verwenden Funktionen der Datenabstraktion zu deren Manipulation.

Abstrakte Datentypen
- vereinfachen und strukturieren die Verifikationsaufgabe und
- ermöglichen hierarchische Spezifikationen und Implementationen.

Die erste Eigenschaft beruht darauf, daß benutzende Programme einer
Datenabstraktion und benutzte Funktionen der Abstraktion unabhängig
voneinander verifiziert werden können. Für die Verifikation der be-
nutzenden Programme sind Implementationsdetails der benutzten irrelevant, es kommt allein auf die Spezifikation an.

Diese beiden Prinzipien: Aufteilung der Verifikationsaufgabe in die
Verifikation benutzter und die benutzender Funktionen und die hierarchische Strukturierung von Datenabstraktionen sind Grundlage bekannter
Entwicklungs- und Verifikationssysteme. Auf Einzelheiten hierzu wird
später eingegangen.

3 STELLENWERT DER VERIFIKATION

Für die Fragestellung spielen die
- Ausdrucksmöglichkeiten
- Strukturierungsmöglichkeiten und die
- semantische Fundierung der beteiligten Sprachen und die
- vom Verifikationssystem bereitgestellten Hilfsmittel
eine entscheidende Rolle.

Sprachen

Prinzipiell werden für die Programmverifikation drei Sprachen benötigt:
eine Programmiersprache, eine Spezifikationssprache und eine Verifikationssprache. Die Spezifikations- und Verifikationssprache fallen
i.a. zusammen, und in besonderen Fällen hat man es mit nur einer
Sprache zu tun (Boyer-Moore-Logik z. Bsp.).

Programmiersprache

Es gibt eine Reihe von Programmiersprachen, deren Konstrukte im Hinblick auf einfache Verifikationsregeln ausgesucht sind. Kritische Konzepte sind nach Clarke 79:
- Rekursion
- Prozedurparameter
- lokale Prozeduren
- globale Variable
- statische Bindung

Zu den Programmiersprachen mit dem Ziel einer vereinfachten Verifikation zählen Pascal (Wirth 71), Alphard (Wulf et al. 76), Clu (Liskov,
Zilles 74), Euclid (Lampson et al. 77), Nucleus (Good,Ragland 73) und
Gypsy (Good et al. 78). Gypsy z. Bsp. verzichtet auf lokale Prozeduren,
globale Variable und Prozedurparameter.

Spezifikationssprache

Als Spezifikationssprachen werden in der Regel eine Prädikatenlogik
der ersten Stufe herangezogen, deren boolesche Ausdrücke im Programmtext zur Formulierung von Testausdrücken verwendet werden können, und
ggf. Sprachmittel zur Spezifikation abstrakter Datentypen.

Eine erfolgreiche Verifikation setzt voraus, daß für die Programmiersprache und in demselben Maße auch für die Spezifikationssprache Abstraktionsmechanismen verfügbar sind, welche die Strukturierung von
Beweisschritten ermöglichen.

Spezifikationen sind statische Beschreibungen der Programmfunktionen
oder Programmeigenschaften und können daher ebenso wie Implementationen logische Fehler enthalten, welche durch Fehlinterpretation
der zu lösenden Aufgabe entstanden sind.

Diesem Problem kann begegnet werden durch Sprachen, deren Konzepte
genügend fremd sind, so daß bei der Entwicklung unterschiedliche Be-
trachtungsweisen eingenommen werden müssen. Die Erfahrung zeigt allerdings, daß es i.a. schwierig ist, die Anforderungen an ein größeres
System vollständig, sachgerecht und konsistent anzugeben. In ver-
schärfter Form trifft dies bei Verwendung formaler Spezifikationen
zu.

Verifikationssprache

Die Verifikationssprache dient zur Angabe von Formeln, welche die Konsistenz zwischen Implementation und Spezifikation behaupten. Für die
Verifikation benötigt man einen logischen Kalkül, auf dessen Grundlage Beweise geführt werden können. Einschränkend kann sich die mangelnde Leistungsfähigkeit der Deduktionssysteme auswirken:
Wünschenswert sind vollständige Kalküle, welche die Ableitung jeder
gültigen Formel zulassen. Entscheidend für die Nützlichkeit eines
Kalküls ist allerdings das Ausmaß an automatischer Hilfe, welche von
der Beweiskomponente im Verifikationssystem zur Verfügung gestellt
werden kann. Die Erfahrung zeigt, daß Prover in der Regel Proof-
Checker sind, welche in Form eines interaktiven Gesprächs die Folge-
richtigkeit vorgelegter Beweise bestätigen.

Semantische Fundierung

Für eine automatische Behandlung müssen Syntax und Semantik der beteiligten Sprachen formal definiert sein. Hierbei kommt es besonders
auf die Semantik an, welche die von Programmläufen hervorgerufenen
Effekte beschreiben muß.

Die Programmausführung im Rechner erfolgt letztlich auf der Basis von Instruktionszyklen und der in den einzelnen Phasen ausgelösten Mikrooperationen. Für Zwecke der Programmverifikation muß von diesen, von Codierungsfragen, Adressierungstechniken, elementaren Datentransformationen, Speichermedien und deren Organisation, Busorganisationen und den verwendeten Übertragungs- und Synchronisationstechniken, peripheren Geräten etc. abstrahiert werden. Dies geschieht unterschiedlich und hängt vom gewählten Formalismus ab. Der operationelle Ansatz z. Bsp. verwendet Zustände, welche Bezeichnern Objekte zuordnen, die aktuelle Werte, Programmteile (z. Bsp. Prozedurkörper) etc. beschreiben. Die Programminterpretation erfolgt dann mit Hilfe von Zustandsübergängen, welche für Programmkonstrukte in Abhängigkeit von Daten definiert sind.

Für die Verifikation eines Programms P bzgl. einer Spezifikation S bedeutet dies, daß P und S lediglich konsistent in Bezug auf die formale Semantik sind. Die Korrektheit von P hängt demnach

- davon ab, ob der Compiler semantisch äquivalenten Zwischen- oder Assemblercode generiert,
- der Codegenerator zuverlässig arbeitet und
- die Systemroutinen des Laufzeitsystems korrekt sind.

Von Wichtigkeit ist weiter die Tatsache, daß in formalen Semantikspezifikationen von der endlichen Arithmetik im Rechner abstrahiert wird und die üblichen Eigenschaften von Fixpunkt- und Gleitpunktzahlen zugrunde gelegt werden.

Organisatorische Hilfsmittel

Ein weiteres Problem stellen die zahlreichen Verifikationsbedingungen und die unüberschaubaren Beweise dar. Verifikationssysteme enthalten daher Komponenten zu deren Verwaltung und Erklärungswerkzeuge, welche die wesentlichen Argumente zur Begründung von Verifikationsbehauptungen liefern und welche auf Anfrage weitere Details zur Verfügung stellen.

Weitere Aspekte betreffen

- die Wahl einer logischen Basis,
- den Aufwand und
- die Art der Sprachen (imperativ, applikativ)

Verifikationssysteme ermöglichen i.a. die Wahl einer logischen Basis, die sich im Verlauf einer inkrementellen Entwicklung und Verifikation ergibt. Es handelt sich dabei um Eigenschaften, auf denen eine durchgeführte Verifikation beruht. Es besteht die Möglichkeit, auf eine

Reduktion der logischen Basis auf elementare durch die Sprachen vorgegebene Eigenschaften zu verzichten und sie als (Geschäfts-) Grundlage zwischen Auftraggeber und Hersteller eines Softwareprodukts her-
anzuziehen.

Dem üblicherweise hohen Test- und Debugaufwand steht die gedankliche
Arbeit gegenüber, die in die Entwicklung von Spezifikationen und in
das Zusammenspiel zwischen Spezifikationen und Implementationen zu
stecken ist. Hinzu kommt der zeitliche Aufwand für die Erzeugung von
Verifikationsbedingungen und deren Beweise.

Die Kritik (Boyer, Moore 85) an der bisherigen Praxis betrifft die
Verwendung imperativer von Neumann-Sprachen und die damit verbundenen Spezifikationsmethoden, welche vom Benutzer die Vorgabe von
Assertions und Invarianten verlangen. Beim Beweis ergeben sich Verifikationsbedingungen, deren Herkunft und Aussage für die Konsistenz
häufig nicht erkennbar ist. Aus dem Mißlingen eines Beweises ergeben sich i.a. keine Hinweise auf fehlerhafte, unsachgemäße oder
unvollständige Spezifikationen oder Implementationen. Ein wachsen-
des Interesse ist daher an der Verifikation funktionaler Sprachen
zu verzeichnen (Boyer,Moore 79, Boyer,Kaufmann 84, Nökel,Rehbold
85).

4 ÜBERBLICK ÜBER VERIFIKATIONSMETHODEN

Die verschiedenen Verifikationsmethoden hängen

- von der Art der Sprache,
- der zugrunde liegenden Semantik,
- den vorgesehenen Aufgaben und
- dem verwendeten logischen System ab.

Art der Sprachen

Sprachen können imperativen, applikativen oder logischen Charakter
haben. Für imperative Sprachen ist der Begriff der Korrektheit in Bezug auf Vor- und Nachbedingungen wichtig. Im Fall funktionaler Sprachen
kommt es auf die Verifikation der Gleichheit von Funktionen an. In logischen Sprachen kann Verifikation dazu dienen, aus Spezifikationen
effizientere abzuleiten, die dann konsistent mit den Ausgangsspezifi-
kationen sind (Kowalski 85).

Formalismen zur Semantikdefinition

Zur Definition der Semantik einer formalen Sprache gibt es eine Reihe
von Formalismen, die nach Stoy 77 die Semantik auf operationale,deno-
tationale oder axiomatische Weise festlegen.

Operationaler Ansatz

Operationale Methoden arbeiten mit abstrakten Maschinen, die über Zustände zur Beschreibung der aktuellen Speicherbelegung und zur Ablaufkontrolle für Programme verfügen. Den Sprachkostrukten entsprechen Zustandsübergänge, die durch Folgen elementarer Instruktionen der Maschine hervorgerufen werden. Bei diesem Ansatz wird häufig eine Transformation zwischengeschaltet, welche Programme in äquivalente Maschinenprogramme überführt. Die Semantik erschließt sich indirekt durch Ausführung dieser Programme.
Bekannter Formalismus für die operationale Methode ist die "Vienna Definition Method" (Lucas et al. 71).

Denotationaler Ansatz

Die denotationale Methode liefert eine Semantikfunktion sem, welche für jedes Programm p die Ein-Ausgabefunktion sem $[\![p]\!]$ liefert. In sem gehen Funktionen ein, welche die Semantik der Teilkonstrukte von Programmen modellieren. Die Methode stützt sich auf die Scott-Stratchey-Theorie (Scott,Stratchey 71) der cpo's (complete partial order) und nutzt Fixpunktsätze zur Definition rekursiver cpo's und rekursiver Funktionen. Zur Definition einer Semantik sind syntaktische cpo's für die Konstrukte der Sprache, diverse semantische cpo's und stetige Auswertungsfunktionen zu spezifizieren.

Auf der Basis des denotationalen Ansatzes ist das Edinburgh-LCF-System (Milner 72) entwickelt worden, welches zur Definition der Semantik von Sprachen und für Äquivalenzbeweise verschiedener Semantikdefinitionen herangezogen werden kann (Cohn 83).

Axiomatischer Ansatz

Beim axiomatischen Ansatz wird die Semantik von Sprachkonstrukten mit Hilfe prädikatenlogischer Ausdrücke erfaßt. Axiome und Ableitungsregeln definieren einen Kalkül, der Formeln der Form {p} S {q} abzuleiten gestattet. S ist hierbei ein Statement, eine Folge von Statements oder ein Programm,und p,q sind Formeln einer Spezifikationssprache. {p}S{q} ist eine Korrektheitsformel und beschreibt die partielle Korrektheit von S bzgl. p,q. Inhaltlich besagt dies: Trifft p auf den Zustand vor Ausführung von S zu und terminiert S, dann trifft q auf den durch die Ausführung von S hervorgerufenen Zustand zu.

Der Vorteil der axiomatischen Methode besteht darin, daß zur Verifikation keine Transformation wie beim operationalen oder denotationalen Ansatz durchgeführt werden muß. Die in Beweisen erzeugten Zwischenbehauptungen verwenden die Programmier- und Spezifikationssprache unmittelbar.

Aufgaben der Programmverifikation

Wie oben erwähnt stehen für applikative Sprachen die Gleichheit von Funktionen, für logische die Äquivalenz von Spezifikationen und für imperative die Korrektheit in Bezug auf Vor- und Nachbedingungen im Vordergrund.

Die verschiedenen Ansätze zur Datenabstraktion unterstützen hierarchische Lösungen und ermöglichen eine Strukturierung der Verifikationsaufgabe in die Verifikation benutzender bzw. benutzter Programme.

Logische Systeme

Logische Systeme beruhen auf einer formalen Sprache, enthalten Axiome und Ableitungsregeln und gestatten Beweise, deren Ausgangspunkt Axiome sind und deren Schritte in der Anwendung von Ableitungsregeln auf gewonnene Zwischenbehauptungen bestehen. Für die Programmverifikation spielen dabei

- die Prädikatenlogik
- der Hoare-Kalkül,
- LCF (logic for computable functions)
- Reduktionssysteme,
- die Boyer-Moore-Logik,
- modale Logiken und insbesondere
- die temporale Logik

eine Rolle.

Der Prädikatenkalkül und die Hoare-Logik sind für Korrektheitsbegriffe imperativer Sprachen von zentraler Bedeutung. Der folgende Text konzentriert sich darauf; die übrigen Kalküle sind nur erwähnt worden, und auf eine Darstellung muß verzichtet werden.

Prädikatenlogik

Grundlage der prädikatenlogischen Sprache sind die Junktoren, das Gleichheitszeichen, Quantoren, die Wahrheitssymbole (true, false), technische Zeichen zur Strukturierung, Individuenvariable $x \in V$ (V: Menge der Variablen) und eine Basis $B = (F,P)$ bestehend aus einer Menge F von Funktionszeichen und einer Menge P von Prädikatzeichen, denen wie üblich eine natürliche Zahl als Stelligkeit zukommt.

Auf der Grundlage von B läßt sich die Menge der __Terme__ T_B und die der __Formeln__ F_B in bekannter Weise definieren.

Die Semantik wird mit Hilfe von __Interpretationen__ $I = (D, I_o)$ bestehend aus einem Variabilitätsbereich für die $x \in V$ und einer Abbildung I_o spezifiziert, welche $f \in F$ als Funktion $I_o(f):D^n \to D$ und $p \in P$ als Relation $I_o(p):D^n \to$ Bool interpretiert. Bool ist die Menge {<u>true</u>, <u>false</u>} und n die f bzw. p zugeordnete Stelligkeit. Für n = o ist f Konstante mit $I_o(f) \in D$ und p Aussagenkonstante mit $I_o(p) \in$ Bool.

Die Bewertung freier Variabler in $t \in T_B$ bzw. $\beta \in F_B$ erfolgt mit Hilfe von <u>Zuständen</u> $\zeta \in \Sigma$ ($\Sigma := V \to D$ Menge aller Funktionen von V nach D), so daß die Semantikdefinition auf die Angabe zweier Funktionale

$I_T:T_B \to (\Sigma \to D)$ für die Terminterpretation und

$I_F:F_B \to (\Sigma \to$ Bool) für die Formelinterpretation hinausläuft.

Einzelheiten hierzu finden sich z. Bsp. in Loeckx, Sieber 84.

Wir geben noch einige wichtige Begriffe an:

- Eine Formel $\varphi \in F_B$ ist <u>wahr</u> bzgl. I, ζ, falls $I_F(\varphi)(\zeta) = $ <u>true</u>.

  In Zeichen: $\models_{I,\zeta} \varphi$

- Eine Formel $\varphi \in F_B$ ist <u>gültig</u> bzgl. I, falls $\models_{I,\zeta} \varphi$ für alle $\zeta \in \Sigma$.

  In Zeichen: $\models_I \varphi$

- Eine Formel $\varphi \in F_B$ ist <u>allgemeingültig</u>, falls $\models_I \varphi$ für alle I.

  In Zeichen: $\models \varphi$

- Eine Interpretation I ist <u>Modell</u> für $W \subseteq F_B$, falls $\models_I \varphi$ für alle

  $\varphi \in W$.

- Eine Formel φ <u>folgt</u> aus $W \subseteq F_B$, falls $\models_I \varphi$ für alle Modelle I von

  W.

Die Prädikatenlogik verfügt über Axiomensysteme α, welche für $W \subseteq F_B$ genau die Folgerungen aus W abzuleiten gestatten.

Unter einer <u>Theorie</u> T der Prädikatenlogik schließlich versteht man eine nichtleere, konsistente Menge $T \subseteq F_B$ von Formeln mit $\varphi \in T$ für alle Folgerungen φ aus T. Die Konsistenzeigenschaft besagt hierbei, daß T über mindestens ein Modell verfügen muß.

Theorien T können axiomatisierbar sein; sie sind es dann, wenn es ein entscheidbares $W \subseteq T$ gibt und T mit der Menge der aus W ableitbaren Formeln übereinstimmt. W liefert dabei außerlogische Axiome, die in Beweisen in Form von Annahmen verwendet werden dürfen.

Überblick über Methoden

Das folgende Diagramm aus Berg et al. 82 gibt einen Überblick über
verschiedene Verifikationsmethoden:

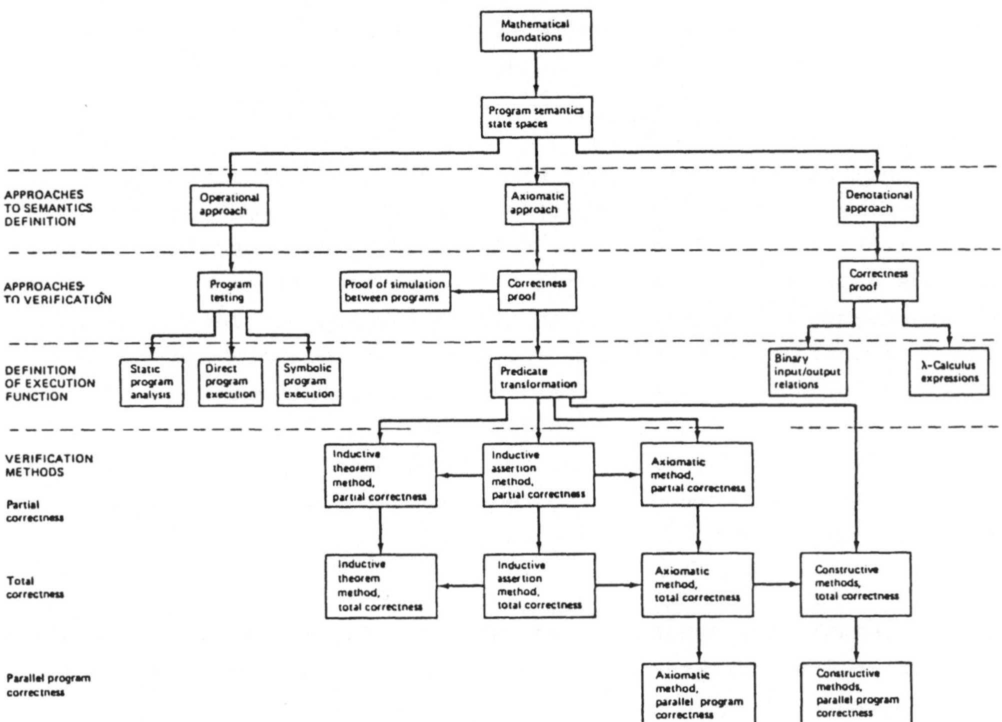

Ausgangspunkt sind die verschiedenen Methoden zur Definition der Semantik. Der operationale Ansatz unterstützt eine Sicht der Semantik,
die sich für Testmethoden besonders eignet. Der axiomatische Ansatz
definiert die Semantik in einer Form, die unmittelbar für eine Behandlung durch logische Kalküle zugänglich ist. Die einzelnen Verfahren unterscheiden sich in der Technik, nach der Vor- und Nachbedingungen durch Anwendungen von Regeln transformiert werden.

Die denotationale Methode eignet sich besonders zur Behandlung von
Rekursionen. Als Grundlage für formale Beweise kann der λ-Kalkül
oder LCF herangezogen werden.

Zentrale Bereiche sind Methoden für imperative Sprachen auf der Basis des axiomatischen Ansatzes. Der folgende Text konzentriert sich

aus Platzgründen auf den axiomatischen Ansatz. Auf eine Darstellung der Inductive-Assertion-Methode und konstruktiver Methoden unter Verwendung von "Predicate Transformer" muß verzichtet werden.

Das obige Diagramm enthält keine Angaben über Verifikationsmethoden für Datenabstraktionen. In diesem Bereich lassen sich drei Ansätze unterscheiden (Abstrakte Modelle, State Machine, Algebraische Methode), von denen der State-Machine-Ansatz dargestellt werden soll.

5 VERIFIKATION VON PROGRAMMEN

Die grundlegenden Konzepte der Programmverifikation basieren auf drei Arbeiten: Naur 66 betont die Notwendigkeit, Programmeigenschaften durch mathematische Beweise zu sichern und beschreibt eine informale Methode dazu. Floyd 67 sucht mit Hilfe von Assertions im Flußdiagramm deren Bedeutung zu spezifizieren und gibt Verfahren zur Verifikation von Invarianzeigenschaften an. Die Arbeit von Hoare 69 schließlich führt logische Systeme ein, die sich zur axiomatischen Semantikdefinition und für Verifikationszwecke heranziehen lassen. Auf der Basis dieser Grundlagen ist eine Vielzahl von Arbeiten erschienen, welche sich mit der Erweiterung des Hoare-Kalküls auf weitere Programmkonstrukte beschäftigen.

Axiomatische Methode

Beim axiomatischen Ansatz werden Ausdrücke $\{p\}$ S $\{q\}$ zur Beschreibung der partiellen Korrektheit von S bzgl. p,q als Elemente eines logischen Kalküls betrachtet.

Für eine Präzisierung sind zunächst Syntax und Semantik der beteiligten Sprachen zu definieren. Wir beschränken die Darstellung wie in Hoare 69 auf While-Programme und skizzieren Erweiterungen der Methode auf andere Konstrukte.

Ausgangspunkt ist eine Basis B = (F,P) der Prädikatenlogik und zusätzliche Symbole :=, _if_, _then_, _fi_, _while_, _do_, _od_, ; zur Strukturierung von Programmen.

Syntax von While-Programmen

While Programme sind Sequenzen von Statements

$\langle program \rangle \longrightarrow \langle statement \rangle \; \{ ; \langle statement \rangle \}$,

in denen jedes Statement eine Zuweisung

x := t mit x $\in$ V, t $\in$ T_B ,

eine Verzweigung

$\underline{if}$ e $\underline{then}$ ⟨program⟩ $\underline{else}$ ⟨program⟩ $\underline{fi}$ oder

eine While-Schleife

$\underline{while}$ e $\underline{do}$ ⟨program⟩ $\underline{od}$

mit quantorenfreiem e $\in F_B$ ist.

Semantik von While-Programmen

Die Definition der Semantik besteht in der Angabe einer Funktion M^B_{while}, die jedem While-Programm $S \in L^B_{while}$ und jedem Anfangszustand $\sigma \in \Sigma$ für $\sigma \in Def(M^B_{while}(S))$ einen Endzustand $M^B_{while}(S)(\sigma)$ zuordnet. Grundlage ist eine Interpretation $I = (D, I_0)$ von B. Zur Vereinfachung der Notation unterdrücken wir die Indizes B,while. Die Definition erfolgt operational mit Hilfe von Konfigurationen $(S, \sigma) \in (L \cup \{\varepsilon\}) \times \Sigma$. Die erste Komponente S beschreibt das jeweils noch zu bearbeitende Restprogramm und die zweite die aktuellen Variablenwerte.

Für Konfigurationsübergänge $(S_1, \sigma_1) \vdash (S_2, \sigma_2)$ sind eine Reihe von Fällen zu unterscheiden (R steht dabei für ε oder für ;S' mit S' $\in$ L):

(1) Für $S_1 = x := t$ R hat man

$$\sigma_2 = \sigma_1[x/I_T(t)(\sigma_1)] \quad \text{und} \quad S_2 \equiv \begin{cases} \varepsilon & \text{für } R = \varepsilon \\ S' & \text{sonst} \end{cases}$$

(2) Für $S_1 \equiv \underline{if}$ e $\underline{then}$ S_1' $\underline{else}$ S_2' $\underline{fi}$ R sei

$$\sigma_2 = \sigma_1 \quad \text{und} \quad S_2 = \begin{cases} S_1' \ R & \text{für } I_F(e)(\sigma_1) = \underline{true} \\ S_2' \ R & \text{für } I_F(e)(\sigma_1) = \underline{false} \end{cases}$$

(3) Für $S_1 \equiv \underline{while}$ e $\underline{do}$ S_1' $\underline{od}$ R sei

$$\sigma_2 = \sigma_1 \quad \text{und} \quad S_2 = \begin{cases} S_1' \ ; \ S_1 \ R & \text{falls } I_F(e)(\sigma_1) = \underline{true} \\ S' & \text{falls } I_F(e)(\sigma_1) = \underline{false}, \ R \not\equiv \varepsilon \\ \varepsilon & \text{falls } I_F(e)(\sigma_1) = \underline{false} \ R \equiv \varepsilon \end{cases}$$

Terminiert die durch $S \in L$, $\sigma \in \Sigma$ festgelegte Berechnungsfolge $(S,\sigma) =: (S_0, \sigma_0) \vdash (S_1, \sigma_1) \vdash \ldots \vdash (S_k, \sigma_k) = (\varepsilon, \sigma')$, dann ist $M(S)(\sigma)$ definiert ($\sigma \in Def(M(S))$ mit $M(S)(\sigma) := \sigma'$, anderenfalls ist $M(S)(\sigma)$ undefiniert.

Semantik der Hoare-Formeln

M gestattet eine Erweiterung der Semantikfunktion I_F für prädikatenlogische Formeln auf Hoare-Formeln der Form $\{p\}\, S\, \{q\}$. M und I_F hängen
dabei allein von der Interpretation I ab.

Man definiert:

(4) $I_F(\{p\}S\{q\})(\sigma) := \underline{true}$, falls aus $I_F(p)(\sigma) = \underline{true}$ und
$\qquad\qquad\qquad\qquad \sigma \in \mathrm{Def}(M(S))$ folgt: $I_F(q)(M(S)(\sigma)) = \underline{true}$

(5) $\{p\}S\{q\}$ ist $\underline{\text{gültig}}$ in I bzw. S ist $\underline{\text{partiell}}$ $\underline{\text{korrekt}}$ bzgl p,q (und
$\qquad\qquad\qquad$ I), falls $I_F(\{p\}S\{q\})(\sigma) = \underline{true}$ für
$\qquad\qquad\qquad$ alle $\sigma \in \Sigma$.

(6) Sei $W \subseteq F_B$. $\{p\}S\{q\}$ ist $\underline{\text{Folgerung}}$ aus W, falls S partiell korrekt
bzgl. p,q ist für jedes Modell I von W

Hoare-Kalkül

Der Hoare-Kalkül stellt Axiome und Ableitungsregeln zum Beweis der
partiellen Korrektheit von Formeln $\{p\}S\{q\}$ zur Verfügung. In konkreten Situationen einer speziellen Theorie $T \subseteq F_B$ der Prädikatenlogik
spielen Folgerungen aus T eine Rolle. Der Kalkül berücksichtigt dies
in seinen Regeln und gestattet Ableitungen unter Verwendung von Elementen $\beta \in T$, d.h. es werden Ableitungen $T \vdash \{p\}S\{q\}$ ermöglicht.
Ist T axiomatisierbar, dann kann der Hoare-Kalkül um den Prädikatenkalkül und nichtlogische Axiome von T ergänzt werden. Dieser Weg wird
selten beschritten, weil der Prädikatenkalkül unhandlich und nur im
Fall axiomatisierbarer Theorien möglich ist.

Für While-Programme genügen ein Axiomenschema und vier Ableitungsregeln:

(7) $\quad$ Zuweisungsaxiom

$\qquad \{p_x^t\}\ x := t\ \{p\}$ für alle $p \in F_B$, $x \in V$, $t \in T_B$

(8) $\quad$ Kompositionsregel

$$\frac{\{p\}\ S_1\ \{r\}\ ,\ \{r\}\ S_2\ \{s\}}{\{p\}\ S_1\ ;\ S_2\ \{s\}} \qquad \text{für alle } p,r,s \in F_B,\ S_1,S_2 \in L$$

(9) $\quad$ If-Regel

$$\frac{\{p \wedge e\}\ S_1\ \{q\}\ ,\ \{p \wedge \neg e\}\ S_2\ \{q\}}{\{p\}\ \underline{\text{if}}\ e\ \underline{\text{then}}\ S_1\ \underline{\text{else}}\ S_2\,\underline{\text{fi}}\,\{q\}} \qquad \begin{array}{l} \text{für alle } p,q,e \in F_B,\ S_1,S_2 \in L, \\ e \text{ quantorenfrei} \end{array}$$

(1o) <u>While-Regel</u>

$$\frac{\{p \wedge e\}\ S_1\ \{p\}}{\{p\}\ \underline{\text{while}}\ e\ \underline{\text{do}}\ S_1\ \underline{\text{od}}\ \{p \wedge \neg e\}}$$

für alle $p,e \in F_B$, e quantorenfrei, $S_1 \in L$

(11) <u>Konsequenz-Regel</u>

$$\frac{p \longrightarrow q,\ \{q\}\ S\ \{r\},\ r \longrightarrow s}{\{p\}\ S\ \{s\}}$$

für alle $p,q,r,s \in F_B$, $S \in L$

Die Regeln orientieren sich an der Syntax und gestatten Beweise par-
tieller Korrektheitsfomeln $\{p\} S \{q\}$ im Sinne einer bottom-up-Entwick-
lung ausgehend von Zuweisungen. Beim Aufbau eines Beweises liegen die
Schwierigkeiten in der Definition geeigneter Zwischenformeln. Dieselbe Komplikation tritt auch bei Anwendung der Regeln von unten nach
oben für Zwecke einer top-down-Entwicklung auf.

p_x^t im Zuweisungsaxiom beschreibt die Substitution jedes freien Vor-
kommens von x in p durch t (t muß hierbei frei für x in p sein) und
charakterisiert damit eine Vorwegnahme der Zuweisung x := t. Die Formeln (4) sind damit partiell korrekt: trifft p_x^t vor Ausführung von
x := t zu, dann gilt p nachher.

Die Regeln (8),(9),(1o) beschreiben die Hintereinanderausführung, Verzweigung und Iteration. Die Konsequenzregel stellt den Zusammenhang
der Hoare-Regeln mit dem Prädikatenkalkül her. Sie gestattet eine
Verstärkung von Vorbedingungen q und eine Abschwächung von Nachbedingungen r.

<u>Ein Beispiel</u>

Das folgende Beispielprogramm berechnet $\lceil \sqrt{x} \rceil = \text{Max}\ \{z\ |\ z^2 \leq x\}$
für $x \in \mathbb{N}$:

$$\begin{aligned}
&\overbrace{y_1 := 0\ ;\ y_2 := 1}^{S_1}\ ;\ y_3 := 1; \\
&\underline{\text{while}}\ y_3 \leq x\ \underline{\text{do}}\ \underbrace{y_1 := y_1 + 1\ ;\ y_2 := y_2 + 2\ ;\ y_3 := y_2 + y_3}_{S_2}\ \underline{\text{od}}
\end{aligned}\Bigg\}\ S_0$$

Wir zeigen Th(I) $\vdash$ $\{x \geq 0\}\ S_0\ \{y_1^2 \leq x < (y_1 + 1)^2$, wobei von der
Standardinterpretation I für $0,1,+,\cdot$ ausgegangen wird und Th(I) die
Theorie $\{\beta\ |\ \models_I \beta\}$ bezeichnet.

Zum Beweis benötigt man die Formel $\beta = y_1^2 \leq x \wedge y_2 = 2y_2 + 1 \wedge y_3 = (y_1 + 1)^2$
als Assertion im Programmtext:

$$\left. \begin{array}{l} \{\, x \geq o \,\} \\ \quad S_1 \\ \{\, \beta \,\} \end{array} \right\} \quad (*)$$

$$\left. \begin{array}{l} \underline{\text{while}} \; y_3 \leq x \; \underline{\text{do}} \; S_2 \; \underline{\text{od}} \\ \{\, y_1{}^2 \leq x < (y_1 + 1)^2 \,\} \end{array} \right\} \quad (**)$$

Zu (*):

Eine dreimalige Anwendung des Zuweisungsaxioms (rückwärts) führt auf:

(i) $\quad \vdash \; \{\, 1 = 2 \cdot o + 1 \wedge 1 = (o + 1)^2 \wedge o \leq x \,\} \; S_1 \; \{\beta\}$

Wegen $\models_I x \geq o \longrightarrow 1 = 2 \cdot o + 1 \wedge 1 = (o + 1)^2 \wedge o \leq x$ liefert die

Konsequenzregel (11) die Teilbehauptung (*).

Zu (**):

Zum Beweis ist die While-Regel anzuwenden. Wir zeigen:

(ii) $\quad \vdash \; \{\beta\} \; \underline{\text{while}} \; y_3 \leq x \; \underline{\text{do}} \; S_2 \; \underline{\text{od}} \; \{\, \beta \wedge \neg(y_3 \leq x) \,\}$

Aufgrund von $\models_I \beta \wedge \neg(y_3 \leq x) \longrightarrow y_1{}^2 \leq x < (y_1+1)^2$ ergibt sich (**).

Für (ii) ist nach der While-Regel zu zeigen:

(iii) $\quad \vdash \; \{\, \beta \wedge y_3 \leq x \,\} \; S_2 \; \{\beta\}$

Zum Beweis wenden wir dreimal rückwärtsschreitend das Zuweisungsaxiom an und erhalten:

(iv) $\quad \vdash \; \{\, y_2 + 2 = 2 \cdot (y_1 + 1) + 1 \wedge y_3 + y_2 + 2 = (y_1 + 1 + 1)^2 \wedge (y_1 + 1)^2 \leq x \,\}$

$$S_2$$
$$\{\beta\}$$

Zu zeigen bleibt:

(v) $\quad \models_I \beta \wedge y_3 \leq x \longrightarrow y_2 + 2 = 2 \cdot (y_1 + 1) + 1 \wedge y_3 + y_2 + 2 = (y_1 + 1 + 1)^2 \wedge$
$$(y_1 + 1)^2 \leq x$$

Dies folgt aber unmittelbar.

Konsistenz und Vollständigkeit

Die Konsistenz des Kalküls besagt:

(12) Sei $T \subseteq F_B$, $p, q \in F_B$ und $S \in L$.

     Ist $\{p\} S \{q\}$ ableitbar bzgl. (7) – (11), d.h. hat man

     $T \vdash \{p\} S \{q\}$, dann gilt $T \models \{p\} S \{q\}$, d.h. $\{p\} S \{q\}$ ist Folgerung

     aus T.

Für (12) genügt es, die Behauptung für das Zuweisungsaxiom zu zeigen und zu beweisen, daß die Anwendung von Ableitungsregeln Folgerungen aus T wieder in solche überführen.

Die Vollständigkeit eines Kalküls betrifft die Frage, ob die Axiome und Ableitungsregeln ausreichen, um alle Folgerungen abzuleiten. Die einfache Umkehrung $T \models \{p\}S\{q\} \succ T \vdash \{p\}S\{q\}$ von (12) kann nicht bewiesen werden. Als Gegenbeispiel dient $T = \emptyset$, $S = \{true\}\ x := 1\ \{x=1\}$. Offenbar hat man $\models S$, aber eine Ableitung für S existiert nicht; es wird true $\longrightarrow$ 1=1 dazu benötigt.

Auch für den Fall einer Theorie T kann die Vollständigkeit nicht bewiesen werden. Als Gegenbeispiel dient die Presburger Arithmetik. Man wählt $F = \{o,1,+\}$, $P = \{\leq\}$, $B = (F,P)$ und die übliche Interpretation $I = (\mathbb{N}, I_o)$ für B. Der Beweis geht von einem Kalkül K aus mit der Eigenschaft: $Th(I) \models \{p\}S\{q\} \succ Th(I) \vdash_K \{p\}S\{q\}$ für alle p,q,S. Ein Widerspruch zeigt, daß die Vollständigkeit für die angenommene Situation nicht bewiesen werden kann. Einzelheiten zum Beweis finden sich in Loecks, Sieber 84.

Aus dem Beweisgang ergibt sich, daß die Unvollständigkeit nicht aufgrund der speziellen Wahl des Kalküls K besteht, sondern vielmehr die Spezifikationssprache und deren Interpretation betrifft.

In Cook 78 wird ein Hoare-Axiomensystem für ein Algol-Subset mit While und nichtrekursiven Prozeduren betrachtet. Dort wird die Vollständigkeit unter einer natürlichen Bedingung an die Ausdrucksfähigkeit der Spezifikationssprache und unter Verwendung stärkster Nachbedingungen bewiesen. Wir definieren entsprechend mit Hilfe schwächster Vorbedingungen:

(13) Sei B eine Basis und I Interpretation von B.

    I heißt <u>expressiv</u> (für L), falls für jedes $S \in L$, $q \in F_B$ ein

    $r \in F_B$ existiert, für das $\{\ \delta\ |I_F(r)(\delta) = \underline{true}\ \} = wlp(S,q)$

Unter $wlp(S,q)$ (weakest liberal precondition) versteht man die Menge von Zuständen $\{\ \delta \in \Sigma : \delta \in Def(M(S))\ \wedge\ I_F(q)(M(S)(\delta)) = \underline{true}\ \}$.

Die wesentliche Forderung in (13) an I ist die Existenz von Formeln r zur Beschreibung von $wlp(S,q)$. Diese Eigenschaft wird unmittelbar zur Angabe von Invarianten für Schleifen und Zwischenformeln für Sequenzen benötigt.

Die relative Vollständigkeit (im Sinne von Cook) lautet:

(14) Sei I expressive Interpretation der Basis B, dann gilt:

    Aus $Th(I) \models \{p\}S\{q\} \succ Th(I) \vdash \{p\}S\{q\}$ für alle p,q,S.

Ein Beweis kann an dieser Stelle aus Platzgründen nicht erfolgen.

Expressivität

Im Zusammenhang mit der Vollständigkeitsfrage haben wir festgestellt,
daß es Theorien gibt, für die keine adäquaten Hoare-Kalküle existieren.
Für die Presburger Arithmetik trifft dies zu, sie ist nicht expressiv
in Bezug auf die While-Sprache. Der tiefere Grund hierzu liegt in der
Tatsache, daß es zwar Programme zur Berechnung der Multiplikation
gibt, aber Spezifikationen unter Verwendung der Multiplikation unzulässig sind.

Obwohl sich eine ähnliche Überlegung auf die Peano-Arithmetik übertragen läßt (Exponentiation ist durch ein While-Programm realisierbar,
aber in der Spezifikationssprache nicht verfügbar), ist die Standardinterpretation der Peano-Arithmetik expressiv in Bezug auf L_{while}. Details zum Beweis finden sich in Loecks,Sieber 84.

Es erhebt sich die Frage nach Charakterisierungen expressiver Interpretationen und der dabei beteiligten Programmier- und Spezifikationssprachen:

- Clarke beweist die Expressivität von $I = (D,I_o)$ mit endlichem D.

- Verkürzt gesagt zeigt Lipton 77 umgekehrt, daß sich für expressive
  I (bzgl L_{while}) in I ein Standard-Modell der Peano-Arithmetik definieren läßt, oder für jedes $S \in L_{while}$ eine obere Schranke für die
  bei Ausführungen von S anfallenden Zustände existiert.

- German,Halpern 83 und unabhängig davon Urzyczyn 83 charakterisieren
  expressive Interpretationen so: Ist L eine akzeptierbare Sprache
  mit Rekursion und ist I eine Herbrand-definierbare Interpretation,
  die expressiv für L ist, dann ist I entweder endlich oder stark
  arithmetisch.

Wir skizzieren die Begriffe lediglich, auf präzise Definitionen muß
hier verzichtet werden.

Die Akzeptierbarkeit ist ein technischer Begriff, der die Abge-
schlossenheit der Programmiersprache unter gewissen Konstrukten verlangt. Eine Interpretation $I = (D,I_o)$ ist Herbrand-definierbar,
falls jedes $d \in D$ durch einen Term des Herbrand-Universums über B
beschrieben werden kann. I heißt schließlich stark arithmetisch,
falls es Formeln $Z(x)$ (für Null), $S(x,y)$ (für Nachfolger), $A(x,y,z)$
(für Addition) und $M(x,y,z)$ (für Multiplikation) und eine Bijektion
$J:D \to \mathbb{N}$ gibt, welche I isomorph zu einem Standardmodell der Arithmetik macht. Einzelheiten zu den Begriffen finden sich in Clarke 83.

Erweiterung des Hoare-Kalküls

Wir betrachten in Anlehnung an Apt 81 zunächst parameterlose Prozeduren und beschränken die Diskussion auf nur eine Prozedurdeklaration.

Nichtrekursive Prozeduren

Sei $\underline{proc}$ P : S_o Prozedurdeklaration mit dem Prozedurbezeichner P und
dem Prozedurkörper S_o. P ist zunächst nichtrekursiv, d.h. $S_o \in L_{while}$.
Wir erweitern L_{while} zu L_{while}^1, indem Prozuduraufrufe $\underline{call}$ P als Statements zusätzlich in While-Programmen vorkommen dürfen.

Eine Ergänzung der Semantik M von L_{while} ist unmittelbar möglich. Sei
dazu $S[\underline{call}\ P/S_o]$ für $S \in L_{while}^1$ das While-Programm, was aus S durch
Ersetzen aller Aufrufe von P durch S_o entsteht, und es sei M(S) :=
$M(S[\underline{call}\ P/S_o])$.

Als zusätzliche Hoare-Regel bietet sich an:

(14) $\underline{Prozeduraufruf}$

$$\frac{\{p\}\ S_o\ \{q\}}{\{p\}\ \underline{call}\ P\ \{q\}}$$

Es ist leicht zu zeigen, daß die Erweiterung eine konsistente und
(im Sinne von (13)) relativ vollständige Axiomatisierung von L_{while}^1
liefert.

Rekursive Prozeduren

Im Fall einer rekursiven Prozedur $\underline{proc}$ P : S_o enthält S_o Aufrufe von
P. Die erweiterten Programme haben syntaktisch dasselbe Aussehen wie
oben. Allerdings ist die Semantik neu zu definieren.

Hierzu sei für $S_o \in L_{while}^1$, $n \in \mathbb{N}$:

(i) $S_o^{(o)} := \Omega$ (Ω steht für ein nirgends definiertes Programm)

(ii) $S_o^{(n+1)} := S_o[\underline{call}\ P/S_o^{(n)}]$.

$S_o^{(n)}$ beschreibt einen Aufruf von P mit maximal n rekursiven Aufrufen.

Wegen $M(S[\underline{call}\ P/S_o^{(n)}]) \subseteq M(S[\underline{call}\ P/S_o^{(n+1)}])$ für $S \in L_{while}^1$ läßt
sich definieren:

$$M(S) := \bigcup_{n \in \mathbb{N}} M(S[\underline{call}\ P/S_o^{(n)}])$$

Für rekursives P sind die bisherigen Regeln unvollständig. Hoare 69 schlägt als Rekursionsregel vor:

$$(15) \quad \frac{\{p\} \ \underline{call} \ P \ \{q\} \vdash \{p\} \ S_o \ \{q\}}{\{p\} \ call \ P \ \{q\}}$$

(der Beweis in der Prämisse erfolgt ohne Anwendung von (15))

Die Rekursionsregel macht eine Modifikation des Beweisbegriffs notwendig: in Beweisen dürfen Annahmen $\{p\} \ \underline{call} \ P \ \{q\}$ eingeführt werden, die durch Anwendung der Regel aufgrund eines Beweises zu $\{p\} \ \underline{call} \ p \ \{q\}$ $\vdash \{p\} S_o \{q\}$ und Übergang zu $\{p\} \ \underline{call} \ P \ \{q\}$ wieder eliminiert wird.

Die Regelvoraussetzung entspricht der Vorstellung: Ist $\{p\} \ \underline{call} \ P \ \{q\}$ für eine Rekursionstiefe n gesichert, dann auch für n+1.

Wir zeigen die Zulässigkeit der Regel. Sie besagt, daß aus der Existenz eines Beweises für $\{p\} \ \underline{call} \ P \ \{q\} \vdash \{p\} \ S_o \ \{q\}$ auf der Basis von (7) – (11) die Gültigkeit von $\models_I \{p\} \ \underline{call} \ P \ \{q\}$ folgt.

Sei $\underline{proc} \ P_n : S_o^{(n)}$ und $S_o' := S_o[\underline{call} \ P/\underline{call} \ P_n]$, dann gilt:

$$(iii) \quad \models_I \{p\} \ \underline{call} \ P_n \ \{q\} \ \rangle \ \models_I \{p\} \ S_o' \ \{q\}$$

Man betrachtet hierzu einen Beweis zu $\{p\} \ \underline{call} \ P \ \{q\} \vdash \{p\} \ S_o \ \{q\}$. Durch Ersetzen von P durch P_n an jeder Stelle entsteht ein Beweis zu $\{p\} \ \underline{call} \ P_n \ \{q\} \vdash \{p\} \ S_o' \ \{q\}$.

In diesem Beweis werden lediglich (7) – (11) verwendet, und man hat $\models_I h$ für jede im Beweis auftretende Hoare-Formel h. Für $\{p\} \ \underline{call} \ P_n \{q\}$ folgt dies aus der Voraussetzung zu (iii).

Insbesondere ergibt sich $\models_I \{p\} \ S_o' \ \{q\}$.

Aus
$$M(S_o') = M(S_o'[\underline{call} \ P_n/S_o^{(n)}])$$
$$= M(S_o[\underline{call} \ P/S_o^{(n)}])$$
$$= M(S_o^{(n+1)})$$
$$= M(\underline{call} \ P_{n+1}) \qquad \text{und (iii) folgt:}$$

$$(iv) \quad \models_I \{p\} \ \underline{call} \ P_n \ \{q\} \ \rangle \ \models_I \{p\} \ \underline{call} \ P_{n+1} \ \{q\}.$$

Wir zeigen durch Induktion:

$$(v) \quad \models_I \{p\} \ \underline{call} \ P_n \ \{q\}.$$

Für n = o folgt dies aus $Def(M(\underline{call} \ P_o)) = M(\mathfrak{N}) = \emptyset$.

Sei (V) für $n \geq o$. Die Behauptung ergibt sich unmittelbar aus (iv).

Wir zeigen nun die Konsistenzbehauptung: $\models_I \{p\}$ <u>call</u> $P \{q\}$.

Sei $\delta \in \Sigma$ mit $\delta \in \mathrm{Def}(M(\underline{\mathrm{call}}\ P))$ und $I_F(p)(\delta) = \underline{\mathrm{true}}$. Es gibt dann
ein n mit $\delta \in \mathrm{Def}(M(S_o^{(n)}))$ und $M(\underline{\mathrm{call}}\ P)(\delta) = M(S_o^{(n)})(\delta)$. Aus (v) ergibt sich daher $I_F(q)(M(\underline{\mathrm{call}}\ P)(\delta)) = \underline{\mathrm{true}}$. Dies war zu zeigen.

Zum Beweis der Vollständigkeit reichen die bisherigen Regeln nicht
aus. Apt 81 zeigt die relative Vollständigkeit der erweiterten While-
sprache durch Hinzunahme eines weiteren Axioms, zweierSubstitutions-
regeln und einer Konjunktionsregel.

Die bislang betrachteten Sprachkonstrukte sind die Zuweisung, Verzweigung, Iteration und parameterlose Prozeduren. Aus Platzgründen
muß auf eine Behandlung von Parametern, lokalen Variablen etc. verzichtet werden. Ein Überblick hierzu findet sich in Apt 81. De Bakker
8o gibt eine detaillierte Darstellung der partiellen Korrektheit rekursiver Prozeduren auf der Basis einer denotationellen Semantik,
allerdings ohne Prozedurparameter. Prozeduren mit formalen Prozedur-
parametern werden in Langmaack,Olderog 8o, Olderog 81, Damm,Josko 82
und German,Clarke,Halpern 83 behandelt.

Ein schwieriges Problem stellt "aliasing" oder "sharing" dar: In Programmen ist zulässig, gleiche Speicherbereiche mit verschiedenen Bezeichnern anzusprechen. Eine Behandlung dieses Problems findet sich
in Cartwright,Oppen 81 und Trachtenbrot,Halpern,Meyer 83.

Grenzen der axiomatischen Methode

Im Hinblick auf die mit der Vollständigkeit zusammenhängenden Probleme
erhebt sich die Frage nach den Grenzen der axiomatischen Methode.
Nach Clarke 79 sind folgende Sprachkonzepte kritisch:

(1) Rekursion
(2) Formale Prozedurparameter
(3) Globale Variable
(4) Geschachtelte Prozedurdeklarationen
(5) Statische Bindung lokaler Variabler

Das Unvollständigkeitsresultat von Clarke besagt, daß es blockstruk-
turierte Sprachen mit den Eigenschaften (1) – (5) gibt, für die eine
konsistente und relativ vollständige Axiomatisierung nicht existiert.
Auf der anderen Seite zeigt dieselbe Arbeit von Clarke, die von Olderog 81 und Damm,Josko 82, daß dies für die Sprachen L_i ohne die
Eigenschaft (i) nicht der Fall ist.

Totale Krrektheit

Die folgende Disskussion beschränkt sich auf Formeln $\langle p \rangle S \langle q \rangle$ für While-Programme S und Spezifikationen $p,q \in F_B$ zur Beschreibung der totalen Korrektheit von S bzgl. p,q auf der Grundlage einer Basis B = (F,P).

Sei I Interpretation von B. Wie im Fall der partiellen Korrektheitsformeln läßt sich I_F auf $\langle p \rangle S \langle q \rangle$ ausdehnen:

(16) $\langle p \rangle S \langle q \rangle$ ist <u>wahr</u> bzgl. I, $\zeta \in \Sigma$, d.h. $I_F(\langle p \rangle S \langle q \rangle)(\zeta) = $ <u>true</u>,
    falls aus $I_F(p)(\zeta) = $ <u>true</u> folgt:
    $\zeta \in \mathrm{Def}(M(S))$ und $I_F(q)(M(S)(\zeta)) = $ <u>true</u>

Die weiteren Begriffe "gültig in I", "allgemeingültig" und "Folgerung aus T" übertragen sich. Wir präzisieren noch:

(17)   S ist <u>total</u> <u>korrekt</u> bzgl. p,q,I, falls $\langle p \rangle S \langle q \rangle$ gültig in I ist.

Für While-Programme hängt die Terminierung allein von den Schleifen ab, so daß die Hoare-Axiomatik bis auf die While-Regel zur Verifikation totaler Korrektheitformeln herangezogen werden kann. Wir übernehmen daher (7),(8),(9),(11) und ersetzen dort geschweifte Klammern durch spitze.

Die While-Regel (1o) betrachtet While-Konstrukte als Ganzes, und ihre Anpassung muß daher die Terminierung der gesamten Schleife berücksichtigen. Dies wird deutlich an der folgenden Regel aus Gries 76:

$$(18) \quad p \wedge e \longrightarrow t > o \ , \ \langle p \wedge e \wedge t \leq t_o + 1 \rangle S \langle t \leq t_o \rangle \ , \ \{p \wedge e\} S \{p\}$$

$$\langle p \rangle \ \underline{\text{while}} \ e \ \underline{\text{do}} \ S \ \underline{\text{od}} \ \langle p \wedge \neg e \rangle$$

Zunächst ist als Anteil die While-Regel für die partielle Korrektheit enthalten.

t steht für eine Integer-Funktion $t: \Sigma \longrightarrow \mathbb{Z}$, für welche $t \geq o$ gesichert ist, sofern die Schleife durchlaufen wird; dies wird nämlich durch $p \wedge e$ beschrieben.

Die zweite Voraussetzung verwendet eine Konstante $t_o \in \mathbb{Z}$ und besagt, daß der t-Wert je Schleifendurchlauf um mindestens 1 erniedrigt wird. Wegen $t \geq o$ ist die Terminierung daher gesichert.

Die Regel (18) macht Gebrauch von der Methode der wohlfundierten Mengen ("well founded sets method" beim Floyd'schen Ansatz genannt) für einen Spezialfall. Enthält der Grundbereich der Interpretation $I=(D,I_o)$ eine wohlfundierte Teilmenge W, die sich prädikatenlogisch charakterisieren läßt, dann ist die folgende Verallgemeinerung möglich (vgl. Loeckx,Sieber 84):

(19) Sei $I = (D, I_0)$ Interpretation zur Basis B, W Menge, $w \in F_B$ und $x \in V$ mit:

    (a) B enthält ein zweistelliges Prädikat '$\leq$'

    (b) $W \subseteq D$ und $(W, I_0(\leq) \cap W^2)$ ist Halbordnung ohne unendliche absteigende Ketten, d.h. W ist wohlfundierte Menge

    (c) w hat freie Vorkommen allein von x und es gilt:

$$W = \{ \delta(x) \mid \delta \in \Sigma \wedge I_F(w)(\delta) = \underline{\text{true}} \}$$

Für Interpretationen I mit (19) kann die folgende Regel als While-Regel für die totale Korrektheit herangezogen werden:

$$\text{(2o)} \quad \frac{p \wedge e \longrightarrow w_x^t \ , \ \langle p \wedge e \wedge (t = y) \rangle \ S \ \langle p \wedge (t < y) \rangle}{\langle p \rangle \ \underline{\text{while}} \ e \ \underline{\text{do}} \ S \ \underline{\text{od}} \ \langle p \wedge \neg e \rangle}$$

$p,e \in F_B$, e quantorenfrei, $t \in T_B$, $y \in V$, wobei y in p,e,S,t nicht vorkommt

$(p \wedge e) \longrightarrow w_x^t$ besagt:
Wird S durchlaufen, d.h. hat man $I_F(p \wedge e)(\delta) = \underline{\text{true}}$ für $\delta \in \Sigma$, dann folgt $I_F(w_x^t)(\delta) = I_F(w)(\delta[x/I_T(t)(\delta)]) = \underline{\text{true}}$ (Substitutionsregel der Prädikatenlogik) und daher $I_T(t)(\delta) \in W$ wegen (c). Für die in der Regel auftretenden Terme t ist daher -jedenfalls dann, wenn die Schleife durchlaufen wird- gesichert, daß t Elemente von W beschreibt. In der zweiten Voraussetzung spielt p die Rolle der Invarianten, und der Wert $I_T(t)(\delta) \in W$ von t erniedrigt sich im Vergleich zu $\delta(y)$.

Die Voraussetzung über y sichert, daß zugeordnete Werte von Schleifendurchgängen nicht betroffen sind.

Die Konsistenz der angegebenen Axiome und Regeln ist intuitiv klar:

(21) Ist I Interpretation gemäß (19), dann gilt:
    Aus $\text{Th}(I) \vdash \langle p \rangle S \langle q \rangle$ folgt $\models_I \langle p \rangle S \langle q \rangle$

Die Vollständigkeit des Kalküls kann nicht bewiesen werden. Einzelheiten hierzu finden sich in Harel 79.

Ein Beispiel

Als Beispiel betrachten wir das While-Programm von S. 17 und zeigen die totale Korrektheit bzgl. $x \geq 0$, $y_1^2 \leq x < (y_1 + 1)^2$:

$$\langle\, x \geq o \,\rangle$$

$$y_1 := o;\ y_2 := 1;\ y_3 := 1; \qquad\qquad (*)$$

$$\langle\, y_1 \geq o \,\wedge\, y_1^{\,2} \leq x \,\wedge\, y_2 = 2y_1 + 1 \,\wedge\, y_3 = (y_1 + 1)^2 \,\rangle$$

$$\underline{\text{while}}\ y_3 \leq x\ \underline{\text{do}}\ y_1 := y_1 + 1\ ;\ y_2 := y_2 + 2\ ;\ y_3 := y_3 + y_2\ \underline{\text{od}} \qquad (**)$$

$$\langle\, y_1^{\,2} \leq x < (y_1 + 1)^2 \,\rangle$$

Es sind die beiden Teilbehauptungen $(*)$, $(**)$ zu beweisen.

Für $(*)$ kann der Beweis von S.17 übernommen werden.

Zum Beweis von $(**)$ ist die While-Regel (2o) anzuwenden:

Sei $I = (\mathbb{N}, I_o)$ Standardinterpretation der natürlichen Zahlen, $z \in V$ (anstelle von x in (19)), $I_o(\leq)$ die übliche kleiner-gleich-Relation und $w = \text{true}$. Es folgt $W = \{\, \xi(z) \mid \xi \in \Xi \wedge I_F(w)(\xi) = \underline{\text{true}} \,\} = \mathbb{N}$.

Sei $p = y_1 \geq o \wedge y_1^{\,2} \leq x \wedge y_2 = 2y_1 + 1 \wedge y_3 = (y_1 + 1)^2$, $e = y_3 \leq x$ und $t = 1 + x - y_3$.

Für eine Anwendung von (2o) ist zweierlei zu zeigen:

(i) $p \wedge e \longrightarrow w_z^t$ (trivial)

(ii) $\langle\, p \wedge e \wedge 1 + x - y_3 = y \,\rangle$

$$y_1 := y_1 + 1\ ;\ y_2 := y_2 + 2\ ;\ y_3 := y_3 + y_2$$

$$\langle\, p \wedge 1 + x - y_3 < y \,\rangle$$

Der Übergang $1 + x - y_3 = y$ auf $1 + x - y_3 < y$ ist bedeutsam. Ausgangspunkt ist daher:

(iii) $\langle\, y_1 \geq o \wedge y_1^{\,2} \leq x \wedge y_3 = y_1^{\,2} \wedge y_2 = 2y_1 + 1 \wedge 1 + x - y_3 = y \,\rangle$

$$y_3 := y_3 + y_2$$

$$\langle\, y_1 \geq o \wedge y_1^{\,2} \leq x \wedge y_3 - y_2 = y_1^{\,2} \wedge y_2 = 2y_1 + 1 \wedge 1 + x - (y_3 - y_2) = y \,\rangle$$

Aus $y_1 \geq o$ folgt $y_2 > o$ und $1 + x - y_3 < y$.

Wegen $y_3 - y_2 = y_3 - 2y_1 - 1 = y_1^{\,2}$ und daher $y_3 = (y_1 + 1)^2$ hat man

$$y_1 \geq o \wedge y_1^{\,2} \leq x \wedge y_3 - y_2 = y_1^{\,2} \wedge y_2 = 2y_1 + 1 \wedge 1 + x - (y_3 - y_2) = y \longrightarrow p,$$

was

(iv) $\langle\, y_1 \geq o \wedge y_1^{\,2} \leq x \wedge y_3 = y_1^{\,2} \wedge y_2 = 2y_1 + 1 \wedge 1 + x - y_3 = y \,\rangle$

$$y_3 := y_3 + y_2$$

$$\langle\, p \wedge t < y \,\rangle \text{ liefert.}$$

Eine zweimalige Anwendung des Zuweisungsaxioms ergibt:

(v) $\quad \langle\, y_1+1 \geq 0 \,\wedge\, (y_1+1)^2 \leq x \,\wedge\, y_3 = (y_1+1)^2 \,\wedge\, y_2+2 = 2(y_1+1)+1 \,\wedge$

$\qquad 1+x+y_3 = y \,\rangle$

$$y_1 := y_1+1$$

$\qquad \langle\, y_1 \geq 0 \,\wedge\, y_1^{\,2} \leq x \,\wedge\, y_3 = y_1^{\,2} \,\wedge\, y_2+2 = 2y_1+1 \,\wedge\, 1+x-y_3 = y \,\rangle$

$$y_2 := y_2+2$$

$\qquad \langle\, y_1 \geq 0 \,\wedge\, y_1^{\,2} \leq x \,\wedge\, y_3 = y_1^{\,2} \,\wedge\, y_2 = 2y_1+1 \,\wedge\, 1+x+y_3 = y \,\rangle$

Aus $p \wedge e \wedge t = y \longrightarrow y_1+1 \geq 0 \,\wedge\, (y_1+1)^2 \leq x \,\wedge\, y_3 = (y_1+1)^2 \,\wedge$

$\qquad\qquad y_2+2 = 2(y_1+1)+1 \,\wedge\, 1+x-y_3 = y,$ (iv) und (v)

folgt (ii).

Eine Anwendung der While-Regel liefert:

$\qquad \langle\, p \,\rangle$

$\qquad\qquad \underline{\text{while}} \; y_3 \leq x \; \underline{\text{do}} \; y_1 := y_1+1 \,;\, y_2 := y_2+2 \,;\, y_3 := y_3+y_2 \; \underline{\text{od}}$

$\qquad \langle\, p \wedge \neg e \,\rangle$

Aus $p \wedge \neg e \longrightarrow y_1^{\,2} \leq x < (y_1+1)^2$ folgt schließlich die totale Korrektheit des Programms.

6 VERIFIKATION VON DATENABSTRAKTIONEN

Den verschiedenen Ansätzen zur Datenabstraktion ist konzeptionell gemeinsam, daß Datentypen und die Daten manipulierenden Operationen zusammenzufassen, Implementationsdetails gegen die Umgebung abzukapseln, Zugriffsmöglichkeiten über Sichtbarkeitsregeln zu steuern und hierarchische Strukturierungen zu ermöglichen sind. Für Zwecke der Programmverifikation werden zusätzlich Sprachmittel zur Spezifikation der Funktionen, für Invarianzeigenschaften etc. benötigt.

Spezifikation von Datenabstraktionen

Als Formalismen zur Spezifikation lassen sich Sprachen mit fester Semantik (z. Bsp. VDL: Vienna Definition Language) oder Methoden heranziehen, welche Daten implizit definieren (axiomatischer oder algebraischer Ansatz). Ein Nachteil des ersten Zugangs besteht darin, daß ein starres Strukturierungsschema vorgegeben ist, welches den Anwendungsbereich ggf. stark einschränkt.

Implizite Spezifikationsverfahren sind universeller einsetzbar und liefern eine solide Basis für Spezifikations- und Verifikationsaufgaben. Sie sind daher Grundlage für Entwicklungs- und Verifikationssysteme und unterstützen dort den gesamten Software-Lebenszyklus.

HDM (Hierarchical Development Methodology: SRI International, Lewitt
et al. 79) und FDM (Formal Development Methodology, Eggert 8o) arbeiten
mit dem "State-Machine-Ansatz" von Parnas 72 a,b, und Affirm beispielsweise verwendet die algebraische Spezifikationsmethode.
Die Arbeiten von Parnas, von Hoare (Hoare 72 a,b) und die über algebraische Spezifikationen (Guttag,Horning 78, Zilles 8o, Goguen et al.
77,78) zeigen den mathematischen Charakter von Datenabstraktionen: Die
Daten bilden Grundbereiche, die Operationen entsprechen Funktionen darüber und Sätze und Eigenschaften ergeben sich aus den Spezifikationen.

Drei Ansätze lassen sich unterscheiden:

- Methode Abstrakter Modelle (Hoare 72 a,b)
- State-Machine-Ansatz (Parnas 72 a,b)
- Algebraischer oder Axiomatischer Ansatz (z.B. Goguen et al. 77)

Alle drei definieren das Verhalten von Programmen mit Hilfe von Funktionen in nichtprozeduraler Weise und stützen sich dabei auf Abstraktionen z. Bsp. aus der Mathematik (Mengenlehre, Graphentheorie). Im
Fall des State-Machine-Ansatzes und der algebraischen Methode gehören
diese Abstraktionen zur Spezifikation, bei der ersten Methode dagegen sind sie vom Benutzer zusätzlich anzugeben.

Einige Varianten lassen die Spezifikation von Eingangsvoraussetzungen
(precondition, entry-specification) oder von Ausnahmen (exception specification) zu. Preconditions dienen zur Formulierung von Bedingungen
an Parameter der Spezifikation. Im Verlauf einer Verifikation muß gesichert werden, daß die betreffenden Bedingungen für jede Instanti-
ierung erfüllt sind.

Bei der zweiten Variante enthalten die Spezifikationen Bedingungen,
bei deren Vorliegen entsprechende Exception-Signale an die aufrufende
Umgebung weiterzuleiten sind.

Aus der Verwendung von Funktionen für Spezifikationszwecke ergibt
sich ein Problem, was alle Ansätze zugleich betrifft: es kann passieren, daß sichtbare Information über den Zustand von Daten einer Abstraktion durch Anwendung von Funktionen verdeckt werden und ggf. später
durch Anwendung anderer Operationen wieder freigelegt werden.

Stacks z. Bsp. lassen sich mit Hilfe von push, pop, top und empty
definieren. Das oberste Stackelement ist mit top sichtbar und untere
Stackelemente bleiben solange verborgen, bis die darüber liegenden
durch pop-Operationen beseitigt sind. Die zum Stackaufbau verwendete
Funktion push hat einen verzögernden Effekt (delayed effect) auf top.

Zur Beschreibung dieses Effekts dienen sog. <u>hidden</u>-Funktionen. Diese erfassen Aspekte von Zuständen, die verdeckt werden können.

Der Ansatz Abstrakter Modelle arbeitet mit der von Hoare entwickelten Methode der Vor- und Nachbedingungen. Der grundliegende Unterschied zur algebraischen- oder state-machine-Technik besteht darin, daß Spezifikationen in Termini zugrunde liegender Abstraktionen (Mengen, Listen, Felder, Graphen) vorgenommen werden. Der Benutzer hat Freiheit darüber, Stacks z. Bsp. auf der Basis von Listen oder von Feldern zu spezifizieren.

Als Alternative zum State-Machine-Ansatz bieten sich algebraische oder axiomatische Methoden an. Als Datenbereiche kommen Modelle der Axiome und im Fall algebraischer Spezifikationen spezielle Algebren infrage.

Aus Platzgründen diskutieren wir im Folgenden lediglich den State-Machine-Ansatz.

<u>State-Machine-Ansatz</u>

Bei diesem Ansatz werden die Objekte von Datenabstraktionen als Zustände abstrakter Maschinen angesehen. Zur Spezifikation dienen Variable für die Zustände und Funktionen zur Charakterisierung von Zuständen und Zustandsübergängen. Drei Klassen von Funktionen werden unterschieden:

- V-Funktionen bewirken keine Zustandsänderungen. Sie liefern Werte, die für den aktuellen Zustand einer Abstraktion von Interesse sind.
- O-Funktionen veranlassen Zustandsänderungen und
- OV-Funktionen liefern neben Zustandsänderungen zusätzlich Werte.

Zur Veranschaulichung der Konzepte verwenden wir HDM-Spezifikationen des "Low-Water-Mark-Example", was in Cheheyl 81 zur Demonstration von Entwicklungs- und Verifikationssystemen (neben HDM, FDM und Affirm noch Gypsy: Good et al. 78 a,b) herangezogen wird.

HDM läßt Hierarchien von Spezifikationen in SPECIAL (Spezifikationssprache des HDM-Systems, Robine et al. 77) zu, wobei eine obere, abstrakte Spezifikation durch nächst folgende implementiert wird, indem die abstrakten Funktionen mit Hilfe von MAP-Spezifikationen auf elementarere Funktionen zurückgeführt werden. Das folgende Schema zeigt die HDM-Methodologie. Eingerahmte Texte kennzeichnen Entwurfsschritte und zugleich das erwartete Ergebnis. Pfeile verbinden aufeinander folgende Schritte und Markierungen kennzeichnen anfallende Aufgaben:

Die Top-Level-Spezifikation (TLS) beschreibt die externe Schnittstelle
auf höchstem Niveau. Sie wird durch Verfeinerungsschritte ggf. über
mehrere Zwischenspezifikationen auf eine unterste Spezifikation abgebildet. Diese enthält Funktionen, die unmittelbar Hardware- oder
grundlegenden Software-Operationen entsprechen.

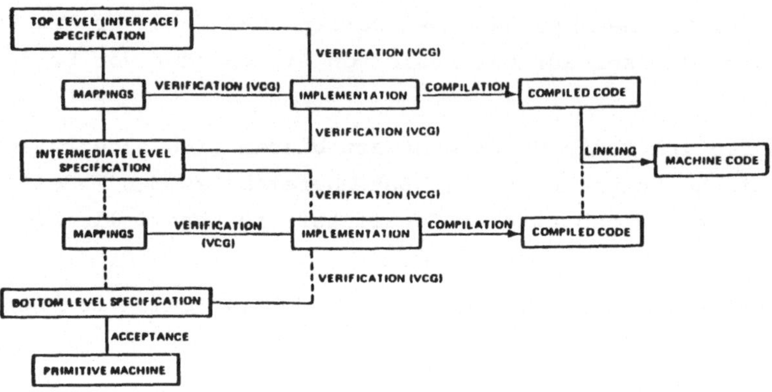

Das Low-Water-Mark-Example

Das Low-Water-Mark-Example hat die Spezifikation von Datenobjekten
zum Ziel, zu denen eine Reihe von Prozessen Schreib-, Lese- und Re-
set-Zugriffe haben. Zugriffsrechte hängen vom Sicherheitzustand der
Objekte (object level) und vom Prozeßstatus (process level) ab. Einzelheiten hierzu gehen aus der folgenden Tabelle hervor. Zur Vereinfachung ist dabei eine lineare Ordnung unter den Sicherheitszuständen
angenommen.

Operation	Access restriction	Effect
READ	Process level $\geq$ object level	Calling process receives contents of object
WRITE(data)	Process level $\leq$ object level	Object level set to calling process level; contents of object set to data
RESET	Process level $\leq$ object level	Object level set $\geq$ all process levels

Über eine Schreiberlaubnis verfügen solche Instanzen, deren Sicherheitsstufe unter der des Objekts liegt. Schreiboperationen führen zur
Erniedrigung der Sicherheitsstufe des Objekts und ermöglichen daher
Leseoperationen für Instanzen mit geringer Vertraulichkeitsstufe. Re-
setoperationen sind für alle Prozesse erlaubt, deren Sicherheitsstufe geringer ist als die der Objekte. Als Ergebnis ergeben sich Ob-

jekte mit höchster Sicherheitsstufe.

Als TLS werden O-Funktionen Write, Reset und eine V-Funktion Read erwartet. Zustände der TLS lassen sich mit Hilfe einer Funktion Contents
beschreiben, die den einzelnen Sicherheitsstufen Ojektwerte zuordnet
und die als Feld der folgenden Form dargestellt werden kann:

<table>
<tr><td>val</td><td rowspan="8">object-level</td><td rowspan="4">Hierbei ist ? ein von allen val-Werten
-im Beispiel ist INTEGER als Typ vorge-
sehen- verschieden. Es steht für "unde-
finiert".</td></tr>
<tr><td>val</td></tr>
<tr><td>·
·</td></tr>
<tr><td>val
?</td></tr>
<tr><td>·
·</td></tr>
<tr><td>?</td></tr>
</table>

Die TLS für Objekte der beschriebenen Art hat folgendes Aussehen:

```
MODULE Top_Level_Module

    PARAMETERS

        BOOLEAN dominates (INTEGER a, b);

    FUNCTIONS

        VFUN Contents(INTEGER level) -> INTEGER val;
                HIDDEN;
                INITIALLY
                  val = ?;

        OFUN Write(INTEGER val) [INTEGER cur_level];
                EXCEPTIONS
                  EXISTS integer i:
                        ¬dominates(i,cur_level) AND Contents(i) ¬= ?;
                EFFECTS
                  FORALL INTEGER i | dominates(i,cur_level):
                        'Contents(i) = val;

        VFUN Read() [INTEGER cur_level] -> INTEGER val;
            -   EXCEPTIONS
                  Contents(cur_level) = ?;
                DERIVATION
                  Contents(cur_level);

        OFUN Reset() [INTEGER cur_level];
                EXCEPTIONS
                  EXISTS integer i:
                        ¬dominates(i,cur_level) AND Contents(i) ¬= ?;
                EFFECTS
                  FORALL INTEGER i | dominates(i,cur_level):
                        'Contents(i) = ?;

END_MODULE
```

Eine Modulspezifikation in SPECIAL besteht aus einer Reihe von Abschnitten, von denen der wichtigste -nämlich der für Zustandsvariable
und Funktionen- im Beispiel vorkommt.

Eine Funktion besteht wie üblich aus einem Kopf und einem Rumpf.

Im Kopf werden neben den formalen Parametern und ihren Typen Zustandsvariable zusammen mit Ergebsistypen eingeführt. Die jeweiligen Werte
dieser Bezeichner charakterisieren den Maschinenzustand, der außen
durch Aufruf der sichtbaren V-Funktionen (das sind die ohne hidden-
Spezifikation) bekannt gemacht werden kann. Primitive V-Funktionen
ordnen den Zustandsvariablen Initialwerte zu. Diese Funktionen sind
durch initially-Klauseln kenntlich.

Im Beispiel ist Contents eine interne V-Funktion mit der Zustandsvariablen val.

Bis auf Contents verfügen die Funktionen in ihrem Kopf über den Parameter cur_level. Dieser modelliert die Sicherheitsstufe eines Prozesses im Moment eines Aufrufs der Funktion.

Die Funktion dominates (INTEGER a,b) ist als Modul-Parameter gekennzeichnet, es dient zur Formulierung der in der Tabelle auf S.30
geforderten Eigenschaften. Parameter dieser Art sind Objekte (Konstante, Funktionen), die ihren Wert bei der Modul-Instantiierung erhalten und anschließend über die Lebensdauer der Objekte hinweg unverändert bleiben.

Modifikationen von Zustandsvariablen werden durch Aufrufe von O- oder
OV-Funktionen bewirkt. Die Art und Weise geht aus den Effects-Klauseln
hervor. Write(process_val) [process_level] z. Bsp. überführt für
object_level $\geq$ process_level Contents in

```
┌─────────────────┐
│ process_val     │ ... object_level
│      :          │
│ process_val     │ ... process_level
│       ?         │
│      :          │
│       ?         │
└─────────────────┘
```

Die Effects-Klauseln nehmen Bezug auf die V-Funktionen des Moduls,
auf Modul-Parameter und ggf. auf durch EXTERNALREFS-Klauseln impor-
tierte Objekte und definieren Auswirkungen auf Modulvariable durch
Angabe von Werten nach Ausführung der betreffenden Operation. Dies
geschieht mit Hilfe von Hochkommas. 'Contents(i) z. Bsp. in Write
oder Reset beschreibt den i-ten Wert von Contents nach Ausführung
von Write oder Reset.

Vorbedingungen für die Anwendung von Funktionen lassen sich in Form
von EXCEPTIONS-Klauseln formulieren. Ist eine Ausnahmebedingung erfüllt, dann tritt der spezifizierte Haupteffekt nicht ein. Es ist
möglich, für einzelne Ausnahmen "Seiteneffekte" (Fehlermeldungen z.

Bsp.) zu spezifizieren.

Zusätzlich gibt es noch ASSERTIONS-Klauseln, in denen Eigenschaften
von Modulvariablen oder Funktionsparametern festgelegt werden können.
Die Exceptions und Assertions sind Anlaß für Verifikationsaufgaben,
welche Beweise für das Vorliegen der betreffenden Eigenschaften für
Programme verlangen.

Die Exceptions im Beispiel entsprechen offenbar den in der Tabelle
vorgegebenen Bedingungen.

DERIVATION-Spezifikationen sind technisch bedingt; sie dienen zur
Festlegung von Interface-Funktionen und werden für die Diskussion
des Beispiels nicht benötigt.

Verfeinerungsschritte für Spezifikationen bestehen darin, den durch
primitive V-Funktionen und Parameter gegebenen Zustand einer abstrakten Maschine mit Hilfe von Zuständen der nächstfolgenden Schicht zu
repräsentieren. Für das Beispiel kommen hierzu Contents und dominates
in Frage:

```
(INTERFACE Top_Level_Machine
        (Top_Level_Module))

(INTERFACE Low_Level_Machine
        (Low_Level_Module))

(HIERARCHY Low_Water_Mark
    (Low_Level_Machine IMPLEMENTS Top_Level_Machine USING Mapping))
```

Figure 5. HSL specification.

```
MAP Top_Level_Module TO Low_Level_Module

    EXTERNALREFS

    - FROM Top_Level_Module:
          VFUN Contents(INTEGER i) -> INTEGER val;
          BOOLEAN dominates(INTEGER a b);

      FROM Low_Level_Module:
          VFUN Lev() -> INTEGER lev;
          VFUN Val() -> INTEGER val;
          VFUN Empty() -> BOOLEAN v;

    MAPPINGS

        dominates(INTEGER a, b): a >= b;
        Contents(INTEGER i) :
              IF Empty() THEN ?
                        ELSE IF Lev() <= i THEN Val();
                                          ELSE ?;
```

Die MAP-Spezifikation besteht aus einem EXTERNALREFS- und einem
MAPPINGS-Teil. Der erste erklärt sich von selbst. Im zweiten werden

dominates definiert und Contents auf die V-Funktionen Empty, Lev und Val einer Verfeinerung (Low-Level-Module) zurückgeführt:

```
MODULE Low_Level_Module

    PARAMETERS

        INTEGER min_lev;

    FUNCTIONS

        VFUN Lev() -> INTEGER lev;
            HIDDEN;
            INITIALLY lev = 0;

        VFUN Val() -> INTEGER val;
            HIDDEN;
            INITIALLY val = ?;

        VFUN Empty() -> BOOLEAN v;
            HIDDEN;
            INITIALLY v = TRUE;

        VFUN Lev_op() -> INTEGER lev;
            DERIVATION
                Lev();

        VFUN Val_op() -> INTEGER val;
            DERIVATION
                Val();

        VFUN Empty_op() -> BOOLEAN v;
            DERIVATION
                Empty();

        OFUN Put(INTEGER val,lev);
            EXCEPTIONS
                badlev: lev < min_lev;
                badval: val < 0;
            EFFECTS
                'Val() = val;
                'Lev() = lev;
                'Empty() = FALSE;

        OFUN Clear();
            EFFECTS
                'Empty() = TRUE;

END_MODULE
```

Die MAP-Spezifikation macht Gebrauch davon, daß sich TLS-Zustände Contents mit Hilfe von Empty, Lev und Val in eindeutiger Weise charakterisieren lassen.

Die genannten Funktionen stellen Zustände der LLS (Low-Level-Spezifikation) dar und beschreiben die Sicherheitsstufe (Lev), die Information für Leseanforderungen (Val) und LLS-Objekte mit undefiniertem Wert. Bei dieser Interpretation ist unmittelbar zu sehen, daß Write mit Hilfe von Put, Read mit Val und Reset mit Clear implementiert werden können.

Zum Aufbau der Programme einer Spezifikation sind Aufrufe von Prozeduren erlaubt, die den sichtbaren Funktionen der nächst niedrigeren Verfeinerung entsprechen. Exceptions finden sich in den Programmen in Form geeigneten Codes zum Test und zur Behandlung der Ausnahmesituationen wieder. In der Prozedur Write z. Bsp. der im folgenden Bild angegebenen Modula-Implementation der TLS dienen Empty_op und Lev_op zum Aufbau eines Tests für die Ausnahmebedingung in der Write-Spezifikation.

Die Verifikation von Programmen läuft auf Konsistenzbeweise zwischen Implementationen und Spezifikationen hinaus. Von der Write-Prozedur etwa wird erwartet, daß sich nach einem Aufruf der spezifizierte Haupteffekt 'Contents(i) = val für alle i $\geq$ cur_level einstellt und die Ausnahmebedingung korrekt behandelt wird. Beides folgt unmittelbar aus der MAP- und den Effektspezifikationen von Put. Voraussetzung ist natürlich, daß die Funktionen der Low-Level-Maschine ihren Spezifikationen genügen.

```
MODULE Files_module_impl;
    DEFINE Write, Read, Reset;
    USE Empty_op, Lev_op, Val_op, Put;

    PROCEDURE Write (newval, cur_level: integer);
        VAR exception: integer;
        BEGIN
            IF NOT Empty_op() AND (Lev_op() < cur_level)
            THEN exception := 1
            ELSE Put(newval,cur_level);
        END
    END Write

    PROCEDURE Read (cur_level: integer): integer;
        VAR exception: integer;
        BEGIN
            IF Empty_op() OR (Lev_op() > cur_level)
            THEN exception := 1
            ELSE Read := Val_op();
        END
    END Read

    PROCEDURE Reset (value, cur_level: integer);
        VAR exception: integer;
        BEGIN
            IF NOT Empty_op() AND (Lev_op() < cur_level)
            THEN exception := 1
            ELSE Clear();
        END
    END Reset

END Files_module_impl.
```

7 ENTWICKLUNGS-UND VERIFIKATIONSSYSTEME

Entwicklungsumgebungen integrieren vielfältige Werkzeuge zur inkrementellen Programmentwicklung und im Fall von Verifikationssystemen zusätzlich zur inkrementellen Verifikation. Der Benutzer verfügt über eine einheitliche Schnittstelle, welche ihm die interaktive Verwendung der Werkzeuge in allen sinnvollen Situationen gestattet.

Im Folgenden soll ein konkretes Verifikationssystem, das Gypsy-Verification Environment (kurz: GVE) vorgestellt und erläutert werden. Das GVE ist ein interaktives System zur Entwicklung und Verifikation von Gypsy-Programmbeschreibungen. Es ist in Lisp geschrieben, läuft auf der DEC 2o unter TOPS und wird seit 1974 von D.I. Good und seinen Mitarbeitern an der University of Texas at Austin entwickelt. Das GVE ist ein experimentelles System und dient zur Erprobung von Verifikationsmethoden in der Praxis. Die GVE-Methodologie zielt u. a. darauf ab, dem Benutzer ein tolerantes System zur Verfügung zu stellen, welches Inkonsistenzen verschiedener Art zeitweilig duldet. Implementationen oder Spezifikationen müssen nicht vollständig sein, Verifikationsbedingungen und Beweise dazu können überflüssig, unzutreffend oder auch nur zeitweilig fehlerhaft werden.

Überblick über das GVE

Zur Gypsy-Sprache

Kern des GVE ist die Gypsy-Sprache (Good et al. 8o) zur Formulierung von Programmbeschreibungen. Sie enthält eine auf Pascal basierende Implementationssprache und eine prädikatenlogische Spezifikationssprache zur Formulierung von Vor- und Nachbedingungen, Assertions, Lemmata, Bedingungen für Initialwerte von Typen und sog. hold-conditions in abstrakten Datentypen. Beiden Sprachteilen gemeinsam sind Konstante, Variable, Typen, Funktionen und Ausdrücke.

Programmbeschreibungen setzen sich aus Scopes zusammen, mit denen Programmeinheiten in Namenbereichen zusammengefaßt werden. Zu den Programmeinheiten (sog. Units) zählen Routinen-, Typ-, Konstanten-, Lemma- und Namendeklarationen. Diese letzteren dienen dazu, Units aus fremden Scopes bekannt zu machen.

Der Gypsy-Methodologie liegen u.a. die beiden folgenden Entwurfsziele zugrunde:

- inkrementelle Entwicklung
- unabhängige Verifikation

Das erstere besagt, daß Programmbeschreibungen interaktiv aufgebaut,
modifiziert, korrigiert und durch schrittweise Verfeinerung entwichelt
werden können. Unterstützt wird dies durch Abstraktionsmechanismen
(Routinen, abstrakte Datentypen, Lemmata), das Schlüsselwort "pending",
was zur Kennzeichnung von Unvollständigkeitsstellen für Routinen-Körper,
Statement-Listen, Typ-Körper und für Initialisierungsausdrücke stehen
kann und den syntaxorientierten Struktureditor des GVE.

Das zweite Entwurfsziel besteht in der Forderung, Beweise allein auf
der Basis externer Spezifikationen der referenzierten Units führen zu
können.

Zur Vereinfachung des Verifikationsproblems gibt es in Gypsy keine
globale Variable, lokale Prozeduren sind verboten, und als Parameter
in Routinen sind allein const-, var- und exception-Parameter erlaubt.

Ausnahmesituationen, Fehler oder Sonderfälle können im Programmtext
abgefangen, signalisiert, behandelt oder mit Hilfe von Exception-Pa-
rametern in aufrufenden Umgebungen bekannt gemacht werden. Zugleich
besteht die Möglichkeit, für verschiedene Ausgänge (normale Terminierung, Terminierung aufgrund eines Exception-Signals) geeignete
Spezifikationen vorzunehmen.

Weiter verfügt Gypsy neben statischen array-, record- und Basistypen
über dynamische set-, sequence- und mapping-Typen.

Beispiel

```
scope min_proc =

  begin

    procedure loc_of_min (var l:index; a:int_array; i,j:index) =

      begin

        entry i le j;
        exit  is_minimum (a[l],a,i,j) & l in [i .. j];

        var   k:index := i;

        l := i;
        loop
          assert is_minimum (a[l],a,i,k) &
                 l in [i .. k]& k in [i .. j];

          if k = j then leave end;
          k := k+1;
          if a[k] < a[l] then l := k end
```

```
        end

     end   loc_of_min ;

  name index, int_array from int_array_types;
  name is_minimum from min_specs;

 end; min_proc


scope int_array_types =

 begin

   Deklaration der Typen int_array, index und einiger Konstanten

  end; int_array_types


scope min_specs =

 begin

   function is_minimum (m:some_int; a:int_array; p,q:index) : boolean=
        pending;

   name some_int, int_array, index from int_array_types

  end   min_specs
```

Die Prozedur loc_of_min berechnet einen Index l zwischen i und j mit
kleinstem Feldelement a[l].

Is_minimum dient zunächst allein zur Formalisierung des Konzepts mini-
maler Elemente in Feldern vom Typ int_array. Auf eine Implementation
kann verzichtet werden, weil is_minimum lediglich in einer Spezifikation vorkommt. Eine Definition von is_minimum mit Hilfe elementarer
Eigenschaften ist zunächst nicht vorgesehen.

Gypsy unterscheidet externe- und interne Spezifikationen. Interne Spezifikationen dienen zur Angabe von Assertions, welche in den Kontrollfluß von Routinen eingebaut sind und welche für das Floyd'sche Verfahren zur Erzeugung von Verifikationsbedingungen benötigt werden. Im
Beispiel tritt eine Assertion als Loop-Invariante auf. Sie besagt,
daß l beim k-maligen Durchlauf der Schleife ein minimales Element a[l]
im Abschnitt i..k des Feldes liefert.

Zu den externen Spezifikationen einer Routine zählen die Parameterliste, der evtl. vorhandene Typ der Funktionswerte (Routinen sind entweder Prozeduren oder (seiteneffektfreie) Funktionen), und entry-,
exit-Spezifikationen zur Beschreibung des dynamischen Verhaltens der
Routine.

Die Entry-Bedingung i _le_ j in loc_of_min legt fest, daß sie auf die
aktuellen Parameter jedes Aufrufs zutreffen muß.

Die Verifikation der Routine besteht darin, nachzuweisen, daß unter
der Voraussetzung i _le_ j die Exit-Bedingung is_minimum (a[l],a,i,j)
l _in_ [i..j] bei Terminierung zutrifft. Man beweist damit die partielle
Korrektheit von loc_of_min.

Neben den entry-, exit-Bedingungen gibt es noch centry-, cexit-Spezi-
fikationen für Routinen. Diese haben dieselbe Aufgabe wie die entry-,
exit-Bedingungen; sie dürfen sich aber auf die konkrete Struktur abstrakter Typen beziehen: Genau die Units, die namentlich in der Zu-
griffsliste eines abstrakten Typs aufgeführt sind, haben "composition
access" zum konkreten Aufbau des Typs.

Als einfaches Beispiel für einen abstrakten Typ dient

type ordered_array get_element,... =

```
  begin
    a : array [1..no_of_entries] of integer;
    hold ordered (a)
  end
```

Von den Elementen x des Typs wird ordered(x) erwartet. Diese Eigenschaft muß von allen Routinen mit Zugriffserlaubnis (z. Bsp. von
get_element) gewährleistet werden.

Die Spezifikationssprache spielt weiter zur Beschreibung von default-
Werten als "Initial Specification" in Typdeklarationen und zur Formu-
lierung von Zusammenhängen zwischen Konstanten und Funktionen in
Form von Lemmata eine Rolle.

Im obigen Beispiel könnte

initially nullarray

stehen, wobei nullarray das Feld (o,...,o) charakterisiert.

Das Lemma

lemma pop_push (s:stack; i:integer) =

```
      s = pop(push(s,i))
```

beschreibt den üblichen Zusammenhang zwischen pop und push.

Bei der Verifikation einer Gypsy-Programmbeschreibung fallen VC's für
Routinen, Typen und Lemmata an. Für Routinen versteht sich das von
selbst, für Typen sind VC's initialer Spezifikationen zu beweisen und
die Gültigkeit von Lemmata muß gesichert werden.

Das Gypsy-Verification Environment

Das GVE enthält folgende Komponenten bzw. Werkzeuge: einen Executive Module, Parser, Semantikanalysator, Struktureditor, Texteditor, Pretty-Printer, VCG, Simplifier, Proof-Checker, Optimizer, Interpreter und einen Compiler.

Die Benutzerwünsche werden vom Executive Module entgegengenommen und an die angesprochenen Werkzeuge vermittelt. Zusätzlich nimmt der Executive Module die Verwaltung der Datenbasis wahr, registriert Unvollständigkeiten, Inkonsistenzen, Statusinformationen und erzeugt entsprechende Informationen für den Benutzer.

Die Aufgaben des Parsers, Text-Editors (Emacs: Stallman 8o), Struktur-Editors, Semantikanalysators, Pretty-Printers, Interpreters und Compilers sind offenkundig.

Zur Verifikation dienen der VCG, Simplifier, Optimizer und der Proof-Checker. Der VCG erzeugt Verifikationsbedingungen für spezifizierte Gypsy-Units. Der Simplifier wird automatisch für jede neu erzeugt Verifikationsbedingung aufgerufen. Er sucht anhand von Rewrite-Regeln Vereinfachungen oder Beweise durchzuführen. Der Proof-Checker ist eine Weiterentwicklung des in Bledsoe, Brull 74 beschriebenen Beweisers. Er basiert auf "natürlicher Deduktion" (Gentzen-Kalkül) und ist interaktiv zu benutzen. Der Optimizer (McHugh 83) erzeugt Formeln (Optimierungsbedingungen), welche Optimierungsmöglichkeiten der Programme behaupten. Lassen sie sich beweisen, dann können entsprechende Transformationen vom Compiler berücksichtigt werden.

Zur Illustration des GVE greifen wir das Beispiel von S.37 auf:

Nach dem Laden des GVE erscheint der Prompt Exec → auf dem Bildschirm. Enthält der File namens 'filename' das Beispielprogramm, dann wird dieses durch Auslösen des Befehls TRANSLATE filename syntaktisch und semantisch analysiert, und es wird ein Strukturbaum zusammen mit Angaben über statisch-semantische Fehler, Unvollständigkeiten etc. in der aktuellen Datenbasis aufgebaut. Das System reagiert und erzeugt auf dem Bildschirm:

```
No syntax errors detected
No semantic errors detected
```

Für einen Überblick des Entwicklungs- und Verifikationsstandes verwendet man: SHOW status all
Das System reagiert und beschreibt die aktuelle Situation:
Scope min_proc : waiting for VC generation: loc_of_min

Man kann die Sitzung beenden mit EXIT.
Das System reagiert: Save Problem?
Der Benutzer kann entsprechend reagieren.

Gypsy sieht zwei Möglichkeiten vor, sich von der Korrektheit der Programme zu überzeugen:

- Run-time validation
- Deductive proof

Bei der run-time validation handelt es sich um eine Testmethode, bei
der die Spezifikationen während der Laufzeit ausgewertet werden und
die jeweiligen Ergebnisse mit Hilfe von Condition-Parametern an ausgewählte Programmstellen signalisiert werden. Wir erweitern loc_of_min
um Condition-Parameter:

```
procedure loc_of_min (var l:index; a:int_array; i,j:index)
                      unless (entry_err, assert_err, exit_err) =

    begin

        entry i le j otherwise entry_err;
        exit  is_minimum(a[l],a,i,j) & l in [i..j]
              otherwise exit_err ;

        var   k:index := i;
        l := i;
        loop

           assert is_minimum(a[l],a,i,k) & k in [i..j]
                                         & l in [i..k]
                  otherwise assert_err;

        ....

        end;

    end;
```

Die Otherwise-Direktive sorgt für eine Auswertung des Spezifikations-
ausdrucks während der Laufzeit. Ergibt sich false als Wert, dann wird
dies durch Vermittlung des Condition-Parameters an einen Exception-
Handler weitergegeben. Die Gypsy-Konventionen besagen, daß an das Ende
des unmittelbar umschließenden strukturierten Statements gesprungen
wird. Ist dort kein Exception-Handling für den Parameter vorgesehen,
dann wird ans Ende des nächsten umschließenden Statements gesprungen
etc. Auf diese Wiese wird eine Behandlung der Ausnahmesituation entweder in der auslösenden Routine oder in einer aufrufenden Umgebung
vorgenommen. Wird nämlich das erzeugte Signal in der Ausgangsroutine

nicht abgefangen, dann wird es an die aufrufende Routine weitergegeben.

Für das Beispielprogramm ist eine run-time validation nicht möglich, weil die Auswertung von is_minimum eine Implementation voraussetzt. Dies zeigt die Nachteile der Methode:

- Zusätzlicher Code ist zu schreiben
- Erhöhte Laufzeit fällt an
- Es handelt sich um eine Testmethode

Die Verifikation (deductive proof) wird vom VCG, Simplifier und Theorem Prover des GVE unterstützt.
Der VCG arbeitet nach dem Floyd'schen Verfahren und erzeugt Wege im Kontrollfluß und zugehörige VG's. Als Kommando zum Aufruf des VCG dient: VCS loc_of_min
Als Protokoll auf dem Bildschirm wird erzeugt:

Generating VC's for procedure loc_of_min

```
        Found 1st path
        Found 2nd path
        Found 3rd path
        Found 4th path
```

```
    Beginning new path ..............
    Assume (unit entry condition)

            i le j

    Initializing local variables

            k := i
            l := i

    Entering loop ...................
    Evaluating is_minimum (a[l],a,i,k)
    Continuing in path
    Assert is_minimum (a[l],a,i,k) & l in [i..k] & k in [i..j]
```

```
    Must verify verification condition loc_of_min#1

            H1 : i le j
            -->
            C1 : is_minimum (a[i],a,i,i)
```

Das bisherige Protokoll betrifft den Weg vom Eingang der Routine zur
Schleifeninvarianten. Für die verbleibenden drei Wege (eine Verzweigung im Schleifenkörper verursacht zwei Wege von der Invarianten zu
sich zurück, ein Weg führt von der Invarianten zum Ausgang) werden
entsprechende Protokolle erzeugt; auf eine Angabe wird hier verzichtet.
Die VC's haben ein Aussehen der Form:

```
H1 : is_minimum (a[l],a,i,k)
H2 : k in [i..j]
H3 : l in [i..k]
H4 : a[k+1] + 1 le a[l]
H5 : j ne k
--->
C1 : is_minimum (a[k+1],a,i,k+1)
C2 : k + 1 in [i..j]
```

```
H1 : is_minimum (a[l],a,i,k)
H2 : k in [i..j]
H3 : l in [i..k]
H4 : a[l] le a[k+1]
H5 : j ne k
--->
C1 : is_minimum (a[l],a,i,k+1)
C2 : k + 1 in [i..j]
```

```
H1 : j = k
H2 : is_minimum (a[l],a,i,k)
H3 : k in [i..j]
H4 : l in [i..k]
--->
C1 : is_minimum (a[l],a,i,j)
C2 : l in [i..j]
```

   Zum Beweis der vier Verifikationsbedingungen wird der Theorem-
Prover aufgerufen: PROVE loc_of_min#1

Auf dem Bildschirm erscheint die Verifikationsbedingung und der Prompt:

Provr --->

Der Benutzer kann Prover-Kommandos eintippen und die VC in interaktiver Weise verifizieren.

Das Kommando QED aktiviert die volle Leistungsfähigkeit des Provers.
Als Antwort ergibt sich:

>   Ran out of tricks
>   Provr --➔

Der Beweis muß aufgegeben werden, dem Beweiser fehlen offenbar Informationen über is_minimum. Dies trifft nicht auf alle VC's zu: die
letzte kann unmittelbar bewiesen werden. Der Prover bestätigt dies
durch Aufruf von

>   Provr --➔ PROVE loc_of_min#4
>   Provr --➔ QED

>   Das Resultat lautet:
>   loc_of_min#4 proved in theorem prover

Zum Beweis der restlichen VC's werden Eigenschaften über is_minimum
benötigt. Man spezifiziert sie in Form von Lemmata:

<u>scope</u> min_specs =

   <u>begin</u>

      <u>function</u> is_minimum (m:some_int;a:int_array;p,q:index) :
         boolean = pending;

     <u>lemma</u> singleton_min (a:int_array;p:index) =
       <u>assume</u> is_minimum (a[p],a,p,p);

     <u>lemma</u> extend_old_min_up (m:some_int;a:int_array;p,q:index) =
       <u>assume</u> is_minimum (m,a,p,q-1) & m <u>le</u> a[q]
         --➔
         is_minimum (m,a,p,q);

     <u>lemma</u> extend_new_min_up (m:some_int;a:int_array;p,q:index) =
       <u>assume</u> is_minimum (m,a,p,q-1) & a[q] <u>le</u> m
         --➔
         is_minimum (a[q],a,p,q);

   <u>end</u>;

Die angegebenen Lemmata genügen offenbar zum Beweis der drei restlichen VC's.

Beim bisherigen Stand der Verifikation spielen die Lemmata die Rolle
der "Logischen Basis", auf welche die Beweise der VC's zurückführbar
sind. Wird eine weitergehendere Verifikation auf der Grundlage elementarer Eigenschaften angestrebt, dann ist is_minimum zu spezifizieren,

und die bisherigen Lemmata werden ggf. unter Verwendung neuer Lemmata
für die elementareren Begriffe beweisbar.

Eine Verfeinerung im Beispiel könnte so aussehen:

```
    function is_minimum (m:some_int;a:int_array;p,q:index):boolean=
            begin

                exit (result iff is_lower_bound(m,a,p,q) &
                                is_in (m,a,p,q);

            end;

    function is_lower_bound (m:some_int;a:int_array;p,q:index):
            boolean = pending;

    function is_in (m:some_int;a:int_array;p,q:index):
            boolean = pending;
```

Die Direktive "assume" ist in den alten Lemmata zu streichen. Für Beweise werden Eigenschaften über is_lower_bound und is_in benötigt,
die wieder in Form von Lemmata hinzuzufügen sind.
Diese Vorgehensweise zeigt, daß in demselben Maße wie für Implementationen auch für Spezifikationen eine hierarchische Strukturierung
möglich ist.

Literatur

Apt 81: Apt,K.R.: Ten years of Hoare's logic: a survey-part I. ACM
Toplas 3, 431-483 (1981)

Berg et al. 82: H.K. Berg, W.E. Boebert, W.R. Franta, T.G. Moher:
Formal Methods of Program Verification and Specification,
Prentice Hall, 1982

Boyer,Moore 79: B.S. Boyer, J.S. Moore: A Computational Logic, ACM
Monograph Series, Academic Press, 1979

Boyer,Kaufmann 84: B.S. Boyer, M. Kaufmann: A Prototype Theorem
Prover for a higher order Functional Language, Burroughs
Corp., Austin, Tex., Dec. 1984

Boyer,Moore 85: B.S. Boyer, J.S. Moore: Program Verification, J. of
Automated Reasoning, Vol. 1, No 1, 1985, pp 17-23

Bledsoe,Bruell: W.W. Bledsoe, P. Bruell: A man-machine theorem-
proving system, Advance Papers of Third Int. Joint Conf.
on Art. Intelligence, 5-1, 1974

Cartwright,Oppen 81: R. Cartwright, D. Oppen: The logic of aliasing,
Acta Informatica 15, 1981, 365-384

Cheheyl 81: M.H. Cheheyl, M.G. Gasser, G.A. Huff, J.K. Millen: Veri-
fying Security, in ACM Comp. Surveys, Vol. 13, No 3, Sept.
1981, pp 279-34o

Clarke 79: Clarke, E.M.: Programming language constructs for which
it is impossible to obtain good Hoare-like axioms, J. Ass.
Comp. Mach. 26, pp 129-147

Clarke 83: E.M. Clarke, S.M. German, J.Y. Halpern: Effective Axio-
matization of Hoare logics, J. Ass. Comp. Mach., 3o, 612-636

Cohn 83: A.J. Cohn: The equivalence of two semantic definitions: a
case study in LCF, SIAM J. Comp. 12, 267-285, 1983

Cook 78: S.A. Cook: Soundness and completeness of an axiom system for
program verification, SIAM J. Comp. 7, 7o-9o

Damm 82: W. Damm, B. Josko: A sound and relatively complete Hoare-
logic for a language with higher type procedures, Tech. Rep.
Bericht, no. 77, RWTH Aachen, 1982

De Bakker 8o: J. de Bakker: Mathematical Theory of Program Correctness, Prentice Hall, 198o

Eggert 8o: P.R. Eggert: Overview of the 'Ina Jo' specification language, Techn. Rep. SP 4o82, System Development Corp., Santa
Monica, Calif., Oct 198o

Endres 76: A. Endres: Formale Analyse und Verifikation von Pro
grammen, Dissertation Stuttgart 1976

Floyd 67: R.W. Floyd: Assigning meanings to programs, in: Mathemati-
        cal Aspects of Computer Science, J.T. Schwartz (ed.), AMS,
        1967, pp 19-32

Good,Ragland 73: D.I. Good, L.C. Ragland: Nucleus - a language of
        provable programs, in W. Hetzel (ed.), Program Test Methods,
        Prentice Hall, 1974

Good 78a: D.I. Good, R.M. Cohen, L.W. Hunter: A report on the develop-
        ment of Gypsy, Techn. Rep. ICSCA-CMP-13, Univ. Tex. Austin,78

Good 78b: D.I. Good, R.M. Cohen, C.G. Hoch, L.W. Hunter, D.F. Hare:
        Report on the language Gypsy, Version 2.o, Techn. Rep. ICSCA-
        CMP-1o, Univ. Tex. Austin, Sept. 1978

Goguen et al. 78: J.A. Goguen, J.W. Thatcher, E.G. Wagner: Abstract
        data types as initial algebras and the correctness of data
        representation, in: Current Trends in Programming Methodology,
        Yeh (ed.), Vol. 4, pp 8o-149, 1978

Guttag,Hornig 78: J.V. Guttag, J.J. Hornig: The algebraic specification
        of abstract data types, Acta Informatica 1o, pp 27-52,1978

Halpern et al. 83: J.Y. Halpern, A.R. Meyer, B.A. Trakhtenbrot: From
        denotational to operational and axiomatic semantics, in:
        Lect. Notes Comp. Sci., no. 164, Springer 1983, pp 474-5oo

Harel 79: D. Harel: First-order dynamic logic, Lect. Notes Comp. Sci.,
        no. 68, Springer, 1979

Hoare 69: C.A.R. Hoare: An axiomatic basis of computer programming,
        Comm. ACM, 12, pp. 576-583,1969

Hoare 72a: C.A.R. Hoare: Proof of a structured program: 'The sieve of
        Eratosthenes', Comp. J., Vol. 15, pp. 321-325, 1972

Hoare 72b: C.A.R. Hoare: Proof of correctness of data representations,
        Acta Informatica, vol. 1, pp. 271-281, 1972

Kowalski 85: R. Kowalski: The relation between logic programming and
        logic specification, in: Mathematical Logic and Programming
        Languages, Prentice Hall, pp. 11-24, 1985

Lampson 77: B.W. Lampson, J.J. Hornig, R.L. London, J.G. Mitchell,
        G.J. Popek: Report on the Programming Language Euclid, Sigplan
        Notices, 12(2), Febr. 1977

Langmaack,Olderog 8o: H. Langmaack, E.R. Olderog: Present-day Hoare-
        like systems for programming languages with procedures power,
        limits and most likely extensions, in: Automata, Languages
        and Programming, Lect. Notes Comp. Sci. 83, 363-373, 198o

Levitt et al.: K.N. Levitt, L. Robinson, B.A. Silverberg: The HDM
        Handbook, Vols. 1-3, Comp. Sci. Lab., SRI International, Menlo
        Parc, Calif., June 1979

Lipton 77: R.J. Lipton: A necessary and sufficient condition for the
        existence of Hoare logics, Proc. 18th IEEE Symp. Found. Comp.
        Sci., pp. 1-6, 1977

Liskov,Zilles 74: B.H. Liskov, S.N. Zilles: Specification techniques
        for data abstractions, IEEE Trans. Softw. Eng., Vol. SE-1,
        No. 1, March 1975

Loeckx,Sieber 84: J. Loeckx, K. Sieber: The Foundation of Program
        Verification, Wiley, 1984

Lucas 71: P. Lucas, K. Walk: On the formal description of PL/1, in
        Annual Review in Automatic Progr. 6, Pergamon,1o5-182, 1971

Milner 72: R. Milner: Logic for computable functions: description
        of a machine implementation, Sigplan Notices, 7, 1-6, 1972

McHugh 84: J. McHugh: Towards the Generation of efficient Code from
        verified Programs, Techn. Rep. 4o, ICSCA Univ. Tex.,1984

Naur 66: P. Naur: Proof of algorithms by general snapshots, BIT 6,
        pp. 31o-316, 1966

Nökel,Rehbold 85: K. Nökel: Implementierung einer Reduktionsmaschine
        und Steuerung und Organisation eines Beweissystems für eine
        Logik, Diplomarbeit, RWTH Aachen, 1985. Ebenso
        R. Rehbold: Implementierung eines Abstraktionsalgorithmus
        und Beweisalgorithmen für eine Logik

Olderog 81: E.R. Olderog: Sound and complete Hoare-like calculi
        based on copy rules, Acta Informatica 16, pp. 161-197, 1981

Parnas 72a: D.L. Parnas: A Technique for Software Module Specification
        with Examples, Comm. ACM, Vol. 15, May 1972

Parnas 72b: D.L. Parnas: On the Criteria to be used in decomposing
        Systems into Modules, Comm. ACM, Vol 15, Dec. 1972

Roubine 77: O. Roubine, L. Robinson: SPECIAL Reference Manual, Techn.
        Rep. CSG-45, SRI, Menlo Parc, Calif., Jan. 1977

Scott,Strachey: D.S. Scott, C. Strachey: Towards a Mathematical Se-
        mantics for Computer Languages, Proc. Symp. Comp. and Automata,
        Polytechn. Inst. Brooklyn Press, New York, 1971

Stoy 77: J.E. Stoy: Denotational Semantics: The Scott-Strachey
        Approach to Programming Language Theory, The MIT Press,1977

Stallman 81: R.M. Stallman: EMACS:The Extensible, Customizable
        Display Editor, MIT Art. Intell. Lab., Memo 519a, 1981

Urzyczyn 83: P. Urzyczyn: A necessary and sufficient condition in
        order that a Herbrand interpretation is expressive relative
        to recursive programs, Inst. Mathem., Univ. Warsaw, 1983

Wirth 71: N. Wirth: Program development by stepwise refinement,
        Comm. ACM 14, pp. 221-227, April 1971

<u>QUALITATIVE MODELLE IN</u>

<u>WISSENSBASIERTEN SYSTEMEN</u>

<u>Frank Puppe</u> (*)

<u>Hans Voß</u> (**)

<u>Fachbereich Informatik, Universität Kaiserslautern,
Postfach 3049, D-6750 Kaiserslautern</u>

Abstrakt: Diese Arbeit gibt einen Überblick über die Verwendung von qualitativen Modellen des Gegenstandsbereichs in wissensbasierten Systemen. Die Arbeit besteht aus zwei Teilen. In dem ersten Teil werden einige Systeme diskutiert (CADUCEUS, ABEL, Long's System, Davis' System), die verschiedene Typen von kausalen Modellen benutzen.
In dem zweiten Teil werden die wichtigsten Aspekte der entwickelten Modellierungsmethoden dargestellt. Die zwei wesentlichen Strukturierungsmethoden des objektorientierten und des prozeßorientierten Ansatzes werden gegenübergestellt. Constraint-Techniken als häufig verwendete Implementierungsmethode werden ausführlich behandelt. Neben Darstellungsmitteln für zeitliche und kausale Beziehungen wird die Einführung von Objektzuständen beschrieben. Anschließend wird die Unterscheidung zwischen stetigen und digitalen Variablen motiviert, und die Notwendigkeit einer Hierarchie von Modellbildungen erläutert. In einem ausführlichen Ausblick wird aufgezeigt, was bisher noch nicht erreicht wurde.

Derzeitige Adressen:

    (*) Universität Karlsruhe, Fachbereich Informatik I,
        Postfach 6380, 7500 Karlsruhe 1

    (**) Gesellschaft für Mathematik und Datenverarbeitung mbH,
        Forschungsgruppe Expertensysteme,
        Schloß Birlinghoven, Postfach 1240,
        5205 St. Augustin 1

INHALTSVERZEICHNIS

1. EINLEITUNG

Beschreibungen technischer und biologischer Systeme sind ein wichtiges Teilgebiet der Informatik. Programmsysteme für

- Simulationsmethoden

- Computerunterstütztes Konstruieren und Fertigen (CAD/CAM)

- medizinische Diagnostik und Therapie

- Beschreibung/Diagnostik/Design/Verifikation von Hardware

haben eine längere bis lange Tradition. Die meisten in der Informatik verwendeten Wissensrepräsentationen und Algorithmen haben jedoch häufig den Nachteil, sehr unflexibel auf einen bestimmten Zweck unter sehr harten Randbedingungen ausgerichtet zu sein. Die Inkaufnahme dieses Nachteils ermöglicht andererseits oft erst eine genügend effiziente Anwendung.

Seit ca. zehn Jahren gibt es in der Künstlichen Intelligenz (KI) ernsthafte Bemühungen, allgemeinere und vielseitigere Repräsentationsmethoden für physikalische Systeme zu entwickeln.

> **Beispiel**: Der klassische D-Algorithmus [Roth 66] dient zum Erkennen von einfachen stuck-at Fehlern in digitalen Schaltkreisen. Es werden dabei nur Fehler betrachtet, bei denen Leitungen permanent den konstanten Wert 0 oder 1 haben. Zudem wird angenommen, daß höchstens genau ein solcher Fehler vorliegen kann.

Da das vom D-Algorithmus zu lösende Problem der Testgenerierung NP-vollständig ist, wird man nicht mit einer besonders effizienten Implementierung rechnen können. Dennoch ist man zurecht sehr bemüht, die vorhandenen klassischen Algorithmen zu verbessern (z.B. [Blum 85]).

In [Davis 84] wird ein KI-Ansatz vorgestellt, der eine ganzheitliche Betrachtung einer großen Klasse von Fehlern zur Diagnostik von digitalen Schaltkreisen erlaubt. Obwohl über die Komplexität der dort verwendeten Verfahren keine klaren Aussagen gemacht werden, so werden doch neue Wege zu umfassenderen Lösungen aufgezeigt. Auf allgemeinere Eigenschaften dieses und einiger anderer Systeme werden wir im Laufe der folgenden Kapitel näher eingehen.
Man sollte die in der KI entwickelten Methoden gewiß nicht als ein Wundermittel darstellen. Es ist jedoch eine objektive Beobachtung, daß KI-Methoden zur Diagnostik, Planung u.ä. in immer weiteren Anwendungen im technischen und biologischen Bereich erprobt bzw. für eine Verwendung in Betracht gezogen werden. In einigen Fällen wird dabei bezogen auf den gegenwärtigen Entwicklungsstand (noch) zu viel erwartet. Die Entwicklung allgemeiner Verfahren zur Modellierung technischer Systeme z.B. als Informationsquelle für die Folgerungsprozesse eines diagnostischen Expertensystems steckt noch in den Kinderschuhen. Von einer einheitlichen, weithin anerkannten Theorie oder Methodik über Modellierungen dieser Art ist man zur Zeit noch ein gutes Stück entfernt.

Die noch fehlende Systematik hindert allerdings nicht daran, mit einzelnen Modellierungen für spezielle Anwendungen erfolgreiche Systeme zu konstruieren. Die Vielfalt von Vorschlägen kann in der jetzigen Experimentierphase nur von Vorteil sein. Sowohl im medizinischen Bereich für physiologische und pathophysiologische Modelle als auch bei der Modellierung technischer Systeme gilt:

> Es gibt nicht eine einzige adäquate Modellierung eines Systems für jeden Zweck, sondern es gibt im allgemeinen ein kontinuierliches Spektrum von Modellierungen auf allen Ebenen der Detaillierung. Auf jeder Detaillierungsebene wiederum gibt es möglicherweise verschiedene Beschreibungen, die das modellierte Objekt unter jeweils besonderen Gesichtspunkten betrachten.

Dieses Spektrum von Beschreibungen reicht von exakten Modellen z.B. mittels quantitativer Differentialgleichungen bis hin zu stark abstrahierenden, assoziativen Regeln z.B. eines Diagnostik-Expertensystems. Bisher ist keine Modellierung bekannt, in der das gesamte Spektrum einheitlich auf genügend vielen Ebenen erfaßt werden kann. Eine Hauptaufgabe für die Zukunft besteht daher darin, einen integrativen Ansatz zur Beschreibung eines Systems auf verschiedenen Abstraktionsebenen zu finden, der exakte quantitative Modelle — soweit vorhanden — genauso umfaßt wie möglicherweise ungenauere qualitative oder assoziative Modelle.

TEIL I

2. ÜBERBLICK ÜBER MODELLBASIERTE EXPERTENSYSTEME

Eine wesentliche Motivation für die Entwicklung von kausalen Modellen für biologische und technische Systeme kommt von den bisherigen Erfahrungen mit assoziativen Expertensystemen (XPSen). Trotz ihrer großen Erfolge wird zunehmend klarer, daß ein System, das eine große Menge von Regeln auf ein Problem anwendet, noch keineswegs alle Fähigkeiten eines Experten simulieren kann. So können Experten nicht nur Routineprobleme lösen (wie derzeitige XPSe), sondern sind auch bei neuen Problemen nicht hilflos, können scheinbare Widersprüche häufig durch Berücksichtigung von Zusatzwissen auflösen, sind in der Lage, ihre Regeln zu hinterfragen und zu begründen, überblicken Randgebiete ihres Spezialgebietes, besitzen die Fähigkeit zur Einschätzung der eigenen Kompetenz und, was am wichtigsten ist, lernen durch Erfahrung. In einem stark beachteten Übersichtsartikel [Davis 82] hat Davis illustriert, daß viele dieser Probleme sich durch explizite Repräsentation von kausalen Modellen des Anwendungsbereiches zumindest teilweise lösen lassen.

Kausale Modelle sind eine eher deklarative Wissensrepräsentation, mit denen Struktur, Verhalten und Funktion eines Systems relativ unabhängig von einer konkreten Problemstellung beschrieben werden. Zur Illustration geben wir ein Beispiel eines einfachen pathophysiologischen Modelles einer Krankheit (Fig. 2.1), das die Folge von Zuständen beschreibt, die von einer zugrundeliegenden Ursache zu den mit der Krankheit assoziierten Symptomen führen. (Wir orientieren uns im folgenden an der medizinischen Terminologie, die jedoch direkt auf technische Systeme übertragbar ist: Physiologie = Funktionsweise eines Systems und Pathophysiologie = fehlerhafte Funktionsweise eines Systems).

Einige Regeln für Angina Pectoris ohne probabilistische
Bewertung (Schmerz = Brustschmerz):

Schmerzverstärkung = körperliche Anstrengung
Schmerzverstärkung = Aufregung
Schmerzabschwächung = körperliche Ruhe
Schmerzabschwächung = Nitroglycerin
Anzahl der Risikofaktoren (Rauchen etc.) = hoch

Ein einfaches pathophysiologisches Modell zur Erklärung
dieser Regeln:

Erläuterung: Die Risikofaktoren Übergewicht, Bewegungsmangel,
Rauchen, Diabetes und Bluthochdruck führen in Abhängigkeit vom
Alter zur Arteriosklerose (Verhärtung der Blutgefäße), wovon
insbesondere auch die das Herzen versorgenden Koronararterien
betroffen sind. Aufgrund des verminderten inneren Durchmessers
und der geringeren Elastizität können die sklerotischen
Koronararterien einen erhöhten Blutbedarf des Herzens nicht
befriedigen, was die Brustschmerzen verursacht.
Ursache für einen erhöhten Blutbedarf des Herzens sind
z.B. körperliche Anstrengung und Aufregung. Die Unterversorgung
des Herzens mit Blut kann kurzfristig durch Nitropräparate
wie Nitroglycerin ausgeglichen werden, die eine Verringerung der
Herzarbeit bewirken.

Fig. 2.1: einfaches pathophysiologisches Modell zur Erklärung assoziativer Regeln von Angina Pectoris

---

Ein komplizierteres Modell für Angina Pectoris würde von
dem physiologischen Modell des gesunden Kreislaufs ausgehen
und zeigen, welche pathologischen Veränderungen zur Angina
Pectoris führen.
Ein physiologisches Modell hat den Vorteil, daß Krankheiten,
die in dem pathophysiologischen Modell explizit beschrieben
werden müssen, sich als Fehlverhalten bestimmter Komponenten
beschreiben lassen. Selbstverständlich gibt es nicht nur
ein (patho)physiologisches Modell, sondern beliebig viele Abstraktionsebenen. Je detaillierter ein kausales Modell ist, desto
mehr Wechselwirkungen kann es berücksichtigen und daher manche
Erklärungen ausschliessen, die mit einem einfachen Modell plausibel erscheinen.

Wenn in einem kausalen Modell verschiedene Erklärungen für

gegebene Symptome existieren, wird als Entscheidungskriterium "Occam's Razor" benutzt, d.h. die einfachste Erklärung (z.B. die mit der geringsten Anzahl unabhängiger pathologischer Prozesse) ist die beste.

Ein kausales Modell kann als ein System von miteinander in Beziehung stehenden Objekten (Komponenten) beschrieben werden. Die Komponenten können Attribute (Variablen) besitzen, die ihren Zustand charakterisieren und ihr Verhalten beeinflussen. Das Verhalten läßt sich häufig als Relation (Constraint) zwischen ihren Input- und Output-Werten beschreiben. Auf einer niedrigen Abstraktionsebene ist es möglich, daß Verhalten einer Komponente aus seiner physikalischen (geometrischen) Struktur herzuleiten. In einem Gesamtsystem hat eine Komponente meist eine bestimmte Funktion, die ihr Sollverhalten beschreibt. Die Feststellung der Unterschiede zwischen dem Sollverhalten und dem tatsächlichen Verhalten ist ein wichtiges Problem in vielen Anwendungsbereichen.

Die Beschränkungen kausaler Modelle liegen im unvollständigen Wissen und in ihrer Ineffizienz. Kein kausales System kann alle Wechselwirkungen berücksichtigen, die in einem System auftreten können (weil das Wissen unzureichend ist und weil die Beschreibung zu komplex würde). Insbesondere fehlt in kausalen Modellen meistens Wissen über die Wahrscheinlichkeit des Auftretens möglicher Ereignisse, die unter anderem auch von der Vorgeschichte des Systems abhängt (z.B. den Umweltbedingungen, denen es ausgesetzt war). Daher können kausale Modelle nur mögliche Erklärungen liefern, die durch Erfahrungswissen validiert werden müssen.

Selbst in Bereichen, wo sehr gute kausale Modelle für ein System existieren, z.B. in der KFZ-Diagnostik, spricht die Ineffizienz der Simulation eines detaillierten Modelles gegen seine routinemäßige Verwendung. Die Ineffizienz bezieht sich sowohl auf die Menge der benötigten Daten über den genauen Systemzustand als auch auf den Rechenaufwand bei der Simulation selbst. Wenn z.B. ein KFZ-Meister zweimal hintereinander bei einem bestimmten Motortyp denselben Fehler festgestellt hat, wird er beim dritten Motor mit ähnlichen Symptomen sofort diesen Fehler vermuten, ohne die kausalen Mechanismen zu berücksichtigen.

In der Praxis sind die existierenden modellbasierten Expertensysteme noch ausschließlich Forschungsprototypen, die in kleinen, sorgfältig ausgewählten Anwendungsgebieten getestet werden - im Gegensatz zu den teilweise schon industriell einsetzbaren assoziativen Expertensystemen. Kriterien für die Einteilung von modellbasierten Expertensystemen sind die Art des verwendeten Modells (pathophysiologisch oder physiologisch) und die Darstellungsebene (qualitativ oder quantitativ; Bestimmung von Zuständen oder von Zustandsänderungen). Die Komplexität des Modells ergibt sich aus der Berücksichtigung verschiedener Aspekte kausaler Beziehungen. Dazu gehören:

- multiple gleichzeitige Ursachen für einen Zustand (erfordert Repräsentation von Schweregraden von Zuständen und die Fähigkeit zur Summation der Einzeleffekte)
- Verschiedene Arten von Beziehungen: z.B. linear, multiplikativ, Schwellwerteffekt, reversibel, irreversibel
- Abhängigkeiten von verstärkenden oder abschwächenden Faktoren (Katalysatoreffekt) und von Randbedingungen
- Rückkopplungsschleifen
- zeitliche Beziehungen zwischen Ursache und Wirkung (z.B. gleichzeitig, verzögert, überlappend, etc.)

- verschiedene Abstraktionsebenen

Im folgenden diskutieren wir einige Systeme, die verschiedene
Typen von kausalen Modellen benutzen:

- CADUCEUS (Diagnostik in der Inneren Medizin): einfaches
  qualitatives, pathophysiologisches Modell [Pople 82]
- ABEL (Diagnostik von Elektrolyt und Säure/Base Störungen):
  quantitatives, pathophysiologisches Modell [Patil 81]
- Long's System (Vorhersage von Therapieeffekten bei Herzinsuffizienz): qualitatives, physiologisches Modell [Long 86]
- Davis' System (Diagnostik von einfacher Hardware): quantitatives, physiologisches Modell [Davis 84]

2.1 CADUCEUS

Der Unterschied zwischen CADUCEUS und seinem rein assoziativem
Vorgängersystem INTERNIST ist die Repräsentation und Verwendung
einer umfassenden Diagnoseheterarchie, in der es zwei Typen von
Beziehungen zwischen Pathokonzepten gibt:

- nosologische (hierarchische) Beziehungen: A ist eine Unterdiagnose von B, wenn A spezieller ist und mindestens ein wichtiges
  Symptom mit B gemeinsam hat
- pathophysiologische Beziehungen: A ist durch B verursacht

Weitere Aspekte der Beziehungen (s.o.) werden nicht dargestellt;
es werden auch keine Schweregrade von Pathokonzepten repräsentiert.

Die Inferenzstrategie von CADUCEUS besteht darin, zunächst
einige allgemeine Pathokonzepte direkt aufgrund der vorhandenen
Symptomatik zu etablieren. Zwar gibt es kaum Symptome, die
typisch (pathognomonisch) für Feindiagnosen sind, aber durchaus
pathognomonische Symptome für Grobdiagnosen (z.B. Gelbsucht für
Lebererkrankung oder akutes Fieber für Infektion). In der zweiten
Phase versucht CADUCEUS, eine möglichst einfache Erklärung für
die so etablierten Pathokonzepte zu finden. Dazu verwendet es
sechs verschiedene Syntheseoperatoren, die die verschiedenen
primitiven Verknüpfungsmöglichkeiten zweier Knoten (Symptom oder
Pathokonzept) in dem Netzwerk über nosologische und pathophysiologische Beziehungen repräsentieren:
(1,2) A ist Unterdiagnose bzw. Ursache von B
(3,4) A und B haben gemeinsame Ursache bzw. Unterdiagnose
(5)   A hat als Ursache eine Unterdiagnose von B
(6)   A und B haben Ursachen, von denen die eine die Unterdiagno-
      se der anderen ist

Zur Effizienzsteigerung bei der Suche nach Verbindungen
zwischen Knoten, die die Anwendung mehrerer Syntheseoperatoren erfordern, verfügt CADUCEUS noch über "Planungsbeziehungen". Sie verbinden einen Knoten mit allen Grobdiagnosen,
bei denen es vom Knoten zu mindestens einer Unterdiagnose der
Grobdiagnose einen kausalen Pfad gibt. Planungsbeziehungen werden
beim Aufbau der Wissensbasis automatisch generiert.

Durch die Verwendung pathophysiologischer Beziehungen ist
CADUCEUS wesentlich besser als INTERNIST in der Lage, kohärente

Erklärungen für Symptome aus verschiedenen Organsystemen zu
finden. Da jedoch die Repräsentation der kausalen Beziehungen
äußerst grob ist (Existenz oder Nichtexistenz ohne die
Qualifikation durch zusätzliche Bedingungen; s.o.), ist die
endgültige Entscheidung über die Etablierung eines Pathokonzeptes
probabilistisch wie in INTERNIST. Die pathophysiologische und
nosologische Heterachie dient hauptsächlich zu einer im Vergleich
zu INTERNIST wesentlich verbesserten Verdachtsgenerierung.

2.2 ABEL

ABEL benutzt ein wesentlich präziseres pathophysiologisches
Modell als CADUCEUS. Seine besonderen Merkmale umfassen
Krankheitsbeschreibungen auf verschiedenen Abstraktionsebenen und
die Entwicklung von Techniken zur quantitativen Summation
verschiedener Effekte auf den Schweregrad eines Zustandes. Die
Verwendung einer quantitativen Beschreibungsebene ist in ABEL
möglich, da sein Anwendungsbereich, nämlich Störungen im
Säure/Base und Elektrolythaushalt, eines der wenigen medizinischen Gebiete ist, in dem sich die pathophysiologischen Zustände
mittels Laborwerten quantitativ errechnen lassen und auch die
kausalen Beziehungen hinreichend präsize verstanden sind.

Die globale Vorgehensweise von ABEL ist wie folgt: Aufgrund der
Eingabelabordaten (PH-Wert und Konzentration verschiedener
Elektrolyte: Na, K, Cl, HCO3, pCO2) konstruiert ABEL alle
konsistenten patientenspezifischen Modelle (PSM's). Ein PSM
repräsentiert eine Menge von pathophysiologischen Zuständen
einschließlich ihren Schweregraden und den kausalen Beziehungen
zwischen ihnen, die insgesamt eine konsistente Erklärung für die
beobachteten Symptome des Patienten sind. PSM's werden nach der
kleinsten Anzahl der unerklärten Zustände bewertet, die sie
enthalten. Anschließend sucht ABEL für die besten ein oder zwei
PSM's Diagnosen (coherent hypotheses, CH's), die die unerklärten
pathophysiologischen Zustände verursachen können. Die CH's
postulieren meistens noch weitere, bisher nicht im PSM vorhandene
Zustände, deren Symptome zur Unterscheidung zwischen den
möglichen Hypothesen erfragt werden. Die Bewertung von Hypothesen
geschieht nach strukturellen Kriterien ohne Gebrauch probabili-
stischer Evidenzwerte: für eine Hypothese sprechen die Anzahl der
Zustände im PSM, die die Hypothese erklären kann; gegen sie die
Anzahl von Zuständen, die postuliert, aber nicht im PSM
instanziiert sind.

Ein pathophysiologischer Zustand besitzt verschiedene Attribute
wie Schweregrad, Startzeit und Dauer. Die kausalen Beziehungen
zwischen verschiedenen Zuständen werden durch Constraints
(mapping relations) dargestellt, die in beiden Richtungen
(Ursache --> Wirkung und Wirkung --> Ursache) ausgewertet werden
können. Ein Constraint (Fig. 2.2) ist als eine Menge von
LISP-Funktionen implementiert, die die Attribute des einen
Zustandes aus den Attributen des anderen Zustandes berechnen.
Zusätzlich können Kontext und Default-Bedingungen für einen
Constraint angegeben werden.

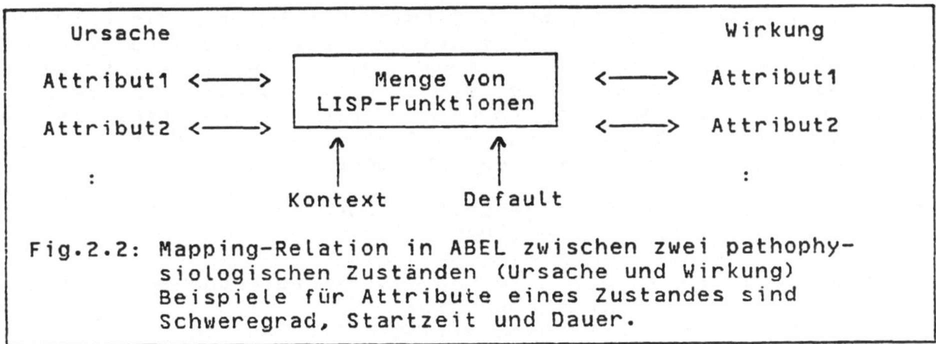

Fig.2.2: Mapping-Relation in ABEL zwischen zwei pathophy-
siologischen Zuständen (Ursache und Wirkung)
Beispiele für Attribute eines Zustandes sind
Schweregrad, Startzeit und Dauer.

Die kombinierte Wirkung von verschiedenen Ursachen auf einen
Zustand bestimmt ABEL durch "Komponentensummation". Jede
Komponente repräsentiert den Anteil des Gesamtzustandes, der von
einer Ursache kommt. Die Verknüpfung erfolgt durch eine
"mapping-relation", die typischerweise die Schweregrade addiert
sowie das Minimum der Startzeiten und das Maximum der jeweiligen
Dauer der einzelnen Komponenten nimmt. Durch die Fähigkeit zur
Komponentensummation kann ABEL auch Rückkopplungsschleifen
repräsentieren (kausale Beziehungen, bei denen ein Zustand über
verschiedene Zwischenzustände auf sich selbst verstärkend oder
abschwächend zurückwirkt), die in der Funktionsweise von
biologischen Systemen eine überragende Rolle spielen (s. Fig.
2.3). Allerdings kann die Stärke einer Rückkopplungsschleife nur
approximiert berechnet werden.

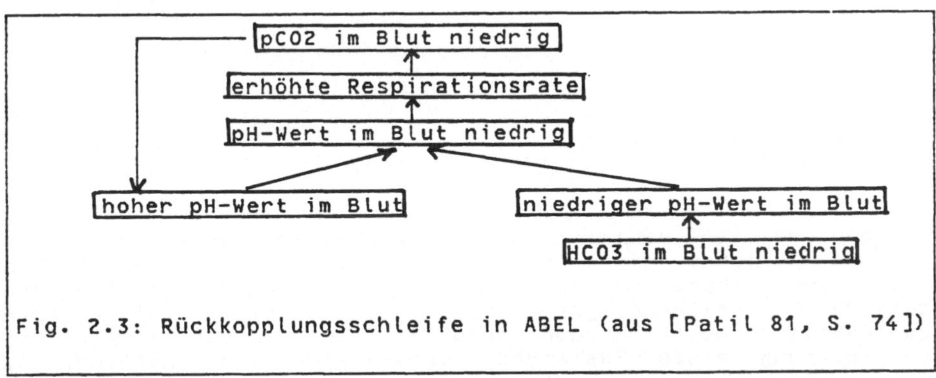

Fig. 2.3: Rückkopplungsschleife in ABEL (aus [Patil 81, S. 74])

Die Repräsentation des pathophysiologischen Modells auf
verschiedenen Abstraktionsebenen erreicht ABEL dadurch, daß es
spezielle Zustände als Landmarken (focal nodes) auszeichnet. Auf
der höchsten Abstraktionsebene werden nur die kausalen
Beziehungen zwischen den Landmarken dargestellt, die auf
niedrigeren Ebenen durch schrittweises Hinzufügen von Zwischenzu-
ständen und ihrer Beziehungen einschließlich Rückkopplungsschleifen immer mehr verfeinert werden, bis sie auf der untersten
Ebene vollständig dargestellt sind.

Die Integration einer neuen kausalen Beziehung ist nur auf
der untersten Abstraktionsebene möglich, da nur auf dieser Ebene
die (quantitative) Komponentensummation durchführbar ist. Ein
neuer Befund wird wie folgt in das PSM aufgenommen: Zunächst
dient er zur Etablierung eines pathophysiologischen Zustandes auf

der obersten Abstraktionsebene. Dieser wird bis auf die unterste
Ebene "elaboriert", damit seine Auswirkungen auf andere Zustände
berechnet werden können, indem die zugehörigen kausalen
Beziehungen instanziiert und mit den Wirkungen der bereits
vorhandenen kausalen Beziehungen durch Komponentensummation
verrechnet werden. Die Änderungen auf der untersten Abstraktionsebene werden anschließend auf den oberen Ebenen "aggregiert".

Insgesamt besitzt ABEL folgende fünf Operatoren zur Erweiterung
und Konsistenzerhaltung seines PSM's:

Inititial formulation: Formulierung des PSM aufgrund der initia-
len Labordaten
Aggregation: Zusammenfassung der Daten von einer nie-
drigen zur höheren Abstraktionsebene
Elaboration: Umkehrung der Aggregation
Component summation: Verrechnung der Wirkungen verschiedener
Ursachen auf einen Zustand
Projection: Erweiterung des PSM durch Hinzufügen von
Hypothesen zur Erklärung unerklärter
Zustände im PSM

ABEL's Stärke ist seine Fähigkeit zur quantitativen Simulation
der pathopysiologischen Vorgänge in seinem Anwendungsbereich.
Es bewertet Hypothesen ausschließlich nach ihrem Erklärungswert
in dem aktuellen PSM. Seine Vorgehensweise hängt entscheidend
davon ab, daß die Schweregrade der Zustände quantitativ bestimmt
werden können. Das kann auch nicht durch die höheren
Abstraktionsebenen umgangen werden, die nur eine Zusammenfassung
der detaillierten Simulation repräsentieren und keine eigen-
ständigen, qualitativen Operatoren zur Propagierung kausaler
Effekte enthalten.

2.3 LONGS SYSTEM

In den meisten medizinischen Teilgebieten lassen sich die
internen Zustände nicht so leicht quantitativ bestimmen wie in
ABEL. Wenn trotzdem die kausalen Beziehungen zwischen den
Zuständen hinreichend gut bekannt sind, ist es möglich, eine
qualitative Simulation durchzuführen, bei der nur die Richtung
der Änderung eines Zustandes (verstärkend oder abnehmend) und
nicht sein absoluter Wert hergeleitet wird. Ein entsprechendes
physiologisches Modell mit qualitativer Simulation ist in Long's
System zur Vorhersage von Therapieeffekten bei Herzinsuffizienz
implementiert.

Seine globale Vorgehensweise besteht darin, daß zunächst einige
wichtige Parameter des physiologischen Modells durch Daten des
Patienten (z.B. Pulsfrequenz, Arteriosklerose der Koronararterien) abgeleitet werden. Dann wird eine mögliche Therapie der
Beschwerden (z.B. Betablocker) auf ihre positiven Effekte und
Nebenwirkungen bei dem speziellen Patienten überprüft. Die
Therapie beeinflußt primär bestimmte Parameter in dem
physiologischen Netzwerk, deren Änderungen (und nicht deren
Absolutwerte wie in ABEL) propagiert werden. Das Ergebnis sind
die Auswirkungen der Therapie auf alle repräsentierten Zustände
im Modell.

Die Stärke der Änderung eines Zustandes wird durch positive oder negative Zahlenwerte repräsentiert, die durch Summierung aller Einflüsse von anderen Zuständen berechnet werden. Der Einfluß von einem anderen Zustand wird durch eine positive oder negative Stärke X qualifiziert (X = {-3/2, -1, -1/2, +1/2, +1, +3/2} mit der Bedeutung: der Gewinn des Zustandes beträgt das X-fache der Änderung der Ursache). Das Hauptproblem ist die Repräsentation der verschiedenen Typen von Beziehungen zwischen den Parametern; sie umfassen:

- Mehrfach-Beziehungen (z.B. zwischen Pulsfrequenz und Herzminutenvolumen: 1) Pulsfrequenz x Herzschlagvolumen = Herzminutenvolumen. 2) je höher die Pulsfrequenz, desto geringer das Schlagvolumen)
- additive Beziehungen
- multiplikative Beziehungen
- nicht-lineare Beziehungen (z.B. Frank-Sterling-Beziehung: Wenn der Blutdruck des einlaufenden Blutes in die Herzkammer niedrig ist, dann hat steigender Blutdruck starken Einfluß auf das Schlagvolumen. Wenn der Blutdruck des einlaufenden Blutes in die Herzkammer hoch ist, dann hat steigender Blutdruck wenig zusätzlichen Einfluß auf das Schlagvolumen)
- Beziehungen, die Zeit erfordern (z.B. die Verstärkung der Herzmuskulatur wegen Herzinsuffizienz)

In Long's System werden alle Typen von Beziehungen linear approximiert und nichtlineare Beziehungen in annähernd lineare Abschnitte aufgeteilt. Die Aufteilung hängt von den Werten der beteiligten Parameter ab (in den obigen Beispielen von der Pulsfrequenz bzw. von dem Blutdruck des in die Herzkammer einlaufenden Blutes). Um bei einer Simulation den gültigen Abschnitt der Beziehung zu ermitteln, von dem die Stärke der Beziehung abhängt, muß daher der tatsächliche Zustand (und nicht nur die Zustandsänderung der relevanten Parameter bekannt sein; es reichen qualitative Angaben wie normal, hoch, niedrig, etc.). Long gibt an, daß diese Parameter gerade solche sind, die dem Arzt geläufig sind und deren Werte herleitbar sind.
Alle Beziehungen haben ein Attribut, das die Größenordnung der Zeit angibt, die zur Ausprägung des Effektes erforderlich ist. Dabei wird angenommen, daß bei wesentlich kleineren Zeitintervallen der Effekt vernachlässigbar ist.

Die große Menge von Rückkoplungschleifen (über 150) und der hohe Vernetzungsgrad (zwischen zwei Zuständen kann es über 70 Pfade geben) erfordern einen effizienten Inferenzmechanismus. Dazu adaptiert Long einen Algorithmus zur Analyse von Signalflüssen mit mehrfachem Input und Output [Mason 56] zur Simulation seines Netzwerkes, was möglich ist, da er nur (abschnittweise) lineare Beziehungen verwendet. Die Details des Algorithmus sind in [Long 86] beschrieben. Kausale Beziehungen, die Zeit erfordern, werden nur dann berücksichtigt, wenn das Zeitintervall, in dem die Simulation stattfindet, entsprechend groß gewählt wurde.

Die Simulation hat nur geringen Erklärungswert, wenn alle vorhandenen Einflüsse zwischen den Zuständen gezeigt werden, da die meisten wegen der vielen Rückkopplungsschleifen stark gedämpft sind oder weil sie sich wechselseitig aufheben. Die Erklärungskomponente von Long's System ist deshalb in der Lage, die wichtigsten Pfade zwischen zwei Zuständen (der stärkste Pfad und weitere Pfade, deren Stärke einen wählbaren Prozentsatz des stärksten Pfades nicht unterschreitet) graphisch hervorzuheben. Weiterhin wird die Stärke einer Zustandsänderung nicht durch den Zahlenwert, sondern durch einen daraus hergeleiteten, qualitativen Wert (schwach erhöht, erhöht, stark erhöht bzw. erniedrigt) angegeben.

Ein Nachteil von Long's System ist, daß der Ableitungsprozeß selbst nicht erklärbar ist, was teilweise durch den Detaillierungsgrad des Modelles bedingt ist, der sicherlich wesentlich höher ist, als der Detaillierungsgrad der Modelle von Ärzten. Insbesondere Pfade, die sehr viele Rückkopplungsschleifen berühren, könnten ignoriert werden, da ihr Effekt äußerst gering ist. Dies würde die Überschaubarkeit des Modells verbessern. Ein anderes offenes Problem ist die Approximation der nichtlinearen in abschnittweise lineare Beziehungen, da der anfangs zutreffende Abschnitt nicht konstant bleiben muß und sich der den Abschnitt bestimmende Parameter insbesondere über Rückkopplungsschleifen selbst beeinflußen kann.

2.4 DAVIS SYSTEM

Der Anwendungsbereich von Davis' System ist die Diagnostik von (einfacher) digitaler Hardware, die sich (besser als die bisher beschriebenen medizinischen Bereiche) sehr präzise modellieren ist. Davis' System verfügt über ein Modell der korrekt funktionierenden Hardware (physiologisches Modell), das bei der Diagnostik so manipuliert wird, daß es das beobachtete Verhalten der defekten Hardware simulieren kann.

Die Basiskonzepte zur Repräsentation der Hardware zeigt Fig. 2.4.

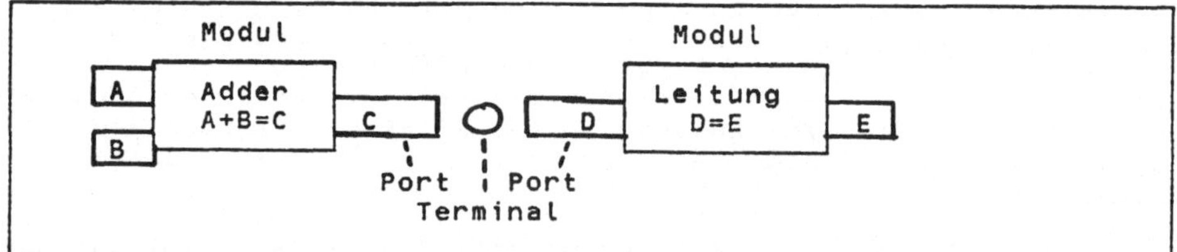

Fig. 2.4: Modellierung von Hardwareelementen (Adder und Leitung):
die Module werden durch Constraints zwischen ihren Ports
dargestellt und sind durch Terminals miteinander verbunden.

Die physikalischen Objekte der Hardware (Gatter, Leitungen, etc.) werden als "Module" dargestellt, deren Verhalten durch Constraints zwischen ihren Eingabe- und Ausgabe-"Ports" spezifiziert ist. Die Module sind durch Überlagerung ihrer Terminals miteinander verbunden. Terminals sind im Gegensatz zu Ports, die eine innere Struktur haben können (s.u.), primitive Konzepte. Ihre Werte (bits oder Zahlen) können von außen abgefragt werden. Das Verhalten der Module läßt sich typischerweise durch logische bzw. numerische Constraints (für Gatter oder Leitungen bzw. Adder oder Multiplier) beschreiben.

Die Module werden auf verschiedenen Abstraktionsebenen repräsen-
tiert. Innerhalb einer Ebene ist ein Modul eine Black-Box, von dem nur sein durch ein Constraint beschriebenes Verhalten bekannt ist. Auf der nächsten konkreteren Ebene wird die innere Struktur

des Modules dargestellt und sein Verhalten ergibt sich aus dem Verhalten der Submodule. Die Umwandlung der Input und Output-Werte beim Übergang von einer Abstraktionsebene zu einer anderen (z.B. von Zahlen in Bits) wird durch die Ports bewerkstelligt. Im Gegensatz zu ABEL ist das Modell in Davis's System auf jeder Abstraktionsebene vollständig spezifiziert, weswegen eine tiefere Abstraktionsebene erst dann berücksichtigt werden braucht, wenn zusätzliche Details erforderlich sind.

Die Diagnostikstrategie von Davis' System ist wie folgt: Sobald an den Input-Terminals des Modells Werte angegeben werden, werden durch Constraint-Propagierung die Werte an allen übrigen Terminals (der obersten Abstraktionsebene) einschließlich der Output-Terminals des Modells ermittelt. Wenn die so vorhergesagten Output-Werte nicht mit den an dem zu diagnostizierenden Gerät beobachteten Werte übereinstimmen, wird die Ursache der Inkonsistenz wie folgt gesucht:

i) Kandidatengenerierung (durch discrepancy detetection): die fehlerhaften Werte werden rückwärts propagiert. Ein falscher Wert kann entweder in dem Modul liegen, das den fehlerhaften Wert berechnet oder ein Input zu diesem Modul war bereits fehlerhaft etc. Um die Anzahl der zu überprüfenden Kandidaten überschaubar zu halten, werden die Fehler in Fehlertypen eingeteilt, und erst alle Kandidaten eines Typs (auf allen Hierarchieebenen) überprüft, bevor Kandidaten des nächsten Fehlertypes in Betracht gezogen werden. Die beiden wichtigsten Fehlertypen sind:

   (1) Ein Modul ist defekt, d.h. es verhält sich anders als es seiner durch ein Constraint beschriebenen Spezifikation entspricht. Dies wird durch Aufhebung des dem Modul zugeordneten Constraints simuliert (constraint suspension). Ein aufgehobenes Constraint kann jedes Verhalten simulieren.

   (2) Zwei benachbarte Leitungen sind durch eine "Brücke" verbunden. Dies wird durch eine Erweiterung des Modells dargestellt, indem die entsprechenden Terminals der Leitungen durch ein zusätzliches Modul, das die Brücke repräsentiert, verbunden werden.

ii) Kandidatenüberprüfung: Ein Kandidat (d.h. die zugehörige Modelländerung) ist konsistent, wenn das geänderte Modell das beobachtete Verhalten simulieren kann.

Um für Brückenfehler effizient Kandidaten generieren zu können, reicht ein rein funktionales Modell der Hardware nicht aus. Deswegen verfügt Davis' System über eine explizite Repräsentation der physikalischen Anordung der Hardware, mit der es u.a. überprüfen kann, welche Leitungen physikalisch benachbart sind. Eine methodisch orientierte, ausführlichere Beschreibung von Davis' System findet sich im Anhang.

2.5 DISKUSSION

Die vier diskutierten, modellbasierten Expertensysteme unterscheiden sich sehr stark in ihren Anwendungsbereichen und ihren
Modellen. Am auffälligsten ist der Unterschied zwischen Davis'
System und den medizinischen XPSen. Letzere basieren auf der
Annahme, daß sich ihr Modell nicht verändert: CADUCEUS und ABEL
suchen eine minimale Menge von externen Usachen (Krankheiten) für
pathophysiologische Zustände (die sich aufgrund der beobachteten
Symptome relativ leicht herleiten lassen), wobei ABEL auch
multiple Einflüsse auf einen Zustand und Rückkopplungsschleifen
berücksichtigen kann. Long's System simuliert die Auswirkungen
von Therapiemaßnahmen auf ein physiologisches Modell, das sich
durch einige patientenspezifische Parameter einstellen läßt.

Davis' System hingegen versucht, die vorhandenen Symptome durch
eine Änderung seines Modells zu erklären, so daß eine Simulation
des geänderten Modelles die Symptome voraussagen bzw. bestätigen
kann. Dieser prinzipielle Unterschied ist durch die verschiedenen
Anwendungsgebiete bedingt: in den medizinischen Anwendungsgebieten geht es vor allem darum, externe Ursachen (Krankheiten
bzw. Therapien) zu finden, mit denen die vorhandenen Symptome
erklärt bzw. beeinflußt werden können. Die prinzipielle
Funktionsweise des Organismus ist dabei kaum gestört. Dies ist
ein generelles Merkmal von analogen Systemen, bei denen
Schwankungen von Parametern einerseits durch Rückkopplungsschleifen stark gedämpft werden, andererseits innerhalb gewisser
(unscharfer) Grenzen tolerierbar sind.

Bei der Modellierung digitaler Hardware gilt im Gegensatz zur
"analogen Technik" das "Alles-oder-Nichts"-Gesetz: ein Teil
funktioniert entweder korrekt oder gar nicht. Da Toleranzgrenzen
und Rückkopplungschleifen fehlen, verändert der Fehler eines
Bauteils die Funktionsweise des Gesamtsystems, was bei der
Modellierung berücksichtigt werden muß.

Die unterscheidliche Funktionsweise analoger und digitaler
Systeme wirkt sich auch auf die Repräsentation verschiedener
Abstraktionsebenen in einem Modell aus: in digitalen Systemen
sind die verschiedenen Abstraktionsebenen jeweils vollständig
spezifizierbar, ohne daß ein Rückgriff auf die niedrigeren Ebenen
erforderlich ist (Beispiel in Davis' System: Die Daten der
Zahlen- und Bit-Ebene sind jeweils in sich vollständig und lassen
sich bijektiv ineinander überführen). In analogen Systemen
zeichnen sich die verschiedenen Abstraktionsebenen jedoch durch
einen unterschiedlichen Informationsgehalt aus (zwischen quantitativen und den immer gröberen qualitativen Ebenen gibt es keine
Bijektion, sondern es findet eine echte Datenabstraktion mit
Informationsverlust statt). Während es relativ leicht ist, die
Modelle der höheren Ebenen aus denen der unteren herzuleiten (wie
die Aggregation in ABEL), ist es wesentlich schwieriger und
bisher in keinem XPS realisiert, mit einem groben Modell eines
analogen Systems zu beginnen und dieses bei Bedarf partiell zu
verfeinern, da die Ergebnisse der Verfeinerung nicht
notwendigerweise mit der groben Modellierung konsistent sind.
Dieses und weitere Probleme bei der Darstellung kausaler Modelle
werden ausführlicher im zweiten Teil besprochen.

TEIL II: METHODEN DER MODELLIERUNG

In den folgenden Kapiteln sollen die wichtigsten Gemeinsamkeiten und Unterschiede in den existierenden KI-Ansätzen über Methoden der Modellierung diskutiert werden. Wegen ihrer gemeinsamen Ursprünge und ihrer guten Vergleichbarkeit beschränken wir uns auf Modellierungen technischer Systeme. (Modelle biologischer Systeme sind historisch weitgehend unabhängig entstanden.)

Mit Ausnahme der Arbeiten von Patrick J. Hayes [Hayes 78,85a,85b] sind in [AI-Journal 84] die wesentlichsten und, bezogen auf 1984, aktuellen Arbeiten auf diesem Gebiet enthalten. Wir werden die wichtigsten Merkmale dieser Systeme allgemein darstellen, und in einigen Fällen auf konkrete Ausprägungen und Unterschiede hinweisen. Im Anhang sind die Systeme von Davis und das ENVISION-System von Brown und de Kleer [de Kleer/Brown 84] ausführlicher dargestellt. Diese Beschreibungen kann man je nach Verständnis jederzeit als Anschauungsmaterial zur Hilfe nehmen.

In den einzelnen Kapiteln wird zum Teil auf die historische Entwicklung der Ansätze eingegangen. Bild 2.1 zeigt grob die Zusammenhänge auf. Bei der Interpretation dieses Graphen sollte man beachten, daß die Kanten zum Ausdruck der Abhängigkeiten nicht immer dasselbe Gewicht haben. So ist der Einfluß des EL-Systems [Stallman/Sussman 77] auf das CONSTRAINTS-System [Steele/Sussman 80] höher zu bewerten als etwa die Beziehung zwischen EL und ENVISION. Naturgemäß ist der Graph nicht vollständig, sondern stellt eine subjektive Auswahl der wesentlichen Einflüsse dar.

Ab Kapitel 5 werden wir auf die allgemeinen Eigenschaften der heute aktuellen Modellierungen eingehen. In den Kapiteln 3 und 4 werden zwei frühere Ansätze skizziert, die sich zwar nicht durchsetzen konnten, von denen aber zumindest der erste Ansatz von John Mc Carthy lange Zeit einen wesentlichen Einfluß ausüben konnte. In Kapitel 14 werden die wesentlichsten Punkte noch einmal zusammengefaßt.

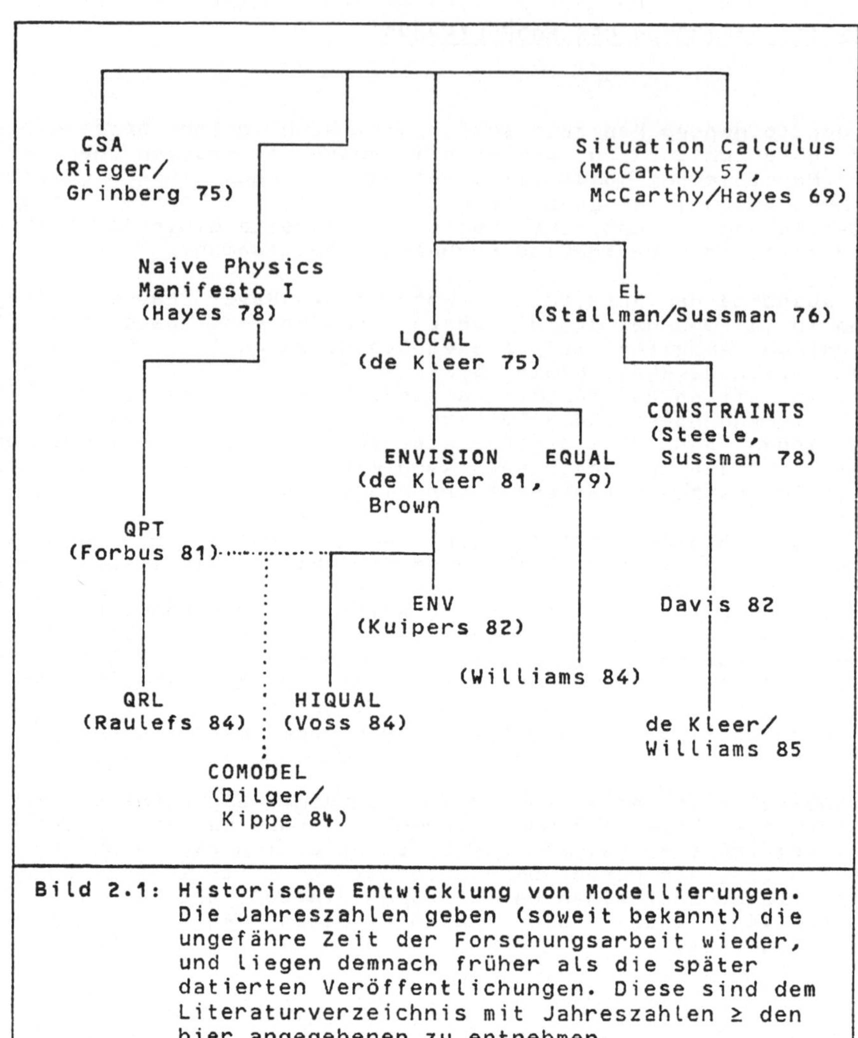

Bild 2.1: Historische Entwicklung von Modellierungen.
Die Jahreszahlen geben (soweit bekannt) die
ungefähre Zeit der Forschungsarbeit wieder,
und liegen demnach früher als die später
datierten Veröffentlichungen. Diese sind dem
Literaturverzeichnis mit Jahreszahlen ≥ den
hier angegebenen zu entnehmen.

3. DER SITUATIONSKALKÜL

Der bereits 1958 von John McCarthy entwickelte [McCarthy 68] und
noch 1969 gemeinsam mit Patrick J. Hayes [McCarthy/Hayes 69] ver-
tretene Situationskalkül erklärt Abläufe in der Welt als eine Sequenz von Veränderungen eines **globalen** Zustands. Der globale Zustand wird modelliert als eine globale Datenbasis von Fakten; die
Anwendung eines Operators kann die Menge der gültigen Aussagen
verändern (Bild 3.1). Der Situationskalkül ist für die Beschreibung von technisch-physischen Systemen aus zwei wesentlichen
Gründen nicht geeignet:

199

1. **Es lassen sich keine parallelen Aktionen darstellen.**
   In einem technischen Gerät z.B. existieren meistens verschiedene, voneinander relativ unabhängige Pfade von zeitlichen und kausalen Verknüpfungen. Es wäre wünschenswert, diese netzwerkartigen Ablaufstrukturen adäquat darstellen zu können. Dies ist im Situationskalkül mit seinen streng sequentialisierten Transformationen eines globalen Zustands nicht möglich.

2. Das bekannte **Frame-Problem** macht eine praktische Anwendung des Situationskalküls zur Modellierung realistischer Systeme unmöglich.
   Praktisch ausgedrückt besagt das Frame-Problem folgendes: wie können die Effekte von Aktionen explizit so beschrieben werden, daß einerseits diese Beschreibung möglichst kurz ist, andererseits aber auch die Anwendung der Aktion keinen zu großen Aufwand bedeutet.
   Die DELETE- und ADD-Listen von STRIPS-Operatoren zum Beispiel erlauben eine knappe Beschreibung der Effekte der Operatoren bezüglich einiger (primitiver) Prädikate. Die Wirkung auf nicht-primitive Prädikate muß zu gegebener Zeit vom System berechnet werden.

Dasselbe, was für die Beschreibung der Operator-Effekte gilt, trifft auch auf die Beschreibung der Vorbedingungen eines Operators zu. Hier besagt das sogenannte **Qualifikations-Problem**: wie kann einerseits die Anwendbarkeit eines Operators möglichst prägnant beschrieben werden, andererseits aber auch so vollständig sein, daß (möglichst) keine inkorrekte Anwendung erfolgt. In vielen praktischen Fällen wird sich eine vollständige Beschreibung nicht erzielen lassen, wenn es zu den allgemeinen Anwendbarkeitsregeln sehr viele nicht explizit aufzählbare Ausnahmeregeln gibt. Diese Situation ist eine der Motivationen für Systeme zur Verwaltung von Abhängigkeitsnetzen und für nicht-monotone Logik. [Reinfrank 85a] gibt einen ausgezeichneten Überblick über dieses Gebiet und die zugrundeliegende Motivation. Auch das hier angedeutete Frame-Problem und das Qualifikations-Problem wird dort ausführlich diskutiert. Eine sehr gute Darstellung der aufgezeigten Problematik findet sich auch in [Charniak/McDermott 85].

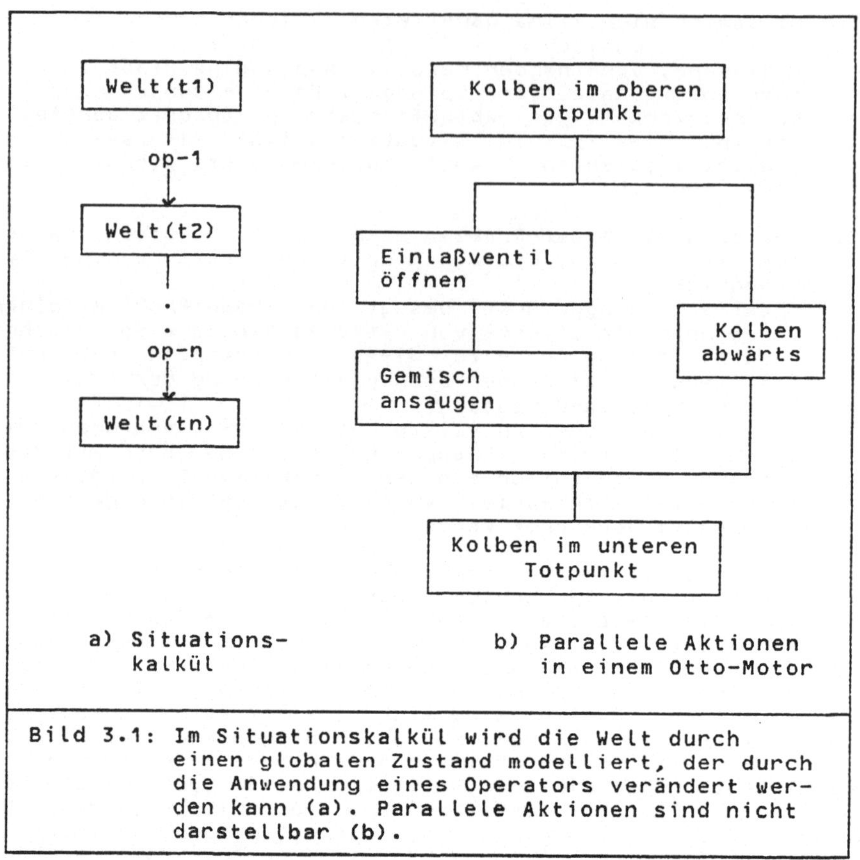

Bild 3.1: Im Situationskalkül wird die Welt durch
          einen globalen Zustand modelliert, der durch
          die Anwendung eines Operators verändert wer-
          den kann (a). Parallele Aktionen sind nicht
          darstellbar (b).

4. DER COMMON SENSE ALGORITHMUS

Mit dem Konzept des Common Sense Algorithmus (Rieger/Grinberg 77)
wird eine umfangreiche Liste von primitiven kausalen Beziehungen
bereit gestellt. Mit diesen Relationen lassen sich Übergänge zwischen den konzeptuellen Zuständen des betrachteten Systems explizit formulieren. Das Ergebnis ist ein semantisches Netz von
Zuständen, die über verschiedenartige kausale Verbindungen
zusammenhängen. Auf dieser Darstellung können z.B. Simulationen
des Systems durchgeführt werden.

Mit anderen Darstellungen, die auf ad hoc Beschreibungen mittels
assoziativer Verknüfungen beruhen, hat die CSA-Darstellung einen
gemeinsamen, gravierenden Nachteil: Die Analyse der möglichen Verhaltensweisen wird nicht aus der Struktur des betrachteten Systems
abgeleitet, sondern wird über die Zustandsübergänge explizit so
eingegeben, wie der Benutzer bzw. der Experte das Verhalten versteht.

Eine solche Orientierung an der Struktur des betrachteten Systems
ist das Hauptmerkmal aller heute aktuellen Modellierungsansätze.
In den folgenden beiden Kapiteln werden die zwei wichtigsten Arten
von Strukturbeschreibungen näher beleuchtet: objektorientierte und
prozeßorientierte Strukturbeschreibungen.

5. OBJEKTORIENTIERTE STRUKTURBESCHREIBUNGEN

Objektorientierte Strukturbeschreibungen werden in allen in Bild
2.1 genannten Systemen verwendet, die direkt oder indirekt das EL
System als Vorfahren haben. Die objektorientierten
Repräsentationen von EL sind maßgeblich für die Techniken der
Constraint-Propagierung, auf die wir in Kapitel 7 zur Darstellung
des Verhaltens zurückkommen werden.

In objektorientierten - oder in Verbindung mit technischen Systemen besser: komponentenorientierten - Strukturbeschreibungen ist
das **Objekt** die zentrale Einheit, von der Aktionen ausgehen und auf
die Aktionen wirken. Für jede Zustandsänderung sind ein oder mehrere Objekte verantwortlich.

Objekte können miteinander verbunden werden, und über die Verbindungen kann ein Austausch von Informationen bzw. - je nach Sichtweise - von Materie stattfinden. Dieses **lokale Aufeinandereinwir-
ken** von Objekten über fest vorgegebene Kanäle schränkt die Anzahl
der möglichen Interaktionen sehr stark ein. Allein durch die
Struktur des Systems sind den möglichen kausalen Beziehungen Grenzen gesetzt. Dieser lokale Wirkungsraum eines jeden Objekts ist
somit ein Beitrag zur Lösung des Frame-Problems.

Eine wesentliche Unterscheidung zwischen den bestehenden Ansätzen
besteht darin, ob die Verbindungen zwischen den Objekten gerichtet
sind oder nicht. Eine solche Entscheidung hat gravierende Auswirkungen auf die in einer Verhaltensanalyse zu berücksichtigenden
Wirkungen bzw. kausalen Zusammenhänge. So sind in EL, ENVISION
[de Kleer/Brown 84] und ENV [Kuipers 84] alle Verbindungen **ungerichtet**. De Kleer und Brown argumentieren, daß in dem von Ihnen
hauptsächlich betrachteten Bereich mechanischer Geräte die meisten
Abläufe umkehrbar sind. Diese Aussage trifft im allgemeinen in dem
Gebiet von elektronischen Bauteilen weniger oft zu. Das in
[Williams 84] beschriebene und in enger Anlehnung an ENVISION
definierte System zur qualitativen Analyse von elektronischen Bauteilen erlaubt dann auch neben ungerichteten auch **gerichtete** Verbindungen für alle die Fälle, wo nur eine Richtung der Beeinflus-
sung auftreten kann.

[Davis 84] und das HIQUAL System [Voss 86] gehen in dieser Beziehung noch weiter und ordnen jeder Verbindung eine Richtung zu.
Falls Interaktionen in beiden Richtungen vorkommen sollen, müssen
daher zwei Verbindungen - eine für jede Richtung - vorhanden sein.
Dieses Vorgehen ist dann unproblematisch, wenn Verbindungen als
rein konzeptuelle Einheiten betrachtet werden, und wenn ihnen keine Interpretation in Form von real existierenden Komponenten (Leitungen, Schläusche, mechanische Kupplungen usw.) unterlegt werden.
Solche physikalisch existierenden Verbindungen müssen je nach Abstraktionsebene entweder explizit als eigene Objekte spezifiziert
werden, oder als auf der aktuellen Ebene noch nicht betrachtete
Komponenten den betrachteten Komponenten zugerechnet werden. Eine

solche Zuordnung wiederum ist unproblematisch, wenn sie intuitiv
eindeutig erfolgen kann. Andernfalls könnte der Zwang zu einer
womöglich willkürlichen Auswahl eine gewisse Unnatürlichkeit der
Darstellung hervorrufen.

6. PROZEßORIENTIERTE STRUKTURBESCHREIBUNGEN

6.1 ÜBERBLICK

[Forbus 84] weicht mit der "Qualitative Process Theory" (QPT) als
einziger der bekannten Ansätze von der objektorientierten Strukturbeschreibung ab. Im Gegensatz zu objektorientierten Beschreibungen sind die aktiven, handelnden Einheiten seiner Modellierung
nicht die Objekte, sondern ausschließlich die sogenannten **Prozesse**. Diese Aussage läßt sich sogar verschärfen: für jede beobachtete Wirkung bzw. Änderung ist unmittelbar ein Prozeß verantwortlich
(Closed World Assumption).

In der Ontologie von QPT existieren auch Objekte. Diese sind aber
rein passive Einheiten, die ausschließlich durch ihre bloße Existenz oder durch die konkreten Ausprägungen der ihnen zugeordneten
Eigenschaften in Erscheinung treten. Die Existenz von bestimmten
Objekten bzw. die Erfüllung spezifischer Bedingungen über den
Eigenschaften der existierenden Objekte kann eine Voraussetzung
für den Start oder das Ende von Prozessen sein. Andererseits kann
die Aktivität eines Prozesses die Eigenschaften von Objekten
verändern, Objekte erzeugen oder zerstören. Diese Veränderungen in
der Objektwelt wiederum können die Menge der aktiven Prozesse
verändern.

Beispiele und Bemerkungen:

1. Als Prozesse können auftreten: Kochen; Schmelzen; Korrodie-
    ren; Fluß von Wärme, Flüssigkeit o.ä.; ...

2. Beim Prozeß des Kochens wird auch Wärme an die Umgebung ab-
    gegeben. Der Prozeß des Kochens tritt also in Verbindung mit
    dem Prozeß des Wärmeflusses auf. Im Sinne eines modularen
    Aufbaus tut man als "Prozeßdesigner" jedoch gut daran, diese
    beiden Vorgänge als eigene Prozesse zu definieren und nicht
    zu einem Prozeß zu verschmelzen.

3. Der Prozeß des Schmelzens ist beendet, wenn das betreffende
    Objekt völlig geschmolzen ist, d.h. seinen Aggregatzustand
    vollständig von fest nach flüssig verändert hat. Es ist si-
    cher eine nicht ganz einfache Design-Entscheidung, ob das
    betreffende Objekt damit seine Existenz verloren hat, oder
    ob es nur in dem neuen Zustand weiter existiert. Schmilzt
    ein Eiswürfel in der Nordsee, wird das kaum eine Nachwirkung
    haben. Das flüssige Speiseeis in der Einkaufstasche dagegen
    läßt seine Existenz wahrscheinlich nicht leugnen.

Festzuhalten bleibt jedoch, daß solche Veränderungen in der Objektwelt in QPT einfacher und natürlicher zu modellieren sind als in objektorientierten Strukturbeschreibungen, in denen die Objektstruktur für die meisten Systeme fest vorgegeben und unveränderbar ist. Lediglich von Davis wird eine Strategie vorgeschlagen, nach der zur Fehlersuche auch Veränderungen an der gegebenen Struktur in Betracht gezogen werden.

6.2 DIE ENTWICKLUNG DER PROZEßTHEORIE

Die Arbeiten von Forbus basieren wesentlich auf den Vorschlägen von Patrick J. Hayes zur Schaffung einer **naiven Theorie der Physik** [Hayes 78,85a]. Hayes selbst hat seine Vorschläge weiter konkretisiert und an dem schwierigen Problem des Verhaltens von Flüssigkeiten getestet [Hayes 85b]. Die Faszination, die von diesem Beispiel ausgeht, darf nicht darüber hinweg täuschen, daß der Weg von der gegebenen Beschreibung zu einer ökonomischen und von einem Programm unterstützbaren Analyse der erzeugten Beschreibungen noch weit ist. Hayes betont denn auch, daß es ihm in erster Linie auch gar nicht um effiziente Methoden geht, sondern vielmehr um das Aufzeigen der Probleme, der prinzipiellen Lösbarkeit und um gewisse, ihm wesentlich erscheinende Elemente der Modellierung.

Die wichtigste Einheit in dieser Modellierung ist die **Geschichte**. Eine Geschichte beschreibt die Entwicklung eines begrenzten, aber kontinuierlich veränderbaren Ausschnittes des Weltmodells während einer bestimmten ununterbrochenen Zeitspanne. Bild 6.1 illustriert den Begriff der Geschichte, wobei aus Gründen der Darstellbarkeit der zweidimensionale Raum gewählt wird.

Als konkretes Modell könnte man sich ein Zoomobjektiv vorstellen, durch das man eine Szene verfolgt. Die stetige Abfolge aller Raumausschnitte, die vom Auge durch das Objektiv wahrgenommen werden, hat die Gestalt einer Geschichte. Gibt es nun zwei Personen mit solchen Zoomobjektiven, von denen die eine einen Adler am Himmel, die andere eine Maus am Boden verfolgt, so können die beiden betrachteten Geschichten in dem Augenblick in Wechselwirkung treten, wo der Adler sich anschickt, die Maus zu ergreifen. Je nach Einstellung der Zooms werden sich während dieses Intervalls die Szenen überschneiden, oder eine Szene ist vollständig in der anderen enthalten, oder beide Szenen sind identisch. In der Abfolge können sich die beiden Geschichten wieder trennen, wenn das Unterfangen des Adlers mißlingt, oder gemeinsam fortfahren, wenn der Adler mit der Maus in den Fängen von dannen zieht.

Forbus hat den Begriff der Geschichte mit dem Begriff des Prozesses verallgemeinert. Ein Prozeß ist ein Schema, aus dem durch Aktivierung in Abhängigkeit von den Gegebenheiten der Umwelt bestimmte Manipulationen in der für den Prozess definierten Umgebung ausgeführt werden können. Jede konkrete Ausführung ist eine Geschichte im Sinne von Hayes.

Tatsächlich kennt QPT den Begriff der Geschichte nicht nur zur Beschreibung der Semantik von Prozessen, sondern auch als explizites Konzept der Sprache in Form einer **eingeschlossenen Geschichte** (encapsulated history). Mit eingeschlossenen Geschichten beschreibt Forbus solche Abläufe, die sich nur schwer durch das doch relativ starre Muster eines Prozesses abbilden lassen. Zum Beispiel wird eine Explosion als eine eingeschlossene Geschichte modelliert, die zur Zerstörung der situationsgemäß betroffenen

Objekte führt. Die Schwierigkeit besteht hier darin, den exakten
Wirkungsraum des zur Explosion führenden Ereignisses anzugeben.
Zur genauen Festlegung dieses Raumes ist ein im allgemeinen sehr
umfangreiches Wissen notwendig. Z.B. müssen die genauen Daten zur
Feststellung der Explosionsstärke vorhanden sein, und für jedes
Objekt muß bekannt sein, ob es von der Druckwelle bzw. durch her-
umfliegende Teile erreichbar ist. Wenn ja, dann stellt sich weiter
die Frage, ob die Druckwelle oder andere Teile zur Zerstörung bzw.
signifikanten Beschädigung ausreichen. Dies ist eventuell abhängig
von der Lage oder von der momentanen Unterstützung des Objekts,
usw.

Sieht man einmal von solchen Katastrophenfällen ab, die in jeder
Modellierung schwer zu erfassen sind, dann wird der Wirkungsraum
eines Prozesses durch eine für den Prozeß charakteristische Menge
von beteiligten Objekten bzw. einem vorgegebenen Raumausschnitt
begrenzt. [Forbus 84] enthält ausführliche Betrachtungen zu diesem
von uns bereits erwähnten Beitrag zur Lösung des Frame-Problems.
Interessant ist insbesondere im Zusammenhang mit Geschichten und
Prozessen die Analyse von Forbus, daß durch den lokalen Charakter
der Prozesse das Frame-Problem substituiert wird durch zwei
- hoffentlich - einfachere Probleme:

  - **das Problem der lokalen Entwicklung** (von Prozessen)
    [local evolution problem]

  - **das Problem der Wechselwirkungen** (zwischen Prozessen)
    [intersection/interaction problem]

Das erstgenannte Problem bezieht sich auf die geschickte Auswahl
der Prozesse als möglichst unabhängige Vorgänge mit wenigen
Wechselwirkungen. Man könnte dies auch als ein Bestreben um eine
möglichst hohe Modularität des gewählten Systems von Prozessen bezeichnen. Natürlich kann ein interessantes System von Prozessen
nicht völlig ohne Wechselwirkungen auskommen.

Das zweite Problem erfordert Methoden

  1. Zum Feststellen, ob eine Wechselwirkung potentiell stattfin-
     den könnte; hierzu muß die zeitliche und räumliche Inter-
     ferenz zweier Prozesse festgestellt werden.

  2. Zur Prüfung, ob bei Vorliegen einer potentiellen Wechselwir-
     kung eine solche auch tatsächlich stattfindet. Wenn sie
     stattfindet, ist sie dann auch qualitativ signifikant?

Das Beispiel der Explosion hat die Begriffe bereits teilweise veranschaulicht. Ein weiteres Beispiel soll insbesondere die Schwierigkeit des zweiten Problems aufzeigen.

  Beispiel: Ein Ball trifft auf die Oberfläche eines
  Tennisschlägers auf, der vom Spieler gegen die Flugrichtung
  des Balles geführt wird.
  Diese einfache Situation enthält eine Vielzahl von Parametern,
  die gemeinsam den Ausgang dieses Ereignisses bestimmen.

Die Beschreibung der Prozeßtheorie kann in dieser Arbeit aus
Zeitgründen leider nicht weiter vertieft werden. Dies ist um so
mehr zu bedauern, weil eine eingehendere Analyse mit Sicherheit
sehr viele Gemeinsamkeiten zwischen den objektorientierten und den
prozeßorientierten Beschreibungen herausstellen würde.

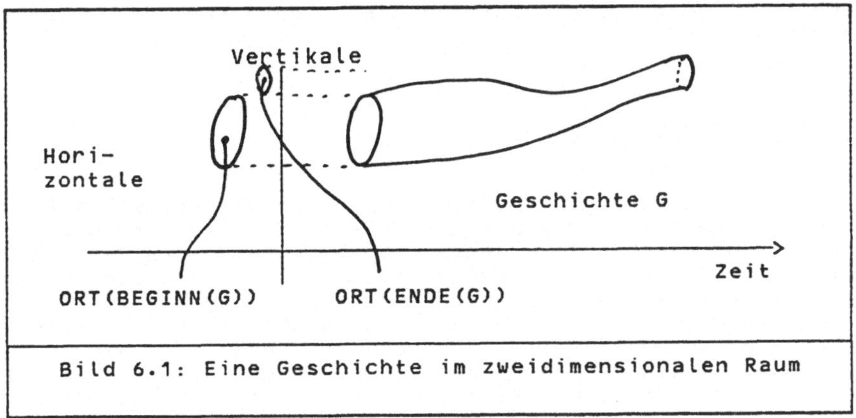

Bild 6.1: Eine Geschichte im zweidimensionalen Raum

7. VERHALTENSBESCHREIBUNG UND IMPLEMENTIERUNG MIT CONSTRAINTS

In objektorientierten Strukturbeschreibungen für Modelle technischer Systeme werden die möglichen Verhaltensweisen eines Objekts
meistens durch eine Menge von Relationen beschrieben. Jede solche
Relation ist eine Beziehung zwischen den Werten von Eigenschaften,
die den Objekten zugeordnet sind, und von Werten, die an den Verbindungen des Objekts "anliegen" können. Werden bestimmte Werte
initial vorgegeben, so kann die Analyse der möglichen Interaktionen zwischen den Objekten durch sukzessive Berechnung und
anschließende Weitergabe von Einschränkungen für bisher unbekannte
Ausprägungen von Eigenschaften erfolgen. Ein Verfahren, das nach
diesem Prinzip arbeitet, wird als **Constraint-Propagierung** bezeichnet. Obwohl es genau genommen die neuen Erkenntnisse über die Werte von Variablen sind, die (als neue Constraints) propagiert werden, werden meistens die Relationen als statische Einschränkungen
über möglichen Wertekombinationen der Variablen als Constraints
bezeichnet. Diese Relationen sind auch der Ausgangspunkt für die
jeweiligen Einschränkungen der Variablenwerte.

Mit dem für technische Modellierungen und für die Constraint-
Propagierung allgemein sehr einflußreichen EL-System stellten
Stallman und Sussman eine Methode zur Darstellung und Analyse von
elektronischen Schaltkreisen vor, die auf dem Constraint-
Propagierungsverfahren beruhte. Alle Systeme, die EL als direkten
oder indirekten Vorgänger in dem Graphen aus Bild 2.1 haben, verwenden an zentralen Punkten ihrer Analyse ein Constraint-
Propagierungsverfahren. Dasselbe gilt für die Analyse in QPT, wo
nach dem Modell der Constraint-Verfahren die Prozesse als Objekte
fungieren, und die Wechselwirkungen zwischen den Prozessen durch
Constraint Propagierungstechniken ermittelt werden.

Die Schwierigkeiten im Propagierungsverfahren hängen von den
Eigenschaften der Relationen und von der Vollständigkeit der zur
Verfügung stehenden Information ab. In den folgenden Abschnitten
werden wir einige verschiedene Typen von Relationen und die damit
verbundenen Propagierungstechniken betrachten. Einen kurzen

Überblick über die aufgezeigten Unterschiede gibt auch [Reinfrank 85b].

7.1 EINFACHE RELATIONEN

Im einfachsten Fall gibt es in jedem Propagierungsschritt mindestens eine Relation, die bis auf eine beteiligte Variable die Werte aller anderen beteiligten Variablen kennt. Eine Relation heißt **einfach,** wenn in jeder solchen Situation der Wert der unbekannten Variablen aus der Definition der Relation eindeutig ableitbar ist. Allgemeiner heißt eine Relation **anwendbar,** wenn höchstens eine Variable einen unbekannten Wert besitzt, oder wenn sich der Wert einer unbekannten Variablen eindeutig aus den bekannten Werten ergibt. Sind für eine Relation alle Werte bekannt, so wird überprüft, ob das hiermit gegebene Wertetupel in der Relation enthalten ist. Wenn das nicht der Fall ist, so existiert für die vorgegebene Menge von Anfangswerten keine Ergänzung für die unbekannten Werte, mit denen alle Relationen gleichzeitig erfüllt werden können.

Beispiel: PLUS := { (x,y,z) | $x+y=z$, $(x,y,z)\in R^3$ }.

PRODUKT := { (x,y,z) | $x*y=z$, $(x,y,z)\in R^3$ }

Aus der Kenntnis von zwei Werten läßt sich der dritte Wert eindeutig ableiten.

Spezialfälle für zwei unbekannte Variablen:

1. $x*y=z$ mit $x=0 \Rightarrow z=0$

2. $x*y=z$ mit $z=1 \Rightarrow x=1 \wedge y=1$

Soll PLUS z.B. ein ADDER-Glied in einem digitalen Schaltkreis modellieren, so könnte man zumindest für Simulationszwecke die Anwendung der Relation auf den Fall beschränken, wo sowohl x als auch y bekannt sind. "Ein ADDER-Glied kann nicht subtrahieren." Für Inferenzzwecke - z.B. wie muß der Wert von x gewesen sein, wenn y=6 und z=10 gesichert sind ? - könnte man auch die andere Richtung zulassen. Dies führt auf die bereits begonnene Diskussion über die Gerichtetheit von Verbindungen zurück. Hier und in den folgenden Abschnitten wollen wir davon ausgehen, daß alle Verbindungen ungerichtet sind. Eine grundsätzlichere Diskussion über diesen Punkt werden wir in Kapitel 8 über kausale Beziehungen wieder aufnehmen.

7.2 WEITGEHEND EINFACHE RELATIONEN

In praktisch relevanten Problemen treten stets auch Relationen auf, die die Eigenschaft der Einfachheit nicht oder nur unvollständig besitzen.

Beispiel: Die Systeme ENVISION, ENV [Kuipers 84], und [Williams 84] abstrahieren die reellen Zahlen auf die Menge VZ (Vorzeichen) der drei qualitativen Werte

$$VZ := \{+,-,0\}$$

Die in den Modellierungen betrachteten physikalischen Größen
sind Variablen, die stets Werte aus VZ annehmen. Relationen
werden als Gleichungen über Variablen und Konstanten in VZ notiert. Jede Variable ist eindeutig einem Objekt zugeordnet.
Eine Relation darf dabei nur Variablen des eigenen Objekts und
derjenigen Objekte benutzen, mit denen das eigene Objekt verbunden ist. In ENV gibt es gegenüber ENVISION die Besonder-
heit, daß die Objekte mit den Variablen identifiziert werden,
ein wesentliches Strukturierungsmerkmal also fehlt.

Zur Interpretation der Gleichungen, d.h. zur Berechnung von
bisher unbekannten Variablen, müssen Rechenoperationen auf VZ
definiert werden:

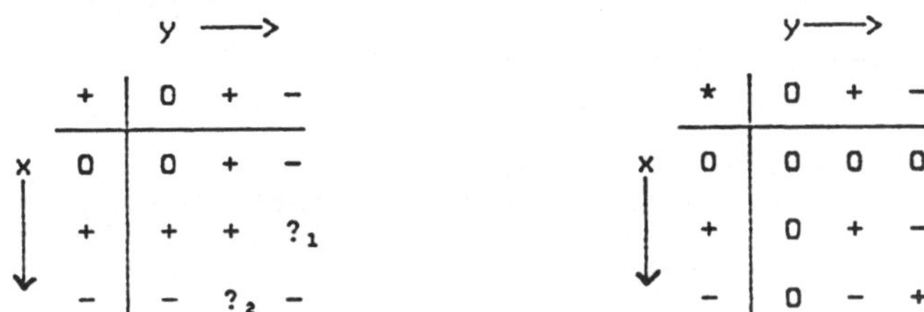

Hier gibt es bei der Operation + zwei Fälle $?_1$ und $?_2$, wo die
Kenntnis der Werte von x und y nicht ausreicht, um z gemäß
z=x+y zu bestimmen. Dies könnte nur in einer Verfeinerung der
Werte geschehen, in der man die "tatsächlichen" reellen Werte
r.x und r.y von x und y berücksichtigen kann, z.B.:

$$?_1 := \text{if } r.x > r.y \text{ then '+'}$$
$$\text{else if } r.x = r.y \text{ then 'O'}$$
$$\text{else '-'}$$

In diesem oder ähnlich gelagerten Fällen kommt es entscheidend
darauf an, wieviele Werte für die bisher unbekannte Eigenschaft
(Variable) abgeleitet werden können. Handelt es sich nur um einige
wenige Werte (in dem Beispiel die Werte +,- und O für $?_i$), so kann
man versuchen, mit einer beliebigen Auswahl zum Erfolg zu kommen.
Eine Relation, die nur an relativ wenigen Stellen nicht einfach
ist, und an den nicht einfachen Stellen nur wenige Werte zuläßt,
wollen wir als **weitgehend einfach** bezeichnen (almost simple, vgl.
[Reinfrank 85b]).

Nach einer oder mehrerer Auswahlen kann sich später herausstellen,
daß die Menge der insgesamt getätigten Auswahlen **inkonsistent** ist,
d.h. mit den gewählten Werten werden nicht mehr alle Relationen
erfüllt. Eine solche Konsistenzprüfung findet auf jeden Fall immer
dann statt, wenn eine Relation angewendet wird, die keine unbekannten Variablen mehr enthält. Ist die hiermit definierte
Wertekombination aller Variablen nicht in der Relation enthalten,
so muß für eine der Variablen mit einem gewählten Wert eine andere
Wahl getroffen werden, falls es noch eine Alternative gibt. Dieser
Vorgang kann durch einfaches Backtracking realisiert werden, oder
wie in fast allen hier betrachteten Systemen durch ein
abhängigkeitsgesteuertes Backtracking (**dependency directed
backtracking** , vgl. [Stallman/Sussman 77]).

Beispiel: Betrachte die Lösungen des folgenden Gleichungssystems in VZ, wenn x=+ und y=- vorgegeben werden:

(1) x+y=z   (2) x+u=w   (3) y*w=z   (4) x*z-w=0

Zur Lösung wird angenommen, daß anwendbare Gleichungen in der angegebenen Reihenfolge überprüft werden.

Zu Beginn ist die einzige Gleichung mit genau einer Variablen mit unbekanntem Wert (1). Der Wert von z muß gewählt werden, da x+y = (+)+(-) nicht eindeutig ist. Ein möglicher Ablauf ist der folgende:

```
 1.    Annahme: z=(-)      (1)
 2.             w=(+)      (3)

 3.             Annahme: u=(-)    (2)
 4.                      Widerspruch: x*z-w=0; backtracking

 5.             Annahme: u=(+)    (2)
 6.                      Widerspruch: (4); backtracking

 7.             Annahme: u=(0)    (2)
 8.                      Widerspruch: (4); backtracking

 9.    Annahme: z=(+)      (1)
10.             w=(-)      (3)

11.             Annahme: u=(-)    (2)
12.                      Widerspruch: (4); backtracking

13.             Annahme: u=(+)    (2)
14.                      Widerspruch: (4); backtracking

15.             Annahme: u=(0)    (2)
16.                      Widerspruch: (4); backtracking

17.    Annahme: z=(0)      (1)
18.             w=(0)      (3)

19.             Annahme: u=(-)    (2)
20.                      Gleichung (4) ist erfüllt.
                         Keine weitere Gleichung anwendbar.
```

Zu diesem Beispiel sind die folgenden Bemerkungen zu machen:

- Der "menschliche Experte" erkennt sofort, daß die jeweils letzten beiden Annahmen über den Wert von u (Zeilen 6,8,14,16) überflüssig sind, da die Erfüllbarkeit der Gleichung (4) völlig unabhängig von der Wahl von u ist. Ein abhängigkeitsgesteuertes Backtracking würde hier erkennen, daß im Falle einer Inkonsistenz in x*z-w=0 nur eine andere Wahl von z eine Änderung bewirken kann. Die Ausführung würde dann sofort von Zeile 4 zur Zeile 9 und von Zeile 12 zur Zeile 17 verzweigen.

  Ein Vorziehen der Überprüfung von (4) vor die Auswahl von u würde die Ineffizienz auch beseitigen. Dies ist jedoch keine Argumentation für den allgemeinen Fall.

- Man kann sich mit dem Auffinden einer einzigen Lösung zufrieden geben (Ende mit Schritt 20.), oder aber nach weiteren Lösungen suchen. Alle Lösungen erhält man, wenn man das backtracking solange fortsetzt, bis keine Alternativen für andere Auswahlen mehr vorhanden sind.
  Beachte, daß ein abhängigkeitsgesteuertes Backtracking von Schritt 20 ausgehend nicht sofort stoppen darf (keine weitere

Alternative für z), sondern erkennen muß, daß außer der bisherigen Lösung noch zwei weitere existieren, die sich insgesamt nur durch die Wahl von u voneinander unterscheiden:

	1	2	3
x	+	+	+
y	−	−	−
z	0	0	0
u	+	−	0
w	0	0	0

7.3 CONSTRAINT-PROPAGIERUNG MIT SYMBOLISCHEN AUSDRÜCKEN

Die bisherige Voraussetzung war, daß zur Anwendung eines
Constraints von n Variablen mindestens $n-1$ Variablen einen eindeutigen Wert hatten. Wenn diese Voraussetzung nicht erfüllt ist,
d.h. es gibt nur $n-2$ Variablen mit bekanntem Wert und keine der
unbekannten Variablen ist ableitbar, dann könnte man sich zumindest zwei mögliche Fortsetzungsstrategien vorstellen. Zu ihrer
Darstellung nehmen wir an, daß v_{n-1} und v_n die einzigen unbekannten Variablen sind.

1. Man verfährt analog zu dem im letzten Abschnitt besprochenen
   Verfahren. Es wird also eine Annahme über den Wert von v_{n-1}
   gemacht und anschließend eine Annahme über den Wert von V_n.
   Damit steigt natürlich die Anzahl der möglichen Annahmen auf
   das Produkt aus der Anzahl der möglichen Werte für v_{n-1} und
   den Werten für v_n. Dieses Produkt darf also nicht sehr groß
   sein.

2. Man entwickelt einen symbolischen Ausdruck, der eine der unbekannten Variablen – hier v_{n-1} – in Abhängigkeit von der
   verbleibenden Variablen – hier v_n – und den bekannten Werten
   darstellt. An Stelle von v_n wird implementatorisch ein neuer
   symbolischer Wert, z.B. $U-v_n$, erzeugt und in den Ausdruck
   eingesetzt. Dieser Ausdruck wird propagiert, wobei die Hoff-
   nung darin besteht, daß irgendwann eine sogenannte
   Koinzidenz (coincidence, [Stallman/Sussman 77]) auftritt.

   Eine Koinzidenz ist eine Situation, in der einer Variablen
   ein symbolischer oder nicht-symbolischer Wert zugewiesen
   wird, obwohl die Variable bereits einen Wert hatte (symbolisch oder nicht-symbolisch).
   Wenn der neue Wert oder der alte Wert nicht-symbolisch ist,
   also mindestens eine Variable enthält, so kann man beide
   Werte gleichsetzen und nach einer der Variablen auflösen.
   Enthält die Gleichung nur eine Variable, dann sollte man den
   für die Variable durch Lösen der Gleichung berechneten Wert
   bei Eindeutigkeit in allen symbolischen Ausdrücken sub-
   stituieren und die Ausdrücke gegebenenfalls vereinfachen.

Das erste Verfahren ist indiskutabel bei zu vielen möglichen
Wertekombinationen. In dem zweiten Verfahren wird die durch einen
Constraint gegebene Information in der Bildung des symbolischen
Ausdrucks optimal ausgenutzt, und es ist kein backtracking notwen-

dig. Allerdings wird dies durch einen i.a. sehr hohen und im konkreten Fall eventuell nicht zu bewältigenden Aufwand zur Manipulation symbolischer Ausdrücke erkauft. Im Gegensatz zu EL ist die Propagierung symbolischer Ausdrücke in den meisten der späteren Systeme (noch) nicht möglich, und es wird teilweise das 1. Verfahren verwendet (ENVISION). Wir wollen nun die Anwendung des zweiten Verfahrens an einem Beispiel demonstrieren.

Beispiel: Wir gehen von folgenden Gleichungen aus, die zusätzlich in Bild 7.1 mittels eines sogenannten Constraint-Netzwerks illustriert sind. Das Beispiel wurde von Steele benutzt, um die Grenzen seines CONSTRAINTS Systems aufzuzeigen [Steele 80].

$$(1)\ v2=v1+v4 \qquad\qquad (2)\ v3=v2+v4$$

Zwischen den drei Variablen v_1, v_2 und v_3 über den reellen Zahlen gilt die Beziehung $v_2 - v_1 = v_3 - v_2$, d.h. v_2 hat den gleichen Abstand zu v_1 und v_3. Werden z.B. für v_1 und v_2 Werte vorgegeben, so lassen sich die Werte von v_3 und v_4 durch einfache Propagierung berechnen. Werden jedoch nur die Werte von v_1 und v_3 vorgegeben, so ist jedem der 3 - stelligen Constraints nur eine Größe bekannt. Wir werden das Beispiel konkretisieren und mit den zwei initialen Werten $v_1 = 2$ und $v_3 = 6$ fortfahren. Es ergeben sich z.B. die folgenden Schritte:

1. Ersetze v_4 durch den symbolischen Wert $U-v_4$.
   $v_1 + U-v_4 = 2 + U-v_4$ ist der neue Wert von v_2.

2. Gleichung (2) ergibt nach Einsetzung der bekannten Werte
   $6 = v_2 + U-v_4$
   Damit kann auch v_2 aufgelöst werden zu $v_2 = 6 - U-v_4$.
   Nun ist eine Koinzidenz aufgetreten, denn für v_2 war bereits
   $2 + U-v_4$ berechnet worden. Also:
   $$2 + U-v_4 = 6 - U-v_4 <=> U-v_4 = 2$$

3. Substitution der Lösung für $U-v_4$ in einem Ausdruck für v_2
   ergibt $v_2 = 4$.

7.4 DESTRUKTIVE CONSTRAINT PROPAGIERUNG

Alle bisher diskutierten Propagierungstechniken werden als <u>konstruktiv</u> bezeichnet, da aufgrund der vorhandenen Informationen neue Werte berechnet werden. Wenn die Anzahl der für eine Auswahl in Frage kommenden Werte bei nur weitgehend einfachen Constraints für praktische Zwecke zu groß oder gar unendlich ist, kann evtl. eine als destruktiv bezeichnete Propagierungstechnik die auszuwählenden Werte einschränken. Möglicherweise könnte es sogar gelingen, die Werte bis auf ein paar wenige so weit einzugrenzen, daß man wieder mit einer konstruktiven Propagierungstechnik und Annahmen über die verbleibenden Werte fortfahren kann. Prinzipiell ist also ein geschicktes Zusammenwirken beider Techniken denkbar. Wir kennen jedoch kein System, das hiervon bisher Gebrauch gemacht hat.

Es ist ein anscheinend weit verbreiteter Irrtum, daß die Variablen für konstruktive Propagierungsalgorithmen höchstens einen einzigen Wert annehmen können. In den Beispielen und auch in den Constraint-Anwendungen in [AI Journal 84] werden zwar immer nur einelementige Wertemengen betrachtet. Die in HIQUAL [Voss 85] verwendete Zeitanalyse jedoch basiert auf einem Propagierungsverfahren von Allen [Allen 83] und ist ein Beispiel für ein konstruk-

tives Propagierungsverfahren, in dem die Belegung von Variablen zu
jedem Zeitpunkt eine Menge von möglichen Werten ist.

Diese Erweiterung des Verfahrens auf Mengen wird klarer, wenn man
die Unkenntnis über den Wert einer Variablen v so darstellt, daß v
jeden Wert w ihres Wertebereichs W annehmen kann, also etwa
werte(v) = W. Die genaueste Kenntnis von v als einelementige
Wertemenge ist dann nur ein Spezialfall dieser Darstellung, und es
sind beliebige Zwischenlösungen werte(v) = tw $\subseteq$ W denkbar. Die ge-
nerelle Arbeitsweise eines Constraint-Propagierungsverfahrens besteht somit darin, ausgehend von einer initialen Belegung der
Variablen mit den maximal möglichen Werten die Information über
die Constraints so auszunutzen, daß die einzelnen Belegungen mini-
miert werden. In der konkreten Form dieser Ausnutzung von Informationen unterscheidet sich die destruktive Propagierung (dP) von
der konstruktiven Propagierung (kP).

- In kP ist die Ableitung einer neuen Wertemenge konstruktiv,
  weil sie aus der Analyse eines Constraints aufgrund des **Vor-
  handenseins** von Werten der am Constraint beteiligten Variablen erfolgt. Es wird jeweils die aufgrund der lokalen Information neu berechnete Wertemenge propagiert.

- In dP ist die Ableitung einer neuen Wertemenge destruktiv,
  weil sie aufgrund der **Abwesenheit** von Werten der am
  Constraint beteiligten Variablen erfolgt. Es wird jeweils die
  Information propagiert, daß bestimmte Werte für eine Variable
  nicht in Frage kommen.

Ein bekanntes Beispiel für eine destruktive Propagierung ist der
Waltz-Algorithmus [Waltz 75] zur Erkennung von Szenen in der
Blocks-World. Eine ausführliche Beschreibung dieses Verfahrens und
einer asynchron parallelen Version hiervon findet man in
[Reinfrank 85b]. Eine Analyse der verschiedenen Constraint-
Verfahren, insbesondere auch der Beziehungen zwischen konstrukti-
ven und destruktiven Propagierungsverfahren, ist Gegenstand eines
künftigen Berichts [Voss/Voss 86].

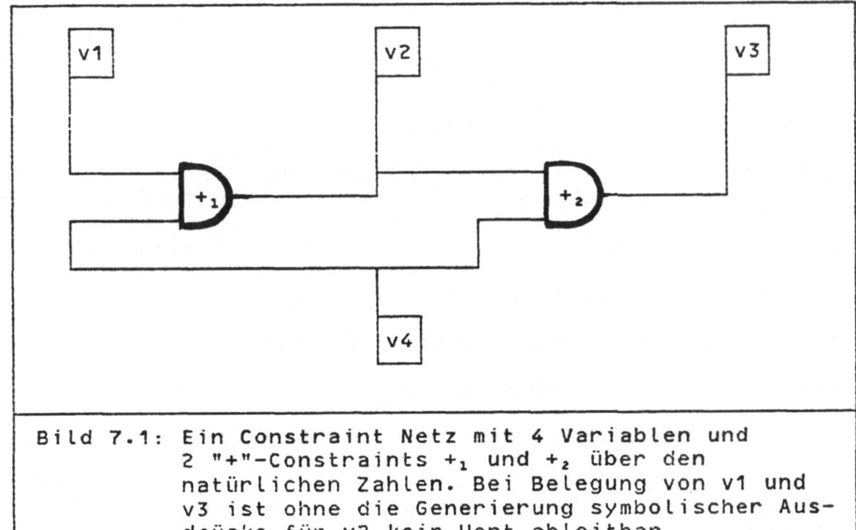

Bild 7.1: Ein Constraint Netz mit 4 Variablen und
          2 "+"-Constraints $+_1$ und $+_2$ über den
          natürlichen Zahlen. Bei Belegung von v1 und
          v3 ist ohne die Generierung symbolischer Aus-
          drücke für v2 kein Wert ableitbar.

8. KAUSALE BEZIEHUNGEN

Im Zusammenhang mit Strukturbeschreibungen wurde bereits einiges über kausale Beziehungen gesagt. Die zwei entscheidenden Punkte aus den Kapiteln 5 und 6 sollen hier kurz wiederholt werden:

1. Die Strukturbeschreibung legt die prinzipiell möglichen Pfade kausaler Wechselwirkungen bereits statisch fest.

2. Modellierungen unterscheiden sich wesentlich dadurch, ob man Verbindungen zwischen Objekten (auch) gerichtet einführen kann oder nicht.

Der zweite Punkt soll hier etwas vertieft werden. Es gibt nämlich eine angeregte Diskussion darüber, ob und wieweit die Beschränkung auf das ursprüngliche Constraint-Modell mit ausschließlich ungerichteten Verbindungen die tatsächlich möglichen kausalen Abläufe adäquat erfaßt. Konkret ist die Frage, ob nicht durch das Modell Verhaltensweisen ermöglicht werden, die keine physikalische Entsprechung haben oder dem menschlichen Kausalverständnis widersprechen, also auch keine akzeptable Erklärung für ein Verhalten sein können.

Die Beschreibung physikalischer Zusammenhänge bzw. Abläufe geschieht üblicherweise mittels Gleichungen über physikalischen Größen. Eine Gleichung kann jeweils so manipuliert werden, daß sich jede Variable in Abhängigkeit von den übrigen darstellen läßt. Dies entspricht ganz dem theoretischen Modell der Constraint-Propagierung. Dennoch spricht man z.B. von funktionalen Abhängigkeiten zwischen Variablen oder unterscheidet zwischen unabhängigen und abhhängigen Variablen eines physikalischen Modells. Abhängige Variablen sind dabei solche, die man nicht direkt, sondern nur über den Umweg über unabhängige Variablen indirekt verändern kann. [Forbus 84] gibt dazu das folgende Beispiel:

Beispiel: (a) Wärme(Substanz) = Menge(Substanz)
                              * Temperatur(Substanz)

          (b) Menge(Natrium,Lösung) =
                Konzentration(Natrium,Lösung)
                * Menge(Lösung)

Die erste Gleichung (Constraint) besagt, daß die in einer Substanz enthaltene Wärme proportional dem Produkt ihrer Temperatur und ihrer Menge ist. Der zweite Constraint formuliert die strukturell analoge Situation für den Anteil von Natrium in einer Lösung.

Für (a) wäre die folgende Aussage ein korrekter kausaler Schluß:

"Die erhöhte Wärme verursacht einen Anstieg der Temperatur."

Ein inkorrekter Schluß wäre dagegen:

"Die erhöhte Wärme verursacht einen Anstieg der Menge der Substanz."

Noch deutlicher und bei Verwendung in einem medizinischen Expertensystem möglicherweise noch tragischer wäre die kausal falsche Interpretation in (b):

"Eine Erhöhung des Natriumgehalts in einer Lösung führt zu einem Anstieg der Menge der Lösung."

Die Natriumkonzentration als der entscheidende Faktor für die korrekte Funktion der Niere beispielsweise würde sich nach dieser Interpretation nicht verändern.

In Forbus' QPT und den meisten anderen Systemen werden deshalb nicht Constraints im strengen Sinne, sondern i.a. eingeschränkte Constraints betrachtet, die nur nach bestimmten Richtungen aufgelöst werden können. Forbus unterscheidet z.B. zwischen den stets gerichteten Wirkungen (influences) und den Proportionalitäten (proportionalities). Eine Wirkung beschreibt den direkten Effekt eines Prozesses; eine so beeinflußte Größe ist sozusagen eine unabhängige Variable des Systems. In Proporionalitäten werden dagegen Einflüsse auf bzw. zwischen abhängigen Größen erfaßt.

Davis verwendet **Simulationsregeln** (simulation rules) zur Darstellung von kausalen Abhängigkeiten und **Ableitungsregeln** (inference rules) zur Herleitung von Inputs einer Komponente bei gegebenen Outputs und evtl. anderen Inputs. Die Ausführung eines Modells darf ausschließlich Simulationsregeln verwenden.

De Kleer's Beschreibungen in ENVISION beruhen ausschließlich auf ungerichteten Constraints. Ein Teil der in [Iwasaki/Simon 85] formulierten Kritik an diesem System fußt letztendlich auf der Tatsache, daß mit den Beschreibungen von ENVISION auch Erklärungen generiert werden können, die nicht der intuitiven menschlichen Erfahrungswelt entsprechen.

Abschließend möchten wir betonen, daß die Einschränkung von Constraints auf bestimmte Richtungen kein technisches, sondern ein rein konzeptionelles Problem ist.

9. ZEITLICHE BEZIEHUNGEN

Kausale und zeitliche Beziehungen sind miteinander durch die folgende Aussage verknüpft:

> Wenn B durch A verursacht wird, dann darf B nicht vor A beginnen.

Dies ist die allgemeinste Form, in der man den Zusammenhang formulieren kann. Es wäre z.B. eine starke Einschränkung der möglichen Beziehungen, wenn man nur die folgende Festlegung träfe:

> Wenn B durch A verursacht wird, dann finden A und B gleichzeitig statt oder B findet nach A statt.

Diese Formulierung hat nur dann Gültigkeit, wenn A und B punktförmige Ereignisse mit der Dauer null sind. Punktförmige Ereignisse sind wichtig, um relevante instabile Zustände beschreiben zu können. Der Vorgang des Gehens beim Menschen besteht z.B. aus einer stetigen Folge von ausschließlich instabilen Gleichgewichtszuständen. Der Durchgang eines Kolbens durch einen Totpunkt ist ein Beispiel für einen signifikanten Zeitpunkt in der Beschreibung eines Motors.

Im allgemeinen sollte man jedoch davon ausgehen, daß sowohl Ursachen als auch Wirkungen einer Kausalbeziehung echte Zeitintervalle mit einer positiven Zeitdauer zugeordnet werden müssen. Zwischen zwei Zeitintervallen können viele mögliche zeitliche Beziehungen existieren. Eine in gewissem qualitativen Sinn vollständige Menge von Zeitrelationen wird z.B. in [Allen 83] definiert (Bild 9.1). Man könnte diese Menge von Relationen noch erweitern um qualitative und auch quantitative Beschreibungen der Intervallängen und der Längen zwischen den Intervallen. Zum Beispiel könnte man die Relation "A < B" verfeinern zu "A R< B" mit

$$R< := \{sehr\text{-}weit\text{-}vor, weit\text{-}vor, vor, kurz\text{-}vor, sehr\text{-}kurz\text{-}vor\}$$

Allen selbst beschreibt eine Methode, seine Relationen um quantitative Aussagen über Intervallängen kanonisch zu erweitern.

Relation	Symbol	Inverse	Graphik
X before Y	<	>	XXX YYY
X equal Y	=	=	XXX YYY
X meets Y	m	mi	XXXYYY
X overlaps Y	o	oi	XXX YYY
X during Y	d	di	XXX YYYYY
X starts Y	s	si	XXX YYYYY
X finishes Y	f	fi	XXX YYYYY

Bild 9.1: Die Zeitrelationen von Allen.

In den hier betrachteten Systemen haben zeitliche Betrachtungen in dieser Vielfalt der Darstellungsformen bisher kaum Eingang gefunden. Ernsthafte Ansätze gibt es bei Forbus zumindest auf der Ebene der Semantikbeschreibung von QPT. In HIQUAL können Zeitrelationen von Allen auf der Syntaxebene zur Beschreibung zeitlicher Beziehungen zwischen Vorbedingungen (Ursachen) und Nachbedingungen (Wirkungen) in Regeln, und zwischen diesen und den inneren Zuständen von Objekten (s. Kapitel 10) explizit spezifiziert werden. Die Beschreibung der Semantik besteht in der Analyse der Zeitrelationen zwischen den möglichen Ereignissen und den Zuständen, wobei ohne explizite Angabe in einer Objektdefinition von den allgemeinsten Standardbeziehungen ausgegangen wird. Die explizit angegebenen Relationen brauchen dann nur als zusätzliche Einschränkungen den Analyseinformationen hinzugefügt werden.

Die Hardware-Diagnostiksysteme von Davis und von Genesereth [Genesereth 84] erlauben lediglich eine digitale und synchrone globale Uhr, gemäß der alle Ereignisse mit einem Zeitpunkt markiert werden können. Es ist klar, daß es von dieser Seite starke Bemühungen geben muß, auch schwierigere Zusammenhänge für zeitlich komplexere Geräte darstellen zu können.

Über diese beiden Systeme hinausgehend ist die von ENVISION durchgeführte Analyse in der Lage, zwischen instabilen globalen Zuständen, die als Zeitpunkte interpretiert werden, und zwischen stabilen globalen Zuständen zu unterscheiden. Instabile Zustände sind daran zu erkennen, daß eine qualitative Variable über VZ einen 0-Durchgang ausführt.
Wichtig ist dabei, daß auch ENVISION noch an einem globalen Zustand festhält, der in einer globalen Sicht für jedes einzelne Objekt seinen aktuellen inneren Zustand aufführt. Ein Ablauf des Systems ist eine Folge solcher globaler Zustände. Diese Darstellungsform des Analyseergebnisses hat wie der Situationskalkül den wesentlichen Nachteil, daß voneinander unabhängige, asynchron parallele Zweige von Aktivitäten nicht adäquat erkannt werden können. Der Vorteil, den man durch die ursprüngliche modulare Beschreibung einzelner Komponenten gewonnen hatte, geht somit in der Darstellung des Analyseergebnisses wieder verloren. Aufgrund der während der Analyse gespeicherten Abgängigkeiten könnte man vielleicht die verteilte Ablaufstruktur durch eine Nachbearbeitung als Ergebnis wieder gewinnen. Es bleibt jedoch dabei, daß über die Unterscheidung zwischen punktförmigen und dauerhaften Zuständen und ihren Nachfolgebeziehungen keine weiteren zeitlichen Relationen spezifiziert bzw. analysiert werden können.

Eine andere zu dem Thema dieses Kapitels wichtige Arbeit ist [McDermott 82]. Einen groben Überblick über Darstellungen von Zeit und auch allgemeiner über Qualitatives Schließen enthält [Charniak/McDermott 85]. [Schwind 85] gibt eine ausführliche Übersicht über Zeitrepräsentationen in der Künstlichen Intelligenz.

10. ZUSTÄNDE VON OBJEKTEN

Objekte reagieren im allgemeinen auf denselben Reiz nicht immer mit demselben Verhalten. Das in Anhang B beschriebene Ventil des Druckreglers weist zum Beispiel die drei Bereiche OFFEN, GESCHLOSSEN und TÄTIG auf, in denen völlig unterschiedliche Reaktionen auftreten. Im Bereich TÄTIG erfüllt das Ventil seine eigentliche Funktion als Regler. Im Bereich GESCHLOSSEN wird keine Druckänderung mehr übertragen, während im Bereich OFFEN jede Änderung entgegen der Reglerfunktion direkt übertragen wird.

Die Wahl solcher Bereiche wird typischerweise dadurch motiviert, daß eine entsprechende das Verhalten beschreibende mathematische Funktion an den Grenzen dieser Bereiche Unstetigkeitspunkte besitzt, oder an dieser Stelle ihr Verhalten qualitativ signifikant verändert (Wendepunkte, Minima, Maxima). Anstatt eine einzige nichtlineare Funktion zu verwenden, versucht man, die nicht lineare Funktion durch eine Reihe linearer Funktionen zu approximieren (Bild 10.1).

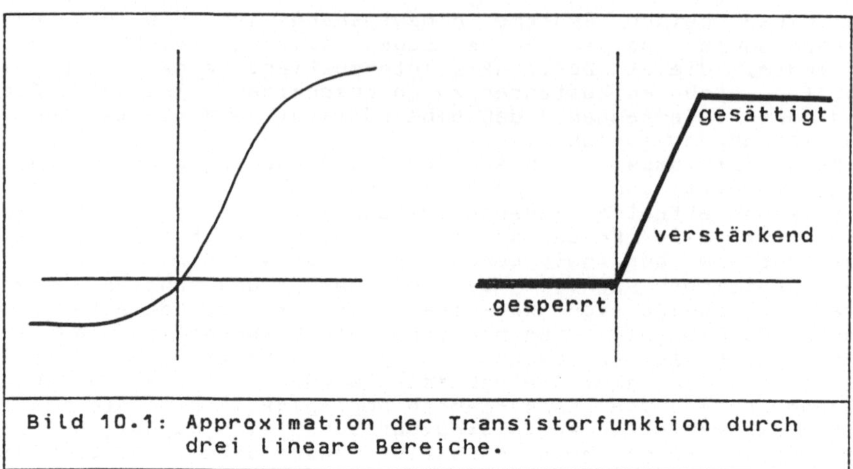

Bild 10.1: Approximation der Transistorfunktion durch drei lineare Bereiche.

Ein <u>Zustand</u> ist somit ein Name für einen in der "Realität" möglicherweise nur annähernd linearen Bereich, in dem das Verhalten des Objekts qualitativ durch eine lineare Funktion beschrieben werden kann.

Zustände dieser Art wurden bereits in EL u.a. zur Modellierung von Dioden und Transistoren verwendet. Zu jedem Zeitpunkt ist das Verhalten eines Objekts durch genau einen zustandsspezifischen Constraint charakterisiert. Da die Information über den Zustand von Objekten bei Beschreibung der gesamten Ausgangssituation in EL nicht vorgegeben werden muß, gehört es zu den Aufgaben der Constraint-Propagierung, den Objekten jeweils einen möglichen Zustand zuzuordnen. Dabei kann es vorkommen, daß Kombinationen von Zuständen der Objekte zu Inkonsistenzen führen. Solche Inkonsistenzen werden in EL im wesentlichen durch sogenannte Monitore erkannt. Eine Inkonsistenz kann nur dadurch beseitigt werden, daß für mindestens ein Objekt ein anderer Zustand gewählt wird.

Zur Entscheidung, welche Zustandsauswahlen überhaupt an der Inkonsistenz beteiligt sind, werden in EL alle wichtigen Entscheidungen und Abhängigkeiten dokumentiert. In Abschnitt 7.2 wurde bereits allgemein die hiernach benannte Technik des abhängigkeitsgesteuerten Backtracking diskutiert. Diese Technik läßt sich auf das Beispiel von EL und speziell auf die Repräsentation von Zuständen anwenden, wenn man anstelle der Zustände eines Objekts eine zusätzliche Variable einführt, die als mögliche Werte gerade die Zustandsbezeichner hat. Die für die Verhaltensweisen des Objekts gegebenen Constraints müssen dann so erweitert werden, daß sie nur bei entsprechender Belegung der Zustandsvariablen anwendbar sind.

Jon Doyle hat später die in EL verwendeten und in EL's Implementationssprache ARS angebotenen Repräsentationen für Abhängigkeiten um nicht-monotone Abhängigkeiten erweitert und verallgemeinert [Doyle 79].

ENVISION, HIQUAL und QPT erlauben ebenfalls die Definition von Objektzuständen. In ENVISION werden die den Zuständen zugeordneten Bereiche durch Ungleichungen über Variablen charakterisiert. Zum Beispiel wird der Zustand TÄTIG des Ventils durch die Ungleichung

$$0 < A < A\text{-max}$$

spezifiziert, wobei A die von dem Ventil freigelassene Durchlaßfläche ist. Während der Analyse muß festgestellt werden, ob sich die qualitativen Werte der Variablen so verändern können, daß die Ungleichung für den momentanen Zustand verletzt und ein neuer Zustand etabliert werden muß. Ist z.B. in der aktuellen Situation $A=+$, $A<A$-max und $\triangle A=-$ ($\triangle A$ ist die qualitative Ableitung von A), so könnte in der nächsten Situation A den Wert 0 erreichen, und damit der Zustand GESCHLOSSEN erreicht werden.

In HIQUAL gibt es keine solche Charakterisierung von Zuständen durch Ungleichungen, sondern der Wechsel eines Objekts in einen neuen Zustand wird als Aktion einer Regel explizit angegeben. Hiermit wird zwar die Analyse der Zustandsübergänge erleichtert, andererseits hat die Methode von ENVISION aber den Vorteil der höheren Modularität bzgl. der Objektbeschreibungen. Nimmt man z.B. Änderungen an der Anzahl der Zustände oder an der Menge der Constraints eines Zustands vor, so müssen die Verhaltensbeschreibungen in unveränderten Zuständen in ENVISION nicht angepaßt werden, wohl aber in HIQUAL, wenn aus den unveränderten Zuständen veränderte Zustände erreicht werden sollen.

11. DIGITALE UND STETIGE VARIABLEN

Die Systeme zur Modellierung lassen sich danach qualifizieren, ob die auftretenden Variablen (Parameter, Terminals, ...) nur stetige oder beliebige (digitale) Wertänderungen ausführen können.

Sei W der Wertebereich einer Variablen V, po eine partielle Ordnung auf W, inv(po) die inverse Relation von po, und $w \in W$ der aktuelle Wert von V.
Dann heißt V **stetig**, wenn V einen neuen Wert w' nur dann annehmen kann, falls w' in po zu w benachbart ist, also $(w,w') \in$ po $\cup$ inv(po).

Wenn V nicht stetig ist, dann wird V als **digital** bezeichnet.

Im allgemeinen ist auf den betrachteten Wertebereichen eine totale Ordnung definiert, z.B. auf VZ. Eine stetige Variable darf also nicht von + (−) nach − (+) wechseln, ohne zwischendurch den Wert 0 gehabt zu haben. Eine ähnliche Konsequenz wird z.B. in der "ordering rule" von ENVISION beschrieben:

E und B seien zwei Objekte; E habe einen Zustand ZE charakterisiert durch $X>m$ und B habe einen Zustand ZB charakterisiert durch $X>n$; $n>0,m>0$. In dem aktuellen globalen Zustand sei bekannt, daß $\triangle X=+$ und $X=0$ gilt. $\triangle X$ bezeichnet die qualitative Ableitung von X, X wird also grösser. Der globale Zustand kann nun entweder E mit ZE oder B mit ZB enthalten.

Angenommen, man weiß zusätzlich, daß $n < m$ gilt.
Aus der Stetigkeit kann man nun schließen, daß in dem neuen globalen Zustand B in ZB sein muß, also $n \leq X < m$. B ändert seinen Zustand vor E.

Diese Einschränkungen der Wertänderungen spielen z.B. in QPT,
ENVISION und HIQUAL eine große Rolle. In dem nicht an den Modellen
der Physik orientierten System von Davis gibt es nur digitale
Variablen, die für die Modellierung digitaler Hardware auf den
höheren Abstraktionsebenen auch adäquat sind. Stetige Variablen
werden jedoch interessant, wenn eine Beschreibungsebene der
Elektronik erreicht wird, wo die Bits durch Potentiale o.ä. dargestellt werden. Prinzipiell ist es wünschenswert, in einer einzigen
Repräsentationssprache sowohl stetige als auch digitale Variablen
zur Verfügung zu stellen. Eine andere Frage ist, ob diese dann
auch in einer Beschreibungsebene gemeinsam verwendet werden können
bzw. sollen.

12. HIERARCHIEN VON MODELLEN

Es herrscht allenthalben eine große Einigkeit, daß Modellierungen
auf verschiedenen Abstraktionsebenen möglich sein sollen. Auf die
Bedeutung hierarchischer Beschreibungen ist in Teil I und an verschiedenen Stellen dieses zweiten Teils hingewiesen worden.

Trotz dieser Bedeutung sind für ENVISION, QPT und die hiermit ver-
wandten Systeme zur Beschreibung einer qualitativen Physik (wie
[Williams 84], [Kuipers 84]) noch keine Erweiterungen zur hierarchischen Modellierung bekannt geworden. Diese Tatsache ist sicherlich nicht auf mangelndes Interesse zurückzuführen. Es ist vielmehr so, daß ein derartiger Ansatz für diese Art von Systemen
nicht einfach anzugeben ist. Zudem sind die zu lösenden Probleme
zur Analyse einer einzigen Abstraktionsebene groß genug und re-
levant genug, um sich zur Zeit noch allein darauf zu konzentrieren.

Die bisher mit den objektorientierten Systemen aus der oben genannten Kategorie erzeugten Modellierungen sind alle noch relativ
detailliert auf einer Ebene "unmittelbar" über der Ebene physikalischer Differentialgleichungen angesiedelt. Wie teilweise
demonstriert wird, laßt sich diese Art von qualitativen Beschreibungen beinahe automatisch aus den konkreten Differentialgleichungen erzeugen. Hier ist zumindest nicht direkt zu sehen, welche Art
von Abstraktion die Modellierung auf einer höheren Ebene enthalten
soll. Es gibt zwar bereits innerhalb der heute "gültigen" Physik
bereits verschiedene Ebenen der Detaillierung, die etwa von der
modernen Quantenmechanik bis zu dem physikalischen Weltbild des
Isaac Newton reichen. Die meisten Beschreibungen der qualitativen
Physik entstehen auch als Abstraktionen aus Newton'schen Gleichungen, die Frage bleibt jedoch: welche adäquaten Modelle der Physik
gibt es jenseits einer qualitativen Newton'schen Physik? Konkre-
ter: wie können noch abstraktere Beschreibungen gewonnen werden,
die nicht einfach losgelöst existieren, sondern strukturelle und
verhaltensmäßige Beziehungen zu den konkreteren Beschreibungen
besitzen?

Diejenigen Systeme, die sich nicht unbedingt einer physikalischen
Beschreibung des zu modellierenden Systems verschrieben haben, wie
etwa Davis, DART oder HIQUAL, bieten dem Bemnutzer Möglichkeiten
zur Bildung von Modellen auf verschiedenen Ebenen an. Anhang A
zeigt z.B. Davis' hierarchische Beschreibung eines Addierers. Bis
auf für diesen Überblick mehr oder weniger unbedeutsame Unter-

schiede können ähnliche Strukturbeschreibungen auch in HIQUAL und
in DART erzeugt werden.

13. SIMULATION UND ENVISIONING

Einige Systeme sind in der Lage, über die Simulation hinaus bzw.
anstatt einer Simulation ein **Envisioning** durchzuführen. In der
Terminologie von [de Kleer/Brown 83] wird der Begriff des Envisioning in Bild 13.1 präzisiert. Demnach versteht man unter Envisioning den Prozeß des Erzeugens von allen möglichen kausalen Verhaltensweisen eines Gesamtsystems, wenn Struktur und Verhalten der
Einzelkomponenten vorgegeben sind. (Der Begriff der Struktur
umfaßt bei de Kleer und Brown sowohl die Struktur, wie sie in dieser Übersicht eingeführt wurde, als auch das Verhalten der Komponenten.)

Aus dem möglicherweise nicht eindeutigen Ergebnis des Envisioning
können später die "unerwünschten" nicht als anwendbar erachteten
Verhaltensweisen aufgrund von Kenntnissen eliminiert werden, die
nicht explizit in die Modellierung eingebracht worden sind. Diesen
Vorgang bezeichnen de Kleer und Brown als **Projektion**. Wie z.B.
teleologische, also auf die Bestimmung des betrachteten Gegen-
stands zielende Informationen sinnvoll eingebracht werden können,
wird in [de Kleer 84] beschrieben.

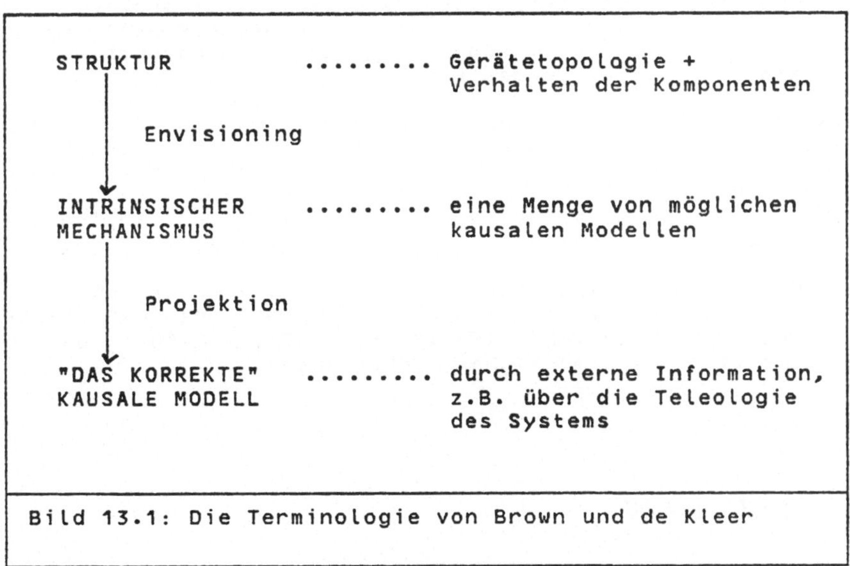

Bild 13.1: Die Terminologie von Brown und de Kleer

Die Ursachen für mehrdeutige kausale Interpretationen sind in folgenden Beobachtungen begründet, die mehr oder weniger für alle
hier betrachteten Modellierungen Gültigkeit haben:

- Die Werte von Variablen sind qualitativ, d.h. Abstraktionen
  über den meist reellen Werten der exakten physikalischen
  Beschreibungen.

- Die in der Analyse erfaßten Ereignisse sind zeitlich nur partiell geordnet. An einigen Punkten fehlt also Information darüber, welches von zwei möglichen Ereignissen zuerst stattfindet.
  Vergleiche hierzu etwa die in Kapitel 11 beschriebene ordering rule für den Fall, daß über die Beziehung zwischen n und m nichts bekannt ist. In diesem Fall enthält die durch Envisioning generierte Struktur zwei mögliche Ausführungspfade, einen Pfad für jede mögliche Fortsetzung.

- In den einzelnen Objekten sind keine globalen Informationen über die Beziehungen zu anderen Objekten enthalten. Die aufgrund dieser Maßnahme gewonnene Modularität der Komponentenbeschreibungen muß also bezahlt werden mit einem möglichen Mangel an Informationen, die zur Klärung einiger Mehrdeutigkeiten führen könnten. De Kleer und Brown fordern diese Modularität etwas spezifischer mit dem **no-function-in-structure** Prinzip: bei der Definition einer Komponente dürfen keine Voraussetzungen über die Objektumgebung gemacht werden, in der die Komponente einmal konkret integriert werden wird. Wenn man nicht alle Umgebungen antizipieren kann bzw. aus Komplexitätsgründen auch nicht will, dann bleibt die Objektdefinition möglicherweise zu allgemein und umfaßt nicht alle Einschränkungen des Verhaltens, das sich durch konkrete Einbettungen ergeben könnte. De Kleer und Brown schlagen vor, die hierdurch entstehenden Mehrdeutigkeiten erst einmal in Kauf zu nehmen, um sie bei Bedarf später durch Informationen über globalere Zusammenhänge in der konkreten Anwendung auszuräumen.

Wie in Kapitel 8 zur Kausalität diskutiert, ist speziell für das ENVISION System zu klären, ob nicht einige Mehrdeutigkeiten auch durch eine gezielte Einschränkung der Anwendungsrichtung von Constraints beseitigt werden könnten.

Jedes durch Envisioning erzeugte Verhalten kann man als eine explizite Repräsentation einer Simulation des Systems unter den gewählten Randbedingungen betrachten. Insofern kann man sagen, daß mit der Existenz eines Envisioning-Verfahrens auch Simulationen umfaßt werden, ohne daß eine Interpretation oder Ausführung der beschriebenen Komponenten explizit **ablaufen** muß.

Während die Systeme mit ausschließlich digitalen Variablen (Davis und DART) nur Simulationen ausführen können, erzeugen die Systeme mit stetigen Variablen (ENVISION, QPT, HIQUAL usw.) eine Repräsentation aller möglichen Verhaltensweisen.

14. ZUSAMMENFASSUNG

Wir haben in diesem zweiten Teil die wichtigsten Eigenschaften von KI-Systemen zur Modellierung von technisch-physikalischen Gegenstandsbereichen diskutiert. Die wesentlichen Punkte werden im folgenden noch einmal kurz aufgezählt.

- Der von McCarthy vorgeschlagene <u>Situationskalkül</u> kann aus zwei Gründen keine befriedigende Lösung sein:

  1. Parallele Abläufe lassen sich nicht darstellen.

2. Die unstrukturierten globalen Zustände machen das Frame-Problem zu einem unüberwindlichen technischen Hindernis.

- Der <u>Common Sense Algorithmus CSA</u> erlaubt eine differenzierte Darstellung vieler Arten zeitlicher und kausaler Zusammenhänge. Die Beschreibung eines komplexen, aus einzelnen Komponenten zusammengesetzten Systems hat jedoch einen ad hoc Charakter. Es fehlt an der Modularität der Beschreibung, d.h. an geeigneten Strukturierungsmitteln, um ein Gesamtverhalten weitgehend aus der Summe der Einzelverhalten der beteiligten Komponenten erzeugen zu können.

- Eine solche <u>Modularität</u> ist kennzeichnend für spätere Entwicklungen. Erreicht wird dies entweder durch objektorientierte oder durch prozeßorientierte Strukturbeschreibungen.

  Forbus' Qualitative Theorie von <u>Prozessen</u> ist eine Verallgemeinerung und teilweise Präzisierung der von Hayes entwickelten Grundidee der <u>Geschichten</u>. Eine Geschichte ist ein zeitlich und räumlich begrenzter Ausschnitt aus dem Gesamtgeschehen. Durch diese Begrenzung des Kontexts wird das Frame-Problem entschärft und nach Forbus' Ausführungen ersetzt durch die einfacheren Probleme der lokalen Entwicklung von Prozessen und dem Problem der Wechselwirkungen zwischen Prozessen. Für alle Veränderungen in der betrachteten Welt sind Prozesse verantwortlich zu machen.

  In objektorientierten Strukurbschreibungen sind die <u>Objekte</u> die aktiven Einheiten. Objekte können zur Kommunikation von Informationen miteinander verbunden werden, um so komplexere Strukturen zu bilden.

- In allen Systemen findet der Austausch von Wechselwirkungen zwischen verschiedenen Einheiten (Objekte oder Prozesse) implementatorisch durch die Technik der Constraint-Propagierung statt. Bis zu einem gewissen Grad kann man also alle Systeme als Constraint-Systeme bezeichnen. Dies gilt in den Systemen QPT, ENVISION, ENV und Williams nur für die von einer globalen Analyse der Zustandsänderungen unterschiedenen "Inkrementellen (Störfall-) Analyse", in der die Reaktion des Systems auf eine lokal ausgeführte Störung eines Gleichgewichtszustands beobachtet wird.

  Constraint-Systeme unterscheiden sich in ihrer Mächtigkeit durch die Eigenschaften der Constraint-Relationen und der Anwendbarkeit von Constraints bei unvollständiger Information. Für die praktisch relevanten Techniken haben wir unterschieden zwischen einfachen und weitgehend einfachen Relationen. Weitgehend einfache Relationen erfordern aufgrund ihrer teilweisen Mehrdeutigkeit ein Backtracking-Verfahren.

  Sind zur Anwendung eines Constraints mindestens zwei Variablen unbekannt, und kann man diesen Variablen keine eindeutigen Werte zuordnen, so kann man mit der Erzeugung von symbolischen Werten und der Propagierung von symbolischen Ausdrücken Fortschritte erzielen.

  Sind die vorliegenden Einschränkungen zu ungenau, d.h. bleiben für eine Variable zu viele mögliche Werte übrig, so könnte man möglicherweise einen destruktiven Propagierungsalgorithmus bzw. eine Kombination aus konstruktiver und destruktiver Propagierung anwenden.

- Die verwendeten Strukturierungsmechanismen schränken die Pfade der möglichen kausalen Wechselwirkungen bereits syntaktisch ein. Ein Unterschied zwischen den Systemen besteht darin, ob Verbindungen gerichtet sind oder nicht. In ENVISION werden z.B. nur ungerichtete Verbindungen erlaubt, d.h. Constraints sind stets in allen Richtungen anwendbar. Forbus hingegen demonstriert, daß eine uneingeschränkte Anwendung von Constraints (hier speziell Gleichungen) zu nicht-kausalen Erklärungen führen kann.

- Die Repräsentation von genaueren, aber immer noch möglichst qualitativen zeitlichen Zusammenhängen ist im allgemeinen noch nicht befriedigend gelöst. Die Analyse in ENVISION und den artverwandten Repräsentationen besteht in der Erzeugung einer Struktur, die zwar für alternative Pfade Verzweigungen enthält, in der aber jeder Knoten einen globalen Zustand des Gesamtsystems repräsentiert. In der Analyse der möglichen Tätigkeiten von Prozessen kann Forbus das asynchron parallele Verhalten eines zusammengesetzten Systems besser abbilden. In HIQUAL können zeitliche Beziehungen am genauesten spezifiziert und analysiert werden.

- In exakteren Modellierungen nicht-lineare Verläufe werden zur Handhabbarkeit für qualitative Schlüsse meistens in approximativ lineare Abschnitte zerlegt. Einem solchen linearen Teilbereich wird ein Bezeichner für einen <u>Zustand</u> zugeordnet, unter dem lineare Beziehungen das für diesen Abschnitt typische Verhalten beschreiben.

- Zur praktikablen Modellierung und Folgerungsfähigkeit über komplexen Systemen ist eine Beschreibung auf mehreren Abstraktionsebenen notwendig. In den Systemen mit der Intention einer qualitativen Physik haben Hierarchien von Modellen bisher kaum Eingang gefunden. In den von physikalischen Modellen mehr losgelösten Systemen wie Davis, HIQUAL und DART gibt es Methoden zur Definition von Hierarchien, die ihre Analogie in Spezifikationen von Hierarchien von Datentyprepräsentationen im Bereich des Software-Engineering finden (vgl. z.B. [Silverberg 81]).

- Einige Systeme zielen darauf ab, alle möglichen Verhaltensweisen des repräsentierten Mechanismus zu analysieren <u>(Envisioning)</u>, während andere sich auf die Möglichkeit der <u>Simulation</u> beschränken. Dafür bieten die "Simulationssysteme" wie z.B. Davis und DART die zusätzliche Möglichkeit einer Rückwärtsinterpretation für Zwecke der Diagnostik an.

15. AUSBLICK

Alle in diesem Überblick betrachteten Systeme mit Ausnahme der
frühen Arbeiten von McCarthy sind im Jahr 1986 nicht älter als 10
Jahre, die meisten sogar erheblich jünger. Zumindest seit den be-
herzten Aufforderungen in [Hayes 79] hat die Beschäftigung mit der
hier behandelten Thematik zurecht einen enormen Zulauf zu verzeichnen. Wie in allen "Modegebieten" (womit wir in keiner Weise
ausdrücken wollen und auch nicht hoffen, daß die Thematik bald
out-of-date ist, im Gegenteil) gibt es auch hier eine teilweise
noch ungestüme Euphorie. Die hieraus resultierenden zum Teil
überzogenen Erwartungen werden sich aber recht bald einer
realistischeren Sicht der bisher erreichten Lösungen und der noch
zu bewältigenden Probleme fügen.

Ein generelles Hindernis zur praktischen Anwendbarkeit wohl aller
bisherigen Ansätze ist die ungenügende Effizienz. Diese Ineffizienz ist teilweise den gestellten Problemen immanent, ließe
sich aber in Einzelfällen durch problemspezifischere Methoden verbessern. So bietet es sich z.B. an, die Annahmen über die Wahl des
Wertes einer Variablen wissensgesteuert auszuführen. Heuristiken
dieser Art werden in noch größerem Umfang in die dargestellten
Verfahren integriert werden müssen.

Es gibt zur Zeit noch keine realistischen Anwendungen der betrachteten Techniken. Im Bereich der Hardwarebeschreibungen wird man
wahrscheinlich dieses Ziel zuerst erreichen, wie insbesondere die
Arbeiten von Davis vermuten lassen. Das gröste Hindernis auf
diesem Weg dürfte in der noch mangelnden Ausdrucksfähigkeit zur
Darstellung von komplexeren zeitlichen Abläufen liegen. Speziell
auf dem Gebiet des VLSI-Entwurfs oder Teilen davon sind einige
hier nicht weiter beschriebene Arbeiten angesiedelt, die sicherlich auch nicht mehr lange auf erste praktische Erfolge warten
lassen.

In vielen Forschungsgruppen denkt man an Anwendungen im Bereich
der Konstruktion, der Prozeßüberwachung, der Fertigungsplanung
oder ähnlichen technischen Bereichen. Auch hier ist die mangelnde
Ausdrucksfähigkeit für zeitliche Beziehungen oft noch ein
schwieriges Problem. Aber es kommen auch andere Schwierigkeiten
dazu:

- In dynamischen Umgebungen müssen Änderungen der vorhandenen
  Daten effizient verarbeitet werden können. Die vorhandenen
  Techniken mit abhängigkeitsgesteuertem Backtracking und der
  Verwaltung von Abhängigkeitsnetzen sind zum Teil weitaus besser als die vor 10 Jahren benutzten Verfahren, doch für einen
  praktischen Einsatz meistens auch noch nicht effizient genug.
  Die intensiven Bemühungen in dieser Richtung, z.B. die Entwicklung des ATMS (assumption based truth maintenance) von
  de Kleer [de Kleer 86] weisen dies deutlich aus.

- Für realistische Anwendungen müssen qualitative und exakte
  quantitative Modelle ohne viele "Kanten" ineinander übergrei-
  fen. Insbesondere Probleme mit unvollständigen Informationen
  stellen hohe Anforderungen an die Qualität der Symbolverar-
  beitung in Constraint-Systemen. Eine Beschränkung auf lineare
  Funktionen wird sich wahrscheinlich auch nicht in allen
  Fällen einhalten lassen, sodaß auch hier mit einem erhöhtem
  Aufwand gerechnet werden muß.

Die Behandlung von Unsicherheiten wird durch eine Integration von Wahrscheinlichkeitsmodellen ergänzt werden müssen. Die von de Kleer vorgeschlagene Hardware-Diagnostik [de Kleer/Williams 85] z.B. verwendet unmittelbar den ATMS und berücksichtigt auch probabilistische Werte über Ausfallhäufigkeiten der Komponenten.

Generell kann man zur Problematik der Modellhierarchien sagen, daß Techniken aus dem Bereich des Software-Engineering insbesondere zur Spezifikation abstrakter Datentypen in Verbund mit KI-Arbeiten zur Darstellung von Hierarchien (Frames) wertvolle Beiträge zur Präzisierung der strukturellen Beziehungen leisten könnten. Aus einer Kombination dieser Methoden werden sich möglicherweise mächtigere Techniken zur Darstellung von Hierarchien von Constraint-Systemen entwickeln.

- In vielen Bereichen des CAD/CAM spielen <u>geometrische Beziehungen</u> eine große Rolle. Zu qualitativen Darstellungen der Geometrie ist in diesem Überblick noch nichts gesagt worden. Dies hat seinen Grund darin, daß es hierüber bzgl. der betrachteten Systeme auch nicht viel zu berichten gibt. Erst seit jüngster Zeit existieren einige wenige Ansätze, in denen geometrischen Beziehungen eine größere Bedeutung beigemessen wird. Dies ist z.B. der Fall in COMODEL [Dilger/Kippe 85] oder in dem Expertensystem GARI zur Fertigungsplanung [Descotte/Latombe 85]. GARI ist auch aus zwei anderen Gründen besonders interessant:

  1. Das Planungsproblem wird als ein Constraint-Problem aufgefaßt und realisiert. Dabei werden die relevanten Constraints aufgrund der aktuellen Parameter des zu fertigenden Teils, der zur Verfügung stehenden Maschinen und der geometrischen Struktur des Teils zunächst dynamisch erzeugt. Zusätzlich können Constraints mit Gewichten versehen werden, die bei Fertigungsalternativen entsprechend berücksichtigt werden müssen.

  2. Zur Behebung von auftretenden Konflikten wurden in einer ersten Version sämtliche Planungsentscheidungen in Abhängigkeitsnetzen a la Doyle protokolliert. Diese Lösung war jedoch aufgrund des enorm hohen Platzverbrauchs zu ineffizient. Man entschied sich daher für ein uninformiertes Rücksetzungsverfahren, das aber die Gewichte der getroffenen Entscheidungen berücksichtigt und die Optimalität der gefundenen Lösung bzgl. der gesetzten Kriterien garantiert.

- Besonders für Konstruktionsprobleme ist die Integration von Wissen über die Funktion des betrachteten Systems ausschlaggebend. Bedeutsam ist hier sicherlich das System EQUAL [de Kleer 84], weitere Arbeiten in diesem Bereich sind jedoch rar.
Für den Konstruktionsbereich ist eine Hierarchisierung der Modelle besonders wichtig, und es wäre gerade hier von großer Bedeutung, Techniken der Softwarekonstruktion mit den Begriffen der "Spezifikation" und der "Implementierung" (vgl. z.B. [Klaeren 83]) in die Betrachtungen einfließen zu lassen.
Ein anderes Erfordernis besteht in der Protokollierung der wichtigsten Konstruktionsentscheidungen, um auftretende Inkonsistenzen insbesondere zwischen Spezifikation und Implementierung effizient beheben zu können.
Leider unvollendet gebliebene Ansätze zu den beiden letzten Punkten sind in [Raulefs 84] präsentiert worden.

Diese abschließende Diskussion soll aber nicht den Eindruck erwecken, daß es hier einzig und allein darum gehe, möglichst schnell möglichst viele bedeutende Anwendungen anbieten zu können. Die Betrachtung von Anwendungen soll vielmehr dazu anregen, den Blick für die Realität und die noch ausstehenden Probleme nicht zu verlieren.

Besonders den Arbeiten zur qualitativen Physik muß ein hoher Erkenntniswert zugesprochen werden, der ohne jede konkrete Anwendung allein für sich eine große Bedeutung erlangen wird. Dabei sind die Arbeiten in diesem Bereich längst nicht abgeschlossen. Alle oben genannten Probleme treffen natürlich auch hier zu. Zusätzlich wird in nächster Zukunft einiges investiert werden, um die zugrundeliegenden mathematischen Modelle zu erweitern und zu präzisieren. Diese Arbeiten werden den Grundstock zu einer qualitativen Mathematik, insbesondere der Analysis, bilden.

Wie bereits in den bisherigen Modellen, werden zur Beschreibung höherer Abstraktionsebenen Erkenntnisse aus der Kognitionswissenschaft in die Modellbildungen verstärkt einfließen (vgl. etwa [Gentner/Stevens 83]). Dies wiederum wird einen fruchtbaren Rückkopplungseffekt auf die Kognitionswissenschaft haben, da die erzeugten Modelle zur Überprüfung der mentalen Modelle dienen können. Auch hier starten momentan viele Aktivitäten.

Anhang A DAS SYSTEM VON DAVIS

A1 ÜBERBLICK

Das System von Davis [Davis 84], im folgenden kurz mit "Davis" bezeichnet, dient zur Fehlersuche in digitaler elektronischer Hardware. Ein betrachtetes Gerät wird in Hierarchien von Modellen sowohl auf logischer als auch auf physikalischer Ebene repräsentiert. Zur Diagnostik wird eine geordnete Folge von Fehlerkategorien betrachtet, wobei jede Kategorie mit einem bestimmten Typ von möglichen Störungen assoziiert ist (interactions, z.B. elektrische, magnetische usw.). Ein Gerät wird bzgl. einer Fehlerkategorie vollständig untersucht, bevor die in der Ordnung folgende Kategorie berücksichtigt wird.

Das Verhalten von Komponenten wird durch einfache Constraints spezifiziert. Die entscheidende Technik zur Diagnostik besteht darin, den Constraint einer verdächtigen Komponente temporär aufzuheben, um so zu erfahren, ob ohne die Wirkung der Komponente alle aufgetretenen Symptome erklärt werden können.

A2 DARSTELLUNG DER STRUKTUR

Die Struktur eines Geräts wird auf der logischen und auf der physikalischen Ebene repräsentiert. In beiden Repräsentationen treten die folgenden Einheiten auf:

- **Module**: Module sind Prototypen von Objekten, die instanziiert und über Ports miteinander verbunden werden können.

- **Ports**: Ports haben ein äußeres und mindestens ein inneres Terminal. Ports erlauben einen Wechsel der Datenrepräsentation (Bild A1).

- **Terminals**: Module werden miteinander verknüpft, indem zwei äußere Terminals miteinander verschmolzen werden (Bild A2).

Ein Modul kann Komponenten besitzen, die selbst wieder als Module realisiert sind und miteinander oder mit den inneren Terminals des äußeren Moduls verbunden sind (Bild A3).

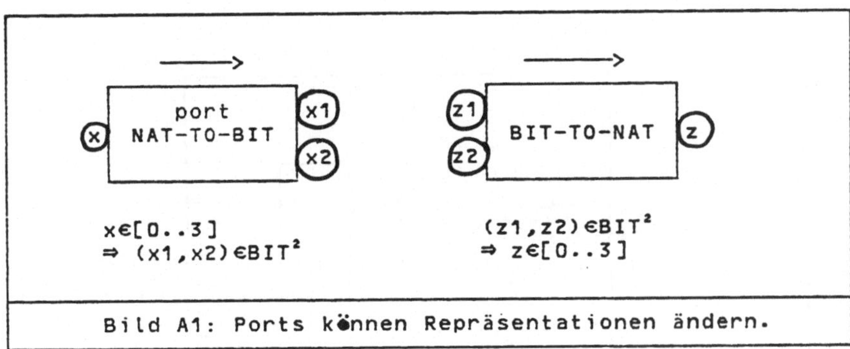

Bild A1: Ports können Repräsentationen ändern.

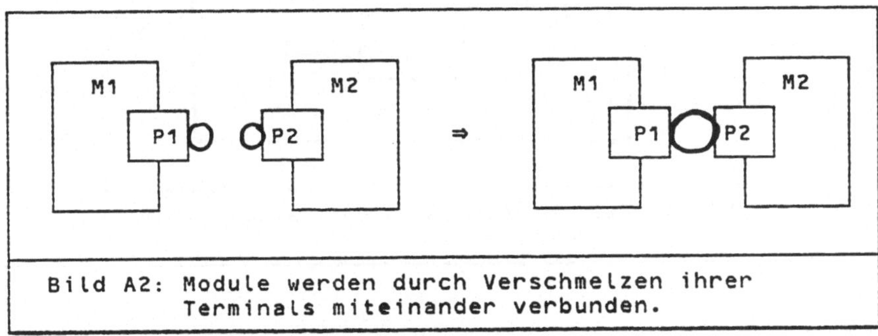

Bild A2: Module werden durch Verschmelzen ihrer
Terminals miteinander verbunden.

Die Hierarchie der physikalischen Module ist dreistufig und besteht aus Integrierten Schaltungen (Chips), Platinen (Boards) und
Gehäusen (Cabinets). Die Blattknoten in der Hierarchie der logischen Module (Gatter) und der physikalischen Module (Chips) werden
einander zugeordnet. Dadurch kann jeder logischen Einheit der Ort
ihres physikalischen Auftretens als diejenige physikalische Einheit zugewiesen werden, die alle physikalischen Orte von Gattern
der logischen Einheit als Nachfolger besitzt.

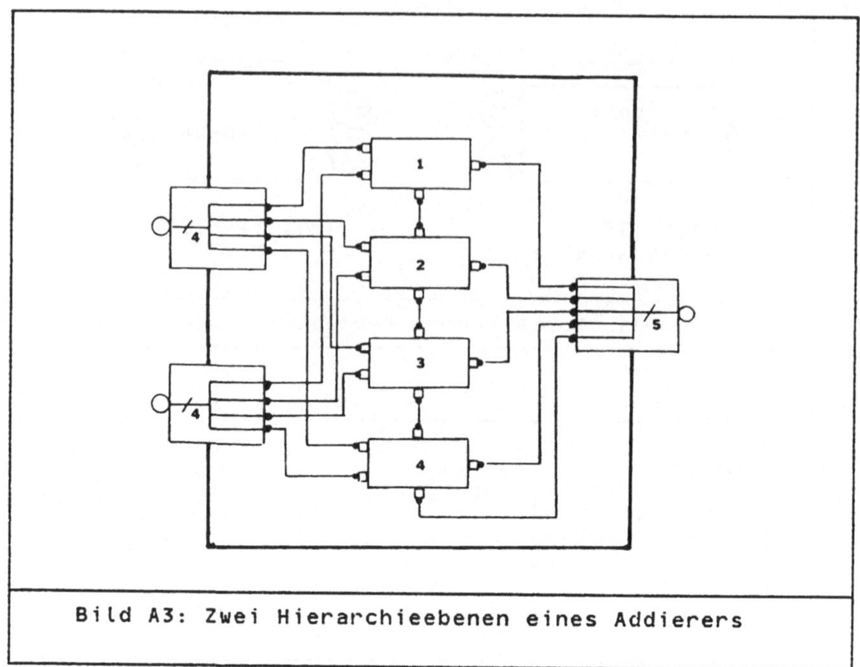

Bild A3: Zwei Hierarchieebenen eines Addierers

A3 DARSTELLUNG DES VERHALTENS

Das black-box Verhalten einer Komponente wird durch einen einfachen Constraint dargestellt. Dabei wird jede Auswertungsrichtung des Constraints bei einer Unbekannten durch eine eigene Regel repräsentiert. Diese Regeln heißen

- **Simulationsregeln** (S-Regeln), wenn die zu bestimmende Größe der Wert eines Ausgabe-Ports ist.

- **Ableitungsregeln** (A-Regeln), wenn der Wert eines Eingabe-Ports bestimmt wird.

   Beispiel: Ein ADDIERER-Constraint $x + y = z$ wird dargestellt durch

        berechne z aus (x,y) durch (+ x y)   {S-Regel}

        berechne x aus (z,y) durch (- z y)   {A-Regel}

        berechne y aus (z,x) durch (- z x)   {A-Regel}

Im Gegensatz zu A-Regeln modellieren S-Regeln den tatsächlich möglichen Fluß von Elektrizität. Die beiden Typen von Regeln werden durch zwei voneinander unabhängige Netzwerke implementiert. Jedes Terminal besitzt dazu zwei Plätze , von denen einer einen Simulationswert speichern kann, der andere möglicherweise einen abgeleiteten Wert enthält. Zusätzlich enthält jeder Platz Informationen darüber, welche Regeln prinzipiell auf den Platz zugreifen können, und wenn ein Wert vorhanden ist, von welcher Regel dieser

Wert berechnet wurde. Diese Informationen sind grundlegend für den
Diagnostikprozeß.

A4 ANWENDUNG

Die Diagnostik beruht auf einer Wechselwirkung zwischen S-Regeln
und A-Regeln. Ausgehend von vorgegebenen Inputs generieren die
S-Regeln die vom Modell erwarteten Outputs. Die tatsächlich am
realen Gerät vorgefundenen Outputs können von den A-Regeln
rückwärts propagiert werden und ermöglichen so Schlußfolgerungen
über das aktuelle Verhalten. Vergleiche der von S-Regeln und von
A-Regeln ermittelten Werte bilden die Grundlage für die Diagnostik.

Beispiel: Für den Schaltkreis in Bild A4 wird für F der Wert 10
beobachtet, die Simulationsregeln berechnen aber mit den einge-
zeichneten Eingaben den (gewünschten) Wert 12. Wir schildern nun
die weiteren prinzipiellen diagnostischen Überlegungen, die dann
von Davis durch eine geschickte Technik realisiert werden.

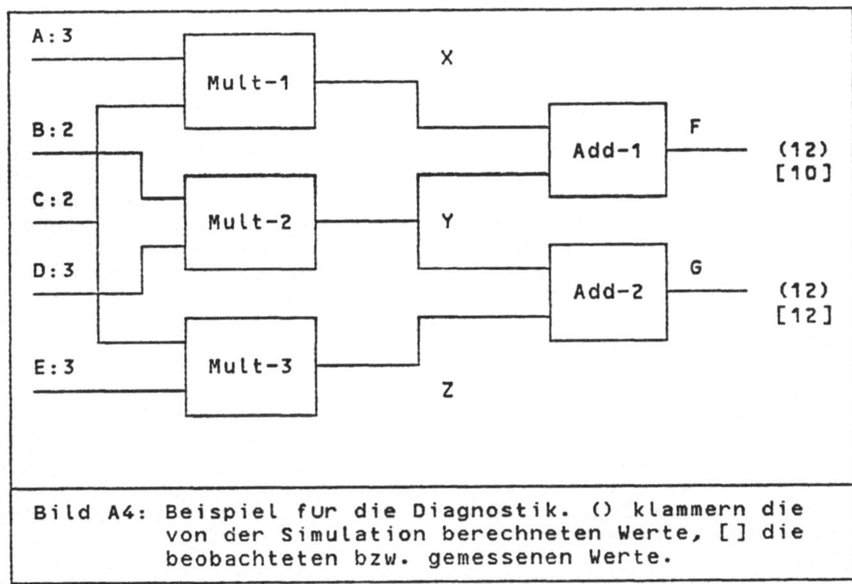

Bild A4: Beispiel für die Diagnostik. () klammern die
von der Simulation berechneten Werte, [] die
beobachteten bzw. gemessenen Werte.

Die Analyse des Abhängigkeitsnetzwerks für die Simulation ergibt,
daß die einzigen an dem Ergebnis beteiligten Komponenten Mult-1,
Mult-2 und Add-1 sind. Add-1 kommt als unmittelbar für die Ausgabe
verantwortliche Komponente direkt als Kandidat in Frage. Gilt das
auch für Mult-1 und Mult-2? Zur Überprüfung von Mult-1 geht Davis
nun davon aus, daß Add-1 und Mult-2 korrekt sind. Die Ableitungs-
regel für X in Add-1 liefert den Wert 4 für die Ausgabe von
Mult-1, wenn sie für F = 10 und Y = 6 { wie im Ausgabeplatz von
Mult-2 noch gespeichert } ausgeführt wird. Da Mult-1 keine
Vorgänger-Komponenten besitzt, kommt auf diesem Weg nur Mult-1 als
weiterer Kandidat in Frage. Außerdem wissen wir nun, welchen Wert
Mult-1 im Fehlerfall für seine gegebenen Eingaben liefert. Diese
Information könnte z.B. später in weiteren Tests bzw. bei weiterer
Detaillierung der Komponenten Mult-1 als Kandidaten ausschließen.

Wir untersuchen nun, ob Mult-2 auch ein möglicher Kandidat sein kann. Die Ableitungsregel für Y von Add-1 ergibt, daß Mult-2 den Wert 4 geliefert haben muß. Eine Vorwärts-Simulation dieser Ausgabe ergibt jedoch, daß in diesem Fall G ebenfalls den Wert 10 gehabt haben müßte. Gemessen wurde aber der Wert 12. Also kann die Annahme, daß (nur) Mult-2 fehlerhaft ist, die beobachteten Symptome nicht erklären. Damit scheidet Mult-2 als Kandidat aus.

Davis hat zur Überprüfung von Kandidaten eine besondere Technik entwickelt, die als **Aufhebung von Constraints** (constraint suspension) bezeichnet wird und mit der das oben beschriebene sequentielle Verfahren parallel ablaufen kann. Während in Constraint-Netzen bei Auftreten von Konflikten eine der gemachten Annahmen (Wert einer Variablen) rückgängig gemacht werden muß, wird hier ein Constraint – und damit das Verhalten einer Komponente – für eine Inkonsistenz verantwortlich gemacht. Die Idee besteht nun darin, den Constraint einer verdächtigten Komponente zeitweise aufzuheben, um ihn in einer anschließenden Propagierung nicht mehr zu berücksichtigen.

Die verdächtigte Komponente kommt nun genau dann als tatsächlicher Kandidat in Frage, wenn eine Propagierung

- unter Verwendung von S-Regeln und A-Regeln

- bei Eingabe aller Symptome und der ursprünglichen Inputs

keine Inkonsistenz ergibt.

> **Beispiel**: Wird der Constraint von Add-1 aufgehoben und wird anschließend propagiert, so erscheint kein Wert in dem Simulations-Platz der Ausgabe von Add-1. Es tritt also auch keine Inkonsistenz mehr zwischen dem beobachteten Wert 10 in dem Ableitungs-Platz der Ausgabe von Add-1 und dem (ohne Aufhebung von Add-1) von Add-1 durch Simulation gelieferten Wert auf. Da der Wert 10 von Add-1 auch nicht rückwärts propagiert wird, entstehen auch an anderen Plätzen keine Inkonsistenzen. Add-1 ist also ein Kandidat.
>
> Bei Aufhebung der Constraints für Mult-2 wird von Add-1 der Wert 4 für Y berechnet. Der eigentlich von Mult-2 zu berechnende Wert 6 für Y wird nicht erzeugt, da Mult-2 aufgehoben ist. So entsteht also auch hier keine Inkonsistenz. Zu einer solchen kommt es dann aber doch, wenn Y = 4 und Z = 6 von Add-2 zu dem Ergebnis G = 10 führt, was mit dem beobachteten Wert nicht übereinstimmt.

Allgemein kann das gesamte Verfahren zur Generierung von Kandidaten in drei Schritten beschrieben werden:

1. Sammle alle Differenzen zwischen beobachtetem und simuliertem Wert.

2. Bestimme potentielle Kandidaten aufgrund der Abhängigkeitsnetze.

   > Für jede in 1. erkannte Differenz erzeuge die Menge der an dem Simulationsergebnis beteiligten Komponenten.
   >
   > Bilde die Schnittmenge aller in 2.1 erzeugten Mengen.

3. Teste die Inkonsistenz der Kandidaten durch Aufhebung ihrer Constraints.

Enthält die Kandidatenmenge nach Schritt 3 noch mehrere gleich plausible Kandidaten, so müssen geeignete Testeingaben entwickelt werden, um einige dieser Kandidaten auszuscheiden. Einen Beitrag zu diesem wohl noch nicht abgeschlossenen Problem liefert [Shirley/Davis 83].

A5 FEHLERKATEGORIEN

Es gibt schwierigere Probleme, die allein aufgrund des bisher vorhandenen Wissens nicht zu diagnostizieren sind. Für diese Probleme muß die "Closed-World-Assumtion", die nur die in den Modulen definierten Strukturen und Wechselwirkungspfade zuläßt, zugunsten von erweiterten Modellen aufgehoben werden. Davis schlägt für das betrachtete Gebiet die folgende weitere Reihenfolge in der Berücksichtigung von Fehlern vor:

1. Bestimmte Fehler im Verhalten (z.B. stuck-at Fehler)

2. Brücken (Verbindungen, wo in der Strukturbeschreibung keine vorgesehen sind). Zur Einschränkung der kombinatorischen Anzahl möglicher Brücken kann die Eigenschaft der 'physikalischen Nachbarschaft' herangezogen werden. Zur Bestimmung dieser Eigenschaft sind Referenzen zur physikalischen Hierarchie notwendig.

3. Nicht vorhergesehene Richtung der Elektrizität (Inputs arbeiten plötzlich als Outputs)

4. Mehrere Fehler sind gleichzeitig verantwortlich

5. Intermittierende Fehler (intermittent error)

6. Fertigungsfehler

7. Entwurfsfehler

In der weiteren Entwicklung der Diagnostik-Systeme sollen diese Fehlerkategorien explizit modelliert werden, indem die jeweils zugrundeliegenden Annahmen explizit formuliert und in Abhängigkeitsnetzen festgehalten werden.

<u>Anhang B   Das System von De Kleer</u>

Die Ziele der Envisioning Theorie als einer qualitativen Theorie
der Physik werden am besten von den Autoren selbst beschrieben:

> "A qualitatitve physics predicts and explains the behavior of
> mechanisms in qualitative terms. The goals for the qualitative
> physics are (1) to be far simpler than the classical physics
> and yet retain all the important distinctions (e.g. state,
> oscillation, gain, momentum) without invoking the mathematics
> of continuously varying quantities and differential equations,
> (2) to produce causal accounts of physical mechanisms that are
> easy to understand, and (3) to provide the foundations for
> common sense models for the next generation of expert systems.
> ..."
> [De Kleer/Brown 84, p.7]

Die in dem ENVISION System implementierte Envisioning Theorie (ET)
ist also einerseits eine <u>Theorie der Physik</u> mit dem Ziel einer
qualitativen Beschreibung und Verhaltensanalyse von technisch-
physikalischen Geräten. Andererseits wird mit ET eine <u>Theorie der
Kausalität</u> angestrebt, die als Ziel dem Menschen verständliche
Erklärungen der Funktionsweise von solchen Geräten liefern möchte.

Abschnitt B1 gibt einen Überblick. Nach der Strukturbeschreibung
in B2 wird die Repräsentation des Verhaltens einzelner Komponenten
in B3 dargestellt. Der letzte Abschnitt B4 erklärt die Analyse des
Gesamtverhaltens eines komplexen Gerätes an einem Beispiel.

<u>B1   Überblick</u>

ET ist objektorientiert. Aus einer Beschreibung der
Gerätetopologie mit den gewünschten Komponenten und ihren Verbindungen, sowie den einer Modellbibliothek entnommenen Verhaltensbeschreibungen der geforderten Komponenten wird versucht, das Gesamtverhalten des Gerätes zu analysieren. Objekte besitzen
Zustände, denen spezifische Verhaltensweisen in Form von qualitativen Differentialgleichungen zugeordnet werden. Die qualitativen
Differentialgleichungen sind linear und werden als <u>Konfluenzen</u> bezeichnet. Ausgangspunkt für die Verhaltensanalyse des gesamten
Gerätes ist eine Menge von Konfluenzen, die zustandsspezifisch aus
den Verhaltensbeschreibungen der Einzelkomponenten entnommen werden.

ET unterscheidet zwischen einer <u>zustandsinternen Verhaltensanalyse</u>
(intrastate analysis) und einer <u>globalen Verhaltensanalyse</u> (interstate analysis). Die globale Analyse ergibt sich als eine Iteration der zustandsinternen Analyse, wobei von einer Iteration zur
nächsten die zustandsinternen Veränderungen tendenzmäßig erfaßt
werden, und die sich hieraus möglicherweise ergebenden neuen
Objektzustände durch die neuen zustandsspezifischen Konfluenzen
berücksichtigt werden. Das Ergebnis einer globalen Analyse ist

i.a. mehrdeutig und läßt sich in einem nichtdeterministischen
Zustandsübergangsgraphen darstellen.

Eine ausführliche Beschreibung von ET (auch von Forbus' QPT u.a.)
findet man in [Dilger 85]. Aus diesem Vorlesungsmanuskript werden
auch einige Korrekturen an dem Originaltext in
[De Kleer/Brown 84], insbesondere für das Beispiel in Abschnitt
B4, übernommen.

B2   Darstellung der Struktur

ET kennt die Einheiten

- **Materialien**: das sind Informationen, Kräfte oder Stoffe

- **Verbindungen**: transportieren Materialien, ohne sie zu
  verändern

- **Komponenten**: können Materialien verändern.

Auf eine exakte Darstellung der Sprachmittel zur Strukturbeschreibung möchten wir verzichten. Die prinzipielle Vorgehensweise sollte aus dem Beispiel (Bild B1, B2) hervorgehen.

B3   Darstellung des Verhaltens einer Komponente

Eine einzelne Komponente wird beschrieben durch eine Menge von
Konfluenzen. Eine Konfluenz enthält Konstanten aus $VZ = \{+,-,0\}$
und Variablen über VZ. Eine Variable ist entweder eine Grundgröße
V oder eine abgeleitete Variable (notiert als ΔV). Zur Beschreibung nichtlinearen Verhaltens kann die Menge der Konfluenzen auf
eine endliche Menge von Komponentenzuständen aufgeteilt werden.
Ein Zustand wird definiert durch einen Namen und eine Menge von
Prädikaten über nicht-abgeleiteten Variablen (Grundgrößen des Systems).

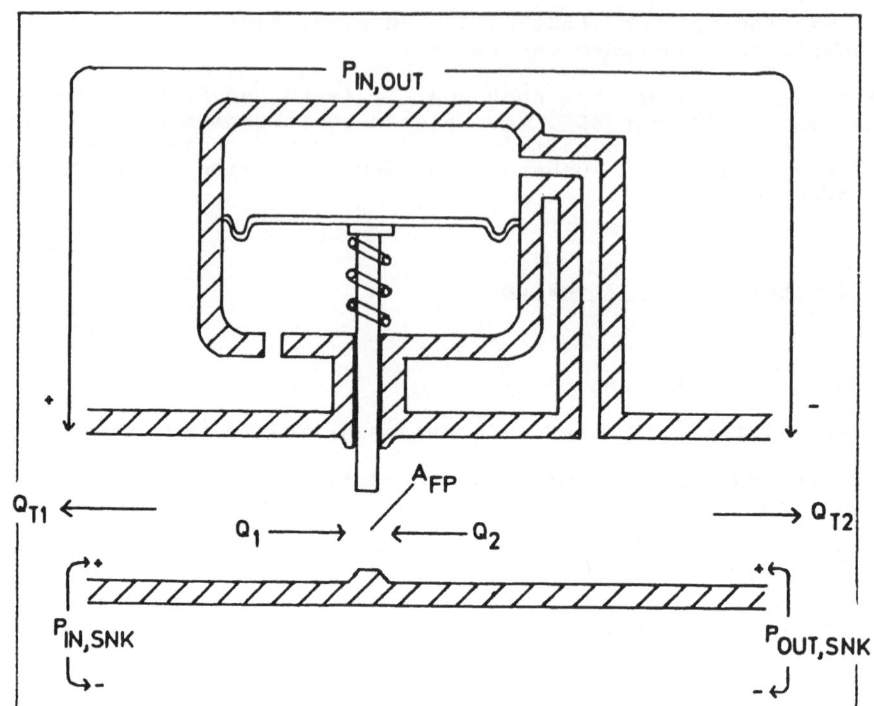

Bild B1: Der Druckregler.
        Eine Druckerhöhung am Eingang des Reglers
führt zu einem erhöhten Fluß durch die freie Fläche des
Ventils (A.FP). Damit wird zwar der Druck und der Fluß
(Q.T2) am Ausgang erhöht, doch wird dieser Anstieg auch
auf die Membran übertragen, die mit dem Ventil verbunden ist. Die Membran drückt also das Ventil gegen die
Federkraft nach unten, wodurch die Durchlaßfläche A.FP
und damit der Fluß durch das Ventil kleiner wird. Auf
diese Weise erhöht sich der Druck am Ausgang des Reglers wesentlich weniger als es ohne die Reglerfunktion
der Fall wäre.

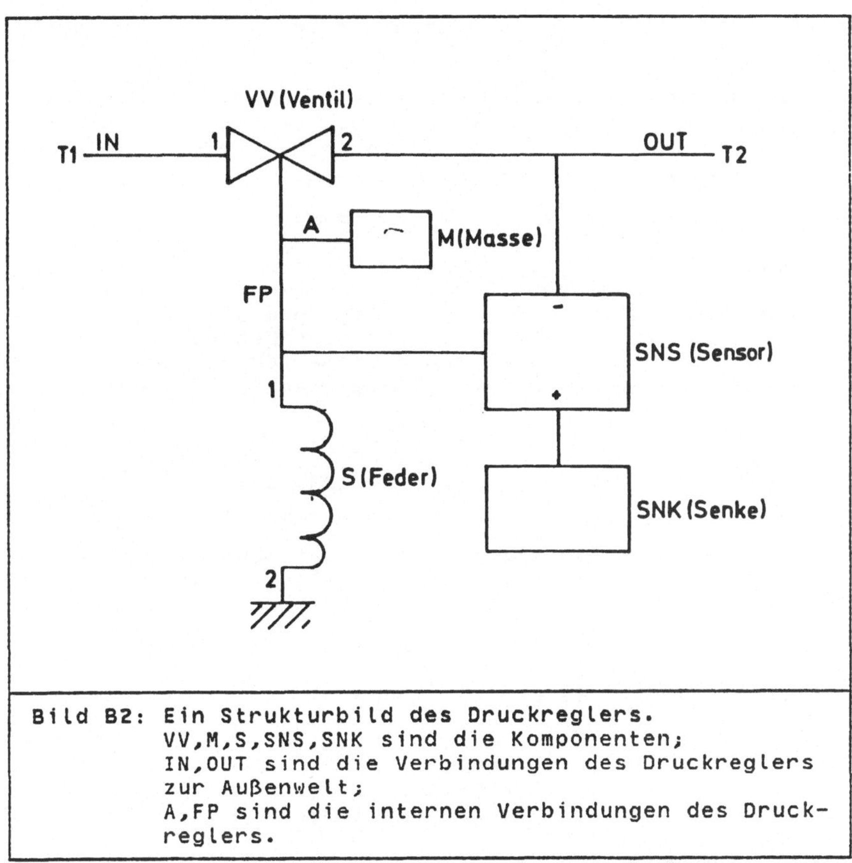

Bild B2: Ein Strukturbild des Druckreglers.
VV,M,S,SNS,SNK sind die Komponenten;
IN,OUT sind die Verbindungen des Druckreglers
zur Außenwelt;
A,FP sind die internen Verbindungen des Druck-
reglers.

Auch Verbindungen sind mit einer Menge von Konfluenzen assoziiert.
Im Unterschied zu Komponenten werden die Verbindungskonfluenzen
jedoch auf der Basis der gebietsspezifischen Annahmen über die
Modellierung (class wide assumptions) vom System automatisch generiert. Eine gebräuchliche Annahme für ein
flüssigkeitstransportierendes System besteht z.B. darin, daß alle
Verbindungen mit der Flüssigkeit vollkommen ausgefüllt sind, und
sich so ein Druck unverzögert fortpflanzen kann. Mit dieser Annahme läßt sich z.B. für die in einem Knotenpunkt K einwirkenden
Flüsse Q_1, Q_2 und Q_3 eines Systems eine Konfluenz erzeugen, die
ihre Analogie in Kirchhoff's Gesetz für die in einen Knoten hin-
einlaufenden Ströme besitzt:

$$Q_1 + Q_2 + Q_3 = 0$$

Die für einen Komponentenzustand charakteristischen Gleichungen
und die Wahl der Komponentenzustände selbst kann beliebig erfolgen, ergibt sich aber im allgemeinen aus den physikalischen Gleichungen für das betreffende (Sub-)System. ET spezifiziert eine
allgemeine Methode zur Herleitung der qualitativen Gleichungen aus
den quantitativen (auch nicht-linearen) Gleichungen. Wir können

hierauf nicht detailliert eingehen und beschränken uns deshalb auf
einige Beispiele für den Druckregler:

1. Der Massenaspekt des Ventils wird physikalisch beschrieben
   durch die Gleichung f = m * b. Da die Masse stets positiv
   und konstant ist, ergibt sich in der Vorzeichenalgebra VZ
   die Konfluenz

$$F = \Delta V$$

   wobei V für die Geschwindigkeit der Masse steht und ΔV für
   ihre Beschleunigung. Die in ET in einer Konfluenz auftretenden Terme sollten möglichst nicht gemischt sein, d.h. ein
   Term sollte nicht sowohl Grundgrößen als auch abgeleitete
   Größen enthalten. Gemischte Terme können durch Einführung
   von Zuständen zu "reinen" Termen reduziert werden:

$$
\begin{aligned}
\text{F-POS} &: [F>0], \quad \Delta V=+ \\
\text{F-ZERO} &: [F=0], \quad \Delta V=0 \\
\text{F-NEG} &: [F<0], \quad \Delta V=-
\end{aligned}
$$

2. Das Hooke'sche Gesetz für die Feder läßt sich darstellen als
   dF/dt = k * v. Die positive Konstante k hat qualitativ keinen Einfluß auf die Beziehung, wodurch sich die Konfluenz

$$\Delta F = V$$

   und wie in 1. die drei Zustände

$$
\begin{aligned}
\text{V-POS} &: [V>0], \quad \Delta F=+ \\
\text{V-ZERO} &: [V=0], \quad \Delta F=0 \\
\text{V-NEG} &: [V<0], \quad \Delta F=-
\end{aligned}
$$

   für die Feder ergeben.

3. Der Regelaspekt des Ventils läßt sich durch die gemischte
   Konfluenz

$$\Delta P - V - \Delta Q = 0$$

   ausdrücken. Hierbei ist P der Druck über dem Ventil, Q der
   Fluß durch das Ventil und V die Geschwindigkeit. Auflösen
   der gemischten Konfluenz für V und Hinzufügen einer Richtung
   für den Druck P führt zu neun verschiedenen Verfeinerungen
   des Zustands WORKING (0 < A < A-MAX), wobei A die
   Durchlaßfläche des Ventils ist). Drei dieser Zustände sind:

$$
\begin{aligned}
\text{WORKING-V>0} &: [0<A<A\text{-MAX}, \; P<0, \; V>0], \quad \Delta P-\Delta Q = + \\
\text{WORKING-V=0} &: [0<A<A\text{-MAX}, \; P<0, \; V=0], \quad \Delta P-\Delta Q = 0 \\
\text{WORKING-V<0} &: [0<A<A\text{-MAX}, \; P<0, \; V<0], \quad \Delta P-\Delta Q = -
\end{aligned}
$$

B4   Darstellung des Verhaltens eines Systems

Ein **globaler Zustand** eines Systems ergibt sich durch die Auswahl
eines Zustands für jede Komponente des Systems. Sind für ein
Modell keine expliziten Zustände definiert, so wird die Existenz
eines einzigen Dummy-Zustands angenommen. Die Auswahl der
Einzelzustände muß natürlich konsistent sein, z.B. darf nicht für
das Ventil ein Zustand mit V>0 und für die Feder der Zustand V-NEG
zur gleichen Zeit ausgewählt werden.

B4.1   Das zustandsinterne Verhalten

Ein globaler Zustand definiert implizit eine Menge von Konfluenzen, die für die einzelnen Komponenten und die Verbindungen in dem
betrachteten Zustand gültig sind. Ein **zustandsinternes Verhalten**
ist damit eine Variablenbelegung, unter der die Konfluenzen des
betrachteten Zustands nicht inkonsistent sind.

Im allgemeinen gibt es aufgrund der qualitativen Beschreibung mehrere verschiedene zustandsinterne Verhaltensweisen (Interpretationen). Die Berechnung aller **Interpretationen** wird als zustandsinterne Analyse (intrastate analysis) bezeichnet. Das Verfahren
zur Berechnung aller Interpretationen (= Lösungen des Gleichungssystems) ist eine konstruktive Constraint-Propagierung mit der
Einführung von Annahmen für die Fälle, wo in einer n-stelligen Relation das Ergebnis nicht eindeutig ist oder weniger als n-1
Variablen bekannt sind. De Kleer und Brown bezeichnen ihr Verfahren als eine Mischung aus Constraint-Propagierung und Generate-
and-Test.

Bild B3 enthält alle Konfluenzen des Druckreglers für abgeleitete
Grössen für den Zustand charakterisiert durch P<0, V>0, und F>0.
Zusätzlich wird in Gleichung (11) als Störfall angegeben, daß sich
der Druck am Eingang des Druckreglers erhöht (Störfallanalyse). In
Bild B4 werden für jeden globalen Zustand des Druckreglers die
möglichen Interpretationen gelistet. Für P<0, V>0 und F>0 sind
beispielsweise zwei Interpretationen möglich, d.h. die Gleichungen
in Bild B3 haben zwei Lösungen unter der Vorzeichenalgebra VZ.

Zustandsunabhängige Konfluenzen:

$$(1)\quad \Delta P.OUT,SNK + \Delta F.1(S) + \Delta F.A(M) = 0$$
$$(2)\quad \Delta F.1(S) + \Delta F.2(S) = 0$$
$$(3)\quad \Delta P.IN,OUT + \Delta P.OUT,SNK - \Delta P.IN,SNK = 0$$
$$(4)\quad \Delta Q.T1 + \Delta Q.1(VV) = 0$$
$$(5)\quad \Delta Q.T2 + \Delta Q.2(VV) = 0$$
$$(6)\quad \Delta Q.1(VV) + \Delta Q.2(VV) = 0$$
$$(7)\quad \Delta Q.T2 - \Delta P.OUT,SNK = 0$$

Zustandsabhängige Konfluenzen:

$$(8)\quad \Delta P.IN,OUT - \Delta Q.1(VV) = +$$
$$(9)\quad \Delta F.1(S) = +$$
$$(10)\quad \Delta V.FP = +$$

Störfall:

$$(11)\quad \Delta P.IN,OUT = +$$

Bild B3: Konfluenzen des Druckreglers für den Zustand
P<0, V>0, F>0.

Lösungen für den Druckregler mit $dP_{IN,SNK} = +$

Zustand	1	2	3	4	5	6	7	8	9
Zustands-spezifikationen	V=0 F<0	V=0 F=0	V=0 F>0	V<0 F<0	V<0 F=0	V<0 F>0	V>0 F<0	V>0 F=0	V>0 F>0
zulässige Werte-belegungen	1	1	1	123456789	123456789	123456789	12	12	12
dQ_{T1}	-	-	-	----------	----------	----------	0-·	0-	0-
dQ_{T2}	+	+	+	++++++++	++++++++	++++++++	0+	0+	0+
$dQ_{1(VV)}$	+	+	+	++++++++	++++++++	++++++++	0+	0+	0+
$dQ_{2(VV)}$	-	-	-	----------	----------	----------	0-	0-	0-
$dP_{IN,OUT}$	+	+	+	---000+++	---000+++	---000+++	++	++	++
$dP_{OUT,SNK}$	+	+	+	++++++++	++++++++	++++++++	0+	0+	0+
$dF_{1(S)}$	0	0	0	----------	----------	----------	++	++	++
$dF_{2(S)}$	0	0	0	++++++++	++++++++	++++++++	--	--	--
$dF_{A(M)}$	-	-	-	-0+-0+-0+	-0+-0+-0+	-0+-0+-0+	--	--	--
dV_{FP}	-	0	+	----------	000000000	++++++++	--	00	++

Bild B4: Die zustandsinternen Verhalten des Druckreglers für seine globalen Zustände mit P<0. (Aus [Dilger 85])

B4.2   Das globale Verhalten

Das globale Verhalten eines Systems ergibt sich aus der Gesamtmenge der zustandsinternen Verhalten durch eine Analyse der möglichen Übergänge von einem zustandsinternen Verhalten des einen Zustands zu einem zustandsinternen Verhalten eines anderen Zustands. Das Ergebnis einer solchen Zustandsänderungsanalyse (interstate analysis) ist ein i.a. nichtdeterministischer Zustandsgraph, dessen Knoten die globalen Zustände des Systems sind. Bild B5 zeigt den Zustandsgraph für die Interpretationen aus Bild B4. Man beachte beim Nachrechnen, daß für verschiedene Zustände auch teilweise unterschiedliche Konfluenzen anzuwenden sind.

Die Analyse des globalen Verhaltens stützt sich auf eine Anzahl von Übergangsregeln, die sämtlich in [De Kleer/Brown 84] dargestellt werden. Viele dieser Regeln beruhen auf der Stetigkeitsannahme für die Variablen. Sowohl Grundgrößen als auch abgeleitete Größen können ihre Werte nur stetig verändern, d.h. eine Variable V kann von + (-) nach - (+) nur gelangen, wenn sie zwischendurch den Wert 0 annimmt. Zusätzlich kann eine Grundgröße von + (-) nach 0 nur gelangen, wenn für ihre Ableitung $\Delta V=-$ ($\Delta V=+$) gilt. In [De Kleer/Brown 84] werden für denselben Zweck auch höhere Ableitungen in Betracht gezogen. Ein Beispiel für eine Regel, die auch Zustände involviert, wurde bereits in Kapitel 11 gegeben.

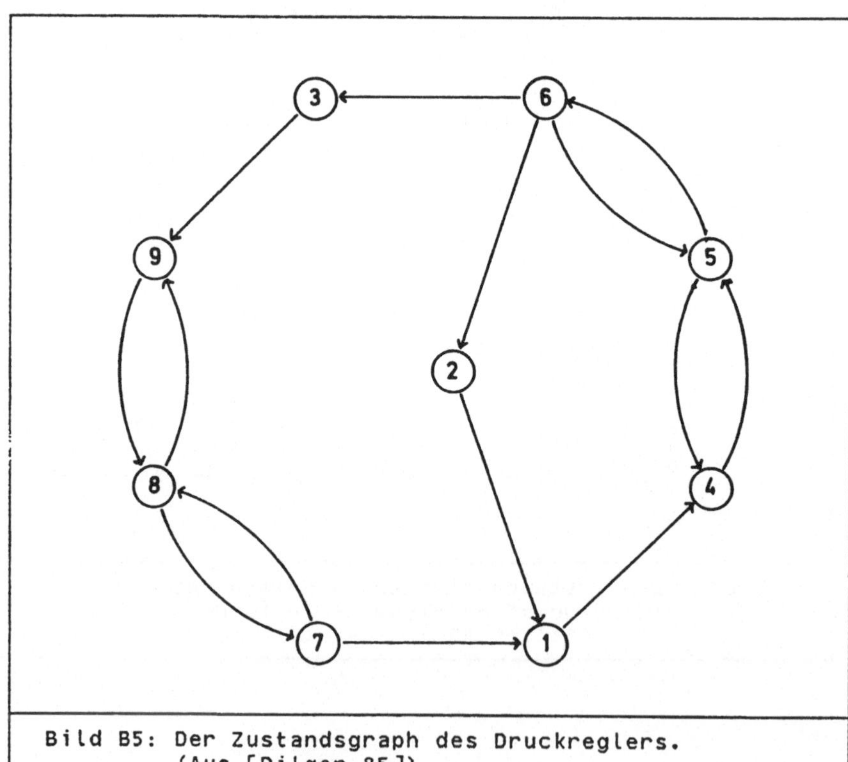

Bild B5: Der Zustandsgraph des Druckreglers.
       (Aus [Dilger 85])

16. LITERATUR

[AI-Journal 84]
Artificial Intelligence (1984), Vol.24, Numbers 1-3, Special Volume on Qualitative Reasoning about Physical Systems.

[Allen 83] Allen, James F. : Maintaining Knowledge about Temporal Intervals, CACM, Vol.26, No.11, 832-843.

[Blum 85] Blum,Norbert : Fehlererkennung in kombinatorischen Schaltkreisen, SFB 124-B2, Bericht 10/1985, Fachbereich 10 der Universität des Saarlandes, Saarbrücken.

[Charniak/McDermott 85]
Charniak, Eugene; McDermott, Drew : Introduction to Artificial Intelligence, Addison Wesley.

[Davis 82] Davis, Randall: Expert Systems: Where are we? and where do we go from here?, AI-Magazine, Spring 1982, pp. 3-22.

[Davis 84] Davis, Randall: Diagnostic Reasoning Based on Structure and Behavior, in [AI-Journal 84], pp.347-410.

[de Kleer 84]
de Kleer, Johan : How Circuits Work, in [AI-Journal 84], pp. 205-280.

[de Kleer 86]
de Kleer, Johan : An Assumption-Based TMS, draft version, to appear in Artificial Intelligence, 1986.

[de Kleer/Bobrow 85]
de Kleer, Johan; Bobrow, Daniel G. : Qualitative Reasoning with Higher-Order Derivatives, in Proc. AAAI-84, pp. 86-91.

[de Kleer/Brown 83]
de Kleer, Johan; Brown, John S. : Assumptions and Ambiguities in Mechanistic Mental Models, in D. Gentner/ A. L. Stevens (Eds.): Mental Models, Lawrence Erlbaum Associates.

[de Kleer/Brown 84]
de Kleer, Johan; Brown, John S. : A Qualitative Physics Based on Confluences, in [AI-Journal 84], pp 7-83.

[de Kleer/Williams 85]
de Kleer, Johan; Williams, Brian C.: Diagnosing Multiple Faults, draft of September 85, Intelligent Systems Lab., XEROX Palo Alto Research Center.

[Descotte/Latombe 85]
Descotte, Y; Latombe, J. C.: Making Compromises among

Antagonist Constraints in a Planner, Artificial Intelligence, Vol.27, No.2, pp. 183-217.

[Dilger 85] Dilger, Werner : Expertensysteme für technische Anwendungen, Manuskript zur gleichnamigen Vorlesung im Wintersemester 1985/86 an der Universität Kaiserslautern.

[Dilger/Kippe 85]
Dilger, Werner; Kippe, Jörg: COMODEL, a Language for the Representation of Technical Knowledge, Proc. 9th International Conference on Artificial Intelligence, Los Angeles, pp. 353-358.

[Doyle 79] Doyle, Jon : A Truth Maintenance System, Artificial Intelligence Vol 12 (1979), pp. 231-272.

[Forbus 84] Forbus, Kenneth D.: Qualitative Process Theory, in [AI-Journal 84], pp. 85-168.

[Genesereth 84]
Genesereth, Michael R. : The Use of Design Descriptions in Automated Diagnosis, in [AI-Journal 84], pp. 411-436.

[Gentner/Stevens 83]
Gentner, Dedre; Stevens, A. L. (eds) : Mental Models, Lawrence Erlbaum Associates.

[Hayes 79] Hayes, Patrick J. : The Naive Physics Manifesto, in Michie, D. (ed), Expert Systems in the Microelectronic Age, Edinburgh University Press, pp. 242-270.

[Hayes 85] Hayes, Patrick J. : The Second Naive Physics Manifesto, in Hobbs, Jerry R.; Moore, Robert C. (eds), Formal Theories of the Commonsense World, Ablex Series in Artificial Intelligence, pp. 1-36.

[Hayes 85] Hayes, Patrick J. : Naive Physics I : Ontology for Liquids, ebenda, pp.71-107.

[Iwasaki/Simon 85]
Iwasaki, Yumi; Simon, Herbert A. : Causality in Device Behavior, Carnegie-Mellon University, Computer Science Department, CMU-CS-85-118.

[Klaeren 83]
Klaeren, Herbert A. : Algebraische Spezifikationen, eine Einführung, Springer-Verlag.

[Kuipers 84]
Kuipers, Bénjamin : Commonsense Reasoning about Causality: Deriving Behavior from Structure, in [AI-Journal 84], pp. 169-203.

[Long 86] Long, W. J.; Naimi, S.; Criscitiello, M. G.; Kurzrok, S.: Reasoning about Therapy from a Physiological Model, MIT Laboratory for Computer Science, submitted to MEDINFO 86.

[Mason 56] Mason, Samual J.: Feedback Theory - Further Properties of Signal Graphs, Proc. of the IRE, 1956, 44: 920-926.

[McCarthy 68]
McCarthy, John : Programs with Common Sense, in Minsky, Marvin (ed), Semantic Information Processing, MIT press, pp.403-418. Diese Arbeit enthält Material, das bereits in den Jahren 1958 und 1963 erstmalig veröffentlicht wurde.

[McCarthy/Hayes 69]
McCarthy, John; Hayes, Patrick J.: Some Philosophical Problems from the Standpoint of Artificial Intelligence, in Meltzer, B.; Michie, D. (eds), Machine Intelligence 4, Edinburgh University Press.

[McDermott 82]
McDermott, Drew : A Temporal Logic for Reasoning about Processes and Plans, Cognitive Science 6, pp. 101-155.

[Patil 81] Patil, Ramesh S.: Causal Representation of Patient Illness for Electrolyte and Acid-Base Diagnosis, MIT/LCS/TR-267, Massachusetts Institute of Technology.

[Pople 82] Pople, H.: Heuristic Methods for Imposing Structure on Ill-structured Problems, in Szolovits, P. (ed.), Artificial Intelligence in Medicine, AAAS Selected Symposium 51.

[Raulefs 84]
Raulefs, Peter : Foundations of Expert Systems for Conceptual Design in Mechanical Engineering, Memo SEKI-84-08, Fachbereich Informatik, Universität Kaiserslautern.

[Reinfrank 85a]
Reinfrank, Michael Th. : An Introduction to Non-Monotonic Reasoning, Memo SEKI-85-02, Fachbereich Informatik, Universität Kaiserslautern.

[Reinfrank 85b]
Reinfrank, Michael Th. : SCENELAB, Scene Labelling by a Society of Agents. A Distributed Constraint Propagation System., Memo SEKI-85-06, Fachbereich Informatik, Universität Kaiserslautern.

[Rieger/Grinberg 77]
Rieger, Chuck; Grinberg, Milt : The Declarative Representation and Procedural Simulation of Causality in Physical Mechanisms, Proc. 5th International Joint Conference on Artificial Intelligence, pp.250-256.

[Roth 66] Roth, J. P.: Diagnosis of Automata Failures: A Calculus and a Method, IBM Research Development 10, pp.278-291.

[Schwind 85]
Schwind, Camilla B.: Temporal Logic in Artificial Intelligence, in Proc. GWAI-84, 8th German Workshop on Artificial Intelligence, Wingst/Stade.

[Shirley/Davis 83]
Shirley, M.; Davis, R.: Digital Test Generation from Hierarchical Models and Symptom Information, Proc. IEEE International Conference on Computer Design.

[Silverberg 81]
Silverberg, Brad A., An Overview of the SRI Hierarchical Development Methodology, Horst Hünke (ed), Software Engineering Environments, North Holland.

[Stallman/Sussman 77]
Stallman, R. M.; Sussman, G. J.: Forward Reasoning and Dependency-Directed Backtracking in a System for Computer-Aided Circuit Analysis, Artificial Intelligence Vol.9, pp.135-196.

[Sussman/Steele 80]
Sussman, Gerald; Steele, Guy Lewis Jr.: CONSTRAINTS - a Language for Expressing Almost-Hierarchical Descriptions, Artificial Intelligence 14, pp. 1-40.

[Steele 80] Steele, Guy Lewis Jr.: The Definition and Implementation of a Computer Programming Language Based on Constraints, MIT AI-Lab., AI-TR-595.

[Voss 86] Voss, Hans: Representing and Analyzing Time and Causality in HIQUAL Models, Memo SEKI-85-07, Fachbereich Informatik, Universität Kaiserslautern, erscheint 1986 in Proc. 9th German Workshop on Artificial Intelligence, Springer-Verlag.

[Voss/Voss 86]
Voss, Angi; Voss, Hans: A Uniform View on Local Constraint Propagation Methods, draft.

[Waltz 75] Waltz, David: Understanding Line Drawings of Scenes with Shadows, in 'The Psychology of Computer Vision', P. H. Winston (ed.), McGraw-Hill Book Company 1975, pp. 19-91.

[Williams 84]
Williams, Brian C.: Qualitative Analysis of MOS Circuits, in [AI-Journal 84], pp. 281-346.

Kognitive Modellierung: Menschliche Wissensrepräsentationen und Verarbeitungsstrategien

Franz Schmalhofer und Thomas Wetter

Abstract

In diesem Kapitel wird Kognitive Modellierung als ein interdisziplinäres Forschungsgebiet vorgestellt, das sich mit der Entwicklung von computerimplementierbaren Modellen beschäftigt, in denen wesentliche Eigenschaften des Wissens und der Informationsverarbeitung beim Menschen abgebildet sind. Nach einem allgemeinen Überblick über Zielsetzungen, Methoden und Vorgehensweisen, die sich auf den Gebieten der kognitiven Psychologie und der Künstlichen Intelligenz entwickelt haben, sowie der Darstellung eines Theorierahmens werden vier Modelle detaillierter besprochen: In einem Lernmodell, das in einem Intelligenten Tutoriellen System Anwendung findet und in einem Performanz-Modell der Mensch-Computer-Interaktion wird menschliches Handlungswissen beschrieben. Die beiden anderen Modelle zum Textverstehen und zur flexiblen Gedächtnisorganisation beziehen sich demgegenüber vor allem auf den Aufbau und Abruf deklarativen Wissens. Abschließend werden die vorgestellten Modelle in die historische Entwicklung eingeordnet. Möglichkeiten und Grenzen der Kognitiven Modellierung werden hinsichtlich interessant erscheinender Weiterentwicklungen diskutiert.

1. Einleitung und Überblick

Das Gebiet der Künstlichen Intelligenz wird meist unter Bezugnahme auf ursprünglich nur beim Menschen beobachtetes Verhalten definiert. So wird die **Künstliche Intelligenz** oder KI als die Erforschung von jenen Verhaltensabläufen verstanden, deren Planung und Durchführung Intelligenz erfordert. Der Begriff *Intelligenz* wird dabei unter Bezugnahme auf den Menschen vage abgegrenzt [Siekmann_83,Winston_84]. Da auch Teilbereiche der Psychologie, vor allem die **Kognitive Psychologie**, Intelligenz und Denken untersuchen, könnte man vermuten, daß die KI-Forschung als die jüngere Wissenschaft direkt auf älteren psychologischen Erkenntnissen aufbauen würde.

Obwohl KI und kognitive Psychologie einen ähnlichen Gegenstandsbereich erforschen, gibt es jedoch auch vielschichtige Unterschiede zwischen beiden Disziplinen. Daraus läßt sich möglicherweise erklären, daß die beiden Fächer bislang nicht in dem Maß interagiert haben, wie dies wünschenswert wäre.

1.1 Unterschiede zwischen KI und Kognitiver Psychologie

Auch wenn keine klare Grenze zwischen den beiden Gebieten gezogen werden kann, so müssen wir doch feststellen, daß KI nicht gleich Kognitiver Psychologie ist. Wichtige Unterschiede bestehen in den primären Forschungszielen und Methoden, sowie in der Interpretation von Computermodellen (computational models).

Zielsetzungen und Methoden

Während die KI eine Modellierung von Kompetenzen anstrebt, erforscht die Psychologie die Performanz des Menschen.

- Die KI sucht nach Verfahren, die zu einem intelligenten Verhalten eines Computers führen. Beispielsweise sollte ein Computer natürliche Sprache verstehen, neue Begriffe lernen können oder Expertenverhalten zeigen oder unterstützen. Die KI versucht also, intelligente Systeme zu entwickeln und deckt dabei mögliche Prinzipien von Intelligenz auf, indem sie Datenstrukturen und Algorithmen spezifiziert, die intelligentes Verhalten erwarten lassen. Entscheidend ist dabei, daß eine intelligente Leistung im Sinne eines Turing-Tests erbracht wird: Eine Implementierung des Algorithmus soll für eine Menge spezifizierter Eingaben (z. B. gesprochene Sprache) innerhalb angemessener Zeit die vergleichbare Verarbeitungsleistung erbringen wie der Mensch. Der beobachtete Systemoutput von Mensch und Computer wäre also oberflächlich betrachtet nicht voneinander unterscheidbar [Turing_63]. Ob die dabei im Computer verwendeten Strukturen, Prozesse und Heuristiken denen beim Menschen ähneln, spielt in der KI keine primäre Rolle.
- Die Kognitive Psychologie hingegen untersucht eher die internen kognitiven Verarbeitungsprozesse des Menschen. Bei einer psychologischen Theorie sollte also auch das im Modell verwendete Verfahren den Heuristiken entsprechen, die der Mensch verwendet. Beispielsweise wird ein Schachprogramm nicht dadurch zu einem psychologisch adäquaten Modell, daß es die Spielstärke menschlicher Meisterspieler erreicht. Vielmehr sollten bei einem psychologischen Modell auch die Verarbeitungsprozesse von Mensch und Programm übereinstimmen (vgl. dazu [deGroot_66]).Für psychologische Forschungen sind daher empirische und gezielte experimentelle Untersuchungen der menschlichen Kognition von großer Bedeutung.

In der KI steht die **Entwicklung und Implementierung** von Modellen im Vordergrund. Die kognitive Psychologie dagegen betont die Wichtigkeit der **empirischen Evaluation** von Modellen zur Absicherung von präzisen, allgemeingültigen Aussagen. Wegen dieser verschiedenen Schwerpunktsetzung und den daraus resultierenden unterschiedlichen Forschungsmethoden ist es für die Forscher der einen Disziplin oft schwierig, den wissenschaftlichen Fortschritt der jeweils anderen Disziplin zu nutzen [Miller_78].

Interpretation von Computermodellen

Die KI ist aus der Informatik hervorgegangen. Wie bei der Informatik bestehen auch bei der KI wissenschaftliche Erkenntnisse darin, daß mit ingenieurwissenschaftlichen Verfahren neue Systeme wie Computerhard- und -software konzipiert und erzeugt werden. Die genaue Beschreibung eines so geschaffenen Systems ist für den Informatiker im Prinzip unproblematisch, da er das System selbst entwickelt hat und daher über dessen Bestandteile und Funktionsweisen bestens informiert ist.

Darin liegt ein Unterschied zu den empirischen Wissenschaften wie der Physik oder Psychologie. Der Erfahrungswissenschaftler muß Objektbereiche untersuchen, deren Gesetzmäßigkeiten er nie mit letzter Sicherheit feststellen kann. Er muß sich daher Theorien oder Modelle über den Untersuchungsgegenstand bilden, die dann empirisch überprüft werden können. Jedoch läßt sich durch eine noch so große Anzahl von Experimenten niemals die Korrektheit eines Modells beweisen [Popper_66]. Ein einfaches Beispiel kann diesen Unterschied verdeutlichen.

- Ein Hardwarespezialist, der einen Personal Computer gebaut hat, weiß, daß die Aussage "Der Computer ist mit 640 KB Hauptspeicher bestückt" richtig ist, weil er ihn eben genau so bestückt hat. Dies ist also eine feststehende Tatsache, die keiner weiteren Überprüfung bedarf.
- Die Behauptung eines Psychologen, daß der menschliche Kurzzeit- oder Arbeitsspeicher eine Kapazität von etwa 7 Einheiten oder Chunks habe, hat jedoch einen ganz anderen Stellenwert. Damit wird keinesfalls eine faktische Behauptung über die Größe von Arealen im menschlichen Gehirn aufgestellt. "Arbeitsspeicher" wird hier als theoretischer Term eines Modells verwendet. Mit der Aussage über die Kapazität des Arbeitsspeichers ist gemeint, daß erfahrungsgemäß Modelle, die eine solche Kapazitätsbeschränkung annehmen, menschliches Verhalten gut beschreiben können. Dadurch wird jedoch nicht ausgeschlossen, daß ein weiteres Experiment Unzulänglichkeiten oder die Inkorrektheit des Modells nachweist.

In den Erfahrungswissenschaften werden theoretische Begriffe wie etwa Arbeitsspeicher innerhalb von Computermodellen zur abstrahierten und integrativen Beschreibung von empirischen Erkenntnissen verwendet. Dadurch können beim Menschen zu beobachtende Verhaltensweisen vorhergesagt werden. Aus der Sichtweise der Informatik bezeichnen genau die gleichen Terme jedoch tatsächliche Komponenten eines Geräts oder Programms. Diese unterschiedlichen Sichtweisen der gleichen Modelle verbieten einen unkritischen und oberflächlichen Informationstransfer zwischen KI und Kognitiver Psychologie.

Aus der Integration der Zielsetzungen und Sichtweisen ergeben sich jedoch auch gerade vielversprechende Erkenntnismöglichkeiten über Intelligenz. Da theoretische wie auch empirische Untersuchungen zum Verständnis der Intelligenz beitragen, können sich die Methoden und Erkenntnisse von beiden Disziplinen (ähnlich wie Mathematik und Physik im Bereich der theoretischen Physik) ergänzen und befruchten.

1.2 Synthese von KI und Kognitiver Psychologie

Im Rahmen der Kognitionswissenschaften(cognitive science) tragen viele Disziplinen (z.B. KI, Psychologie, Linguistik, Anthropologie ...) Erkenntnisse über informationsverarbeitende Systeme bei. Die **Kognitive Modellierung** als ein Teilgebiet von sowohl KI als auch Kognitiver Psychologie befaßt sich mit der **Entwicklung** von **computerimplementierbaren Modellen**, in denen wesentliche Eigenschaften **des Wissens und der Informationsverarbeitung beim Menschen** abgebildet sind. Durch Kognitive Modellierung wird also eine Synthese von KI und psychologischer Forschung angestrebt.

Ein Computermodell wird zu einem kognitiven Modell, indem Entitäten des Modells psychologischen Beobachtungen und Erkenntnissen zugeordnet werden. Da ein solches Modell auch den Anspruch erhebt, menschliches Verhalten vorherzusagen, können Kognitive Modelle aufgrund empirischer Untersuchungen weiterentwickelt werden. Die Frage, ob ein KI-Modell als ein kognitives Modell anzusehen ist, kann nicht einfach bejaht oder verneint werden, sondern wird vielmehr durch die Angabe einer Zuordnung von Aspekten der menschlichen Informationsverarbeitung zu Eigenschaften des Computermodells beantwortet.

Vorgehensweisen

Eine kognitive Modellierung kann sich im Prinzip auf zwei Weisen vollziehen.

- Für vorliegende KI-Modelle kann überprüft werden, inwieweit Menschen Informationsverarbeitungsprobleme auf gleiche oder ähnliche Weise lösen. In solchen Untersuchungen kann festgestellt werden, in welchen Aspekten ein KI-Modell auch als ein kognitives Modell angesehen werden kann (z. B. [Schank_77,Bower_79]).
- Umgekehrt gibt es auch Modellentwicklungen, deren primäres Ziel es ist, die kognitive Informationsverarbeitung beim Menschen zu beschreiben. Bei solchen Modellierungen werden zunächst psychologische Erkenntnisse, beispielsweise über das menschliche Gedächtnis, zusammengetragen. Diese Erkenntnisse bilden dann die Grundsätze und prinzipiellen Restriktionen für die durchzuführende Modellierung. Um das Informationsverarbeitungsproblem, dessen Bewältigung durch die kognitive Modellierung beschrieben werden soll, mit einem Simulationsprogramm zu lösen, werden meist Programmiertechniken aus der KI entliehen. Wie auch in der KI führt die Komplexität der Aufgabenstellungen oft dazu, daß wichtige Teile des Modells nicht implementiert werden können. Der Frage, welche Aspekte im Modell implementiert werden, kommt daher entscheidende Bedeutung zu (siehe [Wetter_85]).

Die zwei Vorgehensweisen haben die gleiche Zielsetzung. In beiden Fällen sollen grundlegende Prinzipien menschlicher Intelligenzleistungen gefunden werden. Der Nutzen eines Kognitiven Modells liegt vor allem auch darin, daß interessante und auch praxisrelevante Fragen in Angriff genommen und beantwortet werden können, die ohne eine explizite Modellierung wegen der Komplexität der menschlichen Intelligenz nicht systematisch erforscht werden können. Die beiden nächsten Abschnitte sollen beispielhaft aufzeigen, wie einerseits die psychologische Angemessenheit bestehender KI-Modelle beurteilt werden kann und wie andererseits Modellierungen der menschlichen Informationsverarbeitung schrittweise aufgebaut und eingesetzt werden können.

Psychologische Experimente zur Überprüfung von KI-Modellen

Der mögliche Nutzen experimenteller Überprüfungen von Computermodellen kann an Untersuchungen von [Swinney_79] [Swinney_84] verdeutlicht werden. Swinney hat eine Reihe von Experimenten durchgeführt, die in den wesentlichen Punkten insgesamt übereinstimmende Ergebnisse lieferten. Die Untersuchungen zeigen, daß eine einfache Anwendung von Schema-Modellen die kognitiven Prozesse der Wortdesambiguierung nicht hinreichend erklärt.

Wortdesambiguierung. Bekanntlich verstehen die Menschen Wörter, die in einer Sprache zwei oder mehrere Bedeutungen haben, aufgrund des sprachlichen Kontextes richtig. So kann sich das Wort "Bank" beispielsweise auf ein Kreditinstitut oder auch auf eine Sitzgelegenheit im Park beziehen. Die Auswahl der richtigen kontextadäquaten Bedeutung eines Wortes bezeichnet man als Wortdesambiguierung.

KI-Erklärung durch Schematheorie. Für die KI ist es naheliegend, Wortdesambiguierung mit Hilfe von Schemata zu beschreiben ([Charniak_85],S.598). Schemata sind im Prinzip genommen Ansammlungen von Konstanten und Variablen zur Erfassung von stereotypen Situationen. Darauf abgestimmte Prozeduren legen fest, welches Schema aktiviert wird und in welchen Variablen aktuell auftretende Ausprägungen abgelegt werden. In dem hier betrachteten Fall der Wortdesambiguierung wird angenommen, daß jedes Schema ein Lexikon für kontextspezifische Wörter enthält. Wie in Abb. 1 dargestellt, würde das Wort "Bank" sowohl in dem Schema "Wandern" als auch in dem Schema "Geldgeschäfte" mit der jeweils schemaadäquaten Bedeutung vorkommen. Darüberhinaus wird ein Standardlexikon postuliert, das die Wortbedeutungen enthält, die weniger stark vom Kontext geprägt werden. In dem hier betrachteten Fall wird angenommen, daß mit Hilfe des Kontextes bereits das adäquate Schema aktiviert wurde. Bei einer Aktivierung des Schemas "Wandern" würde daher das Wort Bank von Anfang an nur in dem Sinn von Rastgelegenheit verstanden. Nach dieser Schematheorie sollte also prinzipiell nur die kontextadäquate Interpretation des Wortes Bank erfolgen. Bank im Sinne von Kreditinstitut würde nie in Betracht gezogen werden. Zur Wortdesambiguierung sagt also die Schematheorie eine frühe Bedeutungsselektion voraus. Dagegen würden bei einer späten Bedeutungsselektion zuerst alle möglichen Bedeutungen eines Wortes aktiviert, bevor eine Auswahl der kontextadäquaten Bedeutung erfolgen kann.

Zur gezielten experimentellen Überprüfung dieser Schematheorie der Wortdesambiguierung werden psychologische Fakten benötigt, welche die Bestimmung der Aktivierung einer Wortbedeutung im menschlichen Gedächtnis erlauben. Dazu werden semantische Bahnungseffekte herangezogen.

Semantische Bahnungseffekte. Viele psychologische Experimente bestätigen, daß die kognitive Bearbeitung eines Wortes auch das semantische Umfeld der Wortbedeutung im Gedächtnis aktiviert. Wenn jemand beispielsweise das Wort *"Vater"* bearbeitet, wird *Kind* im Gedächtnis mit-aktiviert. Da *Kind* nicht zum semantischen Umfeld von *Röhre* gehört, wird dagegen bei der Bearbeitung des Wortes *"Röhre"* im menschlichen Gedächtnis *Kind* nicht mit-aktiviert. Die Aktivierung von *Kind* im semantischen Gedächtnis führt nun dazu, daß darauf bezogene Fragen schneller beantwortet werden als wenn keine solche **Bahnung** vorliegt. Eine solche Verkürzung von Antwortlatenzzeiten bezeichnet man als **semantischen Bahnungseffekt** *(semantic priming)*. Besonders stark treten semantische Bahnungseffekte bei lexikalischen Entscheidungsaufgaben auf. In diesen Aufgaben muß eine Person möglichst schnell entscheiden, ob eine präsentierte Buchstabenfolge (etwa "Sim", "Kind", "Bild") ein Wort ist oder nicht. Interessant ist dabei der Vergleich der Antwortlatenzzeiten bei kontextadäquaten und -inadäquaten Wörtern (hier etwa "Kind", "Bild"), während die Nichtwörter nur aus methodischen Gründen dargeboten werden.

Experiment zur Wortdesambiguierung. Von Swinney wurde der oben erläuterte Bahnungseffekt eingesetzt, um festzustellen, welche Bedeutungen bei ambiguen Wörtern zu zwei verschiedenen Verarbeitungszeitpunkten im Gedächtnis aktiviert werden. Somit konnte erforscht werden, ob Wortdesambiguierung beim Menschen durch eine frühe oder späte Bedeutungsselektion erfolgt. In den Experimenten wurden Texte wie der folgende über Kopfhörer dargeboten:

In der Region, die in letzter Zeit aufgeblüht war, gab es jetzt große Probleme. Ein (folgenreicher Firmenkonkurs, folgenreiches Sommergewitter) hatte schwerste Schäden angerichtet. Als der Mann zur Bank $_1$ kam, er$_2$ahnte er den Umfang des Schadens.

Wie durch das Wort *"Vater"* wurde mit *"folgenreicher Firmenkonkurs"* oder *"folgenreiches Sommergewitter"* eines von zwei semantischen Umfeldern aktiviert (dies entspricht der Instanziierung eines Schemas im

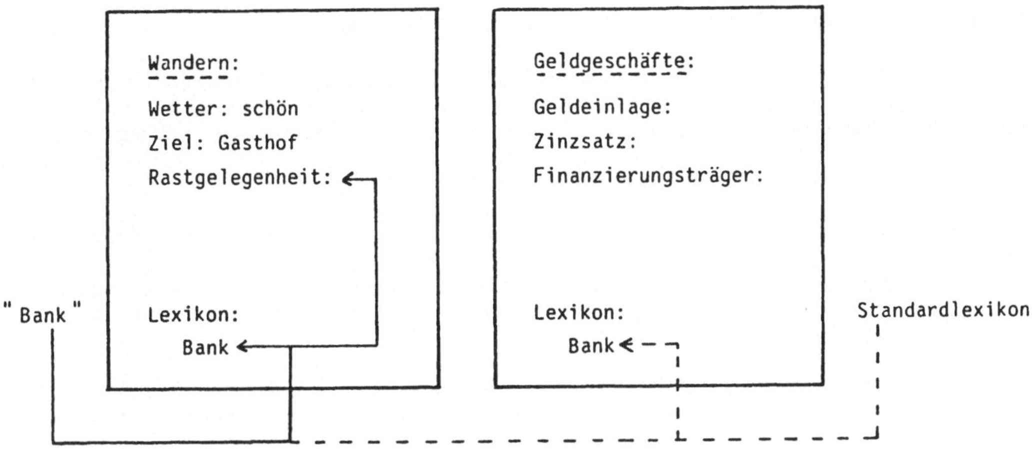

Abb. 1

Eine Schematheorie zur Erklärung von Wort-Desambiguierung nach [Charniak_85] .

KI-Modell). Daraufhin folgte im Text ein ambigues Wort (z.B. "Bank"), das eine kontextadäquate und eine -inadäquate Bedeutung hat. Die lexikalische Entscheidungsaufgabe wurde direkt nach dem kritischen Wort (im Text mit 1 gekennzeichnet) oder zwei Silben nach dem kritischen Wort (im Text mit 2 gekennzeichnet) vorgegeben. In beiden Fällen erschien je nach Bedingung eine von vier verschiedenen Buchstabensequenzen am Bildschirm, ein auf Kontext 1 bezogenes Wort (Geld), ein auf Kontext 2 bezogenes Wort (Park), ein neutrales Wort (Turm) oder ein Nichtwort (Sirn).

Aufgrund der Bahnungseffekte, die sich beispielsweise durch die Verkürzung der Antwortzeiten für *"Geld"* gegenüber *"Turm"* ergeben, wurde bestimmt, inwieweit nur eine oder beide Wortbedeutungen (*Kreditinstitut* und *Sitzgelegenheit*) zu den zwei Testzeitpunkten aktiviert waren. Um eine methodisch angemessene Versuchsdurchführung zu gewährleisten, wurden die verschiedenen Meßreihen über eine hinreichend große Zahl von Versuchspersonen und über mehrere, ähnlich konstruierte Texte ausbalanciert. Da die Versuchspersonen nahezu alle Testitems richtig beantworteten, interessieren bei der Datenauswertung vor allem die Reaktionszeitunterschiede zwischen den neutralen und den auf Kontext 1 bzw. Kontext 2 bezogenen Wörtern.

Die statistisch signifikanten Ergebnisse zeigen, daß kurz nach dem Hören des kritischen Wortes sowohl die kontextadäquate als auch die kontextinadäquate Bedeutung des Wortes aktiviert wurden. Zum Zeitpunkt 2 war dagegen nur noch die kontextadäquate Bedeutung aktiv. Im Widerspruch zu den Vorhersagen der Schematheorie zeigen die Ergebnisse, daß anfangs beide Wortbedeutungen aktiviert werden und erst zu einem späteren Zeitpunkt eine Wortdesambiguierung erfolgt. Sicherlich wäre es falsch, aufgrund dieses Ergebnisses Schema-Modelle als psychologisch unangemessen zu erklären. Ein experimenteller Befund dieser Art sollte vielmehr als Anregung verstanden werden, auch andere Mechanismen der Wortdesambiguierung im Detail auszuarbeiten. Konnektionistische Modelle [Feldman_82], die im Gegensatz zu Schematheorien global eine parallele Informationsverarbeitung annehmen, stellen beispielsweise einen solchen Ansatz dar, der Swinneys experimentelle Befunde korrekt vorhersagen würde.

Personenbefragungen, Lautes Denken und Modellentwicklung

Bei der Entwicklung von Expertensystemen wird durch verschiedenartige Befragungen menschlicher Experten aufgabenrelevantes Wissen erhoben. Dadurch wird einerseits das Input-Output Verhalten eines Systems durch einen ausgewiesenen Experten legitimiert. Neben einer allgemeinen Überprüfung von Input-Output Beziehungen interessiert bei der Entwicklung eines Expertensystems jedoch auch, welches Wissen ein Experte bei einer bestimmten Aufgabenstellung aktuell einsetzt.

Von Personen abgegebene Begründungen und Beschreibungen von mentalen Operationen und Handlungen stimmen jedoch oft nicht mit dem tatsächlichen Verhalten überein [Nisbett_77] . Die Arbeit von [Ericsson_80] zeigt, daß bereits die Anwendung eines sehr allgemeinen Informationsverarbeitungsmodells entscheidend zur Beantwortung der Frage beitragen kann, welche Expertenaussagen mit den tatsächlich verwendeten kognitiven Operationen übereinstimmen.

Ein einfaches Gedächtnismodell. Auf der Grundlage vieler Gedächtnisuntersuchungen läßt sich feststellen, daß im menschlichen Gedächtnis gespeicherte Informationen verschieden kodiert und unterschiedlich leicht abrufbar sind. Zu jedem Zeitpunkt der Informationsverarbeitung gibt es einen relativ kleinen Anteil von Informationen, der schnell und leicht aktiviert werden kann. Es sind dies die Informationen, die sich gerade im Arbeitsspeicher befinden. Die Kapazität des Arbeitsspeichers beträgt zirka 7 Einheiten [Miller_56] , die als *chunks* bezeichnet werden. Die in einem *memory-chunk* gespeicherte Information besteht aus einer kognitiven Einheit (d.h. aus einer konkreten Datenstruktur), die jedoch mehr oder weniger komplex sein kann. Man kann sich dies so vorstellen, daß ein chunk durch einen Zeiger dargestellt wird. Der Inhalt des Arbeitsspeichers würde dann die von den Zeigern adressierten Datenstrukturen des Langzeitspeichers enthalten. Durch umfangreiches Lernen kann eine Datenstruktur größer und komplexer werden. Beispielsweise kann durch jahrelanges Üben erreicht werden, daß sich eine Person nach einmaliger Darbietung 80 zufällig aufeinanderfolgende Ziffern merken kann [Chase_82] . Zusätzlich zu den Verarbeitungsprozessen, die Informationen im Arbeitsspeicher verändern und dabei auf verbale Information zurückgreifen, müssen auch automatisierte Prozesse berücksichtigt werden.

Anwendung des Gedächtnismodells. Durch eine Anwendung dieses einfachen Modells und die Analyse vieler Gedächtnisprotokolle konnten Ericsson und Simon [Ericsson_80] angeben, welche Informationen bei den verschiedenen Befragungsverfahren verbalisiert werden. Es zeigte sich, daß sowohl der Zeitpunkt der Befragung als auch die Aufgabeninstruktion die Qualität der Befragungsdaten stark beeinflussen:

- Werden Personen instruiert, **gleichzeitig bei der Durchführung einer Aufgabe alle Gedanken auszusprechen,** die ihnen gerade durch den Kopf gehen, so werden all die Informationen verbalisiert, die zu jedem Zeitpunkt der Aufgabendurchführung im Arbeitsspeicher verbal kodiert vorliegen und gerade bearbeitet werden.
- Wird eine Person **nach Beendigung einer Aufgabe** befragt, so müssen die entsprechenden Informationen zuerst im Langzeitspeicher aufgefunden werden, bevor eine Verbalisierung stattfinden kann. Da dieser Suchprozeß nicht immer erfolgreich abläuft und nicht sämtliche relevanten Informationen in den Langzeitspeicher übergegangen sind, sind so gewonnene Beschreibungen oft sehr lückenhaft. Da ferner durch das Absuchen des Langzeitspeichers aufgrund assoziativer Verknüpfungen auch Informationen aufgefunden werden können, die während der Bearbeitung einer Aufgabe gar nicht verwendet wurden, können hier auch unrealistische Beschreibungen zustandekommen.
- Werden zu einer **systematischen Befragung** vom Fragesteller theoretische Konzeptionen eingeführt, so kann dies dazu führen, daß der Befragte diese Konzeptionen zum Auffinden einer Antwort verwendet, obwohl sie für ihn bisher irrelevant waren. Bei solchen Befragungen werden dann im Langzeitspeicher Informationen aktiviert, die bei der eigentlichen Aufgabendurchführung nicht herangezogen wurden, nun jedoch dazu verwendet werden, eine rationale Begründung zu erzeugen.
- Informationen, die im Gedächtnis nicht verbal kodiert vorliegen, müssen zuerst in eine verbale Repräsentation überführt werden, bevor sie ausgesprochen werden können. Solche Informationen sind daher mit der Methode des lauten Denkens schwer in Erfahrung zu bringen.

Überprüfungsmöglichkeiten des Modellansatzes. Auf den ersten Blick erscheint die hier gegebene Darstellung vielleicht zirkulär. (Der Modellansatz wurde aus den Beobachtungen abgeleitet und wird nun wieder verwendet, um die gleichen Beobachtungen vorherzusagen). Zirkularität ist jedoch nicht gegeben, da das Modell durch davon unabhängige Daten und Analysen abgesichert werden kann. Wird nämlich das Laute Denken bei einer Aufgabe durchgeführt, deren Struktur bekannt ist, so kann die Vollständigkeit der verbalen

Äußerungen überprüft werden.

Für eine Multiplikationsaufgabe wie 21 x 19 können beispielsweise die Strategien und Sequenzen von Operationen angegeben werden, die zu einer richtigen Lösung der Aufgabe führen. Durch einen Vergleich der Ergebnisse der Aufgabenanalyse mit den Protokolldaten des Lauten Denkens kann somit der Realitätsgehalt und die Vollständigkeit der Denkprotokolle abgesichert werden. Eine weitere Bestätigung des Modellansatzes liegt darin, daß die Resultate und Zeiterfordernisse einer Aufgabendurchführung mit und ohne Lautes Denken in wesentlichen Aspekten meist identisch sind (siehe etwa [Schmalhofer_86c]).

Bei Multiplikationsaufgaben kann man auch feststellen, daß Erwachsene beim Lauten Denken einige Operationen nicht nennen, die von Kindern explizit verbalisiert werden, wie das Multiplizieren zweier einstelliger Zahlen durch mehrere Additionsoperationen. Vermutlich sind diese Operationen bei Erwachsenen automatisiert oder durch das Nachsehen in einer mental gespeicherten Tabelle ersetzt. Es zeigt sich also, daß mit zunehmender Übung manche Operationen automatisiert oder verkürzt werden und dadurch beim Lauten Denken nicht mehr auftreten.

Um nun bei Aufgaben unbekannter Struktur möglichst zuverlässige und vollständige Informationen über das für die Lösung benötigte Wissen zu erhalten, empfiehlt es sich daher, Personen mit unterschiedlich weit fortgeschrittener Expertise direkt während der Aufgabendurchführung laut denken zu lassen. Aus der Synopse der so erhaltenene Denkprotokolle sollte sich eine vollständigere Beschreibung der zur Lösung der Aufgabe benötigten Verfahren (re-)konstruieren lassen. Daraus können auch wesentliche Erkenntnisse über die Aufgabenstruktur gewonnen werden.

Das von [Ericsson_80] angegebene Gedächtnismodell kann als Vorarbeit für eine kognitive Modellierung angesehen werden, aus der sich bereits die Nützlichkeit dieses Ansatzes erkennen läßt. Werden nun KI-Methoden herangezogen, um solche Modellskizzen auszuarbeiten und zu präzisieren, so können Computermodelle entstehen, die sehr viel detailliertere Vorhersagen liefern.

1.3 ACT als Theorierahmen für Kognitive Modellierungen

In Erweiterung zu den bisher an spezifischen Anwendungen dargestellten Ansätzen hat [Anderson_76] bei der Entwicklung von ACT (Adaptive Control of Thought) die Absicht verfolgt, ein System zu spezifizieren, das sämtliche höheren kognitiven Funktionen des Menschen modelliert. In den Jahren 1974 bis 1983 wurden mehrere Versionen von ACT beschrieben. ACT* , das hier vorgestellt wird, ist die neueste dieser Versionen [Anderson_83].

Ziele

ACT* soll nach Anderson alle kognitiven Bereiche wie Gedächtnis, Sprache, Problemlösen, Induktives Denken, Deduktives Denken etc. auf der Basis einheitlicher erster Prinzipien modellieren. Bei der Spezifikation von ACT* wurden drei Ziele verfolgt: ACT* sollte so aufgebaut werden, daß menschliches Verhalten und menschliche Lernvorgänge damit nachgebildet werden können. ACT*-Modellierungen sollten durch Problemlösen und Handeln das gleiche deklarative und prozedurale Wissen erwerben, das sich Menschen bei solchen Tätigkeiten aneignen. Eine vollständige Implementierung von ACT* müßte also den Turing-Test bestehen können. Darüberhinaus sollte ACT* bereits vorliegende empirische Erkenntnisse erklären können. Mit ACT* sollen also die Prinzipien der menschlichen Informationsverarbeitung angegeben werden, die unter den verschiedensten Aufgabenstellungen auftreten, so daß eine einheitliche Theorie über den menschlichen Verstand (mind) entsteht.

Architektur

Die grundsätzliche Architektur von ACT* ist in Abb. 2 dargestellt. Neben dem Arbeitsspeicher, in dem die jeweils aktivierten Informationen enthalten sind, werden zwei Langzeit-Speicher voneinander unterschieden, ein prozeduraler und ein deklarativer Speicher.

Prozedurales Wissen. Der prozedurale Speicher beinhaltet Produktionen, die das menschliche Handlungswissen beschreiben sollen. Eine Produktion ist im wesentlichen eine wenn-dann Regel, die aus einem Bedingungsteil und einem Aktionsteil besteht und meist in der folgenden Form dargestellt wird:

> Wenn (Bedingung) Dann (Aktion).

Der Bedingungsteil kann Spezifikationen von Zielen, Beschreibungen von kognitiven Zuständen und wahrgenommene externe Reize beinhalten. Eine Ansammlung von Produktionen bildet gemeinsam mit einem Interpreter ein Produktionssystem.

Der Interpreter vergleicht die Bedingungsteile der Produktionen mit dem Inhalt des Arbeitsspeichers. Falls der Inhalt des Arbeitsspeichers die Bedingung einer Produktion erfüllt, kann die in der Produktion angegebene Aktion ausgeführt werden. Eine Aktion kann neue Informationen einschließlich neuer Ziele in den Arbeitsspeicher schreiben, so daß im allgemeinen als nächstes der Bedingungsteil einer anderen Produktion mit dem Inhalt des Arbeitsspeichers übereinstimmen wird. Aktionen können auch beobachtbare Handlungen enthalten. Die Regel R1 beschreibt beispielsweise eine Produktion in Form einer umgangssprachlich formulierten wenn-dann Regel, die ein Student bei der Programmierung einer LISP-Funktion anwendet.

> R1 Wenn (Ziel : Eliminiere das erste Element aus der Liste LIST1)
>
> Dann (Schreibe "(Cdr LIST1)" und lösche das o.g. Ziel im
>   Arbeitsspeicher)

Falls die Bedingungen mehrerer Produktionen mit dem Inhalt des Arbeitsspeichers übereinstimmen, wird aufgrund von Konfliktresolutionsverfahren entschieden, welche Produktion ausgeführt wird.

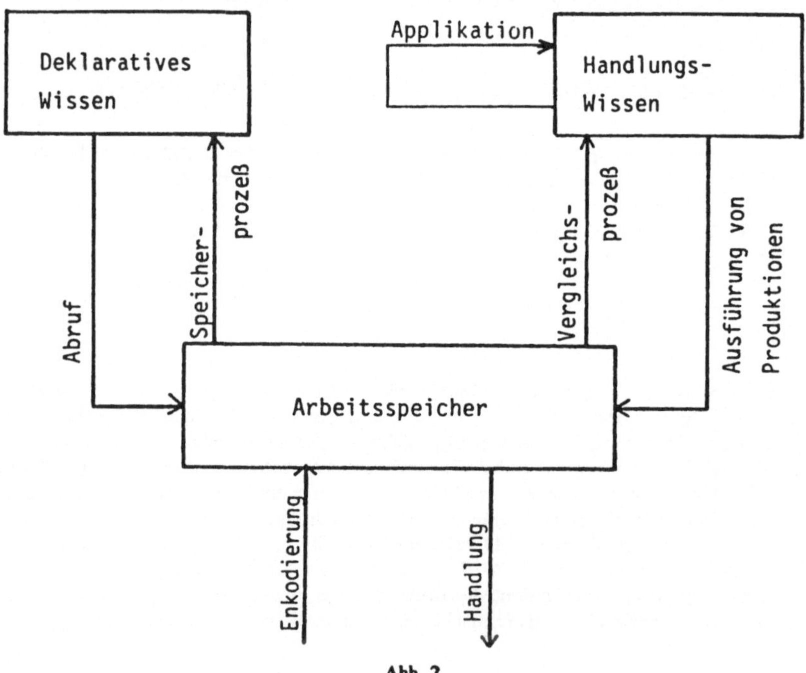

Abb. 2

Der grundsätzliche Aufbau von ACT* nach [Anderson_83].

Deklaratives Wissen. In dem zweiten Langzeitspeicher von ACT* ist deklaratives Wissen in Form dreier verschiedener kognitiver Einheiten abgespeichert. Deklaratives Wissen kann repräsentiert sein durch:

- Zeichenketten
- räumliche Vorstellungen (spatial images)
- abstrakte Propositionen.

Bei einer Zeichenkette fungiert das erste und letzte Zeichen der Kette als Anker, d. h. auf ein Zeichen in der Mitte der Kette kann nicht direkt zugegriffen werden, sondern der Zugriff muß über das erste oder letzte und die daran anschließenden Zeichen erfolgen. Zeichenketten werden herangezogen, um Reihenfolgeinformationen zu kodieren.

Räumliche Vorstellungen sind dagegen Strukturen, die die Konfiguration der Elemente in einem räumlich angeordneten Feld erhalten. Räumliche Vorstellungen sind daher geeignet, Informationen über mehrdimensionale Anordungen und Strukturen zu kodieren.

Propositionen repräsentieren typischerweise die Bedeutung von Sätzen, Texten und sprachlichen Aussagen im allgemeinen.

Eine Proposition besteht aus einem Prädikat mit einem oder mehreren Argumenten. Die Bedeutung des Satzes "Anna liebt Hans" würde beispielsweise durch eine Proposition mit dem Prädikat LIEBEN und den Argumenten ANNA und HANS dargestellt. Propositionen lassen sich leicht als Listen darstellen, bei denen das erste Element das Prädikat bezeichnet und die weiteren Elemente die Argumente der Proposition, wie z.B.:

P1   (LIEBEN ANNA HANS)

Propositionen können auch als Graphen dargestellt werden. Abb. 3 zeigt, wie in ACT* propositionales Wissen dargestellt wird.

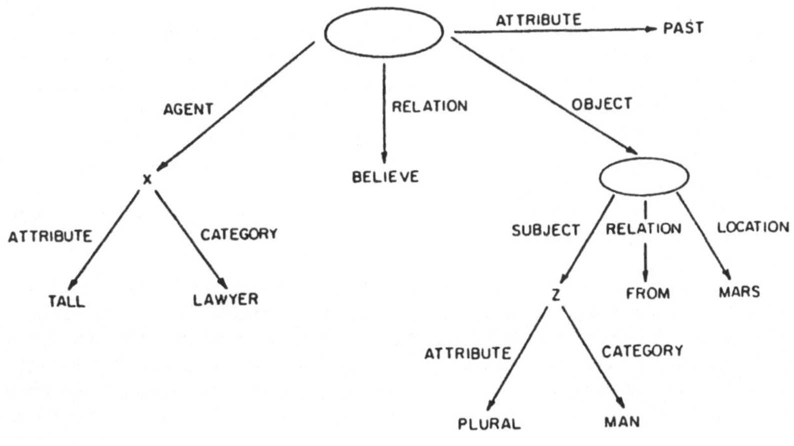

Abb. 3

Graphische Darstellung der propositionalen Enkodierung des Satzes "The tall lawyer believed the men were from Mars." aus [Anderson_83] S.72.

Nach der ACT-Theorie können Kombinationen von Zeichenketten, Vorstellungen und Propositionen zu hierarchisch organisierten Wissensstrukturen zusammengefaßt werden (tangled hierarchies).

Zu jedem Zeitpunkt kann in ACT* nur auf die Information zugegriffen werden, die aktiviert ist, d.h. sich im Arbeitsspeicher befindet. Im Arbeitsspeicher sind Informationen, die aus dem deklarativen Speicher aktiviert wurden und temporäre Strukturen, die durch die Enkodierung von externen Ereignissen und durch die Aktionen der ausgeführten Produktionen im Arbeitsspeicher abgelegt werden.

Verarbeitungsprozesse

Die Prozesse, die auf diesen drei Speichern operieren, sind in Abb. 2 als Pfeile dargestellt. Durch Abrufprozesse können Informationen im deklarativen Langzeitspeicher aktiviert werden und dadurch in den Arbeitsspeicher gelangen. Umgekehrt können Inhalte des Arbeitsspeichers permanent im deklarativen Speicher abgelegt werden. Durch Enkodierungsprozesse gelangen Informationen von außerhalb in das System. Die Vergleichs- und Ausführungsprozesse kennzeichnen die entsprechenden Komponenten des Produktionssysteminterpreters. Schließlich soll das System durch eine Analyse der ausgeführten Produktionen neue Produktionen lernen können. Der Produktionsspeicher soll sich also selbst modifizieren können, wie dies in Abb. 2 durch den auf den Produktionsspeicher zurückweisenden Pfeil angedeutet ist.

Weitere Annahmen

* Die deklarativen kognitiven Einheiten haben zu jedem Zeitpunkt einen gewissen **Aktivierungsgrad**, der sich laufend verändern kann.
* Die **Stärke einer Kante** zwischen zwei Knoten ergibt sich aus der Aktivierungsstärke der Knoten und der Anzahl der Kanten, die von einem Knoten ausgehen.
* Wenn ein Knoten aktiviert wurde, so breitet sich die Erregung über die Kanten fort. Die **Ausbreitungsgeschwindigkeit** wird durch eine Differentialgleichung beschrieben (vgl. [Anderson_83] , S.22).
* Jedes Element, das im Arbeitsspeicher ist, stellt eine bestimmte Zeit lang eine **Aktivierungsquelle** dar.
* Eine temporäre Struktur, die neu erzeugt wurde, hat die **Wahrscheinlichkeit p einer permanenten Speicherung**. Wenn permanente Strukturen im Arbeitsspeicher verweilen, so wird ihre Stärke um eine Einheit erhöht.
* Jede Produktion hat einen **Stärkewert**, der bei erfolgreicher Anwendung um eine Einheit erhöht wird.
* Zuerst werden **Produktionen, die in ihrem Bedingungsteil Ziele enthalten**, auf ihre Anwendbarkeit geprüft.
* Der Patternmatcher des Produktionssystems ist durch ein **Netz von Patterntests** spezifiziert. Der Aktivierungsgrad eines Patternknotens bestimmt, wie schnell das entsprechende Muster geprüft wird. Das Netz der Patterntests beinhaltet 5 Konfliktresolutionskriterien, nämlich Ausmaß der Übereinstimmung des Bedingungsteils einer Produktion mit dem Inhalt des Arbeitsspeichers, Produktionsstärke, Refraktärzeit bzgl. der Daten, Spezifizität einer Produktion und Zieldominanz. Einfach ausgedrückt bedeutet dies, daß eine sehr spezifische Produktion, deren Bestimmungsteil ein größeres Ausmaß an Übereinstimmung aufweist, die einen hohen Stärkewert hat und deren Bedingungsteil ein Ziel enthält, gegenüber Produktionen, die diese Eigenschaften nicht aufweisen, bevorzugt ausgeführt wird.
* Aus dem Trace bisher angewendeter Produktionen können durch Prozeduralisierung und Komposition **neue Produktionen** generiert werden.
* Neue Produktionen können auch durch die **Generalisierung oder Spezialisierung** (generalisation or discrimination) der Bedingungen existierender Produktionen erzeugt werden.

Um zu überprüfen, inwieweit die Ziele von ACT* erreicht werden können, müßte ACT* als Computermodell vorliegen. Anderson vermutet jedoch, daß das menschliche Produktionssystem aus Zehntausend bis zu 10 Millionen Produktionen besteht. Da ACT* daher nicht im vollen Umfang implementiert werden kann und die von Anderson vorgegebenen Spezifikationen nicht hinreichend detailliert und präzisiert sind, konnte der Beweis, daß ACT* ein suffizientes Modell ist, bisher nicht angetreten werden. Das Erreichen dieser Ziele würde auch gleichzeitig die Lösung vieler fundamentaler Forschungsprobleme der KI beinhalten.

Dennoch bildet ACT* einen nützlichen Rahmen für Kognitive Modellierungen. Spezifische Modelle, so auch die im folgenden dargestellten, können in den ACT*-Rahmen eingeordnet werden und damit besser zueinander in Beziehung gesetzt werden. Ohne einen solchen Rahmen wäre es nur schwer möglich, die Unterschiede und Ähnlichkeiten kognitiver Modelle über verschiedene Gegenstandsbereiche (Problemlösen, Lernen, Textverstehen, etc.) zu vergleichen.

Andererseits kann durch konkrete kognitive Modelle festgestellt werden, welche der global beschriebenen ACT*-Postulate unzureichend sind und welche Postulate für eine konkrete Modellierung nicht von zentraler sondern höchstens von untergeordneter Bedeutung sind.

2. Modellierung des Lernens für ein Intelligentes Tutorielles System (ITS)

Kognitive Modelle werden nicht nur aus grundwissenschaftlichen Forschungsinteressen entwickelt, sondern ermöglichen auch eine bessere Lösung praktischer Probleme. Im Bereich des computergestützten Unterrichts kann durch eine kognitive Modellierung des Lernerverhaltens ein Instruktionssystem in die Lage versetzt werden, Hilfestellungen und neues Lernmaterial entsprechend dem tatsächlichen Wissenszustand des Lernenden vorzugeben.

Durch die Einbeziehung eines kognitiven Modells werden Instruktionssysteme nicht nur in ihrer Leistung verbessert, sondern solche Systeme besitzen auch qualitative Ähnlichkeiten zu menschlichen Nachhilfelehrern oder Tutoren. Sie werden deshalb auch als Intelligente Tutorielle Systeme (ITS) bezeichnet [Sleeman_82, Spada_85].

Auf der Grundlage der ACT-Theorie wurde von Anderson und Mitarbeitern [Anderson_84] ein kognitives Modell des Lernens der Programmiersprache LISP als Vorarbeit für einen LISP-Tutor entwickelt. Mit Hilfe dieser Modellierung sollte ein Instruktionssystem in die Lage versetzt werden, eine ähnlich gute Leistung zu erbringen wie ein Nachhilfelehrer. Nachhilfelehrer können Wissen ca. viermal so schnell übermitteln wie dies für Standardunterrichtssituationen der Fall ist [Anderson_85].

2.1 Simulation des Erlernens der Programmiersprache LISP

Bei der Simulation auf der Grundlage von ACT* wird angenommen, daß menschliches Handlungswissen durch Produktionen dargestellt wird, wobei jede Produktion einen bestimmten Stärkewert mitführt. Die Simulation ist in der Produktionssystemsprache Grapes (Goal-Restricted Production System) ([GRAPES_84]) implementiert.

Psychologische Grundannahmen der Modellierung

- Der Erwerb von Programmierwissen erfolgt hauptsächlich beim Lösen von Programmieraufgaben.
- Das menschliche Problemlösen ist durch Ziel- und Teilzielbildung hierarchisch organisiert.
- Problemlösen erfolgt mit Hilfe von Analogien, durch das Einpassen einer Aufgabenstellung in Schablonen und durch das Heranziehen von strukturell ähnlichen Beispielen.
- Kapazitätsgrenzen des menschlichen Arbeitsspeichers haben einen entscheidenden Einfluß beim Lösen von Programmieraufgaben.
- Das beim Problemlösen verwendete allgemeine Wissen und die durch die Problemlösung gewonnenen Erkenntnisse können durch Komposition und Prozeduralisierung in spezifisches Programmierwissen überführt werden.

Die Grapes-Simulation geht davon aus, daß das Wissen des Studenten durch allgemein einsetzbare Produktionen und durch bereichsspezifische Produktionen dargestellt werden kann. Die Regeln R2 und R3 sind Beispiele für allgemein einsetzbare Produktionen: So gibt Produktion R2 an, wie zur Lösung eines Problems, bei dem eine gewisse Struktur erzeugt werden muß, eine Schablone eingesetzt wird.

```
R2 Wenn (Ziel: Erzeuge eine bestimmte Struktur

          und: Es ist eine  Schablone für die zu erzeugende
               Struktur vorhanden)

     Dann (Erzeuge das Ziel, die Schablone
           auf den vorliegenden Fall anzuwenden)

R3 Wenn (Ziel: Lösung eines Problems

          und: Für die Lösung eines
               ähnlichen Problems ist ein Beispiel bekannt)

     Dann (Erzeuge das Ziel, das Beispiel
           dem vorliegenden Problem anzupassen)
```

Die Regel R4 sowie die oben vorgestellte Regel R1 kennzeichnen dagegen spezifisches LISP- Wissen.

```
R4 Wenn  (Ziel: Extrahieren des ersten Elements von LIST1)

   Dann  (Schreibe "(CAR LIST1)" und lösche o.g. Ziel)
```

Mit einer Ansammlung derartiger Regeln modelliert Grapes, wie Anfänger Programmieraufgaben lösen.

Eine einfache Aufgabe

Die Grapes-Simulation soll am Beispiel des Lösens einfacher Aufgaben vorgestellt werden. In dem Beispiel soll die Funktion FIRST definiert werden, welche wie die LISP-Funktion *car* das erste Element einer Liste extrahiert. Danach soll die Funktion SECOND definiert werden.

Vorkenntnisse. Bei der folgenden Betrachtung wird davon ausgegangen, daß der Student eine kognitive Schablone für Funktionsdefinitionen in LISP und die Definition der Funktion F-TO-C als ein Beispiel für Funktionsdefinitionen kennt, nämlich:

```
Schablone: (DEFUN  <Funktionsname>

               (<Parameter 1> <Parameter 2> . . . <Parameter n>)

               (<Prozeßbeschreibung>))

Beispiel:  (DEFUN F-TO-C (TEMP)

           (QUOTIENT (DIFFERENCE TEMP 32) 1.8))
```

Als spezifisches LISP-Wissen werden nur die Regeln R1 und R4, die etwa beim Studium eines LISP-Buches erworben wurden, als bekannt vorausgesetzt. Auf diese Kenntnisse greift die Simulation bei der Erstellung der Funktion FIRST zurück

Das Lösen der Aufgabe. Bei der Vorgabe der Programmieraufgabe FIRST wird zuerst das Ziel gesetzt, eine Struktur für die Funktionsdefinition zu erzeugen. Dieses Ziel führt dazu, daß als nächstes die Produktion R2 "feuert". Dadurch wird die o.a. Schablone aktiviert und es werden die Teile der Lösung erzeugt, die in der Schablone bereits enthalten sind. Dabei wird < Funktionsname > durch den Namen FIRST substituiert und dadurch "(DEFUN FIRST" geschrieben.

Die Spezifikation der Parameterliste ergibt sich jedoch nicht aus der Schablone. Hierzu liegt in der Modellierung noch kein spezifisches Wissen vor, so daß als nächstes eine allgemein einsetzbare Produktion feuert. Es ist dies die Produktion R3, die ein konkretes zuvor betrachtetes Beispiel ins Spiel bringt. Aus der Beispielsfunktion F-TO-C wird die korrekte Oberflächendarstellung der Parameterliste aufgefunden. Bei der jetzigen Funktionsdefinition spielt LIST1 die gleiche Rolle (d.h. die eines Parameters der Funktion, wie TEMP bei der Definition von F-TO-C). Somit wird "(LIST1)" niedergeschrieben. In ähnlicher Weise erfolgt durch die Analyse des zuvor betrachteten Beispiels die Spezifikation "(car (list1))". Als erste vollständige, aber inkorrekte Lösung ergibt sich somit "(DEFUN FIRST (LIST1) (CAR (LIST1)))".

Beim Überprüfen dieser ersten Lösung durch Eingabe in das LISP- System ergibt sich die Fehlermeldung "undefined function LIST1". Eine Produktionsregel, die spezifiziert, daß durch Einfügen von Quote diese Fehlermeldung vermieden werden kann, führt zu einer weiteren Lösung, die ebenfalls ein falsches Resultat liefert. Durch das unmittelbare Ausprobieren einfacher Beispiele wie "(car '(LIST)" und "(car LIST)" wird schließlich die richtige Lösung gefunden. Die Zielstruktur für die Simulation der Lösung der vorgegebenen Programmieraufgabe ist in Abb. 4 dargestellt.

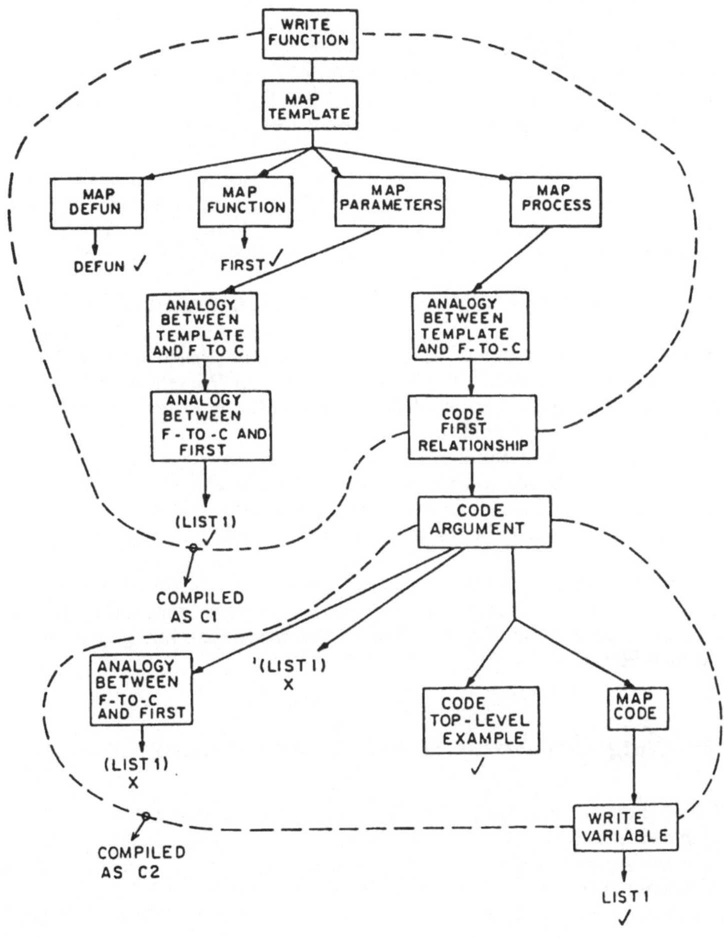

Abb. 4

Struktur von Zielen und Teilzielen bei der Kodierung der Funktion FIRST (aus [Anderson_84] , S.94). Die Pfeile zeigen an, wie Ziele durch Produktionen in Unterziele zerlegt wurden. Die zwei mit gebrochener Linie umgrenzten Teile führen zu den kompilierten Produktionen R-C1 bzw. R-C2.

Wissenskompilierung

Nach dem Lösen dieser Aufgabe wird das durch Problemlöseprozesse erarbeitete Wissen in das Produktionssystem aufgenommen. Die in Abb. 4 mit gestrichelten Linien umgrenzten Teile werden als C1 und C2 zusammengefaßt und zu den Produktionen R-C1 und R-C2 kompiliert.

```
R-C1: Wenn (Ziel: Schreibe Funktion von einer Variablen)

      Dann (Schreibe "(DEFUN <Funktionsname>(variable)" und setze als
            Unterziel, die Relation zu kodieren, die von der
            Funktion  berechnet werden soll; schreibe dann ")" )

R-C2: Wenn (Ziel: Kodierung eines Arguments

           und:  Das Argument korrespondiert
                 mit der formalen Variable)

      Dann (Schreibe: Variablenname)
```

Bei einer weiteren Programmieraufgabe muß dieses Wissen nun nicht mehr durch Problemlöseprozesse erarbeitet werden, sondern ist durch die speziellen Produktionen direkt einsetzbar. Wird als nächstes die Funktion SECOND definiert, so wird daher der bei der Kodierung des Arguments zuvor aufgetretene Fehler vermieden, da einmal korrigierte Fehler bei der Wissenskompilierung nicht mit übernommen werden.

Die gleichen Grundsätze, die hier bei einer äußerst einfachen Programmieraufgabe dargestellt wurden, lassen sich auch bei etwas schwierigeren Aufgaben wie rekursiven Funktionsdefinitionen sowohl in der Grapes-Simulation als auch in den Verbalisierungen von Studenten wiederfinden. Den einfachen Funktionsschablonen entsprechend, gibt es vermutlich auch allgemeine Rekursionsschablonen [Vorberg_86].

Beim Programmieren einer LISP-Funktion lassen sich folgende Phasen unterscheiden:

* Eine Suchphase, in der Vorwissen aus der Mathematik (beispielsweise bei der Definition von Mengenoperationen wie dem Bilden der Potenzmenge) und Wissen aus dem vorherigen Lernmaterial herangezogen wird. Diese Suchphase wird durch eine kritische Einsicht beendet, welche ein Verfahren für die Lösung des Problems beinhaltet.
* Die eigentliche Kodierung der Funktion. Dabei können Informationen aus dem Arbeitsspeicher verloren gehen, so daß Ziele vergessen oder LISP-Wissen nicht abgerufen werden kann. Dann müssen Aufgabeninstruktionen oder LISP-Informationen nachgelesen werden.
* Eine Überprüfung der kodierten Funktion und iterative Wiederholungen der drei Schritte.

Durch die Grapes-Simulation wurde angegeben, welche Problemlösestrategien beim Lösen von Programmieraufgaben eingesetzt werden. Dadurch werden auch die Stärken und Schwächen dieser Prozesse erkennbar, so daß diese von Intelligenten Tutoriellen Systemen nun gezielt ins Spiel gebracht bzw. kompensiert werden können.

2.2 Überprüfung des Modells durch Anwendung in einem ITS

Die Grapes-Simulation wurde anhand von Protokollen des Lauten Denkens entwickelt und empirisch überprüft. Durch den Einsatz der Grapes-Simulation in einem ITS kann jedoch noch ein sehr viel strengerer Test der empirischen Angemessenheit und des praktischen Nutzens des Modells durchgeführt werden. Von [Reiser_85] wurde ein LISP-Tutor entwickelt, in dem das Lernverhalten des Studenten durch das vorgestellte Kognitive Modell beschrieben wurde. Bei der Entwicklung des LISP-Tutors wurden darüber hinaus folgende psychologische Grundsätze und Lehrstrategien berücksichtigt :

* Zu jedem Zeitpunkt des Lernens sollte die zugrundeliegende Zielstruktur der Lösung einer Aufgabe dem Studenten explizit übermittelt werden. Deshalb werden zu jedem Zeitpunkt der Aufgabenlösung am Bildschirm des Tutors Ziele und Teilziele aufgeführt. Dabei werden die Ziele und Teilziele des Lernenden auf der Grundlage der Grapes-Simulation diagnostiziert.

- Instruktionen sollen im Problemlösekontext vorgegeben werden. Aufgrund der kognitiven Modellierung kann der Tutor dem Studenten die kritischen Informationen vermitteln, die ihm gerade zur Lösung einer Aufgabe fehlen.
- Es soll ein abstraktes Verständnis des Problemlösewissens übermittelt werden. Durch die Explikation der Zielstruktur zur Lösung einer Aufgabe werden Problemlösestrategien übermittelt.
- Der Tutor soll die Beanspruchung des Arbeitsspeichers reduzieren. Dazu werden Funktionsdefinitionsschablonen, die mit einem Struktureneditor vom Lernenden ergänzt und verändert werden können, am Bildschirm vorgegeben und müssen so nicht aus dem Gedächtnis abgerufen werden.
- Dem Lernenden soll unmittelbare Rückmeldung gegeben werden. Aufgrund des kognitiven Modells kann der Tutor Hilfestellungen in Bezug auf das Wissen geben, das einen Fehler erzeugt hat.
- Aufgrund des kognitiven Modells kann die Größe der Informationsstückchen dem Bedürfnis des Lernenden angepaßt werden. Die angestrebten Programmierfertigkeiten können so schrittweise aufgebaut werden.

In dem LISP-Tutor wird der Lernfortschritt des Studenten im kognitiven Modell nachverfolgt. Jede Handlung des Studenten wird in das Modell übertragen. Dadurch wird eine dynamische Modellierung der Lernfortschritte erreicht.

Der Umfang des Lehrstoffes, der vom LISP-Tutor übermittelt wird, reicht von elementaren LISP-Funktionen bis zu rekursiven Funktionsdefinitionen. Der Einsatz des LISP-Tutors im Programmierunterricht zeigt, daß Studenten mit dem Computertutor fast zweimal so schnell lernen wie bei den sonst üblichen Instruktionsverfahren [Anderson_85]. Studenten, die von menschlichen Tutoren unterrichtet werden, lernen jedoch noch etwas schneller.

2.3 Diskussion

Durch die Grapes-Simulation wird der Wissenszustand und der Wissenszugewinn eines Studenten durch eine kognitive Modellierung nachgebildet. Die Modellierung basiert auf einigen ACT[*]-Postulaten, insbesondere auf den Annahmen zur Repräsentation von prozeduralem Wissen durch Produktionen und die darauf bezogenen Lernmechanismen. Der erfolgreiche Einsatz des LISP-Tutors im universitären Unterricht zeigt, wie Computerinstruktionsprogramme durch eine explizite kognitive Modellierung auf eine qualitativ höhere Stufe gestellt werden können. In Andersons LISP-Tutor, der kommerziell vertrieben wird, erfolgen jedoch noch nicht sämtliche Rückmeldungen an den Lernenden auf der Basis des kognitiven Modells. Die Möglichkeiten der kognitiven Modellierung wurden also hier noch nicht voll ausgenutzt. Möglicherweise können solche Tutoren auch durch eine ergänzende Modellierung deklarativen Wissens (z.B. Berücksichtigung des episodischen Gedächtnisses) in ihrer Effektivität noch weiter verbessert werden [Weber_86] .

In der Grapes-Simulation wird ein Individuum durch die von ihm eingesetzten Produktionen und deren Stärkewerte charakterisiert. Aufgrund des so diagnostizierten Wissenszustands eines Studenten kann dann entschieden werden, durch welche Programmieraufgaben das noch fehlende Wissen aufgebaut werden kann. Die Grapes-Simulation leistet somit eine Umsetzung des beobachteten Lernverhaltens in die kognitiven Strukturen und Zielhierarchien, die dieses Verhalten erzeugt haben. Dadurch kann ein Student hinsichtlich eines angestrebten Lernerfolgs sehr viel gezielter instruiert werden. Unklar bleibt jedoch, ob diese Simulation darüberhinaus auch selbsttätig lernt, also den Lernerfolg, den sie beschreibt, auch gleichzeitig selbst erzielt. In diesem Fall müßte die Simulation mit den gleichen Kenntnissen, die einem Studenten zur Verfügung stehen, auch denselben Lernerfolg erzielen. In anderen Worten, es bleibt ungewiß, ob mit Grapes ein allgemeingültiger Lernmechanismus programmiert wurde, oder ob die Grapes-Simulation nur für das Erlernen einiger LISP-Kenntnisse eine explizite Beschreibung von spezifischen Lernvorgängen darstellt.

3. Modellierung von Handlungswissen in der Mensch-Computer-Interaktion

Das Design von ergonomisch günstigen Mensch-Computer-Schnittstellen erfordert Kenntnisse über das Wissen, das Personen bei interaktiver Arbeit am Computer verwenden. Das folgende Modell strebt eine formale Beschreibung dieses Handhabungswissens an. Wie schon in GRAPES ist es auch hier plausibel, ein Produktionssystem als Modellierungsmittel zu verwenden. Basierend auf den einzelnen Elementaraktionen der Produktionen wird ferner untersucht, ob Transfer-Lernen stattfindet, d.h. ob Elementaraktionen, die in einem Kontext gelernt wurden, in jedem folgenden Kontext bekannt sind und nicht unter Aufwand zusätzlicher Lernzeit erneut gelernt werden müssen. Wenn solches Transferlernen tatsächlich stattfindet, sollten Mensch-Computer-Schnittstellen so gestaltet sein, daß die auszuführenden Aufgaben möglichst viele Elementaraktionen gemeinsam haben.

3.1 Grundlegende Modellannahmen und Konkretisierung bei einer Aufgabenklasse

Zu den Grundannahmen einer Klasse von Modellen ([Newell_57,Moran_81,Card_83,Kieras_85,Polson_85, Polson_86]) gehört, daß sich das Lösen von Aufgaben beschreiben läßt mittels **Produktionen**, deren Bedingungen und Aktionen darstellbar sind durch eine endliche Menge festgelegter elementarer Symbole. **Bedingung** wird formalisiert als logische Verknüpfung (und,nicht) von Elementar-Bedingungen über

* das aktuelle Ziel
* Inhalte des Arbeitsspeichers
* externe Reize

Eine **Aktion** verändert den Arbeitsspeicher oder die Umwelt durch Elementaraktionen der Arten

* Ändern des Ziels
* Ändern sonstiger Inhalte des Arbeitsspeichers
* Informationsaufnahme
* Durchführen von Handlungen (z.B. Dateneingabe)

Abb. 5 zeigt ein Beispiel zweier Produktionen, die sich auf eine Aufgabe in einem Textverarbeitungssystem beziehen (vgl. [Kieras_85,Polson_85]).

Elementare Symbole sind hier FUNCTION, ENTITY, *word* usw.. Sie werden in diesem Modell als Ganzheiten gesehen. In anderen Modellen könnten sich Produktionen auf andere elementare Symbole beziehen, beispielsweise auf motorische Einzelschritte zum Bedienen einer Taste. Statt DO-KEYSTROKE ... würde dann ADD-GOAL do-keystroke in *Task 1.2* auftreten, und es müßten in einer weiteren Aufgabe (*task*) Koordinaten der Hand und der Tastatur als elementare Symbole miteinander verknüpft sein. Zusätzlich zur Verwendung von Produktionen muß also entsprechend den Zielen der Modellierung eine Beschreibungsebene festgesetzt werden. Mit den Symbolen dieser Ebene wird das Handlungswissen für den gewählten Aufgabenbereich durch Produktionen für alle Aufgabentypen beschrieben (Aufgabenanalyse).

Das Handlungswissen zum Lösen einer solchen Aufgabe besteht gemäß den Grundannahmen dieses Modells aus der Kenntnis der Bedingungen und Aktionen aller Teilziele, d.h. der Produktionen. Wenn eine Person das in dieser Weise repräsentierte Wissen beherrscht, kann sie die Aufgabe lösen.

Bei den Aufgaben verwenden Personen oft unterschiedliche Lösungswege (beispielsweise Cursor-Bewegung mittels Cursor-Tasten oder mittels Suchbegriffen). Im Modell wird dieser Tatsache dadurch Rechnung getragen, daß mehrere Sequenzen von Produktionen nebeneinander Bestand haben.

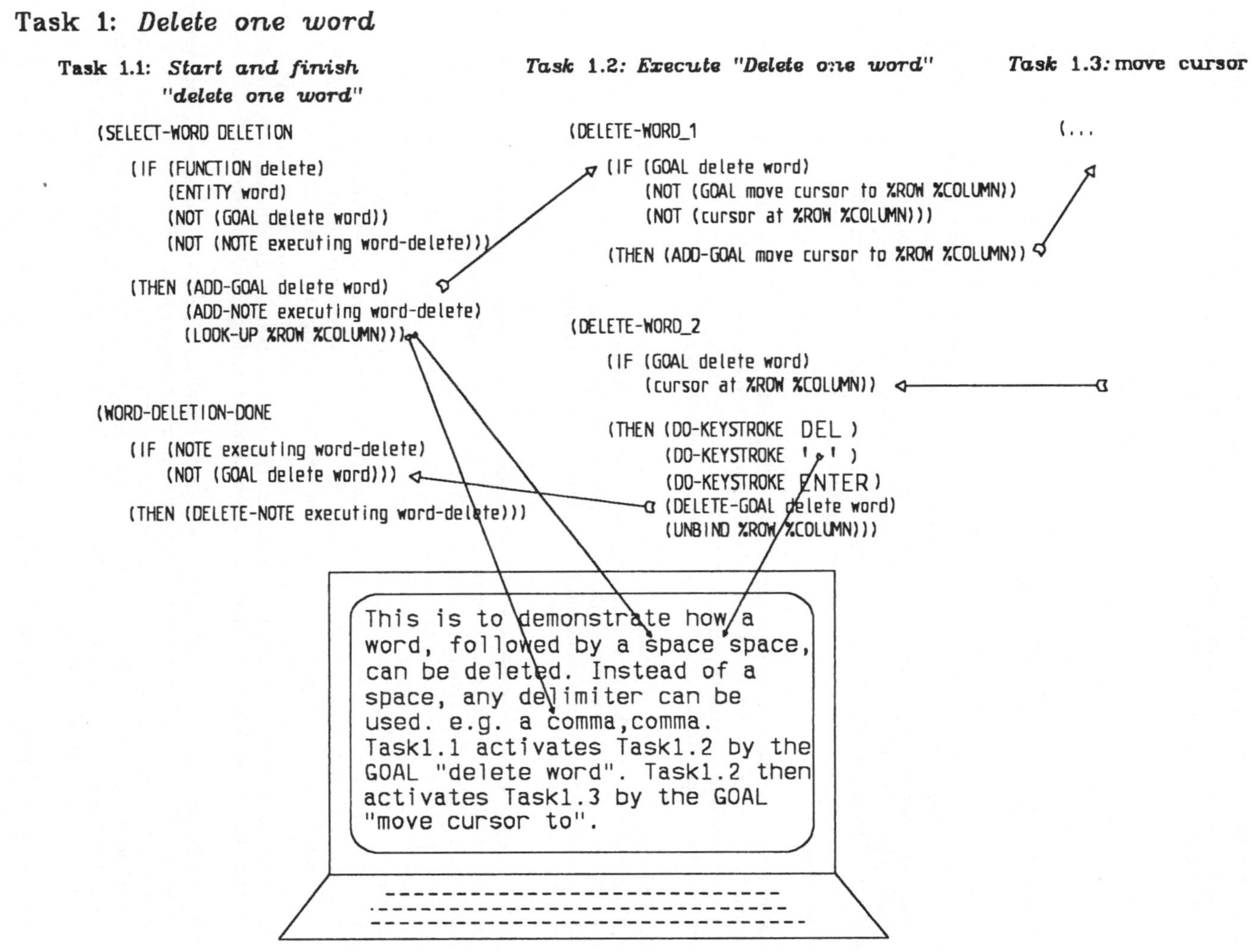

Abb. 5

(nach [Kieras_85,Polson_85]). Zum Löschen der doppelten Wörter 'space' und 'comma' werden die Aufgabentypen: *start and finish* 'Delete one word', *Execute* 'Delete one word' und *Move cursor* durch das Eintragen der entsprechenden Ziele in den Arbeitsspeicher aktiviert.

In der vorgestellten Anwendung geht es darum, Parameter des Produktionssystem-Modells daraufhin zu prüfen, ob sie geeignet sind, Zahlwerte über das Lern- und Arbeitsverhalten vorherzusagen, die sich bei der Beobachtung menschlicher Versuchspersonen messen lassen.

3.2 Überprüfung des Modells

Ableitungen aus dem Modell

Für den Aufgabenbereich "Editieren von Texten" haben [Kieras_85,Polson_85] Vorhersagen aus dem Modell abgeleitet. Zu diesem Zweck wurden ausgewählte Aufgabentypen in Produktionen beschrieben. Eine Überprüfung des Modells erfolgt durch Vergleich von Modellparametern mit experimentell bestimmten Meßgrößen. Neben den Produktionen werden *recognize-act-Zyklen* und Arbeitsspeicher-Belastung zur Schätzung herangezogen. Ein **recognize-act-Zyklus** ist das Prüfen der Bedingungen einer Produktionsregel und Durchführen der Aktion. Der **Arbeitsspeicher** wird benutzt als Gedächtnis für Zwischenziele und sonstige Merkinhalte Diese Parameter werden herangezogen, um die folgenden experimentellen Meßgrößen vorherzusagen:

Als maßgeblich für die **Lernzeit** einer Aufgabe wird die Anzahl der Produktionen angesehen, die sich das Individuum **neu** einprägen muß. Aus der Reihenfolge des Lernens der Aufgabentypen läßt sich ablesen, welche Produktionen jeweils neu sind. Variiert man diese Reihenfolge, so variiert auch die Anzahl neuer Produktionen. Diese Anzahl dient als Vorhersageparameter des Modells.

Bei Personen, die einen Aufgabenbereich beherrschen, wird die **Bearbeitungszeit** für eine Aufgabe als abhängig angesehen von der Anzahl der recognize-act-Zyklen und der jeweiligen Anzahl von Einträgen im Arbeitsspeicher. [1] Beim Durchführen der Simulation ergibt sich die Anzahl der recognize-act-Zyklen aus der Anzahl der ausgeführten Produktionen. Die Belegung des Arbeitsspeichers resultiert aus der Sequenz der ADD bzw. DELETE Operationen.

Sind in einem System verschiedene Methoden für einen Aufgabentyp implementiert (z.B. Cursor positionieren mittels Cursor-Tasten oder durch Suchbegriff), so unterscheiden sich diese Implementierungen in der Regel in ihren Produktionen und in ihrer Belastung des Arbeitsspeichers. Das hat zur Folge, daß für unterschiedliche Implementierungen unterschiedliche Bearbeitungszeiten vorhergesagt werden. Dies kann experimentell durch Implementierungen ausgenutzt werden , die angepaßt sind an Bedürfnisse und Fertigkeiten unterschiedlicher Benutzergruppen, z.B. neu angelernte Benutzer und solche mit längerer Systemerfahrung. Formal hat das hier vorgestellte Modell daher zwei unterschiedliche Mengen von Produktionen für den gleichen Aufgabenbereich. Eine soll das Wissen einer frisch angelernten Person beschreiben, die andere das einer Person mit langer Systemerfahrung. Interessant ist natürlich, wie eine Person ihr Wissen vom ersten zum zweiten Produktionssystem fortentwickelt. Zwar macht Polson dazu keine Angaben, aber es sind zwei Wege denkbar. Der erste besteht im Erwerb zusätzlicher effektiver Methoden. Ein zweiter Weg ist in Einklang mit [Anderson_83] in folgender Weise möglich:

In einer frühen Phase der Systembenutzung werden die Produktionen eine nach der anderen interpretativ verarbeitet. Eine große Zahl von Produktionen in einer Lösungssequenz hat eine entsprechend große kognitive Belastung zur Folge. Bei der weiteren Arbeit mit dem System werden Sequenzen von Produktionen zusammengefaßt, d.h. als Einheit gespeichert; man spricht auch von *compiled methods*. In dieser Phase spielt die Anzahl der Produktionen eine untergeordnete Rolle, entscheidend ist nur noch die Anzahl der *compiled methods*.

Wenn die zweite Hypothese, wie der Mensch sein Handlungswissen ausbaut, richtig ist, dann muß sich die Arbeit eines relativen Anfängers durch die Parameter solcher Implementierungen beschreiben lassen, die viele isolierte Produktionen enthalten, während in der Arbeit des Erfahrenen prozeduralisierte Sequenzen von Produktionen vorkommen. Die Ökonomisierung des Erfahrenen besteht also darin, daß er auch lange Sequenzen automatisiert, was ihm die Möglichkeit gibt, Methoden mit geringer Anzahl von recognize-act-Zyklen zu benutzen.

---

[1] Experimente belegen, daß Suchzeiten zur Anzahl der Einträge im Arbeitsspeicher proportional sind ([Sternberg_69]). Dies wird hier auch für das Vergleichen der Elementarbedingungen von Produktionen mit dem Arbeitsspeicherinhalt postuliert.

Ferner bietet das Modell die Möglichkeit, **Bedienungsfehler** mit einer zu großen Anzahl von Einträgen im Arbeitsspeicher in Zusammenhang zu bringen. Von dieser Möglichkeit wird in den folgenden Experimenten kein Gebrauch gemacht.

Empirische Untersuchungen

Lernexperiment. Ziel dieses Experiments ist es, zu überprüfen, ob die Anzahl neuer Produktionen innerhalb einer Aufgabe geeignet ist, die Lernzeit für die Aufgabe vorherzusagen.

Methode. Versuchspersonen ohne EDV-Kenntnisse (zwischen 15 und 44 je Versuchsbedingung) erhalten eine kurze Einführung in Tastatur und Bildschirm eines Computer-Terminals. Dann sollen sie an diesem Terminal 5 bis 7 vom Versuchsleiter zusammengestellte Aufgabentypen (Buchstabierprüfung, Zeilennumerierung ändern, Überschrift prüfen, Name und Kommentar ändern, Zeichenabstand ändern, Diskette duplizieren, drucken) eine nach der anderen in einer festen Reihenfolge lernen. Während des Lernens werden sie auf Fehler sofort hingewiesen. Der Zeitpunkt des Lernerfolgs ist durch die korrekte Lösung von 3 Aufgaben definiert. Er dient als **Meßgröße** (abhängige Variable) des Lernexperiments. Erst nach dem Lernerfolg darf eine Versuchsperson mit dem Lernen des nächsten Aufgabentyps beginnen. Dies bietet die Gewähr, daß eine Versuchsperson, die ihren n + 1-ten Aufgabentyp lernt, ihre Aufgabentypen 1 bis n beherrscht. Verschiedene Gruppen lernen die Aufgabentypen in planmäßig unterschiedlicher Reihenfolge.

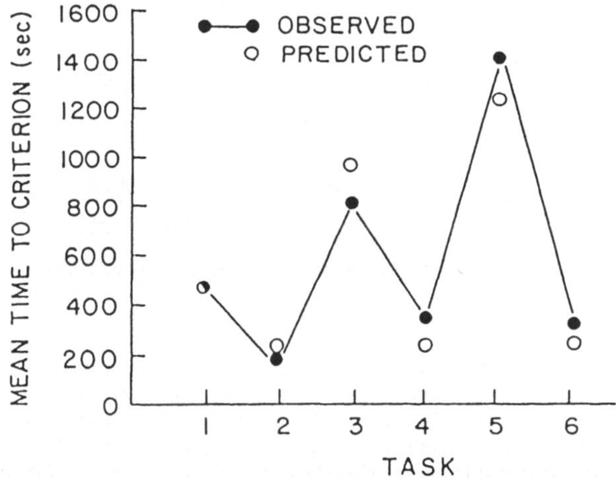

Abb. 6

(von [Polson_86]) Für sechs Aufgabentypen sind beobachtete (•) und vorhergesagte (°) Zeit im Mittel über die verschiedenen Positionen in der Lernreihenfolge dargestellt.

Ergebnisse. Für die verschiedenen Aufgabentypen lagen die gemessenen Lernzeiten zwischen 200 und 1400 Sekunden. Sie werden mit den aus dem Modell abgeleiteten Vorhersagewerten in einer gemeinsamen Graphik aufgetragen (Abb. 6). Die Graphik zeigt eine gute Übereinstimmung zwischen den Werten des Modellparameters und den gemessenen Zeiten. Insbesondere stellt sich heraus, daß es Aufgabentypen gibt, bei denen viel Wissen aus schon bekannten Aufgabentypen verwendet werden kann (etwa task 4), und solche, die unabhängig von der Menge der bereits beherrschten Aufgabentypen das Lernen vieler neuer Produktionen erfordern (etwa task 5). Letztere zeichnen sich dadurch aus, daß die gemessene wie auch die vorhergesagte Lernzeit lang ist, unabhängig davon, ob der Aufgabentyp früh oder spät präsentiert wird.

Arbeitsexperiment. Hauptziel dieses Experiments ist die Überprüfung der Hypothese, daß sich die Bearbeitungszeit für einen Aufgabentyp vorhersagen läßt aus der Anzahl der recognize-act-Zyklen und der Auslastung des Arbeitsspeichers im betreffenden Aufgabentyp. Ferner wird geprüft, worin sich die Arbeit eines fortgeschrittenen Benutzers von der eines relativen Anfängers unterscheidet.

Methode. Zunächst erhalten Versuchspersonen ohne EDV-Kenntnisse (n = 8) Gelegenheit, alle für die später präsentierten Aufgaben erforderlichen Aufgabentypen am Terminal zu erlernen. Im Gegensatz zum Lernexperiment sind gelegentlich zwei oder mehr Verfahren zur Lösung eines Aufgabentyps implementiert, zwischen denen die Versuchspersonen frei wählen dürfen. In der Lernphase wird jedoch nur die Beherrschung mindestens einer Methode zu jedem Aufgabentyp kontrolliert. Nach Abschluß der Lernphase beginnt das eigentliche Experiment mit Arbeitssitzungen an acht aufeinanderfolgenden Tagen. Die Versuchspersonen erhalten täglich Aufgaben, deren Lösung in einer genau spezifizierten Häufigkeit die Verwendung bestimmter Aufgabentypen erfordert. **Meßgrößen** des Arbeitsexperiments sind die mittleren Bearbeitungszeiten für vier Aufgabentypen am ersten und achten Arbeitstag nach Abschluß der Lernphase.

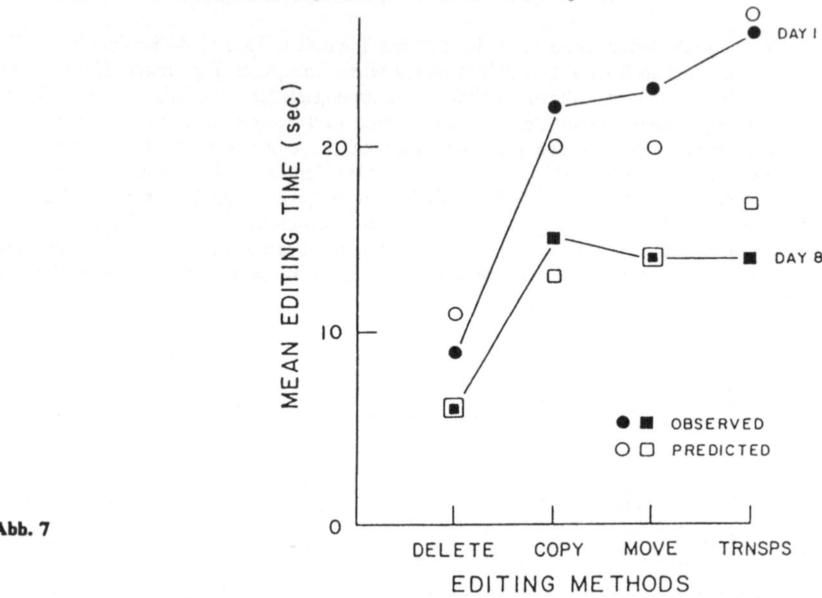

Abb. 7

(von [Polson_85]) Für vier Aufgabentypen sind beobachtete (●,■) und vorhergesagte (○,□) Bearbeitungszeiten am ersten und achten Tag dargestellt.

Ergebnisse. Die gemessenen Bearbeitungszeiten werden in einer gemeinsamen Graphik aufgetragen mit den rechnerisch (multiple Regression) bestimmten Vorhersagewerten des Modells, und zwar getrennt für den 1. und 8. Tag. Die Vorhersagewerte für den 1. Tag entstammen dem Produktionssystem, welches dem vermuteten Wissen des relativen Anfängers nachgebildet wurde, die vom 8. Tag dem Produktionssystem des erfahrenen Benutzers. Abb. 7 zeigt für Anfänger wie Geübte gleichermaßen eine gute Übereinstimmung zwischen Vorhersage und Messung. Insbesondere spiegelt in beiden Fällen die Vorhersage die Gesamtspanne zwischen leichten (delete) und schweren (trnsps) Aufgaben gut wieder. Damit werden zwei Hypothesen des Modells gestützt.

1. Die Anzahl der recognize-act-Zyklen und die jeweilige Anzahl von Einträgen im Arbeitsspeicher haben entscheidenden Einfluß auf die Bearbeitungszeit für eine Aufgabe.
2. Bekanntes Wissen wird in neue Kontexte transferiert.

3.3 Beziehung zu ähnlichen Ansätzen

Die Beschreibung von Kontrollstrukturen menschlichen Handelns durch Produktionssysteme geht zurück auf [Newell_72]. Newell und Simon untersuchten beispielsweise Spielstrategien beim Schach. Anwendungen auf die Mensch-Computer-Interaktion finden sich in den neueren Arbeiten [Moran_81] , [Card_83] .

Allen diskutierten Untersuchungen ist gemeinsam, daß das Handlungswissen zum Lösen einer Aufgabe aus der Kenntnis der Bedingungen und Aktionen aller Produktionsregeln besteht. Wenn eine Person das in dieser Weise repräsentierte Wissen beherrscht, kann sie die Aufgabe lösen.

So verfährt auch [Moran_81] mit der CLG (Command Language Grammar). Dort werden Bedingungen, Aktionen und Ziele in mehreren Ebenen *(levels)* angesiedelt, die je einer beim Benutzer vorausgesetzten Semantik entsprechen. Im (obersten) *task-level* werden Aufgabenformulierungen auf abstrakte EDV-Konzepte wie *file* bezogen. Über zwei Zwischenebenen (*semantic level, syntactic level*) werden Aufgaben übersetzt in konkret am System auszuführende Sequenzen von Aktionen und Systemantworten des inter-action level (prompts, < return >). Aufgabenlösung vollzieht sich hier durch Formulieren eines Ziels auf einem hohen *level* und sukzessives Übersetzen und Ausarbeiten in Interaktionsziele und -sequenzen. Methoden und Ziele sind je mit einer Beschreibung versehen, die sich auf Entitäten eines benachbarten *level* beziehen. Wichtig an CLG ist, daß inhaltliche Aufgabenkonzepte (LOOK-FOR-NEW-MAIL) mittels der Beschreibungen mit den syntaktischen und den Bedienungskonzepten (PROMPT for specification of MAIL-NO) verknüpft werden. Diese vertikale Integration entspricht der Erfahrung, daß viele reale Aufgaben auf einem abstrakteren *level* formuliert und dann für die Ausführung in konkrete Handlungen umgesetzt werden. Das GOMS (Goals,Operations,Methods,Selection) Modell in [Card_83] stellt das gleiche Thema aus einer etwas anderen Sichtweise dar. Mit im Vordergrund stehen Mechanismen zur Komposition von Handlungssequenzen (methods) aus einfachen Aktionen (operations) sowie das Vorgehen im Falle mehrerer zutreffender Bedingungteile (selection).

Problematisch an allen Produktionssystemen ist die Voraussetzung, daß eine Person, welche eine Aufgabe löst, **genau die** Produktionen des Modells beherrscht, oder anders ausgedrückt, daß **diese** Produktionen eine eindeutige Darstellung der Aufgabenlösung sind. Diese Zuordnung von Aufgabentyp zu Produktions-Darstellung ist nicht frei von Willkür. Denn alternative Regelsätze können nur mittels Plausibilitätsüberlegungen (beispielsweise über maximale Anzahlen von Elementaraktionen in einer Produktion oder maximale Anzahl von Arbeitsspeicher-Einträgen) abgewogen, nicht aber unwiderlegbar ausgeschlossen werden. Zwar gibt es bei Rückführung von Produktionssystemen auf formale Sprachen Normalformen [Newell_72] [Hopcroft_79], aber diese sind nur in einem mathematischen Sinne ausgezeichnet, und dies hat nichts damit zu tun, ob sie auch gute kognitive Modelle sind. Jedoch deutet sich an, daß hier das experimentelle Ergebnis, d.h. die für ein psychologisches Experiment recht gute Übereinstimmung zwischen Modellvorhersage und Meßgröße, die jeweilige Wahl des Produktionssystems aus einer größeren Zahl möglicher Alternativen nachträglich rechtfertigt. Dies gilt in gleicher Weise für spätere Replikationen und Variationen der Experimente.

Positiv hervorzuheben ist, daß das Modell von [Polson_86] ausdrücklich die Vorhersage experimenteller Befunde anstrebt und hierzu mit sehr wenigen Parametern auskommt. Dies wird ermöglicht durch einen sehr strengen experimentellen Ansatz, der viele Verhaltensweisen eines spontanen Lernens und Bearbeitens strikt unterbindet und so mögliche Ursachen von Variation in den Daten ausschließt. Unberücksichtigt bleiben z.B. Planungsprozesse in Begriffen aus dem EDV-freien Arbeitsumfeld (z.B. Anlagen zu einem Brief zusammenstellen) bzw. generell die Benutzung jeglicher anderer Wissensquellen. Der streng reglementierte Lernvorgang erlaubt der Versuchsperson nicht, ihren persönlichen Lernstil anzuwenden.

Nimmt man jedoch diese Einschränkungen in Kauf, so bestätigen die Experimente, daß mit der Konzentration auf neue Produktionen für die Lernexperimente sowie auf recognize-act-Zyklen und Arbeitsspeicher-Belastung für die Arbeitsexperimente entscheidende Parameter für die kognitive Komplexität von Mensch-Computer-Schnittstellen identifiziert sind, d.h. daß vermutete andere Einflußgrößen für den hier modellierten Bereich in ihrer Bedeutung deutlich zurücktreten. Auch finden sich Hinweise, daß Anfänger und Erfahrene spezifisch unterschiedliche Repräsentationen des Wissens heranziehen, die sich in der Komplexität der Methoden unterscheiden.

Insgesamt ist hier für ein kleines geschlossenes Gebiet der Schritt hin zu einer quantitativen Theorie gelungen. Die spezielle Anwendung hat darüber hinaus eine Bedeutung für die Software-Ergonomie, d.h. das Design guter Mensch-Maschine-Schnittstellen. Denn schon vor einer Implementierung können durch eine Aufgabenanalyse mittels Produktionen Aufgabentypen identifiziert werden, die nur mit kognitiv komplexen Methoden gelöst werden können. Durch Umstrukturierung des Systems können u.U. für diese Aufgabentypen kognitiv einfachere Methoden bereitgestellt werden ([Polson_86]). Dies spart Entwicklungs- und Testzeit. Mit diesem Ansatz können z.B. verschiedene Arten von Editoren, wie etwa Graphik- und Texteditoren konsistent gestaltet werden. Dadurch würde ein möglichst großer Wissenstransfer zwischen beiden Editoren ermöglicht (siehe z.B. [Ziegler_86]).

4. Textverstehen und Textverständlichkeit

Texte sind Informationsquellen, die bei den oben beschriebenen Produktionsregel-Modellen des Erwerbs und der Anwendung von Handlungswissen zwar völlig außer acht gelassen wurden, jedoch trotzdem eine wichtige Rolle spielen. Textverständlichkeit ist dabei nicht nur bei der Gestaltung von Computer-Dokumenten, sondern bei jeglichen Beschreibungen ein allgemeines praktisches Problem. Die Verständlichkeit von Texten wurde von [Kintsch_78], [Miller_80] und [Kintsch_85] durch eine Modellierung von Verstehensprozessen untersucht.

4.1 Komponenten des Textverstehens

Selbst wenn Texte nicht in akustischer Form, d.h. als gesprochene Sprache, sondern bereits geschrieben vorliegen, sind zum Verstehen eines Textes mehrere Verarbeitungsprozesse erforderlich. Einige dieser Prozesse sind beispielsweise: Lexikalische Bestimmung und Desambiguierung von Wörtern, syntaktisches und semantisches Parsen von Sätzen, referentielle Identifikation von Pronomina, Aufbau der Kohärenz und Bedeutung von Textsegmenten, pragmatische Analyse - beispielsweise unter Heranziehung eines Partnermodells ([Wahlster_82]). Textverstehen ist also kein einheitlicher Prozeß, sondern vollzieht sich auf mehreren Ebenen und wird von verschiedenen Verarbeitungskomponenten oder Modulen getragen.

Wie auch psychologische Experimente belegen, sind einige dieser Komponenten bereichsspezifisch, während andere auf allgemeinen heuristischen Verfahren basieren [Schmalhofer_83]. Eine kognitive Modellierung bereichsspezifischer Komponenten muß für jedes Gegenstandsgebiet separat entwickelt und überprüft werden. So kann das Bereichswissen, das zum Verstehen von Unfallberichten herangezogen wird, ganz anders strukturiert sein als das relevante Bereichswissen über ein Computersystem. Heuristische Verstehensprozesse sind dagegen nicht unmittelbar an ein spezifisches Wissensgebiet gebunden, so daß eine kognitive Modellierung dieser Verarbeitungsprozesse möglicherweise bereichsübergreifend eingesetzt werden kann. Das hier vorgestellte Modell beschreibt einzelne bereichsübergreifende und einzelne bereichsspezifische Module.

Heuristische Prozesse der semantischen Kohärenzbildung

Das Modell von ([Kintsch_78]) beschreibt, wie beim Lesen semantische Repräsentationen eines Textes im Gedächtnis aufgebaut werden und wie aus der Text-Leser Interaktion die Textverständlichkeit bestimmt werden kann.

Ein Text wird dabei zunächst nach spezifischen Regeln in seine Propositionen zerlegt (vgl. [Turner_78]). Durch diese Propositionalisierung werden also Texte in eine Ansammlung gedanklicher Einheiten deklarativen Wissens überführt, die eingangs bei der Besprechung von ACT[*] bereits vorgestellt wurden. Aus dieser Ansammlung wird dann unter Berücksichtigung der Limitierung des menschlichen Arbeitsspeichers eine kohärente Bedeutungsrepräsentation des Textes (Mikro-Struktur) gebildet. Da der Text nicht als ganzes verarbeitet werden kann, sind dazu mehrere Verarbeitungszyklen erforderlich. In jedem Zyklus sind nur wenige Propositionen im Arbeitsspeicher, die in zwei Teilmengen unterteilt sind:

- Propositionen, die in diesem Schritt neu bearbeitet werden
- Propositionen, die aus dem vorangegangenen Schritt übernommen wurden.

Das Modell gibt an, wieviele und welche Propositionen zu Beginn eines Verarbeitungsschritts eingelesen werden, wie die Mikro-Stuktur aus den sich im Arbeitsspeicher befindlichen Propositionen erstellt wird und welche Propositionen für den nächsten Zyklus aktiv im Arbeitsspeicher erhalten bleiben. Eine weitere

Modellkomponente, auf die hier nicht weiter eingegangen werden soll, beschreibt, wie durch die Bildung einer Makro-Struktur die Hauptpunkte eines Textes identifiziert werden.

Textsegmentierung

Die Informationsstückchen (chunks), die in dem jeweils nächsten Zyklus neu bearbeitet werden sollen,werden durch die Reihenfolge der Wörter im Text und durch die Struktur der Propositionen festgelegt. Dazu werden die Wörter des Textes sequentiell durchgegangen und für jedes Wort wird das zugehörige Konzept in der entsprechenden Proposition aufgesucht. Für die so gefundene Proposition wird dann entschieden, ob sie noch aufgenommen oder ob mit dieser Proposition ein neuer chunk begonnen werden soll. Mit jedem Satzanfang wird ein neuer chunk eröffnet. Bei Beginn eines neuen chunks werden mindestens I Wörter gelesen, wobei der Parameter des Modells I beispielsweise 19 sein kann. Ein chunk muß mindestens zwei Propositionen enthalten. Darüberhinaus werden zur Textsegmentierung die folgenden heuristischen Regeln herangezogen, die in der angegebenen Reihenfolge abgearbeitet werden:

- Eine Proposition, die ausschließlich weitere Propositionen als Argumente enthält, wird nur aufgenommen, wenn ihre Argumente (eingebettete Propositionen) bereits im chunk sind.
- Falls die Wörter, die die Argumente der Proposition ausdrücken, im Text bereits gelesen wurden, wird die Proposition aufgenommen.
- Falls die angesprochene Proposition sich mit einer weiteren Proposition, die bereits im chunk ist, in einem Einbettungsverhältnis befindet, so wird sie aufgenommen.
- Falls die angesprochene Proposition mit der direkt vorher aufgenommenen Proposition ein gemeinsames Argument hat, wird sie aufgenommen.
- Falls keine der vorangegangenen Regeln zutrifft, wird mit der angesprochenen Proposition ein neuer chunk eröffnet.

Die Textsegmentierung - die Aufteilung der Ansammlung von Propositionen - in mehrere chunks basiert somit auf syntaktischen und semantischen Eigenschaften und einem Parameter I, der den Leser und die Schwierigkeit des Textes kennzeichnet. Die chunks enthalten nun die Propositionen, mit denen die Mikro-Struktur im jeweils nächsten Zyklus erweitert wird.

Aufbau der Mikro-Struktur im begrenzten Arbeitsspeicher

Von den im ersten Zyklus neu eingelesenen Propositionen wird eine als Wurzel des zu konstruierenden Kohärenzgraphen ausgewählt und bildet somit die Stufe 1 der **Texthierarchie**. Diese Auswahl erfolgt oft aufgrund des Themas des Textes, wie es etwa durch die Überschrift gegeben ist. Alle Propositionen, die mit der Wurzelproposition ein Argument gemeinsam haben, ein Argument der Wurzelproposition darstellen oder die Wurzelproposition als Argument enthalten (Überlappungskriterium), werden mit ihr verknüpft. Daraufhin werden die verbleibenden Propositionen auf der Basis des Überlappungskriteriums mit einer Proposition der zweiten, (dritten, usw.) Stufe verknüpft. Wie auch in den folgenden Zyklen werden die neuen Propositionen somit direkt oder indirekt mit der Wurzel verbunden.

In den weiteren Zyklen werden die neu eingelesenen Propositionen an die aus den vorangegangenen Zyklen erhaltenen (alten) Propositionen geknüpft. Unter Beachtung des Überlappungskriteriums wird dabei jede Proposition möglichst nahe an die Wurzel angeknüpft.

In jedem Zyklus wird somit durch die Bearbeitung der im Arbeitsspeicher verfügbaren Propositionen die semantische Textkohärenz schrittweise aufgebaut. In der Modellierung erfolgt das Auffinden semantischer Beziehungen zwischen Propositionen, indem geprüft wird, ob eine Proposition als Argument einer anderen Proposition auftritt oder ob zwei Propositionen ein gemeinsames Argument besitzen. In beiden Fällen wird die Beziehung zwischen den Propositionen durch eine Kante dargestellt. Da jede neue Proposition nur an eine Proposition angeknüpft wird, entsteht so eine Baumstruktur, welche die semantische Texthierarchie darstellt. Wenn eine Proposition mit keiner der im Arbeitsspeicher verfügbaren Propositionen verbunden werden kann, so wird der Langzeitspeicher nach einer Proposition abgesucht, mit der eine solche Verbindung möglich ist und diese Proposition re-instanziiert, d. h. in den Arbeitsspeicher zurückgeholt.

In einem Verarbeitungszyklus können somit folgende Fälle auftreten:

1. Sämtliche neuen Propositionen können **ohne Absuche** des Langzeitspeichers integriert werden.
2. **Re-instanziierung:** Sämtliche neuen Propositionen können nach Re-instanziierungen von zuvor bearbeiteten Propositionen integriert werden.
3. **Inferenz erforderlich:** Neue Propositionen können nicht integriert werden,
   a. weil beim Leser zusätzliches Vorwissen aktiviert werden muß, um eine Proposition zu integrieren
   b. weil der Leser nicht das nötige Vorwissen besitzt, um eine Proposition zu integrieren
   c. weil der Text an dieser Stelle für jeden Leser inkohärent ist.

Das Modell postuliert, daß durch die Fälle 2 und 3 die Verständlichkeit eines Textes erschwert wird. Die Häufigkeit des Auftretens dieser Fälle hängt insbesondere auch davon ab, welche Propositionen am Ende eines Zyklus aktiv im Arbeitsspeicher erhalten bleiben.

Gedächtnisstrategie

Ebenfalls ein heuristisches Verfahren, die leading-edge Strategie, bestimmt, welche Propositionen aus dem vorangegangenen Schritt im Arbeitsspeicher erhalten bleiben. Diese Strategie selegiert Propositionen, die aufgrund der bisher konstruierten Textrepräsentation in der Hierarchie weit oben stehen. Ein weiteres Kriterium der leading-edge Strategie besteht darin, daß später eingelesene Propositionen bevorzugt werden. Insgesamt werden s (Modellparameter) Propositionen in den nächsten Schritt übertragen. Wenn eine erhaltene Proposition eine weitere als Argument enthält, so wird auch diese Proposition im Arbeitsspeicher behalten. Aufgrund inhaltlicher Zusammenhänge kann also die Kapazität des Arbeitsspeichers ausgedehnt werden (vgl. dazu obige Erörterung über Arbeitsspeicher).

Im folgenden soll die Funktionsweise des Modells an einem Beispiel veranschaulicht werden. Abb. 8 zeigt die ersten zwei Zyklen bei der Bearbeitung eines Textes, der mit den folgenden Sätzen beginnt:

- The origins of belly dancing lie in the fertility rites practiced in Egypt long before the time of the pharaohs.
- From Egypt belly dancing spread among the harems of Turkish sultans and their nobles.

Als Ergebnis der Textsegmentierung ergeben sich die folgenden chunks von Propositionen:

- P1 (ORIGINS BELLY-DANCING P3)
- P2 (LIE P1)
- P3 (FERTILITY RITES)
- P4 (PRACTICED P3 EGYPT)
- P5 (BEFORE P4 P7)
- P6 (LONG P5)
- P7 (TIME-OF PHARAOHS)
 Ende des ersten Satzes, sowie des ersten Chunks
- P8 (SPREAD BELLY-DANCING EGYPT HAREM)
- P9 (POSSESS P10 HAREM)
- P10 (CONJUNCTION SULTAN NOBLES)
- P11 (TURKISH SULTAN)
- Ende des zweiten Satzes, sowie des zweiten Chunks

Wie Abb. 8 zeigt, werden bei der Konstruktion des Kohärenzgraphen im ersten Zyklus die Propositionen P1-P7 bearbeitet. Am Ende des Zyklus bleiben P1, P3 und P4 erhalten. Im zweiten Zyklus werden die Propositionen P8-P11 angefügt und P1 sowie P8 bleiben für den nächsten Zyklus im Arbeitsspeicher erhalten.

Bereichsspezifische Wissensrepräsentationen

Der Aufbau einer bereichsspezifischen Wissensrepräsentation, eines sogenannten Mentalen Modells der Situation oder Situationsmodell [vanDijk_83], spielt insbesondere dann eine wichtige Rolle, wenn Textinformationen zum Handeln in einem Aufgabenbereich eingesetzt werden sollen. Für das Verstehen und Lösen von Textaufgaben durch Schulkinder der 3. Klasse wurde das oben beschriebene Modell von [Kintsch_85] entsprechend erweitert. Die Erweiterung beschreibt, wie aus Texten eine propositionale Repräsentation und ein Situationsmodell, das zum Lösen der Textaufgabe herangezogen wird, aufgebaut

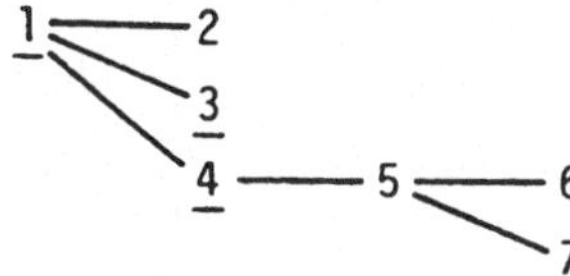

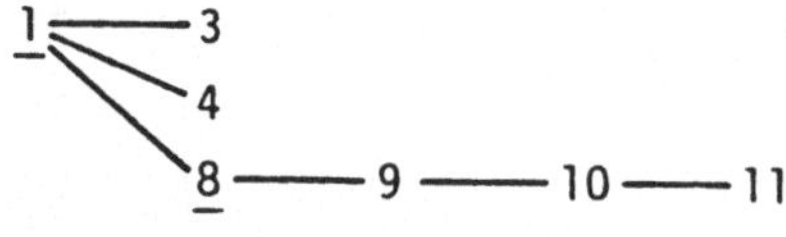

Abb. 8

Konstruktion des Kohärenzgraphen in der Simulation von [Miller_80] .

werden und wie diese beiden Komponenten miteinander interagieren. Dadurch kann vorhergesagt werden, welche Arten von Fehlern beim Versagen der einen oder anderen Komponente entstehen würden.

Das Modell nimmt an, daß zum Verstehen der in Betracht gezogenen Textaufgaben auf Wissen über Mengen und Mengenrelationen zurückgegriffen wird. Das Wissen über Mengen wird durch einfache Mengenschemata mit 3 slots dargestellt:

- Ein Objektslot, der angibt, um welche Art von Objekt es sich handelt.
- Ein Quantitätsslot, der die Anzahl der Objekte vermerkt.
- Ein Spezifikationsslot, der dazu dient, verschiedene Mengen z. B. aufgrund des Besitzers der Objekte und der Zeit voneinander zu unterscheiden.

Das Wissen über Mengenrelationen wird durch übergeordnete Schemata dargestellt, in deren Slots Instanzen von einfachen Mengenschemata abgelegt werden können. Das Vereinigungsmengenschema ist ein solches übergeordnetes Schema, das die Beziehung von zwei Teilmengen zur Vereinigungsmenge darstellt. Das Wissen über Mengen und Mengenrelationen wird sowohl zur Konstruktion der propositionalen Textrepräsentation als auch beim Aufbau der Problemrepräsentation verwendet. Die Instanziierung der Mengenschemata und das Auffüllen der Slots wird von Produktionsregeln durchgeführt, die aufgrund der Propositionen, die sich im Arbeitsspeicher befinden, mehrere Aktionen ausführen und so Textmikrostruktur und Situationsmodell konstruieren. Beim Aufbau des Situationsmodells werden die Propositionen auf die problemrelevanten Informationen reduziert und in den entsprechenden Slots abgelegt.

Beispielsweise werden für die Textaufgabe

Joe has three marbles.
Tom has five marbles.
How many marbles do they have alltogether?

durch die Anwendung mehrerer Produktionsregeln aus den ersten beiden Sätzen, die in Abb. 9 dargestellten Instanzen der Mengenschemata (Set1, Set2) als Teile des Situationsmodells erzeugt.

Gleichzeitig wird aus den Sätzen eine propositionale Textrepräsentation aufgebaut, wobei die Propositionen auch den Mengenschemata zugeordnet sind. Prädikate dieser Propositionen können nun auch übergeordnete Schemata aktivieren. So wird durch die Propositionen des 3. Satzes ein Vereinigungsschema instanziiert (Superset).

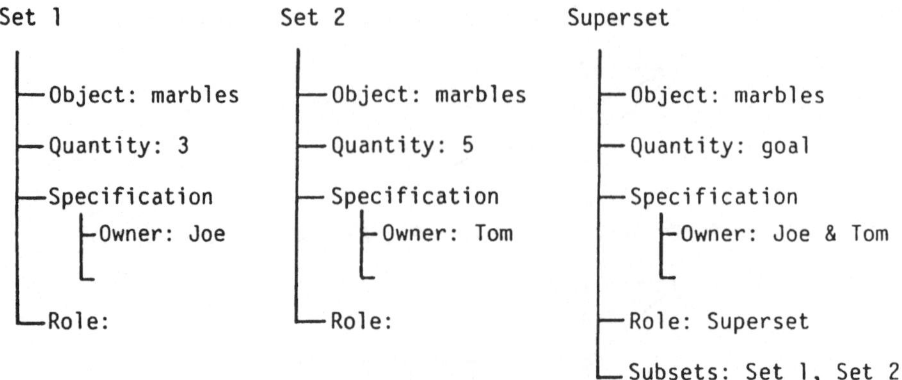

Abb. 9

Beispiele für Schemata beim Lösen einer einfachen Textaufgabe (nach [Kintsch_85]).

Bei der Instanziierung des Vereinigungsmengenschemas wird das Füllen der Untermengenslots als Teilziel erzeugt. Das Teilziel wird durch Zuweisung von Set1 und Set2 erreicht. Die Aufgabe wird nun durch die Berechnung der Anzahl der Objekte in der Vereinigungsmenge gelöst.

Anstelle des Vereinigungsmengenschemas müssen für andere Textprobleme andere Schemata wie z.B. das Transfer- oder Differenzschema verwendet werden. Das Modell gibt somit an, welches Begriffswissen, welche mathematischen Kenntnisse und welche Verarbeitungsstrategien zur Lösung von Textaufgaben hinreichen und darüber hinaus psychologisch plausibel sind. Obwohl die erweiterte Modellierung zunächst auf das Lösen einfacher Textaufgaben begrenzt ist, so lassen sich jedoch nach den gleichen Grundsätzen Modelle für weitere Gebiete, wie etwa für das Erwerben von Computerkenntnissen spezifizieren (z. B. [Schmalhofer_86c]).

4.2 Experimentelle Überprüfung

In mehreren Untersuchungen wurden sowohl allgemeine Modellannahmen als auch spezifische, aus der Computersimulation abgeleitete Vorhersagen durch psychologische Experimente überprüft.

Distanz der Konzepte (Argumente) einer oder zweier verschiedener Propositionen. Die Annahme, daß Propositionen beim Textverstehen kognitive Einheiten darstellen, wurde bestätigt, indem gezeigt wurde, daß die Konzepte einer Proposition im Gedächtnis nahe beisammen abgelegt sind und daß Propositionen meist ganzheitlich abgerufen werden. Wie eingangs ausgeführt wurde (Abschnitt 1.2) kann das Bahnungsparadigma herangezogen werden, um festzustellen, welche Begriffe im Gedächtnis nahe beieinander liegen. Mit diesem Paradigma hat [Ratcliff_78] untersucht, ob die Wörter, die in der Textoberfläche nahe nebeneinander stehen und zu unterschiedlichen Propositionen gehören, oder die Wörter, die zu ein und derselben Proposition gehören, im Gedächtnis zusammen abgespeichert sind.

In der Untersuchung wurden nach dem Lesen eines Textes Wörter jeweils einzeln vorgegeben. Die Versuchspersonen mußten dann durch das Drücken einer Taste entscheiden, ob das Wort im Text vorkam oder nicht. Bei dieser einfachen Aufgabe, bei der kaum Fehler gemacht wurden, waren die Wiedererkennungslatenzzeiten für ein Wort, das im Text vorkam, davon abhängig, welches Wort zuvor dargeboten wurde. Stammte das vorausgehende Wort aus der gleichen Proposition, so war die Latenzzeit statistisch signifikant (20 ms) kürzer, als wenn das vorausgehende Wort nur in der Textoberfläche nahe an dem getesteten Wort auftrat und nicht der gleichen Proposition angehörte. Solche Situationen lassen sich für experimentelle Untersuchungen leicht konstruieren. Die Ergebnisse der Experimente von [Ratcliff_78] zeigen also, daß die Teile einer Proposition im Gedächtnis nahe zusammen abgespeichert sind.

Ganzheitlicher Gedächtnisabruf. [Goetz_81] konnten zeigen, daß beim Reproduzieren von Texten Teile einer Proposition (Prädikat, Argumente) kaum alleine abgerufen werden. So fanden sie in ihren Untersuchungen, daß die bedingte Wahrscheinlichkeit, nach einem Bestandteil nicht alle weiteren Teile einer Proposition zu reproduzieren, kleiner als 0,1 war. Diese und ähnliche Untersuchungen belegen, daß bei der menschlichen Textverarbeitung Propositionen kognitive Einheiten darstellen.

Semantische Distanz. Durch Bahnungseffekte, die mit dem gleichen Verfahren beobachtet wurden, konnten McKoon und Ratcliff ([McKoon_80]) auch zeigen, daß Propositionen, die nach dem Modell nur durch wenige Kanten verknüpft sind, im Gedächtnis tatsächlich näher beisammen liegen als Propositionen, zwischen denen eine größere Anzahl von Kanten liegt.

Textreproduktion. Neben den Annahmen über die Einheiten der kognitiven Verarbeitung wurden auch Modellvorhersagen der Erinnerungsleistung überprüft. Das Modell nimmt an, daß eine Proposition, die an einem Zyklus teilnimmt, später mit Wahrscheinlichkeit p erinnert wird. Eine Proposition die an n Zyklen teilgenommen hat, wird somit mit Wahrscheinlichkeit $1-(1-p)^n$ erinnert. Da die verschiedenen Propositionen an unterschiedlich vielen Zyklen teilnehmen, ergeben sich aus dem Modell Vorhersagen, welche Propositionen besser erinnert werden als andere.

Zur Vorhersage der Reproduktionswahrscheinlichkeit einer Proposition wird nur der Parameter p aus den Daten geschätzt. Der Wert n ist direkt aus der Simulation bekannt. Da Propositionen, die nahe bei der Wurzel der Texthierarchie stehen, allgemein an mehreren Zyklen teilnehmen, sollten diese Propositionen besser erinnert werden.

Abb. 10 zeigt die Ergebnisse von [Miller_80] , die diese Überprüfung vorgenommen haben: Die vorhergesagten und empirisch beobachteten relativen Reproduktionshäufigkeiten für die Propositionen von 7 verschiedenen Hierarchieebenen des Textes sind dargestellt. Obwohl in dieser Untersuchung wegen der Kürze der Texte der Hierarchieeffekt nicht in der üblichen Größe zu beobachten war, ergab sich eine gute Übereinstimmung zwischen den vorhergesagten und beobachteten Werten.

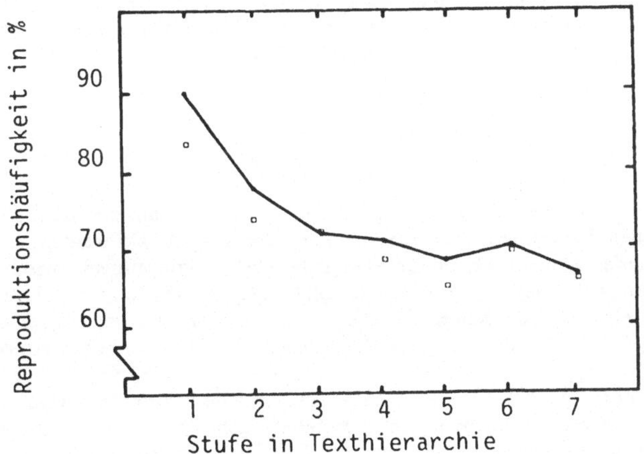

Abb. 10

Prozent der vom Modell vorhergesagten (Rechtecke) und von den Personen tatsächlich reproduzierten Propositionen (durchgezogene Linie) in Abhängigkeit von der Texthierarchiestufe (nach [Miller_80]).

Überprüfung der Inhalte des Arbeitsspeichers. Eine auf den Punkt der Gedächtnisstrategie gezielte Überprüfung des Modells wurde von [Fletcher_81] vorgenommen. Dazu wurde mit dem

Simulationsprogramm berechnet, welche Propositionen sich beim Lesen der Worte eines chunks im Arbeitsspeicher befinden sollen. Propositionen, die nach dem Modell bereits einmal bearbeitet wurden, lassen sich danach unterteilen in

(a) Propositionen, die nach dem Modell im jetzigen Zyklus noch im Arbeitsspeicher sind, und
(b) Propositionen, die aus dem Arbeitsspeicher verdrängt wurden.

Beim Lesen der zuvor bestimmten Textstelle wurde jeweils ein Wort, das sich auf die entsprechende Proposition bezieht, vorgegeben. Die Aufgabe der Versuchsperson bestand darin, das Wort, das im Text auf dieses Wort folgte, zu nennen. Die Ergebnisse zeigten, daß für Propositionen, die sich nach dem Modell noch im Arbeitsspeicher befanden (Gruppe (a)), signifikant mehr Wörter richtig reproduziert wurden (45%) als für Propositionen der Gruppe (b) (27%). Die vom Modell vorhergesagten Unterschiede werden durch die empirischen Daten somit deutlich bestätigt.

Vorhersagen der Textverständlichkeit. Die bisher vorgestellten Experimente, die sich auf die heuristischen Verarbeitungsprozesse bezogen, dienten vor allem zur unmittelbaren Modellüberprüfung.

Eine weitere Überprüfungsmöglichkeit besteht in der Anwendung des Modells zur Vorhersage von Textverständlichkeit, einmal in Bezug auf die Leichtigkeit, mit der der Text enkodiert und erinnert wird und zum anderen in Bezug auf die Schwierigkeiten, die beim Umsetzen der Textinformation in eine handlungsrelevante Wissensrepräsentation entstehen.

So haben Miller und Kintsch aus der Simulation der Mikrostrukturkonstruktion für 20 Texte Kennwerte abgeleitet und diese Werte mit den Lesezeiten und Textreproduktionen von 600 Personen verglichen. Dabei zeigte sich, daß sowohl die Anzahl der Re-instanziierungen als auch die Anzahl der erforderlichen Inferenzen die Lesezeit signifikant verlängerte. Bei Texten, die nach dem Modell weniger Inferenzen erforderten, wurden bei der Textwiedergabe mehr Propositionen reproduziert. Darüberhinaus korrelierten die beiden Modellkennwerte mit den Textverständlichkeitseinschätzungen der Personen selbst. (Die Korrelationskoeffizienten waren 0,57 für Inferenzen und 0,61 für Re-instanziierungen). Dies belegt die Bedeutung der heuristischen Verarbeitungsprozesse beim Textverstehen.

Selbstverständlich spielen für die Textverständlichkeit noch weitere Faktoren eine Rolle. Dazu gehören auch die Verstehensprozesse, die im erweiterten Modell beschrieben werden. Dazu gibt es jedoch noch keine ähnlich detaillierten experimentellen Überprüfungen. Die Modellvorhersagen stimmen jedoch mit vorliegenden Ergebnissen allgemein überein ([Kintsch_85],S.122) .

4.3 Diskussion

Miller und Kintsch ([Miller_80]) geben an, welche Informationen gemeinsam im Arbeitsspeicher verweilen müssen, damit die essentiellen Zusammenhänge, die in einem Text ausgedrückt werden, vom Leser kognitiv überhaupt rekonstruiert werden können. Durch die Erzeugung von Verknüpfungen zwischen Propositionen gibt die Simulation nur eine grobe Beschreibung des Resultats der Verarbeitung an, ohne dabei jedoch die entscheidenden Analysen selbst durchzuführen. Das Simulationsprogramm versteht also den Text nicht selbst, sondern beschreibt die Gedächtnisstrategien, die menschliches Textverstehen ermöglichen.

Ähnlich wie ein Cache Memory Manager, der selbst keine substantielle Informationsverarbeitung vornimmt, sondern "nur" festsetzt, welche Informationen verfügbar gehalten werden sollen, werden hier Textverarbeitungsstrategien spezifiziert, die dafür sorgen, daß die Propositionen, die kognitiv verarbeitet werden sollen, auch tatsächlich im Arbeitsspeicher sind. Solche Strategien müssen natürlich an die zu verarbeitenden Informationen angepaßt sein. Deshalb ist es nicht überraschend, daß in den Strategien Prinzipien der Textgestaltung verborgen sind.

In der Simulation von [Miller_80] sind einige der interessanteren Prozesse des Kintsch-Modells ausgeklammert oder werden wie die Propositionalisierung außerhalb der Simulation vollzogen. Zwar gibt es computergestützte Umsetzungsmöglichkeiten von Texten in Propositionen, jedoch müssen auch bei solchen Programmen ([Groen_85]) die eigentlich kritischen Schritte vom Menschen erledigt werden. Es handelt sich hierbei nur um ein Werkzeug und nicht um eine Modellierung des Parsens.

Für den propagierten modularen Ansatz kann die Miller-Simulation ([Miller_80]) als ein Rahmen angesehen werden, innerhalb dessen weitere substantiellere Verstehensprozesse modelliert werden können. Die Kintsch-Modellierung beschreitet diesen Weg, indem sie wiederum unter den Restriktionen eines begrenzten Gedächtnisses Verstehensprozesse soweit modelliert, daß die Simulation einfache Aufgaben in einer auch psychologisch plausiblen Weise lösen kann.

Bei dieser Simulation zeigt sich jedoch auch, daß der modulare Ansatz nur zu einem gewissen Ausmaß erfolgreich ist. So mußte bei dem erweiterten Modell eine etwas verfeinerte Notation für Propositionen verwendet werden. Ferner wurde für die Konstruktion der Textmikrostruktur explizit ein Schema benutzt. Von diesen Veränderungen im Detail jedoch einmal abgesehen, kann man feststellen, daß sich gerade auch hinsichtlich der umfangreichen experimentellen Absicherungen der modulare Ansatz der Verstehensmodellierung als erfolgreich erwiesen hat.

5. Flexible Gedächtnisorganisation

Wie auch in den Skriptmodellen [Schank_77] wurde in der zuerst dargestellten Modellierung von Kintsch hauptsächlich die Wissensenkodierung thematisiert. Es ist jedoch anzunehmen, daß der Abruf und die Enkodierung von Wissen stark miteinander interagieren [Lehnert_84]. Der im folgenden dargestellte Ansatz, der eine Erweiterung und Modifizierung der Skriptmodelle darstellt, trägt dieser Interaktion Rechnung. Gegenstand des Modells [Kolodner_83a,Kolodner_83b] ist es, die Bedeutung von Begriffen so in eine hierarchische Gedächtnisstruktur abzubilden, daß bestimmte Merkmale menschlichen Merkens und Erinnerns qualitativ nachgebildet werden:

- Die **Suchzeit** nach einem Eintrag im Gedächtnis ist weitgehend **unabhängig von** der aktuellen **Anzahl der Einträge**.

  Dies entspricht der Erfahrungstatsache, daß ein Fachmann auf einem Gebiet trotz größeren Wissensumfangs Details gleich schnell zur Verfügung hat wie ein Anfänger.

- Das **Vergessen** einzelner Einträge ist eine **Konsequenz der gewählten Datenstruktur** und hängt im Einzelfall ab
  - vom Eintrag selbst
  - von der Art und Anzahl der danach gespeicherten Einträge
  - von den Parametern der Suchanfrage.

  Dies entspricht der Erfahrungstatsache, daß manche Details in einer Situation verfügbar sind, in einer anderen hingegen nicht, während andere Details ständig verfügbar sind. Z.B. erinnert man sich, wo man einen Gegenstand hingelegt hat, wenn man nach einer Tätigkeit gefragt wird, die man damit ausgeführt hat, aber möglicherweise nicht, wenn man nach dem Ort selbst gefragt wird.

Dieser Ansatz orientiert sich also an der zwar fehlerbehafteten aber hocheffektiven menschlichen Verarbeitung bei gewissen Aufgaben und versucht durch formale Beschreibung hierzu geeigneter Datenstrukturen und Algorithmen diese Effektivität der Informatik nutzbar zu machen.

Die Konzepte werden am Beispiel von Ereignissen aus dem Leben von Diplomaten erläutert. Die allgemeinere Anwendbarkeit zeigt sich im nächsten Kapitel sowohl an anderen Beispielgegenständen als auch daran, daß die Gedächtnisprozesse mit anderen kognitiven Prozessen verknüpft werden können.

5.1 Rekonstruktives Gedächtnis

Datenstrukturen

Entscheidendes Gestaltungskriterium der Datenstrukturen ist die "benachbarte" Speicherung ähnlicher Merkinhalte unter der Nebenbedingung, daß dennoch unterschiedliche Ereignisse unterscheidbar bleiben. Daher finden sich Datenstrukturen für die individuellen Merkmale des einzelnen Ereignisses wie auch solche zur Zusammenfassung von Merkmalen gleichartiger Ereignisse. Zu diesem Zweck verwenden wir folgende Bezeichnungen (vgl. [Kolodner_83a,Kolodner_83b,Schank_80]):

MOP	memory organization packet; enthält gemeinsame Merkmale von untergeordneten MOP's und EV's
EV	event; einzelnes Ereignis

Zur Beschreibung gemeinsamer und unterscheidender Merkmale werden zwei Grundtypen von Strukturierungsmitteln verwendet:

Norm	gemeinsames Merkmal einer Klasse von MOP's oder EV's
Index	unterscheidendes Merkmal zwischen den Mitgliedern einer Klasse

Normen und Indizes sind jeweils gekennzeichnet durch **Name** und **Wert**. Normname und Normwert haben eine vergleichbare Funktion wie *slot* und *slot*-Eintrag in einem *script* oder wie Variablenname und Variablenwert in einem *record*. Indexname und Indexwert kennzeichnen ein unterscheidendes Merkmal eines MOP's oder EV's. Folglich ist ein Paar (Indexname, Indexwert) verbunden mit einem *pointer* auf das betreffende MOP oder EV.

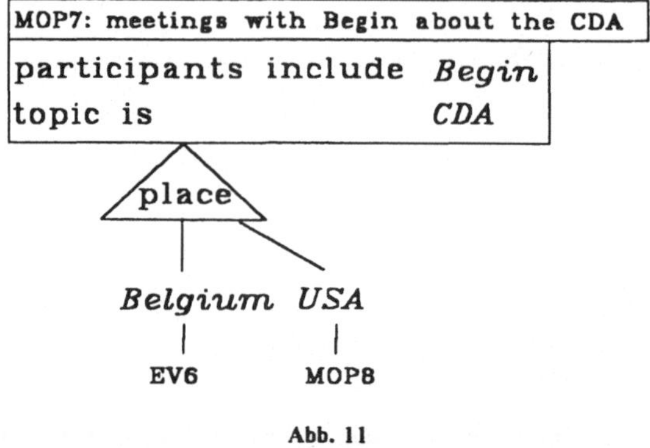

Abb. 11

Normnamen sind **participants include, topic is.** Indexname ist **place,** mit den Werten *Belgium und USA.* CDA bezeichnet das Camp David Abkommen. (nach [Kolodner_83a]).

Zwei grundlegende Unterschiede zur klassischen *record*-Struktur sollen jedoch aufgezeigt werden:

1. Mehrere *records* in einem Datensatz beschreiben in der Regel Objekte einer Klasse, etwa Ereignisse, wobei jedes dadurch beschrieben wird, daß sich die Ausprägungen der Variablen unterscheiden.

   MOP's und EV's hingegen können Ereignisse, Klassen von Ereignissen, Klassen von Klassen von Ereignissen usw. in variierender Tiefe und Breite darstellen.

2. Bei *records* wird vor der ersten Benutzung eines Datensatzes eine feste Anzahl fester Variablen- und *pointer*-Namen definiert, z.B. Ort, Gegenstand, Teilnehmer, sowie ggfs. die Wertebereiche festgelegt.

Normnamen und Indexnamen dagegen werden erst zur Laufzeit aus den Beschreibungen des Gegenstandsbereichs generiert. Dies heißt im Einzelfall, daß eine Reihe von Ereignissen (z.B. Verhandlungen) beschrieben sein kann durch Ort, Gegenstand, Teilnehmer usw., so daß sich diese Merkmalsnamen empfehlen als Norm- oder Indexnamen. Andere Ereignisse (etwa Preisverleihungen) mögen durch verleihende Institution, Empfänger, Art des Festaktes usw. charakterisiert sein, so daß diese Begriffe aus dem Gegenstandsbereich als Norm- und Indexnamen neu einzuführen sind. Dies sei deswegen noch einmal besonders hervorgehoben, weil es einerseits charakteristisch ist für die Offenheit des Gegenstandsbereichs, andererseits sich hier entscheidende Grenzen der Anwendbarkeit zeigen werden.

Die bisher eher technisch orientierte Darstellung soll nicht den Eindruck vermitteln, daß das menschliche Gehirn aus Arealen vom Typ MOP und solchen vom Typ EV besteht. Vielmehr dient sie dem Ziel, eine präzise Beschreibungsgrundlage zu haben für Prozesse auf diesem Datenmodell, die dann in Beziehung gesetzt werden können zu am Menschen beobachtbaren Gedächtnisprozessen als Leistungen des Gehirns. Denn nur Gedächtnisäußerungen, nicht das Gedächtnis selbst, sind der Beobachtung zugänglich (siehe [Muthig_85] S.334).

Gedächtnisprozesse

In den zwei folgenden Abschnitten werden die zwei grundlegenden Prozeßtypen separat behandelt.

Speicherprozeß   Ein neues Ereignis als EV in die bestehende Struktur einbauen; **Merken**
Suchprozeß   Eine Anfrage durch Angabe eines bzw. des zutreffenden Ereignisses beantworten; **Erinnern**

Die separate Behandlung ist in einem technischen Sinne so zu verstehen, daß das Modell grundsätzlich entweder in einem Speicher- oder einem Suchmodus arbeitet. Dies darf aber nicht darüber hinwegtäuschen, daß das Einbauen eines neuen Merkinhalts in die bestehende Wissensstruktur, d.h. das Speichern, immer ein Durchsuchen der bestehenden Merkinhalte zum Zwecke der geeigneten Lokalisierung des neuen Eintrags in der Nähe ähnlicher Einträge beinhaltet. Jedoch ist diese Art von Suchanfrage leicht zu bearbeiten, da die Suchschlüssel als Beschreibungen des neuen Ereignisses explizit gegeben sind.

Speicherprozeß

Grundgedanke ist es, ein neues EV so zwischen MOP's einzubauen, daß Speicherung und Zugriff möglichst ökonomisch sind. Da ein Vorprozeß zur Analyse einer natürlichsprachlichen Darstellung der Ereignisse nicht Gegenstand des Modells ist, müssen wir voraussetzen, daß die Ereignisse (EV's) vorkodiert vorliegen in der konzeptuellen Beschreibung:

    Ereignisname
    mehrere Paare (Merkmalsname,Merkmalswert)
    z.B.
      Camp David meeting
      (participants include *Carter*)
      (participants include *Begin*)
      (participants include *Sadat*)
      (place   *Camp David*)
      (topic   *Camp David Accord*).

Ausgehend von der Situation

- ein oder einige MOP's und EV's im Speicher (siehe Abb. 11)[2]
- ein neues EV in konzeptueller Beschreibung

---

[2] EV's sind eigentlich MOP's "der Stufe 0", d. h. MOP's, die noch nicht generalisiert wurden. Deshalb ist die Unterscheidung zwischen EV's und MOP's nicht zwingend.

setzen wir uns das Ziel, das EV so einzubauen, daß es von allen schon eingetragenen EV's unterscheidbar ist. Hierzu benötigt der Speicherprozeß folgende Prozeduren:

1. Als Aufhängepunkt für das EV ein geeignetes MOP_0 bestimmen.
   Ein MOP_0. ist geeignet, wenn einige der Paare (Merkmalsname,Merkmalswert) des EV mit einigen Paaren (Normname,Normwert) von MOP_0 übereinstimmen.
2. Indizes zur Unterscheidung unterhalb MOP_0 generieren *(indizieren)*.
   Hierzu dienen die restlichen Paare (Merkmalsname,Merkmalswert) von EV.

   Der als Indizierung bezeichnete Subprozeß hat folgenden Aufbau:
   a. Merkmalsnamen des EV bestimmen, die auch bei MOP_0 als Normnamen vorkommen, für die aber gilt:
      Merkmalswert $\neq$ Normwert
   b. Aus diesen Merkmalsnamen "gute" auswählen; insbesondere muß das Paar (Merkmalsname,Merkmalswert) das EV eindeutig beschreiben.

Für "gute" Merkmalsnamen gibt es neben der am reinen Datensatz exakt nachweisbaren lokalen Eindeutigkeit noch heuristische Kriterien. Deren Anwendung ist ein erster Rückgriff auf ein Hintergrundwissen, das im Suchprozeß eine noch größere Rolle spielen wird. Heuristische Kriterien können sich auf die wechselseitige Vorhersagequalität von Merkmalen beziehen. Z.B. kann man aus der Nationalität der Verhandlungspartner, nicht aber aus dem diplomatischen Rang, auf die betroffenen Nationen schließen. Man wird also bei der Festsetzung des Indexnamens der Nationalität gegenüber dem diplomatischen Rang den Vorzug geben.

Ist in der bestehenden Wissensstruktur der Knoten MOP_0 mit mehreren mit dem neuen Ereignis gemeinsamen Merkmalen gefunden, erfolgt zum Einbau eine Ergänzung bzw. Anpassung der Zeiger, die den (Indexname,Indexwert)-Paaren zugeordnet sind. Hier können drei Situationen vorliegen, die drei Verfahrensvarianten zur Folge haben:

1. Ein Paar (Merkmalsname,Merkmalswert) kommt bei MOP_0 nicht als Index vor (siehe Abb. 12).
   Dann wird das EV direkt eingetragen mit (Merkmalsname, Merkmalswert, EV) als Indizierung.

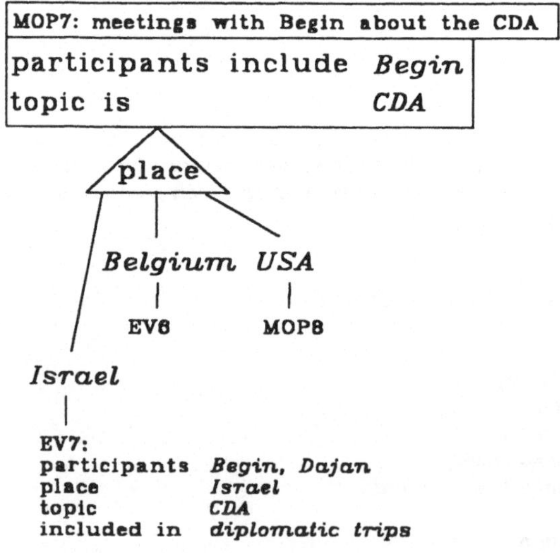

Abb. 12

(place Israel) tritt erstmals als Index auf (nach [Kolodner_83a]).

2. Es existiert unter MOP_0 bereits genau ein anderes, aber gleich indiziertes EV' (siehe Abb. 13), d.h. EV' wird erreicht mittels
   (Indexname, Indexwert, EV')
   und es ist
   Indexname = Merkmalsname
   Indexwert = Merkmalswert
   - Dann wird unterhalb MOP_0 an der Stelle von EV' ein neues MOP' eingebaut mit der Indizierung (Merkmalsname, Merkmalswert, MOP') sowie mit dem gemeinsamen Merkmal von EV und EV' als neue Norm.
   - In einem weiteren Schritt müssen dann unterhalb MOP' differenzierende Merkmale zwischen EV und EV' zur Bildung von Indizes gefunden werden.

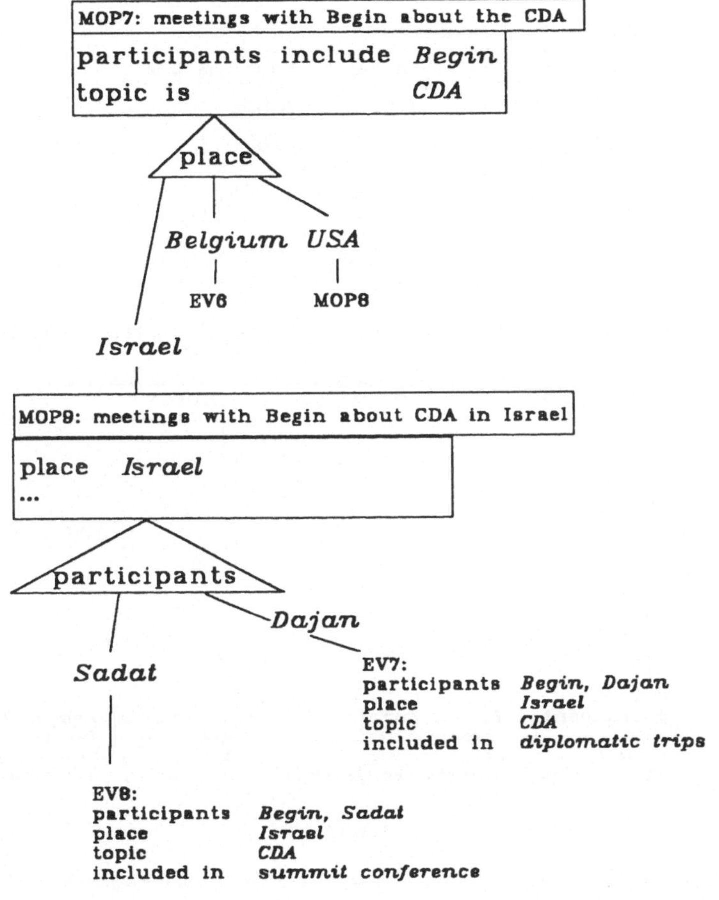

Abb. 13

(place Israel) tritt erneut als Merkmal auf und wird als Norm in das neue MOP9 übernommen (nach [Kolodner_83a]).

3. Unterhalb von MOP_0 existiert ein MOP' mit den Merkmalen von EV als Indizes (ohne Abbildung). Dann muß EV unterhalb von MOP' erneut indiziert werden.

Kontrollprozesse. Keine der bisherigen *pointer-* und Variablenmanipulationen löscht einen einmal benutzten Namen oder Wert. Strukturänderungen haben als maximale Auswirkung, daß ursprünglich als Indizes verwendete Paare in ein vorgeschaltetes MOP als Norm übernommen werden. Dies wird als **primäre Verallgemeinerung** bezeichnet und ist ein erster Kontrollprozeß auf der Datenstruktur.

Entscheidend in Hinblick auf die Eigenschaft des Modells, situations- und anfrageabhängiges Vergessen zu realisieren, ist ein anderer Kontrollprozeß. Er prüft bei jeder Norm vom Moment der Einführung an, wie viele konforme und wie viele abweichende Ereignisse nachfolgen. Überwiegen die Abweichungen, so wird die Norm aus dem MOP gelöscht. Dies hat für den Suchprozeß die Konsequenz, daß ein Suchen eines Ereignisses unter **dieser** Norm fehlschlägt. Ein Ereignis kann jedoch an mehreren Stellen in der Wissensstruktur eingehängt werden (siehe Abb. 14). Daraus wird deutlich, daß das Modell solche Einträge nicht findet, die unterhalb gelöschter Normen angeordnet sind, daß aber anders formulierte Suchanfragen zum Erfolg führen können.

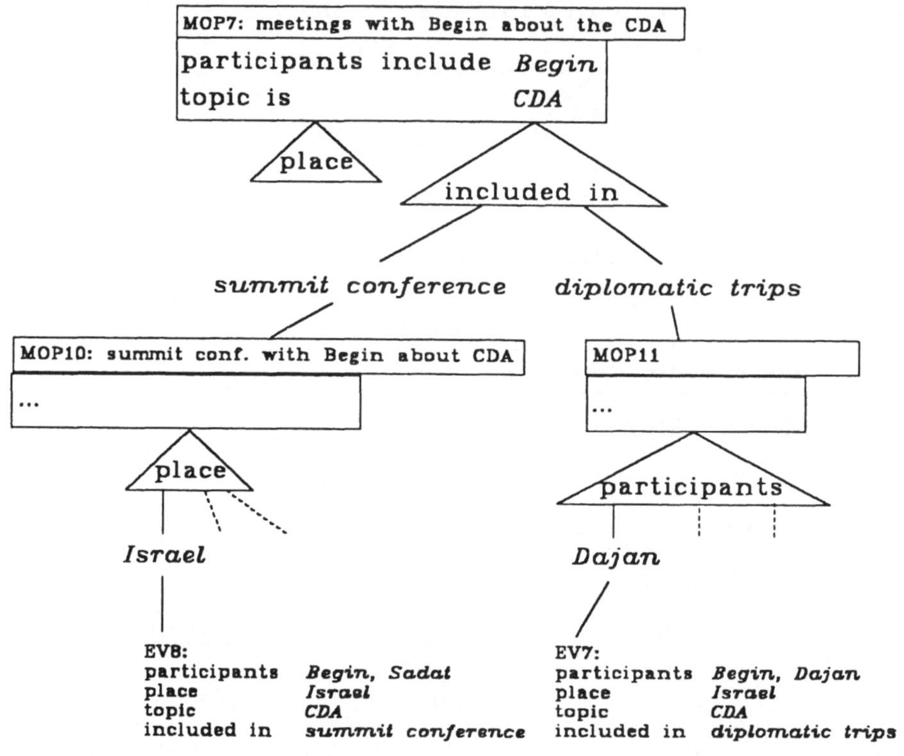

Abb. 14

Die Ereignisse EV7 und EV8 sind auch über die Norm **included in** zu erreichen (nach [Kolodner_83a]).

Das Ergebnis nach dem Speichern von Ereignissen ist eine baumartige Wissensstruktur. **Blätter** sind die Ereignisse EV, sonstige **Knoten** sind die MOP's und **Kanten** sind die Paare (Indexname,Indexwert). Ein Ereignis kann mehrfach (d.h. in mehreren Blättern) gespeichert werden, wenn in einem Knoten mehrere differenzierende Indizes gefunden wurden.

Suchprozeß

Erfolgreiches Suchen heißt: Durchlaufen des Baumes von einem Einstiegsknoten zu einem Blatt, d.h. die Rekonstruktion von Merkmalsnamen und Merkmalswerten, welche die Objekte des Baumes markieren. Dabei ist aufzählendes Suchen (etwa aller bisher als Normname benutzten Variablen und zu jeder Variablen die Aufzählung aller aufgetretenen Werte) aus zwei Gründen ausgeschlossen:

1. Der Mensch ist in der Regel nicht in der Lage, sein Gedächtnis durch Aufzählen aller denkbaren Ereignisse zu durchsuchen. So erinnert sich beispielsweise kaum jemand an alle seine Reisen. Durch die Erinnerung an ein bestimmtes Ereignis auf einer Reise kann jedoch eine beim Versuch der Aufzählung übersehene Reise auf einmal wieder "im Gedächtnis sein".
2. Aufzählendes Suchen steht im Widerspruch zur Forderung über die von der Größe des Wissens unabhängige Suchzeit.

Es müssen daher Techniken beschrieben werden, die gezielter als durch Aufzählung die Aufgabe lösen, Merkmalsnamen und -werte zu generieren, die dann als Argumente bei der Baumtraversierung verwendet werden. Dabei sind unterschiedliche Arten von Anfragen zuzulassen, etwa Alternativfragen (Antwort: ja oder nein), Fragen nach einem Ort oder Fragen danach, wie viele Ereignisse eines Typs bekannt sind. Letztere sind natürlich besonders kritisch, da auch hier die Beantwortung ohne Aufzählung angestrebt wird.

Mehr noch als bei der Bestimmung "guter" Merkmalsnamen zur Indizierung spielt hier Hintergrundwissen eine Rolle. Wir wollen, um dies verdeutlichen zu können, zusätzlich zu den Beispielen aus den Abb. 11 bis Abb. 14 annehmen, daß Ereignisse auch unter einem MOP mit Namen *sightseeing* (etwa von Kulturdenkmälern, Industrieanlagen usw.) gespeichert sein können. Wir stellen nun drei rekonstruktive Techniken dar, die auf die möglichen Unbekannten im Suchprozeß abzielen:

Namen von MOP's. Wenn sich bei der Anfrage: "Wo haben sie Ölfelder gesehen?" kein Einstiegs-MOP mit Namen Ölfelder findet, ist mit **Hintergrundwissen** der Art: *Ölfeld ISA Industrieanlage* und *Industrieanlage Ziel_von Besichtigung (sightseeing)* der Einstieg beim Knoten *sightseeing* möglich.

Index-Namen. Bei einer Anfrage: "Wie viele *meetings* haben Sie in Israel gehabt?" ist, wie auch sonst, eine Aufzählung unzulässig. Daher müssen Suchwege konstruiert werden, welche geeignet sein könnten, einzelne *meetings* zu Ergebnissen zu haben. Beispielsweise kann aus dem Merkmalswert *Israel* des Merkmalsnamens *Nation* mittels *Hintergrundwissen über die Vorhersagequalität von Merkmalsnamen* die Nationalität der Teilnehmer erschlossen werden. Dies erlaubt einen Sucheinstieg mit dem Ziel, ein *meeting* mit einem Israelischen Diplomaten zu identifizieren. Sofern dieses *meeting* in Israel stattfand, ist es eines der Ereignisse, die zur Beantwortung der Anfrage beitragen. Entsprechend kann das System verfahren mit dem *Hintergrundwissen, daß topics, die Israel betreffen, in Israel abgehandelt werden können,* also eine Vorhersagequalität des Merkmalsnamens *topic* auf den Merkmalsnamen *place* usw. .

Index-Werte. In Fortsetzung der obigen Anfrage, nun mit dem Ziel, zur bekannten Nationalität Individuen zu finden, kann mittels *Hintergrundwissen über Klassen* wie *Israeli, Ägypter, Amerikaner* usw. eine Menge von Personen, d.h. Indexwerte generiert werden, die auf die gesuchten Ereignisse verweisen (im Beispiel Dajan auf EV7, Begin auf EV8).

Allen echten Suchvorgängen gemeinsam ist der Rückgriff auf Hintergrundwissen sehr unterschiedlicher Ausprägung. Da im Verlauf des Speicherprozesses, wo ja auch Suchaspekte eine kleine Rolle spielen, verbindliche Merkmalsnamen und -werte in den konzeptuellen Beschreibungen schon vorhanden sind, sind die schwierigen rekonstruktiven Techniken dort nicht erforderlich.

5.2 Bewertung des Modells und geschichtliche Einordnung

Wie bei Kolodner geht es auch bei früheren Arbeiten von Schank und Mitarbeitern vor allem darum, qualitative Konsequenzen von Modellannahmen zu zeigen, weniger darum, eine experimentelle Überprüfung vorzunehmen.

Vorläufer

CDT. In der Conceptual Dependency Theory (CDT, [Schank_69]) spielten Relationen zwischen Objekten bzw. Rollen von Objekten bzgl. Relationen eine große Rolle. Insbesondere wurden Kausalitäten zeitweise intensiv studiert. Jedoch wurde dann klar, daß viele Ursache-Wirkung-Ketten, insbesondere auch im sozialen Bereich, als Gewohnheiten oder Standard-Handlungssequenzen abgespeichert sind. Dies entlastet den Menschen bei der Bewältigung der überwiegenden Mehrzahl der Alltagsaufgaben (siehe z.B. [Ackermann_86,Frese_85]).

Scripts. Dem wurde in der Weiterentwicklung der CDT dadurch Rechnung getragen, daß man *scripts* als neue Repräsentationsform einführte [Schank_77]. Sie vereinen kausale, assoziative, relationale usw. Konzepte in Merkeinheiten, wobei hier nicht so sehr die Art des Zusammenhangs, sondern die Tatsache des Zusammenhängens von Objekten im Vordergrund steht. Eine *script*-Darstellung ist eine erste Form hierarchischer Anordnung von Wissen. Sie hat die Konsequenz, daß zusammengehöriges Wissen (durch seine Zusammenfassung in einem *script*) immer zusammen verfügbar ist, aber nur als Ganzes, d.h. bezogen auf eine Anfrage die relevanten Details zusammen mit allen irrelevanten. Auch stellen zwei *scripts* zwei getrennte Einheiten dar, deren Ähnlichkeit zueinander in der Speicherstruktur nicht repräsentiert ist. Nicht nur in dieser Hinsicht sind *scripts* wie Schemata, die im Zusammenhang mit der Wortdesambiguierung verwendet wurden. Wie schon dort dargelegt, ist die Anwendbarkeit von *scripts* bzw. Schemata zumindest nicht universell gegeben.

In einem nächsten Entwicklungsschritt wurden "kompilierte *scripts*" durch einen Prozeß ergänzt, der zusätzlich erforderliche *scripts* oder *script*-Fragmente ad hoc generiert ([Schank_80]). Dieser Prozeß greift auf Inhalte eines wiederum hierarchisch angelegten Gedächtnisses mit fest vorgegebenen Hierarchieebenen zurück. Während beim "kompilierten" *script* alle Merkmale eines Ereignisses geschlossen, aber isoliert von ähnlichen Ereignissen gespeichert sind, kann jetzt ein *script* aus allgemeinerem Wissen aus hohen Hierarchieebenen und spezifischerem Wissen aus tieferen Hierarchieebenen aufgebaut werden, z. B. *themes* und *goals* [Schank_80]. Der Gewinn an Flexibilität ist offensichtlich. Suchpfade zielen auf tatsächlich relevante Inhalte, ohne daß unwichtige Begleitumstände, die nur durch die Koinzidenz in einem Ereignis, nicht aber systematisch mit dem Suchgegenstand zusammenhängen, mit rekonstruiert werden. Auch ist es sicher ökonomisch und daher eine sinnvolle Annahme über menschliches Verhalten, das Gemeinsame vieler Ereignisse als Normen einmal und nicht bei jedem Ereignis neu zu repräsentieren und die individuellen Merkmale erst beim Ereignis selbst zu speichern.

Heutiger Stand

Vor diesem Hintergrund lassen sich nun die spezifischen Eigenschaften der flexiblen Gedächtnisorganisation, wie sie hier vorgestellt wurde, formulieren:

1. Das Wissen ist hierarchisch aufgebaut. Die Hierachieebenen sind durch die MOP's und die EV's gegeben.
2. Gemeinsames Wissen über mehrere Objekte ist in Normen zusammengefaßt.
3. Ähnliche Objekte sind dadurch kenntlich, daß sie viele gemeinsame Normen haben und folglich in benachbarten Knoten gespeichert sind.
4. MOP's und Normen, d.h. Hierarchie-**Struktur** und -**Bedeutung** werden ständig zur Laufzeit den neuen Daten angepaßt.

Im Prinzip ist daher die Möglichkeit gegeben, Wissen ökonomisch zu speichern und die Ökonomie auch bei grundlegenden Änderungen im zu speichernden Wissen selbstregulierend aufrechtzuerhalten. Diese Selbstregulation - in Form der Kontrollprozesse - hat natürlich auch die Konsequenz des Vergessens, was den Wert des kognitiven Modells nicht in Frage stellt, da auch der Mensch vergißt.

Dennoch sei auf einige Aspekte hingewiesen, die noch Erweiterungen oder Änderungen des Modells erforderlich machen. Dies betrifft zunächst das Format der Dateneingabe: Natürliche Sprache als eine dominierende Repräsentation menschlichen Wissens kann derzeit lediglich in Verbindung mit anderen Systemen verarbeitet werden, z. B. FRUMP [DeJong_79]. Gemessen an menschlicher Gedächtnissuche ist es eine weitere ernstzunehmende Einschränkung, daß Speichern und Suchen als streng getrennte Prozesse realisiert sind. Denn im menschlichen Gedächtnis hat ein erfolgreiches Suchen (d.h. ein erfolgreicher Lauf im Suchmodus) eine Auffrischung des Suchpfades zur Folge, d.h. ein Suchlauf ist qualitativ auch immer ein Speicher-Auffrischungslauf.

Das Hauptproblem jedoch dürfte darin liegen, daß das Modell für eine gute Performanz auf Hintergrundwissen angewiesen ist. Dies gilt beim Speicherprozeß für die Bestimmung "guter" Merkmalsnamen und, was viel wichtiger ist, beim Suchprozeß zur Generierung von plausiblen Merkmalsnamen und -werten. Ist das geeignete Hintergrundwissen vorhanden (etwa über Angehörige bestimmter Nationen), so kann in der Tat das Auffinden von MOP's und EV's im Graphen gezielt und in annähernd von der Wissensmenge unabhängiger Zeit absolviert werden (wenn es auch natürlich einer weitaus präziseren algorithmischen Beschreibung bedarf). Daher soll keinesfalls gesagt werden, daß die Verwendung von Hintergrundwissen in einem kognitiven Gedächtnismodell unangemessen ist. Es ist jedoch erforderlich, die konkrete Strukturierung und inhaltliche Beschreibung einer Wissensbasis anzugeben. Schnell durchsuchbar kann diese Hintergrund-Wissensbank nur sein, wenn sie klein ist, es sei denn, man setzt auch dort eine Organisation in MOP's und EV's voraus. Dann aber steht dahinter eine neue Hintergrund- Wissensbank usw.. Da die letztendliche Verankerung ungeklärt ist, muß man wohl annehmen - und dann kann man es auch direkt im ersten Schritt tun - daß das Hintergrundwissen in einer der etablierten Techniken realisiert und damit mit einer mit der Größe wachsenden Suchzeit behaftet ist. Das heißt, daß die Hintergrund-Wissensbank den Gegenstandsbereich begrenzt. Dies steht jedoch in Widerspruch zur Forderung nach Offenheit.

6. Rückblick und Ausblick

Im Hauptteil dieses Beitrages wurden einige Modellansätze der kognitiven Modellierung vorgestellt. Sie alle stellen in etwa den Forschungsstand dar, der Anfang der 80-ger Jahre publikationsreif war. Abschließend wollen wir

- die Modellansätze unter einigen inhaltlichen Aspekten vergleichen und mit einigen Denkanstößen und Diskussionsanregungen über Möglichkeiten und Grenzen des Faches Kognitive Modellierung (die z.T. für die gesamte KI gelten) versehen
- diesen Stand kurz in die historische Entwicklung einordnen
- einen Ausblick geben auf die interessant scheinenden Weiterentwicklungen einzelner Konzepte.

6.1 Inhaltlicher Vergleich der Ansätze

Der Vergleich der beschriebenen Ansätze erfolgt nach zwei Maßstäben, nämlich bezogen auf die ACT^*-Annahmen und im Hinblick darauf, ob eine offene oder eine geschlossene Welt modelliert wird.

Zuordnung zu ACT^*-Annahmen. In aller Kürze und ohne Anspruch auf Vollständigkeit soll der folgende Absatz aufzeigen, wie ACT^* als Theorierahmen zur Einordnung kognitiver Modelle dienen kann. So läßt sich leicht nachvollziehen, daß das Grapes-Modell und die Arbeiten [Kieras_85,Polson_85] auf einem rein prozeduralen Langzeitspeicher und einer zielgerichteten Aktivierung der Produktionen basieren. Bei Grapes finden sich ferner Stärkewerte für Produktionen und Mechanismen zur Generierung neuer Produktionen, Komponenten also, die eine Feinanpassung des bestehenden Wissens an das Datenmaterial ermöglichen. Das Textverstehensmodell benutzt prozedurales und propositionales Wissen. Aktivierungsgrade von Knoten und Wahrscheinlichkeiten permanenter Speicherung gehen ein in Abhängigkeit vom Knotengrad einer Proposition im Kohärenzgraphen und der Häufigkeit ihrer Referenzierung. Im Modell zur flexiblen Gedächtnisorganisation dominiert ein deklarativer Speicher, dessen Einträge abstrakten Propositionen ähneln. Hauptgegenstand sind Speicherungs-, d.h. Enkodierungsprozesse. Durch die im Modell vorhandenen Kontrollmechanismen erfolgt, wenn auch indirekt, eine Steuerung von Aktivierungsgraden.

Merkmale der Gegenstandsbereiche. Die Gegenstandsbereiche der diskutierten Modelle unterscheiden sich nicht nur inhaltlich, sondern auch hinsichtlich der Frage, ob die entstehenden Repräsentationen eine geschlossene Welt darstellen oder geeignet sind, beliebige Wissensinhalte zu verarbeiten.

Typisches Beispiel eines geschlossenen Systems ist das Produktionssystem aus [Kieras_85,Polson_85]. Außer den von den Autoren formulierten Produktionsregeln kommt definitiv kein weiteres Wissen vor.

Bei Produktionssystemen läßt sich die Geschlossenheit auch formal zeigen durch Rückführung auf formale Sprachen ([Newell_72,Hopcroft_79]). Hier wird also durch Angabe des Alphabets eine geschlossene Welt definiert. Wenn jedoch, wie in Grapes, ein Daten-getriebener Einbau neuer Produktionen möglich ist, ist der Zugang zu einer offenen Welt gegeben.

Bei den Textverstehens-Versuchen ist die Situation ähnlich zwiespältig. Das reine Textkohärenz-Modell reagiert auf beliebige input-strings aus einer offenen Welt durch Versuche, mehrfach auftretende Muster zu identifizieren. Es ist zunächst in der Verarbeitungsmöglichkeit nicht auf eine geschlossene Welt beschränkt. Sollen jedoch Textaufgaben gelöst werden, muß der Eingabetext sich auf die endliche Menge von Symbolen beschränken, welche zur Aktivierung der Mengenschemata fest vorgesehen sind. Auch das Modell zum flexiblen Gedächtnis läßt zwei Sichtweisen bezüglich der Offenheit oder Geschlossenheit des Gegenstandsbereiches zu. Im Prinzip arbeiten alle Prozesse auf beliebigen Daten, d.h. auf einer offenen Welt, aber Effizienz wird erst erreicht bei Einschränkung auf diejenige Welt, zu der Hintergrundwissen vorhanden ist.

6.2 Geschichte und neueste Entwicklungen

Die 50-er Jahre

Zwei Veröffentlichungen aus dem Jahre 1957 [Newell_57,Chomsky_57] markieren Anfangspunkte der Bemühungen, Kognition formal zu beschreiben.

GPS. Der General Problem Solver von **Newell, Simon** und **Shaw** stellt einen Versuch dar, menschliches Problemlösen als Informationsverarbeitungsprozeß explizit zu beschreiben. Wegweisend sind die Annahmen einer symbolischen Repräsentation des Problems und die Trennung der Gedächtnisstruktur von den Prozessen zur Manipulation der symbolischen Gedächtnisinhalte [3]. Erste Anwendungen waren Spiele wie Schach [4]. Kern der Wissensbasis ist eine Liste der Zustände, die das Spiel annehmen kann, eine Menge ausgezeichneter (Ziel- oder Gewinn-) Zustände, ein Abstandsmaß zwischen Zuständen und Gewinnzuständen sowie eine Menge von Operationen. Auf dieser Wissensbasis absolviert der GPS eine Tiefensuche, indem er vom aktuellen Zustand aus einen zielnäheren Zustand wählt, je nach Vorhandensein eines Zuges diesen ausführt oder rekursiv ein Zwischenziel auswählt und erneut nach einem Zug sucht.

Wir stellen hier schon typische Merkmale späterer regelorientierter Ansätze fest - Bedingungen betreffen Abstände und Existenz von Zügen, Aktionen starten Züge oder erzeugen Zwischenziele - müssen aber bemerken, daß die eigentliche Problemlösung schon in der Angabe der Abstandsmaße liegt [5] und daß eine rekursive Suche beliebiger wenn auch endlicher Tiefe sicher wegen der Begrenztheit des Arbeitsspeichers vom Menschen nicht geleistet wird.

Transformationsgrammatiken. Formale Systeme zur Beschreibung von natürlicher Sprache wurden zur gleichen Zeit von Chomsky ([Chomsky_57]) vorgelegt. Die Transformationsregeln seiner generativen Grammatik dienen jedoch in erster Linie dazu, Ausdrücke formal zu beschreiben. Da die natürliche Sprache ein Schlüssel zu einer Vielzahl kognitiver Funktionen ist, haben experimentelle Psychologen überprüft, ob Transformationsgrammatiken auch kognitive Prozesse beschreiben. Nach einer anfänglich vermuteten Stützung dieser Hypothese (z.b. [Miller_64]), haben weitere Experimente und Analysen jedoch gezeigt, daß Transformationsgrammatiken als psychologische Modelle inadäquat sind [Fodor_74] .

Sprache wird vom Menschen nicht erworben und benutzt als formales System, sondern als Mittel der Kommunikation zweier oder mehrerer kognitiver Systeme. Als Kommunikation funktioniert Sprache auch

---

[3] Es ist sicher kein Zufall, daß zur gleichen Zeit LISP entstand, mehr als ein Jahrzehnt früher als die mehr am formalen System der Prädikatenlogik orientierte Sprache PROLOG.

[4] sofern man von dem Vorläufer LT [Newell_56] zum Beweis mathematischer Sätze absieht

[5] was in späteren GPS-Realisierungen auch vom System übernommen wurde, [Banerji_84,Ernst_69]

unter Mißachtung der formalen Regeln, wie das Sprechen mit radebrechenden Ausländern zeigt. Daher ist ein breit angelegtes kognitives Modell für das Sprachverstehen vielleicht noch wichtiger als für die bisher aufgezeigten Anwendungen. Sicher wird hier aber die gelegentliche Fehleranfälligkeit menschlichen Sprachverstehens zu berücksichtigen sein. **Gemeinsam** ist diesen beiden frühen Ansätzen, daß

* die gewählten Wissensstrukturen (Abstandsmaße, Ersetzungsregeln) formaler und starrer sind als beim Menschen zu erwarten
* kein Zusatzwissen herangezogen wird (z.B. typische Endspiele im Schach, bzw. Semantik oder Pragmatik der Sprache). Beide Ansätze konzentrieren sich auf die Prozeßaspekte der Tiefensuche bzw. des Parsens.

Ihr **Hauptunterschied** hingegen besteht darin, daß Elemente des GPS in neueren kognitiven Modellen weiterleben, während bei der Transformationsgrammatik die kognitive Interpretation hinter der formal-linguistischen Anwendung zurücktrat.

Die 60-er Jahre

Neben Detail-Weiterentwicklungen der genannten Ansätze aus den 50-er Jahren verdient ein Ergebnis von [Minsky_67] Beachtung. Es bedeutet den Nachweis, daß die Berechenbarkeitsbegriffe aus [Turing_36, Church_36,Post_36] äquivalent sind. Damit ist die Informatik-Seite der KI in der glücklichen (oder unglücklichen) Situation, daß die Grenzen des je mit dem Computer Berechenbaren abgesteckt sind. Zusammen mit (hier nicht ausgeführten) Ergebnissen der Komplexitätstheorie (siehe z.B. [Hopcroft_79]) sind nun die Grenzen der Informatik geschlossen beschreibbar, in deutlichem Gegensatz zu einer naturwissenschaftlichen Kognitionsforschung, die (zumindest im Sinne des kritischen Rationalismus) nie zu einer geschlossenen Beschreibung ihres Forschungsgegenstandes kommen kann ([Popper_66]).

Die 70-er Jahre

Die Entwicklung ist u.a. gekennzeichnet durch zwei Strömungen:

* Gedächtnis und Wissen werden zunehmend als eigenständige Forschungsinhalte ernst genommen und drängen zeitweilig das Interesse an Problemlöseverfahren spürbar in den Hintergrund.
* An vielen Stellen wird der direkte Vergleich theoretisch abgeleiteter Ergebnisse mit bekannten experimentellen Befunden oder passend zur Theorie konzipierten Experimenten gesucht.

Zum ersten Typ zählen neben Schank u.a. [Rumelhart_72,Norman_75,Miller_76], zum zweiten besonders [Newell_72] und die vorgestellten Arbeit von Polson und Kieras. Beide Strömungen sind außer bei Kintsch vertreten durch Anderson [Anderson_73]. Es führt zuweit, jeden dieser Ansätze auch nur oberflächlich zu charakterisieren, daher sei auf die ausgezeichnete Darstellung in [Lachman_79] verwiesen (siehe auch [Cohen_83]). Die folgende Tabelle stellt die historische Perspektive noch einmal im Überblick dar.

Verlagerung der Forschungsschwerpunkte

50-er und 60-er	Jedes Modell läßt sich durch einen einfachen Prozeßtyp charakterisieren, der oft auch präzise mathematische Analysen zuläßt. Ziel ist das Lösen formal beschreibbarer Probleme.
70-er	Es werden unterschiedliche Methoden der Wissensrepräsentation exploriert. Ziel ist die Darstellung auch komplexer, schwach strukturierter Sachverhalte sowie *retrieval* und lokale Inferenzen auf solchen Wissensbasen.
80-er	Es zeichnet sich ein Trend zu wissensbasierten Problemlösemethoden auf schwach strukturierten Räumen ab. Wissen wird eingesetzt, sofern es vorhanden ist. Andernfalls wird auf sogenannte *weak methods*, d.h. allgemeine Problemlöseheuristiken zurückgegriffen.

Trends der 80-er Jahre

Der Hinweis auf die Entwicklung in den 80-er Jahren läßt sich am Beispiel der Arbeiten von [Rosenbloom_85, Kolodner_86] darstellen.

Verwendung von Erfahrung beim Problemlösen. Die Weiterentwicklung der Konzepte von Kolodner ist dadurch gekennzeichnet, daß die Merkinhalte (bisher "neutrale" Ereignisse oder Situationen) durch Diagnose-, Entscheidungs- oder ähnliche Situationen ersetzt werden, Situationen also, die Beschreibungen von "Präzedenz"-Fällen und die dort getroffenen Maßnahmen oder Entscheidungen als Merkmale haben. Für Problemlösesituationen kann man nun nicht davon ausgehen, daß für jeden Fall schon ein Präzedenzfall vorhanden ist. Daher enthalten die verschiedenen Implementierungen des Konzeptes zusätzlich einen allgemeinen Problemlösemodul (z.B. regelbasiert), der Grundregeln des betreffenden Bereiches enthält.

Nun kann das Zusammenspiel zwischen Speicherprozeß, Suchprozeß und Problemlöseprozeß (in unterschiedlichen Implementierungen nach unterschiedlichen Strategien) in der Weise ablaufen, daß

- ähnliche Fälle gesucht werden
- der Problemlöser gemäß dem Grad der Abweichung weiteres Wissen verarbeitet
- ein Lösungs-"Ereignis" vorgeschlagen wird
- im Erfolgsfall die Speicherung erfolgt
- im Mißerfolgsfall nach den Gründen, d.h. in der Regel nach Indizes gesucht wird.

Hier gehen als wichtige Elemente ein, daß

- das System, solange es irgendwie kann, auf Erfahrungen zurückgreift und erst im Mißerfolgsfall neue Kausalketten aufbaut
- ähnliche Fälle benachbart gespeichert und nur durch Indizes unterschieden werden
- das System selbsttätig lernt

und als wichtigster Aspekt im Sinne der historischen Diskussion

- Implementierungen vorliegen, welche die Integration schwach strukturierten Wissens mit realistischen Problemlöseprozessen darstellen.

R1 Soar. Der Ansatz [Rosenbloom_85] geht aus einer technischen Umgebung hervor, hat aber vergleichbare Relevanz für **wissensintegriertes Problemlösen**, wie bei [Kolodner_86] dargestellt wird. Ausgangspunkt ist das VAX-Konfigurationssystem R1 [McDermott_82], ein wissensintensives regelbasiertes System, das sich in praktischem Einsatz befindet. Das Ausgangssystem erreicht die geforderte *performance* dadurch, daß Experten neben Basisregeln auch eine Vielzahl spezieller Regeln für häufig auftretende Teilkonfigurationen formuliert haben.

Die Erweiterung R1/Soar ([Rosenbloom_85]) dagegen beginnt mit einem allgemeinen regelbasierten Problemlöser (ähnlich OPS5) und nur wenigen Basisregeln. Ferner ist die Konfigurationsaufgabe in *problem spaces* partitioniert, und es existieren Kontrollmechanismen, die folgendes leisten:

1. Bei jedem Konfigurationslauf wird buchgeführt, mit welchen Variablen ein *problem space* betreten und mit welchen er verlassen wurde, sowie, ob während der Ersetzungen im *problem space* Variablen von außerhalb des *problem space* benutzt oder manipuliert wurden.

   Ist letzteres nicht der Fall, generiert das System eine spezielle Regel, die genau die Manipulationen zwischen Betreten und Verlassen des *problem space* zusammenfaßt. Dies entspricht der bereits in Abschnitt 2 besprochenen Wissenskompilierung, siehe Abb. 4.

2. Der Regelinterpreter sucht zuerst nach solchen speziellen Regeln und greift erst bei Mißerfolg auf die Standardmethoden zurück.

Mit dieser Konfiguration wurden drei Varianten erprobt:

1. Soar mit Basisregeln, ohne Kontrollmechanismen 1. und 2..
2. Soar mit Basisregeln und von Fachleuten geschriebenen speziellen Regeln und mit Kontrollmechanismus 2..
3. Soar mit Basisregeln und beiden Kontrollmechanismen.

Nachdem die 3. Variante eine gewisse Anzahl von Lernsituationen absolviert hat, ist sie ähnlich schnell wie die Variante 2 und das ursprüngliche R1, während die 1. Variante die Konfigurationsaufgaben nur langsam löst.

Hier bewährt sich also, wie auch bei [Kolodner_86] eine Architektur, die Problemlösetechniken mit komplexen Wissensrepräsentationen integriert. Die Implementierung lernt mittels der vom Fachmann vorgenommenen Partitionierung in *problem spaces* aus positiven Beispielen, ohne jedoch Mechanismen zur Beseitigung von Regeln zu haben, die aufgrund exotischer Beispiele gebildet, aber nie wieder verwendet wurden. Die Beschränkung auf Regeln in dieser Wissensrepräsentation schränkt den Wert als kognitives Modell zwar ein, um so beachtenswerter ist der Beitrag aber aus der Sicht der Wissensakquisition. Jedoch wurde bei [Kolodner_86,Rosenbloom_85] als wichtiger Aspekt hervorgehoben, daß Lernbeispiele dem "nackten" Problemlöser den Erwerb von Präzedenzfällen bzw. speziellen Regeln ermöglichen. Verfahren dieser Art, ähnlich den induktiven Verfahren im engeren Sinne (z.B. [Michalski_84]) , sind behaftet mit einer Stichprobenabhängigkeit, die [6] dazu führen kann, daß eine Ansammlung von Regeln bzw. MOP's das System belastet, die nur für zufällig am Anfang präsentierte exotische Fälle zutreffen. Die Angemessenheit des erworbenen Wissens hängt also von einer sinnvoll getroffenen Auswahl von Lernbeispielen ab.

6.3 *Schlußfolgerungen*

Das Forschungsgebiet der Kognitiven Modellierung ist in den Bereichen der Künstlichen Intelligenz und der Kognitiven Psychologie verwurzelt. Es bietet sich an, das Methodenspektrum beider Disziplinen zu bereichern und Forschungsergebnisse wechselseitig nutzbar zu machen.

Sicht der Psychologie. In der Psychologie wurden kognitive Modelle häufig wegen ihrer Komplexität und den damit verbundenen Problemen der empirischen Überprüfung kritisiert. Allerdings werden in den letzten Jahren die Vorteile von kognitiven Modellen gegenüber mathematisch formulierten stimulus-response Theorien und verbal beschriebenen Theorieansätzen, wie sie etwa die Gestalttheorie hervorbrachte, zunehmend anerkannt. In diesem Sinne ist der Wert der kognitiven Modellierung für die Psychologie sicher kaum mehr bestritten, und wir begnügen uns unter Hinweis auf die einleitenden methodischen Erwägungen auf die folgende tabellarische Zusammenstellung der Anwendungsmöglichkeiten:

- Zugang zu kognitiven Prozessen des Individuums, im Gegensatz zu psychometrischen Verfahren, die Individuen in Bezug auf eine Normalpopulation beschreiben.
- Theorienbildung durch qualitatives Modellieren und qualitative Übereinstimmung mit beobachteten Phänomenen.
- Theorie-Überprüfung durch detaillierte (und dann in der Regel auf ein enges Feld begrenzte) Modelle und quantitative Übereinstimmung mit beobachteten Phänomenen.
- Anwendung der Ergebnisse in der Software-Ergonomie und zur Entwicklung von Intelligenten Tutoriellen Systemen usw..

Sicht der Informatik. Es fällt auf, daß keiner der referierten Beiträge eine Einordnung mittels klassischer Kriterien der Informatik[7] anbietet. Dies gilt mit Einschränkungen auch bzgl. vieler Kategorien der KI [8]. Vielmehr ist es wohl eher so, daß zu einer gewählten psychologischen Fragestellung nach geeigneten Beschreibungshilfsmitteln aus der Informatik gesucht wird bzw. alternative Repräsentationsformen wie z.B. die MOP's entwickelt werden. Dies wirft natürlich die Frage auf, welchen Wert derartige Untersuchungen für die Informatik bzw. für die KI haben.

---

[6] weniger in geschlossenen Welten, siehe etwa LEX von [Mitchel_84]

[7] etwa Entscheidbarkeit, Komplexität, Logik-Kalkül, Typen-Hierarchie formaler Sprachen, Datenstrukturen, Algorithmen

[8] etwa Repräsentationsparadigmen wie frames, logische Formeln, Strategien wie Vorwärts-, Rückwärts-Inferenz, Breiten- oder Tiefensuche

Nun ist es unbestritten, daß menschliche Kognition in bestimmten Punkten effektiver ist als bekannte Techniken der Informatik, etwa bei Speicherung und Abruf von Expertenwissen oder beim Sprach- oder Bildverstehen. Wenn die Informatik Zugang zu dieser Effektivität gewinnen will, ist es sogar zwingend, daß sie ihre etablierten Methoden und Maßstäbe zunächst außer acht läßt - denn innerhalb dieser Methoden und Maßstäbe ließ sich die gewünschte Effektivität ja gerade nicht erzielen - und unbelastet die Nachbildung beim Menschen beobachteter Prozesse und Phänomene versucht. Die so verstandene kognitive Modellierung ([Kolodner_83a,Kolodner_83b] ist ein Beispiel dieser Art) mag also Hinweise auf ökonomischere Datenstrukturen und effizientere Verfahren geben. Die Grenzen des dabei Erreichbaren sind natürlich durch [Minsky_67] abgesteckt. Andererseits zeigt die Beobachtung menschlicher kognitiver Arbeit - bei hoher mittlerer Effektivität, zumindest in den oben angesprochenen Bereichen - gelegentliche Fehlleistungen auf. Vielleicht kann man das eine - **Effektivität** - nicht ohne das andere - **gelegentliche Fehler** - erreichen. Vielleicht braucht die Informatik zur Überschreitung ihrer derzeitigen Grenzen eine Theorie **fast immer korrekter Verfahren** und Berechenbarkeits- und Komplexitätsbegriffe auf einer solchen Theorie [9].

Neben diesen Bemerkungen, die die Informatik als Ganzes betreffen, gibt es Anwendungen der kognitiven Modellierung für Teilgebiete. So ist es sicher für die Software-Ergonomie wichtig zu wissen, was eine Person über ein Anwendungsprogramm oder eine Programmiersprache zur Benutzung wissen muß. Kognitive Modellierung bietet eine formale Beschreibung dieses Wissens. Das formale Modell ist ein für den Programmdesigner leicht zu handhabendes Mittel zur Analyse und Bestimmung kognitiv komplexer Aspekte.

Auch für die Expertensystem-Entwicklung bietet die kognitive Modellierung Hilfestellung. Denn für die Akzeptanz von Expertensystemen ist die Angepaßtheit der Systemoberfläche an die Denkstrukturen des Experten von entscheidender Bedeutung. Ein System, das den Experten zur Unterbrechung oder Umstrukturierung eigener Gedankengänge zwingt, kann und darf er mit Rücksicht auf die Qualität seiner Arbeit nicht akzeptieren [10]. Der Expertensystem-Designer benötigt also Zugang zu den Denkstrukturen des Experten. Hier bietet sich - neben empirischen Methoden der Psychologie zur Aufdeckung dieser Strukturen - die kognitive Modellierung als Beschreibungssprache an.

Danksagungen

Für Anregungen und kritische Diskussionen möchten wir uns sehr herzlich bei Dietrich Albert, Ulrich Hoppe, Hein Lehmann, Klaus Muthig, Peter Reimann, Hans Spada und Stefan Wrobel bedanken. Stefan Back, Stefan Boschert und Erik Farin haben uns dankenswerter Weise bei der technischen Aufbereitung und Überarbeitung des Manuskripts geholfen.

Adressen

Dr. Franz Schmalhofer
Psychologisches Institut der
Universität Freiburg
Niemensstr.10
D-7800 Freiburg i.Br.

Dr. Thomas Wetter
Wissenschaftliches Zentrum der IBM

Wilckensstr.1a
D-6900 Heidelberg

---

9 In ähnlicher Weise wurden in der Mathematik die Unzulänglichkeiten der Riemann'schen Integrationstheorie überwunden durch die Lebesgue-Theorie, in der auf kleinen Ausnahmebereichen Funktionen beliebige Eigenschaften haben dürfen.

10 Generell belasten Eingriffe in etablierte Arbeitsinhalte und -sequenzen in vielfacher Weise (siehe z.B. [Frese_85]). Bei Experten können jedoch wegen der Komplexität der Aufgaben die Konsequenzen besonders gravierend sein.

Bibliographie

[Ackermann_86] Ackermann, D., A Pilot Study on the Effects of Individualization in Man-Computer-Interaction, Proceedings 2nd IFAC-IFIP-IFORS-IEA Conference on Analysis, Design, and Evaluation of Man-Machine-Systems, Varese 1985. Pergamon Press. (London, 1986).

[Anderson_73] Anderson, J.R. and Bower, G.H., Human associative memory, Winston (Washington DC, 1973).

[Anderson_76] Anderson, J.R., Language, Memory and Thought, Erlbaum (Hillsdale NJ, 1976).

[Anderson_83] Anderson, J.R., The architecture of cognition, Harvard University Press (Cambridge, Mass., London, 1983).

[Anderson_84] Anderson, J.R., Farrell, R., and Sauers, R., Learning to program in LISP, Cognitive Science 8 (1984) pp. 87-129.

[Anderson_85] Anderson, J.R., Boyle, C.B., and Reiser, B.J., Intelligent tutoring systems, Science 228 (1985) pp. 456-462.

[Banerij_84] Banerij, R.B., GPS and the psychology of the Rubik cubist: A study in reasoning about actions, Elithorn and Banerij (eds.) Artificial and human intelligence, North Holland (Amsterdam, 1984) pp. 67-79.

[Bower_79] Bower, G.H., Black, J.B., and Turner, T.J., Scripts in memory for text, Cognitive Psychology 11 (1979) pp. 177-220.

[Card_83] Card, S.K., Moran, T.P., and Newell, A., The psychology of human-computer interaction, Erlbaum (Hillsdale NJ, 1983).

[Charniak_85] Charniak, E. and McDermott, D., Introduction to artificial intelligence, Addison-Wesley Publishing Company (Reading, Mass., 1985).

[Chase_82] Chase, W.G. and Ericsson, K.A., Skill and working memory, Bower (ed.) The Psychology of learning and motivation, Academic Press 16 (New York, 1982).

[Chomsky_57] Chomsky, A.N., Syntactic structures, Mouton (The Hague, 1957).

[Church_36] Church, A., An unsolvable problem of elementary number theory, American Journal of Mathematics 58 (1936) pp. 345-363.

[Cohen_83] Cohen, P.R. and Feigenbaum, E.A., Models of cognition, P.R. Cohen and E.A. Feigenbaum (eds.), The handbook of artificial intelligence, Pitman 3 (London, 1983) pp. 1-74.

[vanDijk_83] van Dijk,T.A. and Kintsch,W., Strategies of Discourse Comprehension, Academic Press (New York, 1983).

[deGroot_66] de Groot, A., Perception and memory versus thought: some old ideas and recent findings, B. Kleinmuntz (ed.) Problem solving, Wiley (New York, 1966).

[DeJong_79] De Jong,G., Prediction and substantiation: A new approach to natural language processing, Cognitive Science 3 (1979) pp. 251-273.

[Ericsson_80] Ericsson, K.A. and Simon, H.A., Verbal reports as data, Psychological Review **87** (1980) pp. 215-251.

[Ernst_69] Ernst, G.W. and Newell, A., GPS: A case study in generality and problem solving, Academic Press (New York, 1969).

[Feldman_82] Feldman,J.A. and Ballard,D.H., Connectionist Models and their Properties, Cognitive Science **6** (1982) pp. 205-254.

[Fletcher_81] Fletcher, C.R., Short-term memory processes in text comprehension, Journal of Verbal Learning and Verbal Behavior **20** (1981) pp. 564-574.

[Fodor_74] Fodor, J.A., Bever, T.G., and Garrett, M.F., The psychology of language, McGraw-Hill (New York, 1974).

[Frese_85] Frese, M., A Theory of Control: Implications for Software Design and Training for Computer Aided Work, Universität Muenchen, Institut für Psychologie, Bereich Organisations- und Wirtschaftspsychologie **1** (1985).

[Goetz_81] Goetz,E.T. and Anderson,R.C. and Schallert,D.L., The representation of sentences in memory, Journal of verbal Learning and verbal Behavior **20** (1981) pp. 369-385.

[GRAPES_84] GRAPES user's manual, Advanced Computer Tutoring, Inc. (Pittsburgh, 1984).

[Groen_85] Groen,G.J. and Frederiksen,C.H. and Dillinger,M.L., A propositional analyst's assistant, Behavior Research Methods and Instrumentation **16(2)** (1985) pp. 154-157.

[Hopcroft_79] Hopcroft, J.E. and Ullman, J.D., Introduction to Automata Theory, Languages, and Computation, Addison-Wesley (Reading, Mass., 1979).

[Kieras_85] Kieras, D. and Polson P.G., An approach to the formal analysis of user complexity, International Journal of Man-Machine Studies **22** (1985) pp. 365-394.

[Kintsch_78] Kintsch, W. and van Dijk, T.A., Toward a model of text comprehension and production, Psychological Review **85** (1978) pp. 363-394.

[Kintsch_85] Kintsch,W. and Greeno,J.G., Understanding and solving word arithmetic problems, Psychological Review **92** (1985) pp. 109-129.

[Kolodner_83a] Kolodner, J.L., Maintaining organization in a dynamic long-term memory, Cognitive Science **7** (1983) pp. 243-280.

[Kolodner_83b] Kolodner, J.L., Reconstructive memory: A computer model, Cognitive Science **7** (1983) pp. 281-328.

[Kolodner_86] Kolodner, J.L., Experimental processes in natural problem solving, Manuscript submitted for publication.

[Lachman_79] Lachman, R., Lachman, J.L., and Butterfield, E.C., Cognitive psychology and information processing: An introduction, Wiley (New York, 1979).

[Lehnert_84] Lehnert,W.G. and Robertson,S.P. and Black,J.P., Memory Interactions during Question Answering , in: Learning and Comprehension of Text, Mandl,H. et.al.(Hrsg.), Lawrence Erlbaum (Hillsdale,New Jersey, 1984).

[McDermott_82] McDermott, J., R1: A rule-based configurer of computer systems, Artificial Intelligence **19** (1982) pp. 39-88.

[McKoon_80] McKoon,G. and Ratcliff,R., Priming in Item Recognition : The Organization of Propositions in Memory for Text, Journal of verbal Learning and verbal Behavior **19** (1980) pp. 369-386.

[Michalski_84] Michalski, R.S., Carbonnel, J.G., and Mitchel, T.M. (eds.), Machine Learning, Springer (Berlin, 1984).

[Miller_56] Miller, G.A., The magical number seven, plus or minus two: some limits on our capacity for processing information, Psychological Review 63 (1956) pp. 81-97.

[Miller_64] Miller, G.A. and McKean, K.O., A chronometric study of some relations between sentences, Quarterly J. Experimental Psychology 16 (1964) pp. 297-308.

[Miller_76] Miller, G.A. and Johnson-Laird, P.N., Language and perception, Harvard Univ. Press (Cambridge Mass, 1976).

[Miller_78] Miller, L., Has artificial intelligence contributed to an understanding of the human mind?, Cognitive Science 2 (1978) pp. 111-127.

[Miller_80] Miller, J.R. and Kintsch, W., Readability and recall of short prose passages: A theoretical analysis, Journal of Experimental Psychology: Human Learning and Memory 6 (1980) pp. 335-354.

[Minsky_67] Minsky, M.L., Computation: Finite and infinite machines, Prentice Hall (Englewood Cliffs NJ, 1967).

[Mitchel_84] Mitchel, T.M., Towards combining empirical and analytical methods for inferring heuristics, Elithorn and Banerij (eds.) Artificial and human intelligence, North Holland (Amsterdam, 1984) pp. 81-103.

[Moran_81] Moran, T.P., The Command Language Grammar: a representation for the user interface of interactive computer systems, Int. J. Man-Machine Studies 15 (1981) pp. 3-50.

[Muthig_85] Muthig, K.P., "Gedächtnis" im Labor vs "Behalten" und "Erinnern" in natürlichen Umgebungen, Day, P., Fuhrer, U. und Laucken, U. (Hrsg.), Umwelt und Handeln: Ökologische Anforderungen und Handeln im Alltag. Attempto-Verlag (Tuebingen, 1985) pp. 334-348.

[Newell_56] Newell, A. and Simon, H.A., The logic theory machine: A complex information processing system, Transactions on information theory (Institute of Radio Engineers) IT-2 (1956) pp. 61-79.

[Newell_57] Newell, A., Shaw, J.C., and Simon, H.A., Preliminary description of the general problem solving program I (GPS I), CIP working paper No 7, December (1957).

[Newell_72] Newell, A. and Simon, H.A., Human Problem Solving, Prentice Hall (Englewood Cliffs NJ, 1972).

[Nisbett_77] Nisbett, R.E. and Wilson, T.D., Telling more than we can know: verbal reports on mental processes, Psychological Review 84 (1977) pp. 231-259.

[Norman_75] Norman, D.A., Rumelhart, D.E., and the LNR Research Group, Explorations in cognition, Freeman (San Francisco, 1975).

[Polson_85] Polson, P.G., Vortrag am Fraunhofer-Institut IAO, (Stuttgart, August 1985).

[Polson_86] Polson, P.G., A quantitative theory of human computer interaction , erscheint in: Carrol, J.M. (ed.), Cognitive Aspects of Human-Computer-Interaction, .

[Popper_66] Popper, K.R., Logik der Forschung, Mohr (Tuebingen, 1966).

[Post_36] Post, E.L., Finite combinatory processes - Formulation I, Journal of Symbolic Logic 1 (1936) pp. 103-105.

[Ratcliff_78] Ratcliff,R. and McKoon,B., Priming in item recognition : Evidence for the propositional structure of sentences, Journal of verbal Learning and verbal Behavior 17 (1978) pp. 403-418.

[Reiser_85] Reiser, B.J., Anderson, J.R., and Farrell, R.G., Dynamic student modelling in an intelligent tutor for LISP programming, Proceedings of Ninth International Joint Conference on Artificial Intelligence (Los Angeles, 1985).

[Rosenbloom_85] Rosenbloom, P.S., Laird, J.E., McDermott, J., Newell, A., and Orciuch, E., R1-Soar: An experiment in knowledge-intensive programming in a problem-solving architecture, IEEE Transact. Pattern Analysis and Machine Intelligence PAMI-7 (1985) pp. 561-569.

[Rumelhart_72] Rumelhart, D.E., Lindsay, P.H., and Norman. D.A., A process-model for human long-term memory, Tulving, E. and Donaldson, W. (eds.), Organisation of memory, Academic Press (New York, 1972).

[Schank_69] Schank, R.C. and Tesler, L., A conceptual parser for natural language, Proc. IJCAI Washington DC (1969).

[Schank_75] Schank, R.C., Conceptual Information Processing, North Holland (Amsterdam, 1975).

[Schank_77] Schank, R.C. and Abelson, R.P., Scripts, plans, goals, and understanding, Erlbaum (Hillsdale NJ, 1977).

[Schank_80] Schank, R.C., Language and Memory, Cognitive Science 4 (1980) pp. 243-284.

[Schmalhofer_83] Schmalhofer,F., Text processing with and without Prior Domain Knowledge: Knowledge-versus Heuristic-Dependent Representations, Bericht aus dem Psychologischen Institut der Universität Heidelberg, Diskussionspapier Nr. 32 (1983).

[Schmalhofer_86a] Schmalhofer, F. and Glavanov, D., Three components of understanding a programmer's manual: Verbatim, propositional, and situational representations, Journal of Memory and Language 25 (1986) pp. 279-294.

[Schmalhofer_86b] Schmalhofer,F. and Schäfer,I., Lautes Denken bei der Wahl zwischen benannt und beschrieben dargebotenen Wahlalternativen, Sprache und Kognition 2 (1986) pp. 73-81.

[Schmalhofer_86c] Schmalhofer,F., The construction of programming knowledge from system explorations and explanatory text : a cognitive model , in : Rollinger,C. und Horn, W. GWAI-86 und 2. Oesterreichische Artificial Intelligence Tagung, Springer-Verlag (Heidelberg, 1986) pp. 152-163.

[Siekmann_83] Siekmann, J.H., Einfuehrung in die kuenstliche Intelligenz, Bibel, W. & Siekmann, J.H.: Kuenstliche Intelligenz Fruehjahrsschule, Teisendorf, Maerz 1982 (Berlin, 1982) pp. 1-60.

[Sleeman_82] Sleeman, D. and Brown, J.S., Intelligent tutoring systems, Academic Press (London, 1982).

[Spada_85] Spada, H. and Opwis, K., Intelligente Tutorielle Systeme aus psychologischer Sicht, H. Mandl and P.M. Fischer (eds.), Lernen im Dialog mit dem Computer, Urban & Schwarzenberg (Muenchen, 1985) pp. 13-23.

[Sternberg_69] Sternberg, S., Memory Scanning: Mental Processes Revealed by Reaction-Time Experiments, American Scientist 57 (1969).

[Swinney_79] Swinney, D.A., Lexical access during sentence comprehension: (re)consideration of context effects, Journal of Verbal Learning and Verbal Behaviour 18 (1979) pp. 645-659.

[Swinney_84] Swinney, D.A., Theoretical and methodological issues in cognitive science: A psycholinguistic perspective, Kintsch, W., Miller, J.R., and Polson, P.G. (eds.), Method and tactics in cognitive science, Erlbaum (Hillsdale, N.J., 1984) pp. 217-233.

[Turing_36] Turing, A.M., On computable numbers, with an application to the Entscheidungsproblem, Proceedings of the London Mathematic Society (Series 2) 42 (London, 1936) pp. 230-265.

[Turing_63] Turing, A.M., Computing machinery and intelligence, Feigenbaum and Feldman (eds.), Computers and thought, McGraw-Hill (New York, 1963) pp. 1-35.

[Turner_78] Turner,A. and Greene,E., The construction and the use of a propositional text base, Technical Report No.63, April 1977, Institute for the Study of Intellectual Behavior. University of Colorado (1977).

[Vorberg_86] Vorberg, D., Programmierkonzepte als Werkzeuge zum Problemlösen, Vortrag beim Workshop "Modellierung von Programmierwissen" (Marburg, 22. - 24.5.1986).

[Wahlster_82] Wahlster, W., Natuerlichsprachliche Systeme: Eine Einfuehrung in die sprachorientierte KI-Forschung, Bibel, W. & Siekmann, J.H.: Kuenstliche Intelligenz Fruehjahrsschule, Teisendorf, Maerz 1982 (Berlin, 1982) pp. 203-283.

[Weber_86] Weber, G. and Wender, K., Modellierung episodischen Wissens in einem LISP-Tutor, Vortrag beim Workshop "Modellierung von Programmierwissen" (Marburg, 22. - 24.5.1986).

[Wetter_85] A framework for modelling the knowledge and behaviour of occasional users of application software, 3rd Symposium on Empirical Foundations of Information and Software Sciences (EFISS), Risoe, October 1985, Proceedings to appear (Plenum Press) (1985).

[Winston_84] Winston, P.H., Artificial intelligence, Addison-Wesley (Reading, Mass., 1984).

[Ziegler_86] Ziegler, J.E., Hoppe, H.U., and Faehnrich, K.P., Learning and transfer for text and graphics editing with a direct manipulation interface, In: Proc. CHI '86, Human factors in computing systems (Boston, 1986) pp. 72-77.

AUTOMATISCHES BEWEISEN

Christoph Walther
Institut für Informatik 1
Universität Karlsruhe

INHALT

VORWORT

Das automatische Beweisen beschäftigt sich als Teilgebiet der künstlichen Intelligenz mit dem Entwurf und der Implementierung von Compu-
terprogrammen, die in der Lage sind mathematische Beweise zu führen.
In diesem Aufsatz sollen die theoretischen Grundlagen des automatischen Beweisens, der Resolutionskalkül und einige Aspekte der Implementierung eines automatischen Beweisers auf Basis des Resolutionskalküls vorgestellt werden.

Natürlich kann im Rahmen einer Frühjahrsschule kein erschöpfender
Überblick über ein Gebiet gegeben werden, daß sich innerhalb der
letzten 20-25 Jahre intensiv entwickelt hat. Insoweit verspricht der
Titel dieses Aufsatzes mehr, als sein Inhalt halten kann: Zum einen
wird nur "low level theorem proving" betrachtet, das heißt, Verfahren
und Techniken einen Beweiser (etwa mittels geeigneter Heuristiken)
"intelligent" anzusteuern bleiben hier völlig außer acht. Die Beschäftigung mit solchen Systemen läßt sich damit rechtfertigen, daß
jedes noch so intelligente Beweissystem letztendlich auf eine Komponente zurückgreifen muß, die - als Suchverfahren organisiert - aus
gegeben Formeln mittels logischer Schlußregeln neue Formeln erzeugt,
bis die gesuchte Formel gefunden ist. Weiter wird nur der Resolutionskalkül vorgestellt, da dieser die Grundlage für viele Implementierungen von automatischen Beweisern bildet. Mit dieser Beschränkung
ist keine Bewertung anderer - zum Teil erfolgreicher - Methoden (wie
etwa das Führen von Gleichheitsbeweisen mittels Termersetzungssyste-
men oder die Verwendung anderer Logikkalküle) verbunden.

Aber auch unter diesen Einschränkungen kann nur eine erste Einführung
und ein unvollständiger Überblick über das Gebiet gegeben werden. Als
weiterführende Literatur werden /Loveland/ und /Chang and Lee/ em-
pfohlen. /Manna/ und /Nilsson/ enthalten ebenfalls Kapitel über automatisches Beweisen. Neuere Resultate findet man beispielsweise in den
Zeitschriften Journal of Automated Reasoning, Journal of Symbolic
Computation und Artificial Intelligence, gelegentlich auch in Journal of the ACM. Die jeweils aktuellsten Resultate kann man in den Ta-
gungsbänden von Fachkonferenzen, wie z.B. International Joint Conference on Artificial Intelligence (IJCAI), European Conference on
Artificial Intelligence (ECAI), National Conference on Artificial
Intelligence (AAAI), German Workshop on Artificial Intelligence
(GWAI) und International Conference on Automated Deduction (CADE)
nachlesen,wobei letztere die Fachkonferenz für automatisches Bewei-

sen ist. Die Fachgruppe 1 "Deduktionssysteme" des Fachausschusses 1.2 "Künstliche Intelligenz und Mustererkennung" der "Gesellschaft für Informatik" bildet einen organisatorischen Rahmen für Aktivitäten auf dem Gebiet des automatischen Beweisens innerhalb der Bundesrepublik Deutschland.

1. GRUNDLAGEN

1.1 Die Sprache $\mathcal{T}$ der Prädikatenlogik

Die Begriffsbildungen der mathematischen Logik bilden das theoretische Fundament des automatischen Beweisens. Ausgangspunkt ist die Sprache der Prädikatenlogik, in der mathematisches (aber genausogut nicht-mathematisches) Wissen durch Formeln dieser Sprache repräsentiert wird:

Definition 1.1.1 $\mathcal{V}$ ist eine abzählbare Menge von Variablensymbolen, z.B. $x, y, z, u_1, u_2, u_3 \in \mathcal{V}$. $\Sigma = (\Sigma_n)_{n \in \mathbb{N}}$ ist eine Signatur für Funktionssymbole, d.h. für $n \in \mathbb{N}$ ist $f \in \Sigma_n$ ein n-stelliges Funktionssymbol. Σ_0 ist die Menge der Konstantensymbole, z.B. $a, b, c \in \Sigma_0$, $f, g, h \in \Sigma_n$.

$\mathcal{T}(\Sigma, \mathcal{V})$ ist die Menge der Terme über Σ und $\mathcal{V}$ mit
(1) $(\mathcal{V} \cup \Sigma_0) \subset \mathcal{T}(\Sigma, \mathcal{V})$,
(2) $f(t_1 \ldots t_n) \in \mathcal{T}(\Sigma, \mathcal{V})$, wenn $f \in \Sigma_n$ und $t_1, \ldots, t_n \in \mathcal{T}(\Sigma, \mathcal{V})$, für $n \in \mathbb{N}^+$,
(3) $\mathcal{T}(\Sigma, \mathcal{V})$ minimal.

$\mathcal{T}$ steht abkürzend für $\mathcal{T}(\Sigma, \mathcal{V})$. Für $t \in \mathcal{T}$ ist $\mathcal{V}(t)$ die Menge aller Variablensymbole in t. $\mathcal{T}_\emptyset$ steht für $\{t \in \mathcal{T} \mid \mathcal{V}(t) = \emptyset\}$.

$\Omega = (\Omega_n)_{n \in \mathbb{N}}$ ist eine Signatur für Prädikatensymbole, d.h. für $n \in \mathbb{N}$ ist $P \in \Omega_n$ ein n-stelliges Prädikatensymbol, z.B. $P, Q, R \in \Omega_n$. Insbesondere gilt $\square \in \Omega_0$, wobei $\square$ das Prädikatensymbol für "falsch" ist. $\Omega_n = \emptyset$ ist möglich für $n \neq 0$.

$AT(\Sigma, \Omega, \mathcal{V})$ ist die Menge aller atomaren Formeln (oder Atome) über Σ, Ω und $\mathcal{V}$ mit
(1) $\Omega_0 \subset AT(\Sigma, \Omega, \mathcal{V})$,
(2) $P(t_1 \ldots t_n) \in AT(\Sigma, \Omega, \mathcal{V})$, wenn $P \in \Omega_n$ und $t_1, \ldots, t_n \in \mathcal{T}(\Sigma, \mathcal{V})$ für $n \in \mathbb{N}^+$,
(3) $AT(\Sigma, \Omega, \mathcal{V})$ minimal.

AT steht abkürzend für $AT(\Sigma, \Omega, \mathcal{V})$. Für $A \in AT$ ist $\mathcal{V}(A)$ die Menge aller Variablensymbole in A. $AT_\emptyset$ steht für $\{A \in AT \mid \mathcal{V}(A) = \emptyset\}$.

$\mathfrak{F}(\Sigma,\Omega,\mathcal{V})$ ist die Menge aller Formeln 1. Stufe über Σ, Ω und $\mathcal{V}$ oder auch die Sprache 1. Stufe mit

(1) $AT(\Sigma,\Omega,\mathcal{V}) \subset \mathfrak{F}(\Sigma,\Omega,\mathcal{V})$,

(2) $\neg\varphi \in \mathfrak{F}(\Sigma,\Omega,\mathcal{V})$, wenn $\varphi \in \mathfrak{F}(\Sigma,\Omega,\mathcal{V})$,

(3) $[\varphi_1 * \varphi_2] \in \mathfrak{F}(\Sigma,\Omega,\mathcal{V})$, wenn $\varphi_1, \varphi_2 \in \mathfrak{F}(\Sigma,\Omega,\mathcal{V})$ und $* \in \{\Longleftrightarrow, \Rightarrow, \vee, \wedge\}$,

(4) $[\Delta x \varphi] \in \mathfrak{F}(\Sigma,\Omega,\mathcal{V})$, wenn $\varphi \in \mathfrak{F}(\Sigma,\Omega,\mathcal{V})$, $x \in \mathcal{V}$ und $\Delta \in \{all, ex\}$,

(5) $\mathfrak{F}(\Sigma,\Omega,\mathcal{V})$ minimal.

Für $\varphi \in \mathfrak{F}$ ist $\mathcal{V}(\varphi)$ die Menge aller Variablensymbole, $\mathcal{V}_f(\varphi)$ die Menge aller freien Variablensymbole und $\mathcal{V}_g(\varphi)$ die Menge aller gebundenen Variablensymbole in φ mit:

$\mathcal{V}(\neg\varphi)=\mathcal{V}(\varphi)$, $\mathcal{V}([\varphi_1 * \varphi_1])=\mathcal{V}(\varphi_1) \cup \mathcal{V}(\varphi_2)$ und $\mathcal{V}([\Delta x \varphi])=\mathcal{V}(\varphi)$,
$\mathcal{V}_f(\varphi)=\mathcal{V}(\varphi)$ für $\varphi \in AT$, $\mathcal{V}_f(\neg\varphi)=\mathcal{V}_f(\varphi)$, $\mathcal{V}_f([\varphi_1 * \varphi_1])=\mathcal{V}_f(\varphi_1) \cup \mathcal{V}_f(\varphi_2)$ und
$\mathcal{V}_f([\Delta x \varphi])=\mathcal{V}_f(\varphi) \smallsetminus \{x\}$,
$\mathcal{V}_g(\varphi)=\emptyset$ für $\varphi \in AT$, $\mathcal{V}_g(\neg\varphi)=\mathcal{V}_g(\varphi)$ $\mathcal{V}_g([\varphi_1 * \varphi_1])=\mathcal{V}_g(\varphi_1) \cup \mathcal{V}_g(\varphi_2)$ und
$\mathcal{V}_g([\Delta x \varphi])=\mathcal{V}_g(\varphi) \cup (\{x\} \cap \mathcal{V}_f(\varphi))$.

Für $\Phi \subset \mathfrak{F}$ definiert man $\mathcal{V}(\Phi)=\bigcup_{\varphi \in \Phi}\mathcal{V}(\varphi)$. Es gilt $\mathcal{V}(\varphi)=\mathcal{V}_f(\varphi) \cup \mathcal{V}_g(\varphi)$, $\mathfrak{F}$ steht abkürzend für $\mathfrak{F}(\Sigma,\Omega,\mathcal{V})$ und $\mathfrak{F}_\emptyset$ steht für $\{\varphi \in \mathfrak{F}|\ \mathcal{V}(\varphi)=\emptyset\}$. Die Zeichen $*$ und $\neg$ heißen Junktoren, die Zeichen Δ Quantoren. $\boxtimes$

Beispiel 1.1.2 Für $x,y \in \mathcal{V}$, $a \in \Sigma_0$ und $f \in \Sigma_2$ gilt $x,y,a,f(xa),f(xy) \in \mathfrak{F}$. Mit $P \in \Omega_2$ und $Q \in \Omega_1$ gilt $P(xf(xa)),Q(f(xy)) \in AT$ und damit dann $\neg Q(f(xy)) \in \mathfrak{F}$, $[ex\ y\ \neg Q(f(xy))] \in \mathfrak{F}$, $[P(xf(xa)) \vee [ex\ y\ \neg Q(f(xy))]] \in \mathfrak{F}$ und $[all\ x\ [P(xf(xa)) \vee [ex\ y\ \neg Q(f(xy))]]] \in \mathfrak{F}$. $\boxtimes$

Zur Vereinfachung der Schreibweise dürfen nachfolgend Klammern weggelassen werden. Beispielsweise steht $\varphi_1 \wedge \varphi_2 \vee \varphi_3$ für $[[\varphi_1 \wedge \varphi_2] \vee \varphi_3]$, wobei die üblichen Bindungsprioritäten $\neg$; $\wedge$; $\vee$, $\Rightarrow$, $\Longleftrightarrow$; all, ex; vorausgesetzt werden. Außerdem steht etwa $[all\ x,y\ ...$ abkürzend für eine Folge von Allquantoren $[all\ x\ [all\ y\ ...$. Gleiches gilt für den Existenzquantor 'ex'.

$\mathfrak{F}$ ist eine formale Sprache (wie etwa die Programmiersprachen BASIC, LISP, ADA etc.), in der mathematische Sachverhalte, aber genausogut Fakten des "täglichen Lebens" formuliert (symbolisiert, repräsentiert, dargestellt) werden - und zwar durch Formeln aus $\mathfrak{F}$.

Beispiel 1.1.3 "R ist eine asymetrische und transitive Relation":
$[all\ x,y\ [R(xy) \Rightarrow \neg R(yx)]] \wedge [all\ x,y,z\ R(xy) \wedge R(yz) \Rightarrow R(yz)]$.

"Für alle Kühlsysteme gilt: wenn Temperatur $>250°$ und Kreislauf unterbrochen, dann ist ein Sicherheitsventil offen und eine Warnung ausgegeben worden": [all x K(x)⇒[[GT(t(x)250)∧U(k(x))]⇒ [[ex v V(v)∧ O(v)]∧[ex w W(w)∧A(w)]]]. ⊠

1.2 Semantik von $\mathcal{F}$

Formeln aus $\mathcal{F}$ sind Zeichenreihen, deren Semantik, d.h. Bedeutung, (auch wenn diese in manchen Fällen "intuitiv" klar sein mag) mathematisch präzise angegeben werden muß. Dies geschieht in der (mathematischen) Logik durch sogenannte Interpretationen, die Funktionssymbole durch Abbildungen und Prädikatensymbole durch Relationen über gewissen Trägermengen deuten. Weiter legen Interpretationen die Bedeutung der Quantoren (durch Zuordnung von Elementen der Trägermenge zu Variablensymbolen) und der Junktoren fest. Hier soll folgende (unvollständige) Definition genügen:

Definition 1.2.1 Eine Interpretationen I ist eine Tripel (A,α,β) mit einer Trägermenge $A\neq\emptyset$, einer Zuordnung α von n-stelligen Funktions-und Prädikatensymbolen zu n-stelligen Abbildungen und Relationen über A und einer Variablenbelegung β, die jeder Variablen aus V ein Element des Trägers zuordnet. Für $x\in V$ und $a\in A$ ist I⟨x/a⟩ die Interpretation, die mit I übereinstimmt, nur daß die Variablenbelegung von I⟨x/a⟩ der Variablen x das Element a aus dem Träger zuweist.

Eine Interpretation I ordnet jedem $\varphi\in\mathcal{F}$ einen Wahrheitswert $\in\{0,1\}$ zu. Man sagt I erfüllt φ (I ist Modell von φ, I macht φ wahr) gdw. $I(\varphi)=1$. Insbesondere gilt für jede Interpretation I:

I(□)=0 "□ ist immer falsch",
I($\neg\varphi$)=1 gdw. I(φ)=0,
I([$\varphi_1\wedge\varphi_2$])=1 gdw. I(φ_1)=1 und I(φ_2)=1,
I([$\varphi_1\Longleftrightarrow\varphi_2$])=1 gdw. I($\varphi_1$)=I($\varphi_2$),
I([$\varphi_1\vee\varphi_2$])=1 gdw. I(φ_1)=1 oder I(φ_2)=1,
I([$\varphi_1\Rightarrow\varphi_2$])=1 gdw. wenn I($\varphi_1$)=1 dann auch I($\varphi_2$)=1,
I([all x φ])=1 gdw. $\forall a\in A$ I⟨x/a⟩(φ)=1 und
I([ex x φ])=1 gdw. $\exists a\in A$ I⟨x/a⟩(φ)=1.

Damit legt I die Bedeutung von □,$\neg$,$\wedge$,all u.s.w. fest. $\varphi_1,\varphi_2\in\mathcal{F}$ sind logisch äquivalent, $\varphi_1\sim\varphi_2$, gdw. I(φ_1)=I(φ_2) für jede Interpretation I. Beispielsweise gilt [$\varphi_1\vee\varphi_2$]$\sim$[$\neg\varphi_1\Rightarrow\varphi_2$] und [all x φ]$\sim \neg$[ex x $\neg\varphi$]. Für $\Phi\subset\mathcal{F}$ setzt man I(Φ)=1 gdw. $\forall\varphi\in\Phi$ I(φ)=1.

Die Folgerungsbeziehung $\models$ ist für $\Phi \subseteq \mathcal{F}$ und $\varphi \in \mathcal{F}$ definiert durch: $\Phi \models \varphi$ (φ folgt (logisch/semantisch) aus Φ, φ ist wahr in Φ) gdw. für jede Interpretation I gilt: $I(\Phi)=1 \supset I(\varphi)=1$. Insbesondere gilt damit:

(1) $\Phi \models \square$ gdw. $I(\Phi)=0$ für jede Interpretation I. Man sagt dann: Φ ist unerfüllbar (d.h. "immer falsch").
(2) $\emptyset \models \varphi$ (kurz: $\models \varphi$) gdw. $I(\varphi)=1$ für jede Interpretation I. Man sagt dann: φ ist allgemeingültig (d.h. "immer wahr"). $\boxtimes$

Die Folgerungsbeziehung $\Phi \models \varphi$ ist dabei von besonderem Interesse: Wenn Φ irgendwelche mathematischen Strukturen oder ebensogut Gegebenheiten der realen Welt beschreibt (Φ= Menge der Axiome) und φ genauso irgendeinen Sachverhalt repräsentiert, so gilt $\Phi \models \varphi$ genau dann, wenn φ in der durch Φ beschriebenen mathematischen Struktur (oder dem durch Φ beschriebenen Modell der realen Welt) wahr ist.

Beispiel 1.2.2 "Jede irreflexive und transitive Relation ist asymetrisch": $\Phi_1=\{[all\ x\ \neg R(xx)], [all\ x,y,z\ [R(xy)\wedge R(yz)\Rightarrow R(xz)]]\}$, $\varphi_1=[all\ x,y[R(xy)\Rightarrow \neg R(yx)]]$. Gilt $\Phi_1 \models \varphi_1$?

"Einige Patienten mögen alle Ärzte, kein Patient mag einen Quacksalber, also ist kein Arzt ein Quacksalber": $\Phi_2=\{[ex\ x[P(x)\wedge[all\ y\ [A(y)\Rightarrow M(xy)]]], \neg[ex\ x[P(x)\wedge[ex\ y[Q(y)\wedge M(xy)]]]]\}$, $\varphi_2=[all\ x\ [A(x)\Rightarrow \neg Q(x)]]$. Gilt $\Phi_2 \models \varphi_2$?

Die Formelmengen $\Phi_3=\{P, \neg P\}$ und $\Phi_4=\{[all\ x\ Q(x)], [ex\ y\ \neg Q(y)]\}$ sind beispielsweise unerfüllbar, d.h. $\Phi_3 \models \square$ und $\Phi_4 \models \square$. Die Formeln $\varphi_3=[Pv\neg P]$ und $\varphi_4=[[all\ x\ Q(x)]\Rightarrow[ex\ y\ Q(y)]]$ sind beispielsweise allgemeingültig, d.h. $\models \varphi_3$ und $\models \varphi_4$. $\boxtimes$

1.3 Beweiskalküle

Wie ermittelt man nun für gegebene $\Phi \subseteq \mathcal{F}$ und $\varphi \in \mathcal{F}$ ob $\Phi \models \varphi$ gilt? $\models$ ist zwar "einleuchtend" aber "unkonstruktiv" definiert, denn die Definition liefert keine Anhaltspunkte um $\Phi \models \varphi$ effektiv zu "berechnen" bzw. systematisch nachzuprüfen. Ursache dafür ist die Deutung von Quantoren. Beispielsweise gilt für eine Interpretation I und eine Formel $\varphi=[all\ x\ P(x)]$: $I(\varphi)=1$ gdw. $\forall a \in A\ I\langle x/a\rangle(P(x))=1$ gdw. $\forall a \in A\ \alpha_P(a)=1$, wobei I das Prädikatensymbol P durch die Relation α_P deutet und A die Trägermenge von I ist. Um $I(\varphi)=1$ nach dieser Definition festzustellen, müßte $\alpha_P(a)=1$ für jedes $a \in A$ überprüft werden.

Als Abhilfe formuliert man sogenannte Beweiskalküle. Ein Beweiskalkül ist ein System formaler Schlußregeln, die angewendet auf Formeln neue Formeln liefern. Damit werden aus Formeln $\Phi \subset \mathcal{F}$ durch Anwendung von Schlußregeln des Beweiskalküls K neue Formeln $\varphi \in \mathcal{F}$ hergeleitet, kurz: $\Phi \vdash_K \varphi$.

Ein wesentliches Kennzeichen von Schlußregeln ist, daß diese durch rein syntaktische Kriterien gegeben sind (wie etwa auch die Regeln des Schachspiels), d.h. Schlußregeln sind sehr einfach zu erlernen und auch auszuführen (z.B. auch durch ein Computerprogramm!). Die Herleitung von Formeln in einem Beweiskalkül ist dabei ausschließlich durch Symbolmanipulation durchführbar, d.h. durchführbar ohne Verständnis der Bedeutung der Symbole. Natürlich besteht (wie beim Schach) die Kunst nicht allein darin die Regeln zu kennen und anzuwenden, sondern auch darin in einer gegebenen Situation die richtige Regel zu verwenden.

Beispiel 1.3.1 (Schlußregeln) Regel "Modus Ponens" (MP):

$$(MP) \quad \frac{\varphi_1 \; , \; [\varphi_1 \Rightarrow \varphi_2]}{\varphi_2} \quad \forall \varphi_1, \varphi_2 \in \mathcal{F}$$

D.h. wenn φ_1 hergeleitet werden kann und wenn $[\varphi_1 \Rightarrow \varphi_2]$ hergeleitet werden kann, dann kann (mittels MP) auch φ_2 hergeleitet werden.

Regel "Logisches Axiom" (LA):

$$(LA) \quad \frac{}{[\varphi_1 \Rightarrow [\varphi_2 \Rightarrow \varphi_1]]} \quad \forall \varphi_1, \varphi_2 \in \mathcal{F}$$

D.h. jede Formel der Form $[\varphi_1 \Rightarrow [\varphi_2 \Rightarrow \varphi_1]]$ kann (mittels LA) hergeleitet werden.

Enthält ein Kalkül K diese beiden Regeln, so gilt beispielsweise $\Phi \vdash_K \varphi$ für $\Phi = \{R\}$ und $\varphi = [P \Rightarrow [Q \Rightarrow R]]$, denn

(1) R   , $\in \Phi$ gegeben
(2) $[R \Rightarrow [Q \Rightarrow R]]$, Regel LA
(3) $[Q \Rightarrow R]$, Regel MP mit (1) und (2)
(4) $[[Q \Rightarrow R] \Rightarrow [P \Rightarrow [Q \Rightarrow R]]]$, Regel LA
(5) $[P \Rightarrow [Q \Rightarrow R]]$, Regel MP mit (3) und (4). $\boxtimes$

Wozu dienen nun Beweiskalküle? Mit $\Phi\vdash_K\varphi$ soll $\Phi\models\varphi$ durch reine Symbolmanipulation nachgewiesen, d.h. bewiesen werden. D.h. mit $\vdash_K$ hat man ein objektives Kriterium um $\models$ zu überprüfen (oder auch durch ein Computerprogramm zu berechnen). Wichtig dabei ist, daß $\Phi\vdash_K\varphi$ für jedermann einfach nachprüfbar ist - genauso wie jeder Laie nachprüfen kann, ob eine Schachpartie gemäß den Schachregeln gespielt wurde. Es gibt dabei keine "Mißverständnisse" wie z.B. beim Argumentieren in natürlicher Sprache.

Natürlich muß sichergestellt werden, daß ein Kalkül K das Gewünschte auch tatsächlich leistet, d.h. daß $\vdash_K$ mit $\models$ genau übereinstimmt. Man stellt daher folgende Forderungen an einen Kalkül K:

(1) $\forall\Phi\subset\mathcal{F}\ \forall\varphi\in\mathcal{F}\ \Phi\vdash_K\varphi \supset \Phi\models\varphi$, d.h. K ist korrekt (engl. sound). In einem korrekten Kalkül können nur wahre Formeln hergeleitet werden.

(2) $\forall\Phi\subset\mathcal{F}\ \forall\varphi\in\mathcal{F}\ \Phi\models\varphi \supset \Phi\vdash_K\varphi$, d.h. K ist vollständig (engl. complete). In einem vollständigen Kalkül kann jede wahre Formel hergeleitet werden.

Natürlich kann jede dieser Forderungen für sich allein trivial erfüllt werden: Ein Kalkül in dem keine Formel hergeleitet werden kann ($\forall\Phi\subset\mathcal{F}\ \forall\varphi\in\mathcal{F}\ \Phi\nvdash_K\varphi$) ist trivialerweise korrekt und ein Kalkül in dem jede Formel hergeleitet werden kann ($\forall\Phi\subset\mathcal{F}\ \forall\varphi\in\mathcal{F}\ \Phi\vdash_K\varphi$) ist natürlich vollständig. Ein wichtiges Resultat der Logik ist daher:

Satz 1.3.2 (Gödel, 1930) Es gibt einen korrekten und vollständigen Kalkül K (1. Stufe), d.h. $\forall\Phi\subset\mathcal{F}\ \forall\varphi\in\mathcal{F}\ \Phi\vdash_K\varphi$ gdw. $\Phi\models\varphi$. ⊠

Als Konsequenz kann daher $\Phi\models\varphi$ tatsächlich durch reine Symbolmanipulation (d.h. ohne Verständnis der Bedeutung von Φ und φ) gezeigt werden! Weitere Eigenschaften eines Kalküls K sind:

(3) $\forall\Phi\subset\mathcal{F}\ \Phi\models\square \supset \Phi\vdash_K\square$, d.h. $\vdash_K$ ist widerlegungsvollständig (kurz: W-vollständig, engl. refutation complete). In einem W-vollständigen Kalkül kann aus jeder unerfüllbaren Formelmenge "falsch", also ein Widerspruch, hergeleitet werden.

(4) $\forall\Phi_1,\Phi_2\subset\mathcal{F}\ \forall\varphi\in\mathcal{F}\ \Phi_1\vdash_K\varphi$ und $\Phi_1\subset\Phi_2 \supset \Phi_2\vdash_K\varphi$, d.h. K ist monoton.

Offensichtlich ist jeder vollständige Kalkül auch W-vollständig, und es ist leicht zu zeigen, daß jeder korrekte und vollständige Kalkül monoton ist.

1.4 Aufzählungsverfahren und Grenzen des formalen Schließens

Für einen Kalkül K und $\Phi \subset \mathcal{F}$ sei Φ^K definiert durch $\Phi^K = \{\varphi \mid \Phi \vdash_K \varphi\}$, d.h. die Menge aller Formeln, die in K aus Φ hergeleitet werden können. Aus der Berechenbarkeitstheorie weiß man, daß Φ^K rekursiv aufzählbar ist. Es gibt also einen (Aufzählungs-) Algorithmus A^K (z.B. ein Computerprogramm) mit Eingabe $\Phi \subset \mathcal{F}$, $i \in \mathbb{N}$ und Ergebnis $\varphi \in \mathcal{F}$, so daß A^K Φ^K "aufzählt", d.h.

(1) $\forall \Phi \subset \mathcal{F} \; \forall i \in \mathbb{N} \; A^K(\Phi, i) \in \Phi^K$ und $\qquad$ (2) $\forall \Phi \subset \mathcal{F} \; \forall \varphi \in \Phi^K \; \exists i \in \mathbb{N} \; A^K(\Phi, i) = \varphi$.

Ist K korrekt und vollständig, so gilt mit Satz 1.3.2 $\Phi^K = \{\varphi \mid \Phi \vDash \varphi\}$, d.h. Φ^K ist die Menge aller Formeln, die in Φ wahr sind. Mit (1) ist dann A^K "korrekt", denn es werden nur Formeln erzeugt (=aufgezählt), die in Φ wahr sind. Mit (2) ist A^K "vollständig", denn jede Formel, die in Φ wahr ist, kann auch erzeugt werden.

Mit A^K erhält man einen (naiven) automatischen Beweiser (engl. automated theorem prover) auf Basis des Kalküls K:

```
function prove^K (Φ∈2^F, φ∈F): bool=
(1) i:=0
    loop
(2)   if A^K(Φ,i)=φ then return (true) fi
(3)   i:=i+1
    end
```

(wobei $2^{\mathcal{F}}$ die Potenzmenge von $\mathcal{F}$ ist). Jeder automatische Beweiser arbeitet nach diesem Grundprinzip "Φ^K aufzählen" für irgendeinen Kalkül K. Es gilt:

(i) $\forall \Phi \subset \mathcal{F} \; \forall \varphi \in \mathcal{F} \; \text{prove}^K(\Phi, \varphi)$ hält $\supset \Phi \vDash \varphi$ gdw. $\text{prove}^K(\Phi, \varphi) = \text{true}$,
(ii) $\forall \Phi \subset \mathcal{F} \; \forall \varphi \in \mathcal{F} \; \Phi \vDash \varphi \supset \text{prove}^K(\Phi, \varphi)$ hält.

Für $\Phi \nvDash \varphi$ gilt $\varphi \notin \Phi^K$, d.h. $\text{prove}^K(\Phi, \varphi)$ hält nicht, denn A^K ist korrekt. Es ist daher wünschenswert diese Endlosschleife in prove^K zu eliminieren (natürlich ohne dabei Korrektheit und Vollständigkeit aufzugeben). Man müßte dafür prove^K so ändern, daß zusätzlich gälte:

(iii) $\forall \Phi \subset \mathfrak{F}$ $\forall \varphi \in \mathfrak{F}$ $\Phi \not\vdash \varphi$ $\supset$ $\text{prove}^K(\Phi, \varphi)$ hält.

Eine fundamentale Erkenntnis aus der Berechenbarkeitstheorie ist, daß dies prinzipiell nicht erreicht werden kann, denn es gilt:

Satz 1.4.1 (Church, 1936) Es gibt kein prove^K, so daß (i), (ii) und (iii) gelten, d.h. Φ^K ist nicht entscheidbar (denn $\mathfrak{F} \backslash \Phi^K$ ist nicht rekursiv aufzählbar). ▨

Als Fazit erhält man: Das Beste, was ein automatischer Beweiser prinzipiell leisten kann ist (i), (ii) und

(iii*) $\forall \Phi \subset \mathfrak{F}$ $\forall \varphi \in \mathfrak{F}$ $\Phi \not\vdash \varphi$ $\supset$ $\text{prove}^K(\Phi, \varphi)$ hält vielleicht.

Beispielsweise kann im Programm für prove^K hinter Zeile (2) eingefügt werden: (2') if $\Phi = \emptyset$ und $A^K(\Phi, i) = \neg \varphi$ then return (false) fi.

Es gilt: $A^K(\Phi, i) = \neg \varphi$ gdw. $\neg \varphi \in \Phi^K$ gdw. $\Phi \vdash \neg \varphi$, also $\Phi \not\vdash \varphi$ oder $\Phi \vdash \square$. Damit erfüllt prove^K jetzt die Bedingungen (i), (ii) und (iii*), denn $\not\vdash \square$. Nach wie vor erfüllt prove^K aber nicht (iii). Beispielsweise gilt für $\varphi = \text{[all x P(x)]}$ weder $\vdash \varphi$ noch $\vdash \neg \varphi$, also $\varphi \notin \emptyset^K$ und $\neg \varphi \notin \emptyset^K$ und damit hält $\text{prove}^K(\emptyset, \varphi)$ nie.

Für gewisse Teilmengen $\mathfrak{F}'$ von $\mathfrak{F}$ ist $\Phi \vdash \varphi$ für $\Phi \subset \mathfrak{F}', \varphi \in \mathfrak{F}'$ noch entscheidbar. Das gilt beispielsweise für die Aussagenlogik ($\mathfrak{F}' = \mathfrak{F}_\emptyset$). Für weitere Beispiele siehe /Manna/.

1.5 Kalküle für das automatische Beweisen

Alle automatischen Beweiser sind im Prinzip Aufzählungsverfahren, d.h. sie verwenden einen Aufzählungsalgorithmus A^K auf Grundlage eines (mindestens) korrekten Kalküls K. Ein Hauptanliegen des automatischen Beweisens (und wesentlicher Unterschied zur mathematischen Logik) besteht in der Lösung der Aufgabe, einen möglichst effizienten Aufzählungsalgorithmus A^K zu finden, so daß prove^K korrekt und vollständig ist, d.h. $\text{prove}^K(\Phi, \varphi) = \text{true}$ gdw. $\Phi \vdash \varphi$.

Als Ausgangspunkt dient dabei ein korrekter Kalkül K. Es gilt $\Phi^K \subset \{\varphi | \Phi \vdash \varphi\}$. Ist K außerdem vollständig so gilt auch $\{\varphi | \Phi \vdash \varphi\} \subset \Phi^K$. Aber "K vollständig" ist ungeeignet zur Implementierung eines automatischen Beweisers auf Basis von A^K. Ursache dafür ist die Erzeugung (1) aller allgemeingültigen Formeln und (2) aller Spezialisierungen herleitbarer Formeln:

(1) allgemeingültige Formeln: Es gilt $\{\varphi\,|\,\Phi\vDash\varphi\}\subset\Phi^K$ und damit insbesondere $\{\varphi\,|\,\varnothing\vDash\varphi\}\subset\varnothing^K$. Mit $\varnothing\subset\Phi$ erhält man dann $\varnothing^K\subset\Phi^K$, denn K ist monoton, und damit gilt $\{\varphi\,|\,\vDash\varphi\}\subset\Phi^K$. Somit erzeugt $A^K(\Phi,i)$ auch alle allgemeingültigen Formeln, also Formeln, die unabhängig von Φ gelten.

Beispiel 1.5.1 Für $\varphi\in\mathcal{F}$ gilt: $[\varphi\Rightarrow\varphi]\in\varnothing^K$, $[\varphi\vee\neg\varphi]\in\varnothing^K$, $[\Box\Rightarrow\varphi]\in\varnothing^K$ u.s.w. ⊠

(2) Spezialisierungen: Für $\Phi\subset\mathcal{F}$, $\varphi_0\in\Phi^K$ und $\varphi_1\in\mathcal{F}$ gilt: $\{\varphi_0\}\vDash\varphi_1\supset\varphi_1\in\Phi^K$, d.h. Φ^K ist abgeschlossen gegenüber Spezialisierungen. Somit erzeugt $A^K(\Phi,i)$ auch alle Spezialisierungen φ_1 einer Formel $\varphi_0\in\Phi^K$. Damit ist insbesondere $|\{\varphi\}^K\setminus\varnothing^K|=\infty$ für jedes $\varphi\in\mathcal{F}$, d.h. aus jeder Formel φ lassen sich auch ohne allgemeingültige Formeln mit $\vdash_K$ schon unendlich viele Formeln herleiten.

Beispiel 1.5.2 Für $\varphi_0\in\Phi^K$ und $\varphi_1,\varphi_2,\ldots\in\mathcal{F}$ gilt:
$\{\varphi_0\}\vDash[\varphi_0\vee\varphi_1]\in\Phi^K$, $\{\varphi_0\}\vDash[\varphi_0\vee[\varphi_1\vee\varphi_2]]\in\Phi^K$, $\{\varphi_0\}\vDash[\varphi_0\vee[\varphi_1\vee[\varphi_2\vee\varphi_3]]]\in\Phi^K$, $\ldots$
Für $\varphi=[\text{all } x\ P(x)]\in\Phi^K$ gilt $P(q)\in\Phi^K$ für alle $q\in\mathcal{T}_\varnothing$. ⊠

Ursache in beiden Fällen ist die Korrektheit und Vollständigkeit des Kalküls K. Offenbar ist ein nicht-korrekter Kalkül unbrauchbar, um $\Phi\vDash\varphi$ festzustellen. Also muß die Vollständigkeit aufgegeben werden, um die aufgeführten Nachteile zu beseitigen. Andererseits ist man natürlich nach wie vor an einem korrekten und vollständigen automatischen Beweiser interessiert. Diesen sich scheinbar ausschliessenden Forderungen genügt der Resolutionskalkül R. Dieser Kalkül verwendet die sogenannte Klauselsprache $\mathcal{L}$. Der Zusammenhang zwischen $\mathcal{L}$ und $\mathcal{F}$ ist gegeben durch: (*) $\forall\Phi\subset\mathcal{F}\ \exists S(\Phi)\subset\mathcal{L}\ \Phi\vDash\Box$ gdw. $S(\Phi)\vDash\Box$. Für den Resolutionskalkül R gilt:

(1) $\forall S\subset\mathcal{L}\ \forall C\in\mathcal{L}\ S\vdash_R C\supset S\vDash C$, d.h. R ist korrekt,
(2) $\exists S\subset\mathcal{L}\ \exists C\in\mathcal{L}\ S\vDash C$ und $S\nvdash_R C$, d.h. R ist unvollständig,
(3) $\forall S\subset\mathcal{L}\ S\vDash\Box\supset S\vdash_R\Box$, d.h. R ist w-vollständig,
(4) $\forall S_1,S_2\subset\mathcal{L}\ \forall C\in\mathcal{L}\ S_1\vdash_R C$ und $S_1\subset S_2\supset S_2\vdash_R C$, d.h. R ist monoton.

Mit (2) hat R nicht (notwendigerweise) die Nachteile eines vollständigen Kalküls K. Insbesondere gilt nämlich $\varnothing^R=\varnothing$ (vergl. allgemeingültige Formeln) und $|\{C\}^R|<\infty$ für jedes $C\in\mathcal{L}$ (vergl. Spezialisierungen), d.h. aus jedem $C\in\mathcal{L}$ lassen sich mit R nur endlich viele Formeln aus $\mathcal{L}$ herleiten.

Mit (*), (1) und (3) erhält man durch folgenden "Trick" doch noch einen korrekten und vollständigen automatischer Beweiser:

Es gilt: $\Phi \models \varphi$

  gdw. $\Phi U\{\neg\varphi\} \models \Box$, mit Definition von $\models$,

  gdw. $S(\Phi U\{\neg\varphi\}) \models \Box$, mit (*),

  gdw. $S(\Phi U\{\neg\varphi\}) \vdash_R \Box$, mit 1 und 3,

und damit: $\Phi \models \varphi$ gdw. $\text{prove}^R(S(\Phi U\{\neg\varphi\}), \Box)=\text{true}$. prove^R arbeitet als Widerlegungsbeweiser, d.h. während prove^K versucht etwa $[P\Rightarrow P]$ direkt herzuleiten, versucht $\text{prove}^R \neg[P\Rightarrow P]$ zu einem Widerspruch zu führen. Dabei vermeidet prove^R aufgrund der Unvollständigkeit von R die Nachteile von prove^K, kann aber wegen der W-Vollständigkeit von R zu einem (indirekten) korrekten und vollständigen Beweisverfahren für $\Phi \models \varphi$ verwendet werden.

Wesentlich dabei ist nicht das Widerlegungsprinzip, sondern die Unvollständigkeit des zugrunde liegenden Kalküls: Da jeder vollständige Kalkül auch W-vollständig ist, kann prove^K natürlich auch als Widerlegungsbeweiser arbeiten,d.h. $\Phi \models \varphi$ gdw. $\text{prove}^K(\Phi U\{\neg\varphi\},\Box)=\text{true}$. Allerdings wäre ein solches Vorgehen außerordentlich ineffizient, denn es gilt: $\forall \Phi \subset \mathcal{F} \; \forall \varphi \in \mathcal{F} \; \Phi \models \Box \supset \Phi \models \varphi$ und damit $\Phi^K = \mathcal{F}$ für $\Phi \models \Box$, denn K ist korrekt und vollständig. prove^K müßte somit als Widerlegungsbeweiser nicht nur alle allgemeingültigen Formeln und alle Spezialisierungen, sondern alle Formeln aus $\mathcal{F}$ potentiell aufzählen.

2. DER RESOLUTIONSKALKÜL

2.1 Die Klauselsprache $\mathscr{L}$

Der Resolutionskalkül verwendet die sogenannte Klauselsprache, eine Teilsprache von $\mathscr{F}$, in der allquantifizierte Disjunktionen implizit durch Mengen von Atomen oder negierten Atomen und Konjunktionen implizit durch Mengen dieser Mengen repräsentiert werden:

Definition 2.1.1 $LIT(\Sigma,\Omega,V)$ ist die Menge der Literale über Σ, Ω und V mit $LIT(\Sigma,\Omega,V)=AT'(\Sigma,\Omega,V)\cup\{\neg\alpha\in\mathscr{F}\,|\,\alpha\in AT'(\Sigma,\Omega,V)\}$ wobei $AT'(\Sigma,\Omega,V)=AT(\Sigma,\Omega,V)\setminus\{\square\}$, d.h. ein Literal ist entweder ein Atom oder ein negiertes Atom verschieden von $\square$. AT', $AT'_\emptyset$, LIT und $LIT_\emptyset$ sind wie für Atome definiert.

Ein Paar von Literalen $L,K\in LIT$ heißt komplementär (kurz: L komplementär K) gdw. $L\in AT'$ und $K\notin AT'$ oder $L\notin AT'$ und $K\in AT'$ (d.h. L und K haben verschiedene "Vorzeichen"). Für $L\in LIT$ ist $|L|$ das Atom von L mit $|L|=A\in AT'$, falls $L=A$ oder $L=\neg A$ (d.h. "Vorzeichen streichen").

$\mathscr{L}(\Sigma,\Omega,V)$ ist die Klauselsprache über Σ, Ω und V mit $\mathscr{L}(\Sigma,\Omega,V)=\{C\in 2^{LIT}\,|\,C$ ist endlich$\}$. $C\in\mathscr{L}(\Sigma,\Omega,V)$ heißt Klausel und ist eine endliche Menge von Literalen. $\square$ steht jetzt für die leere Klausel, d.h. die Klausel, die kein Literal enthält. $\mathscr{L}$ und $\mathscr{L}_\emptyset$ sind definiert wie für Literale. Für $C\in\mathscr{L}$ und $L\in LIT$ ist $C-L$ eine Abkürzung für $C\setminus\{L\}$, d.h. "entferne L aus C". ◙

Definition 2.1.2 Für $C=\{L_1,\ldots,L_n\}\in\mathscr{L}$ mit $V(C)=\{x_1,\ldots,x_k\}$ und eine Interpretation $I=(A,\alpha,\beta)$ wird definiert:

$$I(C)=1 \text{ gdw. } \forall a_1,\ldots,a_k\ \exists L_i\in C.\ I\langle x_1/a_1,\ldots,x_k/a_k\rangle(L_i)=1$$

d.h. C wird wie die allquantifizierte Disjunktion $[all\ x_1,\ldots,x_k\ [L_1\vee\ldots\vee L_n]]\in\mathscr{F}$ gedeutet. Insbesondere gilt damit $I(\square)=0$ für alle Interpretationen I (wobei $\square$ die leere Menge von Literalen ist).

Für $S=\{C_1,\ldots,C_n\}\subseteq\mathscr{L}$ gilt (wie üblich) $I(S)=1$ gdw. $\forall C\in S\ I(C)=1$, d.h. S wird wie die Konjunktion der C_i gedeutet. Insbesondere gilt damit $I(\emptyset)=1$ für jede Interpretation I (wobei $\emptyset$ die leere Menge von Klauseln ist). ◙

Beispiel 2.1.3 Klauseln sind $C_1=\{P\}$, $C_2=\{\neg P\}$, $C_3=\{P,\neg P\}$, $C_4=\{\neg P,\neg Q,\neg R\}$, $C_5=\{\neg P(x),P(f(x)),Q(ab)\}$, $C_6=\square$. ◙

2.2 Substitutionen und Unifikation

Definition 2.2.1 Eine Substitution σ ist eine Abbildung $\sigma:V\to\mathcal{T}$ mit $\{x\in V\,|\,\sigma(x)\neq x\}$ ist endlich, d.h. σ "ändert" höchstens endlich viele Variable. Jede Substitution σ kann durch eine endliche Menge $\{x_1/\sigma(x_1),\ldots,x_n/\sigma(x_n)\}$ mit $\sigma(x_i)\neq x_i$ dargestellt werden. ε ist die identische Substitution, d.h. $\varepsilon(x)=x\ \forall x\in V$. SUB ist die Menge aller Substitutionen.

$\sigma\in$ SUB wird als Endomorphismus auf $\mathcal{T}\to\mathcal{T}$, LIT$\to$LIT und $\mathcal{L}\to\mathcal{L}$ erweitert, d.h. die Anwendung einer Substitution σ auf Terme, Literale und Klauseln ist durch folgende Konvention definiert:

$$
\begin{array}{ll}
a\in\Sigma_0\ (\text{"Konstante"}) & \overset{\circ}{=}\ a \\[4pt]
f(t_1\ldots t_n)\in\mathcal{T} & \overset{\circ}{=}\ f(\sigma(t_1)\ldots\sigma(t_n)) \\[4pt]
P\in\Omega_0 & \overset{\circ}{=}\ P \\[4pt]
P(t_1\ldots t_n)\in AT' & \overset{\circ}{=}\ P(\sigma(t_1)\ldots\sigma(t_n)) \\[4pt]
\neg P(t_1\ldots t_n)\in LIT & \overset{\circ}{=}\ \neg P(\sigma(t_1)\ldots\sigma(t_n)) \\[4pt]
C\in\mathcal{L} & \overset{\circ}{=}\ \{\sigma(L)\,|\,L\in C\}
\end{array}
$$

Beispiel 2.2.2 $\{x/a,\ y/f(ax)\}$ repräsentiert eine Substitution $\sigma\in$ SUB mit $\sigma(x)=a$, $\sigma(y)=f(ax)$ und $\sigma(z)=z$ für $z\in V\setminus\{x,y\}$, kurz: $\sigma=\{x/a,\ y/f(ax)\}$. Für $t=g(xh(yz))$ gilt:
$\sigma(t)=g(\sigma(x)\sigma(h(yz)))=g(ah(\sigma(y)\sigma(z)))=g(ah(f(ax)z))$.

Wird t als Baum dargestellt, so entsteht $\sigma(t)$ durch Ersetzen (einiger) Blätter aus V:

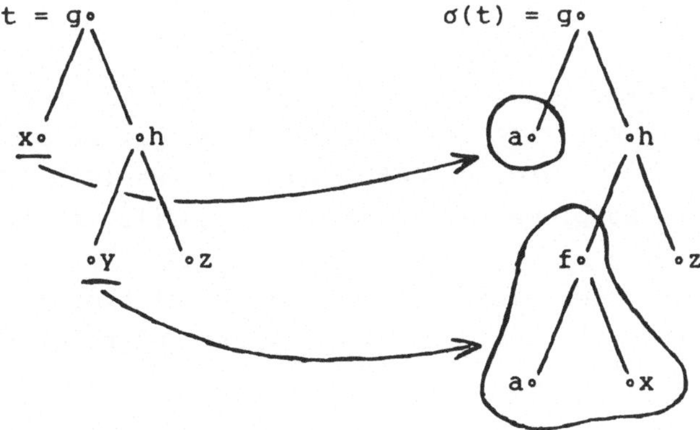

D.h. σ wird "parallel ausgeführt", denn es gilt $\sigma(y)=f(ax)\neq f(aa)$.

Definition 2.2.3 Für $D=\{t_1,\ldots,t_n\}\subset T$ heißt $\theta\in SUB$ ein Unifikator von D (oder: θ unifiziert D) gdw. $\theta(t_1)=\theta(t_2)=\ldots=\theta(t_n)$. $U(D)\subset SUB$ ist die Menge aller Unifikatoren von D. $\sigma\in U(D)$ heißt allgemeinster Unifikator von D (englisch: most general unifier, mgu) gdw. $\forall\theta\in U(D)$ $\theta=\theta\circ\sigma$. Dabei steht $\circ$ für die Funktionalkomposition, d.h. $(\theta\circ\sigma)(t)=\theta(\sigma(t))$ $\forall t\in T$. mgU(D) ist die Menge aller allgemeinsten Unifikatoren von D. Für $D\subset LIT$ sind $U(D)$ und mgU(D) entsprechend definiert. ⊠

Faßt man einen Unifikator θ einer Termmenge $D=\{t_1,\ldots,t_n\}$ als Lösung des Gleichungssystems $t_1=t_2$, $t_1=t_3$, $\ldots$, $t_1=t_n$ auf, so entspricht $\sigma\in$mgU(D) einer allgemeinsten Lösung dieses Gleichungssystems, d.h. jede Lösung $\theta\in U(D)$ läßt sich durch σ darstellen. Man sagt auch: mgU(D) "erzeugt" U(D). Dabei ist = die "syntaktische Identität", d.h. die Identität von Zeichenreihen bei der Funktionssymbole frei interpretiert werden.

Beispiel 2.2.4 Sei $D=\{f(g(x)a),f(g(y)z)\}$ mit $x,y,z\in V$ und $a\in\Sigma_0$ und sei $\sigma_t=\{x/t,y/t,z/a\}$. Es gilt $\{\sigma_t|t\in T\}=U(D)$. Für $\sigma_x=\{y/x,z/a\}$ und $\sigma_y=\{x/y,z/a\}$ gilt $\{\sigma_x,\sigma_y\}=$mgU(D) und damit $\sigma_t=\sigma_t\circ\sigma_v$ für alle $t\in T$ und $v\in\{x,y\}$, d.h. $\forall q\in T$: $\sigma_t(q)=\sigma_t(\sigma_v(q))$. Insbesondere gilt $\sigma_v=\sigma_v\circ\sigma_v$, d.h. bezüglich der Funktionalkomposition sind allgemeinste Unifikatoren idempotent. ⊠

Jedes lösbare Unifikationsproblem $D\subset T$ hat mindestens eine allgemeinste Lösung, d.h. die Existenz allgemeinster Unifikatoren ist durch folgenden Satz gesichert (der für $D\subset LIT$ entsprechend gilt):

Satz 2.2.5 (Robinson, 1965). Für alle endlichen $D\subset T$ gilt:
$$U(D)\neq\emptyset \supset \text{mgU}(D)\neq\emptyset \quad .⊠$$

2.3 Resolventen und Faktoren

Definition 2.3.1 Für $C,D\in\mathcal{L}$, $L\in C$, $K\in D$ und $\sigma\in SUB$ ist der Resolvent von C und D bzgl. L, K und σ definiert durch Res$(C,L,D,K,\sigma)=\sigma(C-L)\cup\sigma(D-K)$ gdw. (1) L komplementär K und (2) $\sigma\in$mgU$(\{|L|,|K|\})$.

Für $C\in\mathcal{L}$ und $\sigma\in SUB$ ist der Faktor von C bzgl. σ definiert durch Fak$(C,\sigma)=\sigma(C)$ gdw. $\sigma\in$mgU(D) für ein $D\subset C$. Insbesondere gilt $C=$Fak(C,ε) für jede Klausel $C\in\mathcal{L}$. ⊠

Beispiel 2.3.2 Für $C_1=\{P(xb),P(by),\neg Q(xy)\}$ und $C_2=\{\neg P(az),Q(zz)\}$ mit $a,b\in\Sigma_0$ gilt:

$R_1=\{P(by),\neg Q(ay),Q(bb)\}=Res(C_1,P(xb),C_2,\neg P(az),\{x/a,z/b\})$

$R_2=\{P(zb),P(bz),\neg P(az)\}=Res(C_1,\neg Q(xy),C_2,Q(zz),\{x/z,y/z\})$

$F_1=\{P(bb),\neg Q(bb)\}=Fak(C_1,\{x/b,y/b\})$

$F_2=\{P(bb),\neg P(ab)\}=Fak(R_2,\{z/b\})$. ▨

Im folgenden werden zur Vereinfachung der Schreibweise von Resolventen nicht die Literale angegeben, sondern nur deren Indizes. Beispielsweise wird für R_2 wie in Beispiel 2.3.2 $Res(C1,3,C2,2,\{x/z, y/z\})$ geschrieben.

Resolution und Faktorisation bilden die beiden (einzigen) Schlußregeln des Resolutionskalküls:

Definition 2.3.3 Der Resolutionskalkül R ist gegeben durch:

(i) Sprache: $\mathcal{L}$

(ii) Regeln:

a) Resolution:
$$\frac{C,D}{Res(C,L,D,K,\sigma)} \quad \forall C,D\in\mathcal{L}$$

b) Faktorisation:
$$\frac{C}{Fak(C,\sigma)} \quad \forall C\in\mathcal{L}$$

(iii) Eine Herleitung in R (kurz: R-Herleitung) von $C\in\mathcal{L}$ aus $S\subseteq\mathcal{L}$ ist eine Liste von Klauseln $\langle C_1,\ldots,C_n\rangle$ mit

(1) $C_n=C$ und

(2) $\forall k\in\{1,\ldots,n\}$ gilt:

(2.1) $C_k\in S$ oder

(2.2) $\exists i,j<k$ $\exists\sigma_k\in SUB$ mit $C_k=Res(C_i,L_i,C_j,L_j,\sigma_k)$, oder

(2.3) $\exists j<k$ $\exists\sigma_k\in SUB$ mit $C_k=Fak(C_j,\sigma_k)$.

$S\vdash_R C$ steht für: es gibt eine R-Herleitung von C aus S. Eine R-Widerlegung von S ist eine R-Herleitung von $\square$ aus S. ▨

Zusätzlich zu dieser Definition werden Klauseln aus $S\cup\{C_1,\ldots,C_n\}$ immer variablenfremd angenommen, d.h. verschiedene Klauseln enthalten keine gemeinsamen Variablensymbole. Dies kann immer durch Variablenumbenennungen, d.h. mit Ersetzen von Variablensymbolen durch bisher nicht verwendete Variablensymbole, erreicht werden. Dieses Vorgehen

ist korrekt, da Klauseln durch äquivalente Klauseln ersetzt werden.
Beispielsweise gilt: $\forall x,y[\neg P(xa) \vee Q(xy)] \sim \forall u,v[\neg P(ua) \vee Q(uv)]$.

Beispiel 2.3.4 (Herleitung in R) Für $S=\{C1,C2,C3,C4\}$ ist jede Liste
$<C1,C2,\ldots,Cn>$ mit $n \geq 1$ der folgenden Klauseln eine R-Herleitung (mit
Variablenumbenennungen) von Cn aus S und für n=8 eine R-Widerlegung
von S:

(C1) $\{\neg P(x_1),P(f(x_1))\}$
(C2) $\{P(a),Q(b)\}$
(C3) $\{\neg Q(y_1),\neg Q(z_1),P(a)\}$
(C4) $\{\neg P(f(a))\}$
(C5) $\{\neg Q(y_2),P(a)\}$; $Fak(C3,\{z_1/y_1\})$
(C6) $\{P(a)\}$; $Res(C2,2,C5,1,\{y_2/b\})$
(C7) $\{P(f(a))\}$; $Res(C1,1,C6,1,\{x_1/a\})$
(C8) $\square$; $Res(C4,1,C7,1,\varepsilon)$.   ⊠

Der Resolutionskalkül ist korrekt und W-vollständig, d.h. es gilt

Satz 2.3.5 (Robinson, 1965) Für $S \subseteq \mathcal{L}$ gilt: $S \models \square$ gdw. $S \vdash_R \square$.

Folgendes Beispiel zeigt, daß Faktoren für die W-Vollständigkeit des Resolutionskalkül unabdingbar sind:

Beispiel 2.3.6 Für $S=\{C1,C2\}$ erhält man folgende R-Widerlegung
von S:

(C1) $\{P(x_1),P(x_2)\}$
(C2) $\{\neg P(y_1),\neg P(y_2)\}$
(C3) $\{P(x_3)\}$; $Fak(C1,\{x_1/x_2\})$
(C4) $\{\neg P(y_3)\}$; $Fak(C2,\{y_1/y_2\})$
(C5) $\square$; $Res(C3,1,C4,1,\{x_3/y_3\})$

Wie man sich leicht überzeugt, gilt für jede R-Herleitung einer
Klausel C aus S, in der keine Faktoren vorkommen, daß C genau zwei
Literale enthält. Damit ist $\square$ ohne Faktoren nicht aus S herleitbar,
obwohl $S \models \square$ gilt. ⊠

Variablenumbenennungen in R-Herleitungen sind notwendig, da durch zu-
fällige "ungeschickte" Variablennamen Unifikationskonflikte entstehen können.

Beispiel 2.3.7 Für $S=\{\{P(x)\},\{\neg P(f(x))\}\}$ gilt $S\models\square$ aber $S\not\vdash_R\square$ (ohne Variablenumbenennungen), denn $U(\{P(x),P(f(x))\})=\emptyset$. Mit Variablenumbenennungen erhält man folgende R-Herleitung:

(C1) $\{P(x)\}$; $\in S$
(C2) $\{\neg P(f(y))\}$; $\sim \{\neg P(f(x))\} \in S$
(C3) $\square$; $Res(C1,1,C2,1,\{x/f(y)\})$

Durch die Variablenumbenennung wird hier $S'=\{\{P(x)\}, \{\neg P(f(y))\}\}$ anstatt S betrachtet und wegen $U(\{P(x),P(f(y))\})\neq\emptyset$ erhält man $S'\vdash_R\square$. Dieses Vorgehen ist korrekt, denn es gilt $S\sim S'$ und damit $S\models\square$ gdw. $S'\models\square$. ⊠

Das Umbenennen von Variablen nur in der gegebenen Klauselmenge S reicht allerdings noch nicht aus, um Unifikationskonflikte zu vermeiden:

Beispiel 2.3.8 Für $S=\{C1,C2\}$ mit $C1=\{P(x)\}$ und $C2=\{\neg P(y),\neg P(f(y))\}$ gilt $S\models\square$ und $mgU(\{P(x),P(y)\})=\{\sigma_x,\sigma_y\}$, wobei $\sigma_x=\{x/y\}$ und $\sigma_y=\{y/x\}$. Mit σ_x und σ_y lassen sich die beiden Resolventen $R_x=Res(C1,1,C2,1,\sigma_x)$ und $R_y=Res(C1,1,C2,1,\sigma_y)$ bilden:

a) "falscher" allgemeinster Unifikator σ_y: $R_y=\{\neg P(f(x))\}$
Es gilt: $U(\{P(x),P(f(x))\})=\emptyset$!

b) "richtiger" allgemeinster Unifikator σ_x: $R_y=\{\neg P(f(y))\}$
Es gilt: $U(\{P(x),P(f(y))\})\neq\emptyset$!

c) irgendein allgemeinster Unifikator σ_x oder σ_y + Umbenennung:
$R=\{\neg P(f(z))\}$ mit $z\in V\setminus\{x,y\}$ - es gilt: $U(\{P(x),P(f(z))\})\neq\emptyset$! ⊠

Die Verwendbarkeit von Resolventen und Faktoren für eine R-Widerlegung ist also davon abhängig, welcher allgemeinste Unifikator bei Bildung dieser Klauseln herangezogen wird, falls Variable in R-Herleitungen nicht umbenannt werden. Variablenumbenennungen garantieren somit die Unabhängigkeit von der Auswahl eines bestimmten allgemeinsten Unifikators!

2.4 Vorteile des Resolutionskalküls

Mit $\emptyset^R=\emptyset$ ist der Resolutionskalkül trivialerweise unvollständig und hat damit auch nicht (notwendigerweise) die Nachteile eines vollständigen Kalküls (vergl. Abschnitt 1.5):

(1) **allgemeingültige Klauseln**: Für $S \subseteq \mathcal{L}$ gilt $\{C \mid \models C\} \not\subseteq \{C \mid S \vdash_R C\} = S^R$. Allerdings sind R-Herleitungen allgemeingültiger Klauseln aus $S \subseteq \mathcal{L}$ nicht unmöglich. Beispielsweise gilt $S \vdash_R \{P, \neg P\}$ und $S \vdash_R \{Q, \neg Q\}$ für $S = \{\{P, Q\}, \{\neg P, \neg Q\}, \ldots\}$. Durch zusätzliche Maßnahmen kann die Herleitung solcher Klauseln jedoch verhindert werden (vergl. 3.3.1, Tautologieklauseln).

(2) **Spezialisierungen**: Es gilt $|\{C\}^R| < \infty$ für alle $C \in \mathcal{L}$. Damit ist S^R nicht abgeschlossen gegenüber Spezialisierungen. Dennoch sind R-Herleitungen von Spezialisierungen nicht unmöglich. Beispielsweise gilt für $C1 = \{P(x), Q(xa)\}$, $C2 = \{\neg Q(ay), Q(ya), R(z)\}$, $C3 = \{P(a), Q(aa), R(z)\}$ und $C1, C2 \in S$: $C1 \in S^R$, $\{C1\} \models C3$ und $C3 = \mathrm{Res}(C1, 2, C2, 1, \{x/a, y/a\}) \in S^R$. Durch zusätzliche Maßnahmen kann die Herleitung solcher Klauseln jedoch verhindert werden (vergl. 3.3.1, Subsumption). Weiter gilt $\{C\} \models \mathrm{Fak}(C, \sigma)$ und $\{C\} \vdash_R \mathrm{Fak}(C, \sigma)$ für alle $C \in \mathcal{L}$, d.h. bestimmte (allgemeinste) Spezialisierungen-nämlich Faktoren-müssen herleitbar sein, um die W-Vollständigkeit des Resolutionskalküls zu gewährleisten.

2.5 Pränexe Normalform und Skolemisierung

Die Klauselsprache $\mathcal{L}$ ist "ausdrucksschwächer" als die Sprache erster Stufe $\mathcal{F}$, d.h. es gibt Sachverhalte, die sich durch Formeln aus $\mathcal{F}$, aber nicht durch Klauseln aus $\mathcal{L}$ ausdrücken lassen. Ursache dafür ist, daß Existenzquantoren in $\mathcal{L}$ nicht darstellbar sind. Allerdings gilt eine schwächere Beziehung zwischen $\mathcal{F}$ und $\mathcal{L}$, die den Einsatz des Resolutionskalküls ermöglicht:

Satz 2.5.1 Für $\varphi \in \mathcal{F}(\Sigma, \Omega, \mathcal{V})$ gibt es eine Signatur Σ' mit $\Sigma_n \subseteq \Sigma'_n$ für alle $n \in \mathbb{N}$ und ein $S_\varphi \subseteq \mathcal{L}(\Sigma', \Omega, \mathcal{V})$ so daß gilt: $\{\varphi\} \models \square$ gdw. $S_\varphi \models \square$. ◼

Damit kann $\Phi \models \varphi$ für $\Phi = \{\varphi 1, \ldots, \varphi n\} \subseteq \mathcal{F}(\Sigma, \Omega, \mathcal{V})$ und $\varphi \in \mathcal{F}(\Sigma, \Omega, \mathcal{V})$ "indirekt" dargestellt und somit auch im Resolutionskalkül nachgewiesen werden, denn es gilt: $\Phi \models \varphi$ gdw. $\models [\varphi 1 \wedge \ldots \varphi n \Rightarrow \varphi]$ gdw. $\{[\varphi 1 \wedge \ldots \varphi n \wedge \neg \varphi]\} \models \square$ gdw. $S_{[\varphi 1 \wedge \ldots \varphi n \wedge \neg \varphi]} \models \square$ gdw. $S_{[\varphi 1 \wedge \ldots \varphi n \wedge \neg \varphi]} \vdash_R \square$.

Im folgenden soll der Beweis von Satz 2.5.1 skizziert werden, da er Anhaltspunkte liefert, wie für gegebenes $\varphi \in \mathcal{F}(\Sigma, \Omega, \mathcal{V})$ $S_\varphi \subseteq \mathcal{L}(\Sigma', \Omega, \mathcal{V})$ mit '$\{\varphi\} \models \square$ gdw. $S_\varphi \models \square$' effektiv berechnet werden kann. Als Ausgangspunkt dienen Formeln aus $\mathcal{F}$ in sogenannter pränexer Normalform:

Definition 2.5.2 $\varphi \in \mathcal{F}$ ist in pränexer Normalform (kurz: PNF) gdw.
(1) $\varphi = [\Delta_1 x_1 [\Delta_2 x_2 [\ldots \Delta_k x_k \psi] \ldots]$, (2) $\Delta_i \in \{all, ex\}$ und
(3) $\psi \in \mathcal{F}$ enthält keine Quantoren.
"$[\Delta_1 x_1 [\Delta_2 \ldots \Delta_k x_k$" heißt der Präfix von φ. ψ ist die Matrix von φ.

φ mit $\mathcal{V}_g(\varphi) = \emptyset$ ist in konjunktiver Normalform (kurz: KNF) gdw.
(4) $\varphi = \varphi_1 \wedge \ldots \wedge \varphi_n$, $n \geq 1$, (5) $\varphi_j = L_{j,1} \vee \ldots L_{j,h(j)}$, $1 \leq j \leq n$, und
(6) $L_{j,k} \in LIT$. ⊠

In Formeln aus $\mathcal{F}$, die in PNF vorliegen, werden Existenzquantoren
durch sogenannte Skolemisierung eliminiert, indem man durch Existenzquantoren gebundene Variable durch sogenannte Skolemterme (nach dem
norwegischen Mathematiker T. Skolem) ersetzt:

Definition 2.5.3 Seien $\varphi, \psi \in \mathcal{F}(\Sigma, \Omega, \mathcal{V})$ mit ψ in PNF, $\{x_1, \ldots, x_k, y\} \subset \mathcal{V}_f(\psi)$
mit $k \geq 0$, $y \neq x_i$ und $\varphi = [all\ x_1, \ldots x_k [ex\ y\ \psi]]$. $\varphi' = [all\ x_1, \ldots x_k\ \psi'] \in$
$\mathcal{F}(\Sigma', \Omega, \mathcal{V})$ entsteht durch Skolemisierung aus φ gdw. ψ' aus ψ durch Ersetzen aller Variablensymbole y in den Atomen von ψ durch den Skolem-
term $f(x_1 \ldots x_k)$ entsteht. f heißt Skolemfunktion und ist ein neues
k-stelliges Funktionssymbol $\in \Sigma' \setminus \Sigma$ aus der dafür erweiterten Signatur $\Sigma' \supset \Sigma$.

Für $\varphi^{(0)} = \varphi$, und "$\varphi^{(n+1)}$ entsteht durch Skolemisierung aus $\varphi^{(n)}$",
falls der Präfix von $\varphi^{(n)}$ einen Existenzquantor enthält, ist
$\varphi^* = \varphi^{(k)}$ mit $k \in \mathbb{N}$, so daß der Präfix von $\varphi^{(k)}$ keinen Existenzquantor enthält. φ^* ist die Skolemformel von φ. ⊠

Beispiel 2.5.4 Für $\varphi = [ex\ x\ [all\ y\ [all\ z\ [ex\ w\ [P(xz) \Rightarrow Q(yzw)]]]]]$
erhält man: $\varphi^{(1)} = [all\ y\ [all\ z\ [ex\ w\ [P(\underline{a}z) \Rightarrow Q(yzw)]]]]$, $\varphi^{(2)} = \varphi^* =$
$[all\ y\ [all\ z\ [P(\underline{a}z) \Rightarrow Q(yz\underline{f(yz)})]]]$. ⊠

Wie man sich leicht überzeugt gilt, $\{\varphi^*\} \vDash \varphi$ für alle $\varphi \in \mathcal{F}$. I.a. gilt
aber nicht $\{\varphi\} \vDash \{\varphi^*\}$, d.h. Skolemisierung ist nicht äquivalenzerhal-
tend: $\varphi^* \not\equiv \varphi$. Jedoch erhält Skolemisierung die (Un)Erfüllbarkeit:

Satz 2.5.5 Für $\varphi \in \mathcal{F}(\Sigma, \Omega, \mathcal{V})$ in PNF gibt es eine Signatur $\Sigma' \supset \Sigma$ und
(1) ein $\varphi^* \in \mathcal{F}(\Sigma', \Omega, \mathcal{V})$ mit φ^* ist Skolemformel von φ und
(2) $\{\varphi\} \vDash \square$ gdw. $\{\varphi^*\} \vDash \square$ für jedes solche φ^*. ⊠

Beispiel 2.5.6 Für $\varphi = [ex\ x [ex\ y [P(x) \vee \neg P(y)]]]$ gilt $\vDash \varphi$ (und insbeson-
dere $\{\varphi\} \not\vDash \square$) und $\varphi^* = \varphi^{(2)} = [P(a) \vee \neg P(b)]$, aber offenbar $\not\vDash \varphi^*$ (aber auch

$\{\varphi^*\}\not\models\square)$. Für $\varphi=[\text{all } x[\text{ex } y[P(x)\wedge\neg P(y)]]]$ gilt $\{\varphi\}\models\square$, $\varphi^*=\varphi^{(1)}=[\text{all } x [P(x)\wedge\neg P(f(x))]]$ und damit $\{\varphi^*\}\models\square$. ⊠

Aus allgemeingültigen Formeln erhält man durch Skolemisierung nur erfüllbare Formeln, Unerfüllbarkeit bleibt bei Skolemisierung aber erhalten. Um die Skolemformel φ^* einer gegebenen Formel φ zu erhalten, wird diese zunächst in PNF überführt. Dabei werden folgende Äquivalenzen verwendet:

Satz 2.5.7 Für $\varphi_1,\varphi_2,\varphi_3\in\mathcal{F}(\Sigma,\Omega,\mathcal{V})$, $\Delta\in\{\text{all,ex}\}$ und $*\in\{\wedge,\vee\}$ gilt:
"$\Longleftrightarrow$": $[\varphi_1\Longleftrightarrow\varphi_2]\sim[[\neg\varphi_1\vee\varphi_2]\wedge[\varphi_1\vee\neg\varphi_2]]$
"$\Longrightarrow$": $[\varphi_1\Rightarrow\varphi_2]\sim[\neg\varphi_1\vee\varphi_2]$
"$\neg\neg$": $\neg\neg\varphi_1\sim\varphi_1$
"$\neg\wedge$": $\neg[\varphi_1\wedge\varphi_2]\sim[\neg\varphi_1\vee\neg\varphi_2]$
"$\neg\vee$": $\neg[\varphi_1\vee\varphi_2]\sim[\neg\varphi_1\wedge\neg\varphi_2]$
"$\neg\text{all}$": $\neg[\text{all } x \ \varphi_1]\sim[\text{ex } x \ \neg\varphi_1]$
"$\neg\text{ex}$": $\neg[\text{ex } x \ \varphi_1]\sim[\text{all } x \ \neg\varphi_1]$

"V": $[\Delta x \ \varphi_1]\sim[\Delta y \ \varphi_2]$ mit $y\notin\mathcal{V}_f(\varphi_1)$, $y\notin\mathcal{V}_g(\varphi_2)$ und φ_2 entsteht aus φ_1 durch Ersetzen aller x durch y in den Atomen von φ_1 (Variablenumbenennung)

"$Q_{\Delta 1}$": $[[\Delta x \ \varphi_1]*\varphi_2]\sim[\Delta x \ [\varphi_1*\varphi_2]]$ mit $x\notin\mathcal{V}_f(\varphi_2)$
"$Q_{\Delta 2}$": $[\varphi_2*[\Delta x \ \varphi_1]]\sim[\Delta x \ [\varphi_2*\varphi_1]]$ mit $x\notin\mathcal{V}_f(\varphi_2)$

"D_1": $[\varphi_1\vee[\varphi_2\wedge\varphi_3]]\sim[[\varphi_1\vee\varphi_2]\wedge[\varphi_1\vee\varphi_3]]$
"D_2": $[[\varphi_1\wedge\varphi_2]\vee\varphi_3]\sim[[\varphi_1\vee\varphi_3]\wedge[\varphi_2\vee\varphi_3]]$ ⊠.

Durch Anwendung von Satz 2.5.7 können mit "$\Longleftrightarrow$" und "$\Rightarrow$" die Junktoren $\Longleftrightarrow$ und $\Rightarrow$ in φ eliminiert werden. Mit "$\neg\neg$","$\neg\wedge$","$\neg\vee$","$\neg\text{all}$" und "$\neg\text{ex}$" wird erreicht, daß jedes Negationszeichen $\neg$ direkt vor einer atomaren Formel steht. Mit "$Q_{\Delta 1}$" und "$Q_{\Delta 2}$" werden dann die Quantoren nach links "geschoben",wobei zuvor mit "V" sichergestellt wird, daß die Variablenbedingungen für "$Q_{\Delta 1}$" und "$Q_{\Delta 2}$" gelten. Als Ergebnis erhält man eine äquivalente Formel in PNF. Die Matrix dieser Formel wird abschließend mit den Distributivgesetzen "D_1" und "D_2" in KNF überführt. Damit gilt:

Satz 2.5.8 Für $\varphi\in\mathcal{F}$ gibt es ein $\varphi'\in\mathcal{F}$ mit (1) $\varphi\sim\varphi'$, (2) φ' ist in PNF und (3) die Matrix von φ' ist in KNF. ⊠

Mit Satz 2.5.8 und Satz 2.5.5 erhält man also zu jeder Formel $\varphi \in$ $\mathcal{F}(\Sigma,\Omega,V)$ eine Formel $\varphi^* \in \mathcal{F}(\Sigma',\Omega,V)$ mit (1) $\{\varphi\} \models \Box$ gdw. $\{\varphi^*\} \models \Box$, (2) φ^* ist in PNF, (3) der Präfix von φ^* enthält keinen Existenzquantor und (4) die Matrix von φ^* ist in KNF. Damit hat φ^* die Form [all x_1,. ..,x_k [$\varphi_1 \wedge \ldots \wedge \varphi_n$]] mit $\varphi_j = L_{j,1} \vee \ldots L_{j,h(j)}$ und $L_{j,k} \in \mathrm{LIT}$. Mit $C_j = \{L_{j,1},$ $\ldots,L_{j,h(j)}\}$ und $S_\varphi = \{C_1,\ldots,C_n\}$ erhält man dann eine zu φ^* äquivalente Klauselmenge, für die - wie in Satz 2.5.1 behauptet - gilt: $\{\varphi\} \models \Box$ gdw. $S_\varphi \models \Box$. Für $\Phi \subset \mathcal{F}$ definiert man $S(\Phi) = U_{\varphi \in \Phi} S_\varphi$, und es gilt $\Phi \models \Box$ gdw. $S(\Phi) \models \Box$ und insbesondere für $\Phi \subset \mathcal{F}, \varphi \in \mathcal{F}$: $\Phi \models \varphi$ gdw. $S(\Phi \cup \{\neg\varphi\}) \models \Box$.

Beispiel 2.5.9 Für $\varphi = \neg[\text{ex } x[[\text{all } y\ P(xy)] \Longleftrightarrow [\text{all } y\ P(yx)]]]$ erhält man mit den angegebenen Umformungen eine Klauselmenge:
$S_\varphi = \{\{P(x_0 y_1), P(y_3 x_0)\}, \{P(x_0 y_1), \neg P(x_0 f_4(x_0))\}, \{\neg P(f_2(x_0)x_0), P(y_3 x_0)\},$ $\{\neg P(f_2(x_0)x_0), \neg P(x_0 f_4(x_0))\}\}$, wobei f_2 und f_4 Skolemfunktionen sind (vergl. Beispiel 3.4.3).

Für $\Phi_1, \Phi_2, \Phi_3, \Phi_4 \subset \mathcal{F}$ und $\varphi_1, \varphi_2, \varphi_3, \varphi_4 \in \mathcal{F}$ wie in Beispiel 1.2.2 erhält man die Klauselmengen:
$S(\Phi_1 \cup \{\neg\varphi_1\}) = \{\{\neg R(xx)\}, \{\neg R(xy), \neg R(yz), R(xz)\}, \{R(ab)\}, \{R(ba)\}\},$
$S(\Phi_2 \cup \{\neg\varphi_2\}) = \{\{P(a)\}, \{\neg A(y), M(ay)\}, \{\neg P(x), \neg Q(y), \neg M(xy)\}, \{A(b)\}, \{Q(b)\}\}$
$S(\Phi_3) = \{\{P\}, \{\neg P\}\}$, $S(\Phi_4) = \{\{Q(x)\}, \{\neg Q(a)\}\}$, $S(\{\neg\varphi_3\}) = \{\{P\}, \{\neg P\}\}$ und
$S(\{\neg\varphi_4\}) = \{\{Q(x)\}, \{\neg Q(y)\}\}$, wobei a und b Skolemkonstanten sind. ◨

3. IMPLEMENTIERUNG EINES RESOLUTIONSBEWEISERS

Bei Implementierung eines Resolutionsbeweisers, d.h. eines automatischen Beweisers auf Basis des Resolutionskalküls, fallen folgende Aufgaben an:

(1) für ein Paar von Termen (oder Atomen) $t_1, t_2 \in \mathcal{T}UAT'$ muß festgestellt werden, ob $\{t_1, t_2\}$ unfizierbar ist und gegebenenfalls ein allgemeinster Unifikator $\sigma \in mgU(\{t_1, t_2\})$ berechnet werden. Dies leistet der Unifikationsalgorithmus: function mgu($t_1, t_2 \in \mathcal{T}UAT'$):SUBU{failed}=?

(2) für gegebene $S \subset \mathcal{L}$ müssen systematisch Resolventen und Faktoren berechnet werden, bis $\square$ hergeleitet ist: function refute($S \in 2^{\mathcal{L}}$):bool=?

(3) "refute" ist ein Aufzählungsalgorithmus auf Basis des Resolutionskalküls R, d.h. "refute" zählt S^R für $S \subset \mathcal{L}$ auf. Dabei werden Klauselmengen erzeugt, deren Kardinalität exponentiell anwächst. Um den Aufwand zu mindern, wird "refute" mittels Löschregeln und Ableitungsstrategien optimiert.

(4) für gegebene $\Phi \subset \mathcal{F}$ muß die KLauselmenge $S(\Phi) \subset \mathcal{L}$ mit '$\Phi \models \square$ gdw. $S(\Phi) \models \square$' berechnet werden: function clauses($\Phi \in 2^{\mathcal{F}}$):$2^{\mathcal{L}}$=?

(5) für gegebene $\Phi \subset \mathcal{F}$, $\varphi \in \mathcal{F}$ soll $\Phi \models \varphi$ festgestellt werden. Dies leistet der Beweisalgorithmus: function prove($\Phi \in 2^{\mathcal{F}}, \varphi \in \mathcal{F}$):bool=?

3.1 Der Unifikationsalgorithmus
Definition 3.1.1
```
function mgu(t₁,t₂∈𝒯UAT'):SUBU{failed}=
   if t₁=t₂
      then return({}) (* also ε *)
   fi
   if t₁∈𝒱
      then (* occur check *)
         if t₁∈𝒱(t₂) (* z.B. x, f(...x...) *)
            then stop&return(failed) (* occur failure *)
            else return({t₁/t₂})
         fi
   fi
   if t₂∈𝒱
      then return(mgu(t₂,t₁)) (* Symmetrie *)
   fi
```

```
assume t₁=G(q₁...qₙ), t₂=H(r₁...rₘ)
if G≠H (*clash check *)
   then stop&return(failed) (* clash failure *)
fi
assume t₁=f(q₁...qₙ), t₂=f(r₁...rₙ), n>0
σ:=ε
for i:=1 (1) n do
   θ:=mgu(σ(qᵢ)σ(rᵢ)) (* Rekursion *)
   assume σ={x₁/s₁,...,xₙ/sₙ}
   σ:=θU{x₁/θ(s₁),...,xₙ/θ(sₙ)} (* σ:=θ∘σ *)
done
return(σ)
end                                                    ⊠
```

Der Unifikationsalgorithmus ist (1) ein Entscheidungsverfahren für
die Unifizierbarkeit eines Paares von Termen (oder Atomen) und liefert (2) bei Unifizierbarkeit einen allgemeinsten Unifikator, d.h. es
gilt:

Satz 3.1.2 (Robinson, 1965) Für $t_1,t_2 \in \mathcal{T}UAT'$ gilt:
(1) $mgu(t_1,t_2)$ hält,
(2) $mgu(t_1,t_2)$=failed gdw. $U(\{t_1,t_2\})=\emptyset$ und
(3) $mgu(t_1,t_2) \neq$ failed gdw. $mgu(t_1,t_2) \in mgU(\{t_1,t_2\})$. ⊠

Der Unifikationsalgorithmus konstruiert bei Unifizierbarkeit der Ein-
gabeterme eine allgemeinste Lösung des Unifikationsproblems durch
Funktionalkomposition von allgemeinsten Teillösungen. Die Nicht-Uni-
fizierbarkeit von Termen kann dabei zwei Ursachen haben:

(1) Ein Termpaar x,t mit $x \in V$ und $t=f(..(..x..)..)$ ist nicht unifizierbar, denn für jede Substitution σ mit $\sigma(x)=q$ gilt $\sigma(x)=q \neq$
$f(..(..q..)..)=\sigma(t)$. Unifikationskonflikte dieser Art werden occur
failure genannt und im Unifikationsalgorithmus durch den sogenannten
occur check erkannt. Dieser Test ist relativ aufwendig, da (im ungünstigsten Fall) der ganze Term t (der beliebig tief verschachtelt
sein kann) nach x durchsucht werden muß. Deshalb wird der "occur
check" in den Implementierungen mancher PROLOG-Interpretierer (vergl.
Abschnitt 3.3.2) weggelassen. Der Preis, der dafür gezahlt wird,
ist hoch, denn man erhält so ein nicht korrektes Beweisverfahren.

(2) ein Termpaar t_1, t_2 mit $t_1=g(q_1...q_n)$ und $t_2=h(r_1...r_m)$ ist nicht unifizierbar, denn für jede Substitution σ gilt $\sigma(t_1)=g(\sigma(q_1))..$ $..\sigma(q_n))\neq h(\sigma(r_1)...\sigma(r_m))=\sigma(t_2)$. Unifikationskonflikte dieser Art heißen clah failure und werden im Unifikationsalgorithmus durch den sogenannten clash check erkannt.

Beispiel 3.1.3

(1) $t_1=f(xx)$, $t_2=f(yg(y))$

σ	$\sigma(q_i)$	$\sigma(r_i)$	θ
ε	x	y	{x/y}
{x/y}	y	g(y)	failed
<u>failed</u>	"occur failure"		

(2) $t_1=f(xh(x))$, $t_2=f(yg(y))$

σ	$\sigma(q_i)$	$\sigma(r_i)$	θ
ε	x	y	{x/y}
{x/y}	h(y)	g(y)	failed
<u>failed</u>	"clash failure"		

(3) $t_1=f(xg(yh(y)))$, $t_2=f(zg(zh(a)))$

σ	$\sigma(q_i)$	$\sigma(r_i)$	θ
ε	x	z	{x/z}
<u>{x/z}</u>	<u>g(yh(y))</u>	<u>g(zh(a))</u>	
ε	y	z	{y/z}
{y/z}	h(z)	h(a)	{z/a}
<u>{y/a,z/a}</u>			
{x/z}			{y/a,z/a}
<u>{x/a,y/a,z/a}</u>			

▨.

3.2 Der Widerlegungsalgorithmus

Für $D\subset\mathcal{J}$ mit $\sigma_1,\sigma_2\in mg\mathcal{U}(D)$ und jede Klausel C unterscheiden sich $\sigma_1(C)$ und $\sigma_2(C)$ nur in den Variablennamen -gehen also durch Variablenumbenennungen auseinander hervor- und es gilt somit $\sigma_1(C)\sim\sigma_2(C)$. Resolventen, die sich nur in dem verwendeten allgemeinsten Unifikator unterscheiden, sind also logisch äquivalent. Da diese Äquivalenz bei anschließender Variablenumbenennung erhalten bleibt, ist der Resolutionskalkül immer noch W-vollständig, wenn zwischen jedem Paar von Literalen höchstens einmal resolviert wird. Entsprechendes gilt für die Bildung von Faktoren.

Beispiel 3.2.1 Für C1={P(xy),Q(y)}, C2={¬Q(z),R(z)}, σ_1={y/z} und σ_2={z/y} gilt mgU({Q(y),Q(z)})={σ_1,σ_2}. Mit R1=Res(C1,2,C2,1,σ_1) und R2=Res(C1,2,C2,1,σ_2) gilt R1={P(xz),R(z)} und R2={P(xy),R(y)} und damit offenbar R1~R2. ⊠

Damit müssen bei Implementierung eines Beweisverfahrens auf Basis des Resolutionskaküls (für gegebene D⊂∪AT') nicht alle σ∈mgU(D) sondern nur ein σ∈mgU(D) -etwa der vom Unifikationsalgorithmus berechnete- ermittelt werden:

Definition 3.2.2

```
function RES(S,T∈2^ℒ):2^ℒ=
   R*:=Ø,  T':=T
   for all C∈S do
      T':=T\{C}
      for all L∈C do
         for all D∈T' do
            for all K∈D do
               if L komplementär K
                  then σ:=mgu(|L|,|K|)
                     if σ≠failed
                        then R:=σ(C-L)∪σ(D-K)
                              R*:=R*∪{R}
                              if R=□
                                 then stop&return(R*)
                              fi
                     fi
               fi
            done
         done
      done
   done
   return(R*)
end                                      ⊠.
```

Definition 3.2.3

```
function fak(C∈ℒ):2^ℒ=                      function FAK(S∈2^ℒ):2^ℒ=
   S:=∅                                         F:=∅
   D:=C                                         for all C∈S do
   for all L∈C do                                  F:=F∪fak(C)
      D:=D-L                                    done
      for all K∈D do                            return(F)
         if not L komplementär K            end
            then σ:=mgu(|L|,|K|)
               if σ≠failed
                  then S:=S∪fak(σ(C))
               fi
         fi
      done
   done
   return(S∪{C})
end                                          ⊠.
```

Der Algorithmus "RES" erzeugt alle Resolventen, die mit Klauseln aus den Eigabeklauselmengen S und T gebildet werden können, solange □ nicht hergeleitet wurde. Der Algorithmus "fak" generiert alle Faktoren einer gegeben Klausel (einschließlich der Klausel selbst) und "FAK" erzeugt die Menge aller Faktoren einer gegebenen Klauselmenge S. Mit "RES" und "FAK" wird jetzt der Widerlegungsalgorithmus "refute" realisiert:

Definition 3.2.4

```
function refute(S∈2^ℒ):bool=
   T:=FAK(S)
   S:=T
   while T≠∅ and □∉T do
      T:=RES(S,T)
      if □∉T
         then T:=FAK(T)
            S:=S∪T
      fi
   done
   if T=∅
      then return(false)
      else return(true)
   fi
end                                          ⊠.
```

Satz 3.2.5 Für $SC\mathcal{L}$ gilt:

(1) $S\models\Box \supset$ refute(S) hält,

(2) refute(S)=true $\supset S\models\Box$, d.h. "refute" ist korrekt,

(3) $S\models\Box \supset$ refute(S)=true, d.h. "refute" ist W-vollständig. ⊠

Der Widerlegungsalgorithmus "refute" erzeugt bei Eingabe einer Klauselmenge S Klauseln C mit $S\vdash_R C$. Um die W-Vollständigkeit für "refute" zu garantieren, müssen die Klauseln "systematisch" erzeugt werden, so daß nach endlich vielen Schritten $\Box$ erzeugt wird, vorausgesetzt es gilt $S\models\Box$.

Implementiert wird diese Systematik hier durch das sogenannte Breitensuchverfahren (breadth-first search). Dieses Verfahren erzwingt, daß Klauseln, die mit einer Herleitung der Länge n+1 aus S hergeleitet werden können, nur dann erzeugt werden, wenn alle Klauseln mit Herleitungslänge n bereits erzeugt wurden (wobei hier Klauseln, die durch Variablenumbenennungen auseinander hervorgehen, als identisch betrachtet werden). Da durch Breitensuche die Reihenfolge, in der Klauseln erzeugt werden, beeinflußt wird, spricht man auch von einer Ordnungsstrategie.

Beispiel 3.2.6 Breitensuche

$S=T_0$:

(1)	{P,Q}	
(2)	{¬P,Q}	
(3)	{P,¬Q}	
(4)	{¬P,¬Q}	

T_1:

(5)	{Q}	1+2
(6)	{P}	1+3
(7)	{Q,¬Q}	1+4
(8)	{P,¬P}	1+4
(9)	{Q,¬Q}	2+3
(10)	{P,¬P}	2+3
(11)	{¬P}	2+4
(12)	{¬Q}	3+4

T_2:

(13)	{P,Q}	1+7
(14)	{P,Q}	1+8
(15)	{P,Q}	1+9
(16)	{P,Q}	1+10
(17)	{Q}	1+11
(18)	{P}	1+12
(19)	{Q}	2+6
(20)	{¬P,Q}	2+7
(21)	{¬P,Q}	2+8
(22)	{¬P,Q}	2+9
(23)	{¬P,Q}	2+10
(24)	{¬P}	2+12
(25)	{P}	3+5
(26)	{P,¬Q}	3+7

(27)	{P,¬Q}	3+8
(28)	{P,¬Q}	3+9
(29)	{P,¬Q}	3+10
(30)	{¬Q}	3+11
(31)	{¬P}	4+5
(32)	{¬Q}	4+6
(33)	{¬P,¬Q}	4+7
(34)	{¬P,¬Q}	4+8
(35)	{¬P,¬Q}	4+9
(36)	{¬P,¬Q}	4+10
(37)	{Q}	5+7
(38)	{Q}	5+9
(39)	$\Box$	5+12

⊠

Eine weitere Ordnungsstrategie ist die unit-preference Strategie. Diese geht aus dem Breitensuchverfahren hervor und wird durch eine Änderung von "RES" implementiert, die bewirkt, daß zwischen Klauseln $C\in S$ und $D\in T$ erst dann resolviert wird, wenn zuvor alle Resol-

venten der Klauseln $C'\in S$ und $D'\in T$ mit $|C'|+|D'|<|C|+|D|$ gebildet
wurden. Unit-preference bewirkt also, daß Resolventen mit kleine-
rer Kardinalität zuerst berechnet werden. Dies bewirkt jedoch
nur, daß die Klauseln der jeweiligen Generationen in anderer Reihenfolge berechnet werden. Nur in der letzten Generation wird □ im ersten Schritt gefunden, denn □ entsteht immer durch Resolution zweier Einerklauseln (= Klauseln mit einem einzigen Literal). In Beispiel
3.2.6 hat unit-preference auf die Bildung der ersten Generation T_1
keinen Einfluß. Bei Bildung von T_2 wird jedoch □ als erste Resolvente (= Klauselnr. 13) erzeugt und "refute" hält an.

3.3 Löschregeln und Ableitungsstrategien

Wie man schon an dem einfachen Beispiel 3.2.6 erkennt, steigt der
Zuwachs an neu erzeugten Klauseln bei Durchlauf der while-Schleife
von "refute" exponentiell an. Als Abhilfe versucht man daher die Herleitung bestimmter Klauseln zu verbieten, um den Zuwachs an neuen
Klauseln möglichst gering zu halten. Man unterscheidet dabei Verbotskriterien nach der Abhängigkeit von der Entstehungsgeschichte der
Klausel:

3.3.1 Löschregeln

Löschregeln implementieren Verbotskriterien, die unabhängig von der
Entstehungsgeschichte der Klausel sind:

<u>Tautologieklauseln:</u>
Definition 3.3.1 $C\in\mathcal{L}$ heißt Tautologieklausel gdw. $\{A,\neg A\}\subset C$ für
ein $A\in AT'$. ⊠

Satz 3.3.2 Für $S\subset\mathcal{L}$ gilt:
$S\vDash\square$ gdw. $\{C\in S|C$ nicht Tautologieklausel$\}\vDash\square$. ⊠

Für $C\in\mathcal{L}$ und $A\in AT'$ mit $\{A,\neg A\}\subset C$ gilt offenbar $\vDash C$, d.h. durch Elimination von Tautologieklauseln werden allgemeingültige Klauseln aus
einer Klauselmenge entfernt (vergl. Abschnitt 1.5).

Damit bleibt "refute" korrekt und W-vollständig, wenn (1) (mit Änderung von "refute") alle Tautologieklauseln aus der initialen Klauselmenge entfernt werden und (2) (mit Änderung von "RES" und "fak")
keine Tautologieklauseln als Resolventen oder Faktoren erzeugt werden.

Beispiel 3.3.3 Breitensuche mit Elimination von Tautologieklauseln

```
S=T₀:                   T₂:
 (1)  {P,Q}             (13)                  (27)
 (2)  {¬P,Q}            (14)                  (28)
 (3)  {P,¬Q}            (15)                  (29)
 (4)  {¬P,¬Q}           (16)                  (30) {¬Q}    3+11
                        (17) {Q}    1+11      (31) {¬P}    4+5
T₁:                     (18) {P}    1+12      (32) {¬Q}    4+6
 (5)  {Q}      1+2      (19) {Q}    2+6       (33)
 (6)  {P}      1+3      (20)                  (34)
 (7)  {Q,¬Q}   1+4      (21)                  (35)
 (8)  {P,¬P}   1+4      (22)                  (36)
 (9)  {Q,¬Q}   2+3      (23)                  (37)
(10)  {P,¬P}   2+3      (24) {¬P}   2+12      (38)
(11)  {¬P}     2+4      (25) {P}    3+5       (39) □       5+12
(12)  {¬Q}     3+4      (26)
```

Regel	$|T_1|$	$|T_2|$	Σ
keine	8	27	35
Tautologie	4	9	13

{P,¬P} gelöschte Tautologieklausel

⊠.

Subsumption:

Definition 3.3.4 C∈ℒ subsumiert D∈ℒ gdw. ∃σ∈SUB. σ(C)⊂D und |C|≤|D|. S⊂ℒ subsumiert D∈ℒ gdw. ∃C∈S. C subsumiert D. ⊠

Satz 3.3.5 Für S⊂ℒ und D∈ℒ mit S\{D} subsumiert D gilt: S⊨□ gdw. S\{D}⊨□. ⊠

Für C,D∈ℒ und σ∈SUB mit σ(C)⊂D gilt offenbar {C}⊨D, d.h. durch Subsumption werden Spezialisierungen von Klauseln aus einer Klauselmenge entfernt (vergl. Abschnitt 1.5). Allerdings sind bestimmte allgemeinste Spezialisierungen -nämlich Faktoren- für die W-Vollständigkeit des Resolutionskalküls erforderlich. Mit der Bedingung |C|≤|D| wird deshalb verhindert, daß ein Faktor σ(C) von seiner Elternklausel C subsumiert wird.

Damit bleibt "refute" korrekt und W-vollständig, wenn (1) (mit Änderung von "refute") alle von S\{D} subsumierten Klauseln D aus initialen Klauselmenge S entfernt werden und (2) (mit Änderung von "RES" und "FAK") keine von der bisher erzeugten Klauselmenge subsumierten Klauseln als Resolventen oder Faktoren erzeugt werden.

Beispiel 3.3.6 Breitensuche mit Elimination subsumierter Klauseln

$\underline{S=T_0:}$

	$\underline{T_2:}$					
(1) {P,Q}	(13)			(27)		
(2) {¬P,Q}	(14)			(28)		
(3) {P,¬Q}	(15)			(29)		
(4) {¬P,¬Q}	(16)			**(30) {¬Q}**	**3+11**	
	(17) {Q}	**1+11**		**(31) {¬P}**	**4+5**	
$\underline{T_1:}$	**(18) {P}**	**1+12**		**(32) {¬Q}**	**4+6**	
(5) {Q} 1+2	**(19) {Q}**	**2+6**		(33)		
(6) {P} 1+3	(20)			(34)		
(7) {Q,¬Q} 1+4	(21)			(35)		
(8) {P,¬P} 1+4	(22)			(36)		
(9) {Q,¬Q} 2+3	(23)			(37)		
(10) {P,¬P} 2+3	**(24) {¬P}**	**2+12**		(38)		
(11) {¬P} 2+4	**(25) {P}**	**3+5**		(39) □	5+12	
(12) {¬Q} 3+4	(26)					

Regel	$|T_1|$	$|T_2|$	Σ
keine	8	27	35
Subsumption	4	1	5

{P} subsumierte Klausel

◨.

Isolierte Klauseln (purity-principle):

Definition 3.3.7 C∈ℒ ist isoliert (engl. pure) in S⊂ℒ gdw. ∃L∈C ∀D∈S\{C} ∀K∈D. L komplementär K ⊃ U({|L|,|K|})=∅. ◨

Satz 3.3.8 Für S⊂ℒ gilt: S⊨□ gdw. {C∈S|C nicht isoliert in S}⊨□. ◨

Eine Klausel C, die in einer Klauselmenge S isoliert ist, enthält ein Literal L, mit dem (in S) nicht resolviert werden kann. Damit ist auch jeder Resolvent (und jeder Faktor), der mit C gebildet wurde, in S isoliert, da dieser ein Literal enthält (nämlich den Abkömmling von L), mit dem in S nicht resolviert werden kann. Eine isolierte Klausel kann also zur Herleitung von □ nicht beitragen, da jeder Abkömmling dieser Klausel mindestens ein Literal enthält.

Damit bleibt "refute" korrekt und W-vollständig, wenn (1) (mit Änderung von "refute") alle in der initialen Klauselmenge S isolierten Klauseln aus S entfernt werden und (2) (mit Änderung von "RES" und "FAK") keine in der bisher erzeugten Klauselmenge isolierten Resolventen oder Faktoren gebildet werden.

Im aussagenlogischen Fall ($Sc\mathcal{L}_\emptyset$) entstehen isolierte Resolventen nur durch Resolution mit isolierten Klauseln. Damit muß nur die initiale Klauselmenge auf isolierte Klauseln hin untersucht werden. Im allgemeinen Fall ($S\notin\mathcal{L}_\emptyset$) reicht dies jedoch nicht aus:

Beispiel 3.3.9 Elimination isolierter Klauseln

$$S=T_\emptyset=\begin{cases}(1) & \{\neg P(x),P(f(x)),Q(f(x))\}\} \\ (2) & \{\neg Q(f(b))\} \\ (3) & \{P(a)\} \\ (4) & \{\neg P(f(c))\}\end{cases}$$

$$T_1=\begin{cases}(5) & \{\neg P(b),P(f(b))\} \\ (6) & \{P(f(a)),Q(f(a))\} \\ (7) & \{\neg P(c),Q(f(c))\}\end{cases}$$

$$T_2=\begin{cases}(8) & \{P(f(f(b))),Q(f(f(b))),\neg P(b)\} \\ (9) & \{P(f(f(a))),Q(f(f(a))),Q(f(a))\}\end{cases}$$

$$T_3=\begin{cases}(10) & \{P(f(f(f(b)))),Q(f(f(f(b)))),Q(f(f(b))),\neg P(b)\} \\ (11) & \{P(f(f(f(a)))),Q(f(f(f(a)))),Q(f(f(a))),Q(f(a))\}\end{cases}$$

$$(12)\quad \text{u.s.w.} \qquad\qquad \mathbf{L}\ \text{isoliertes Literal}$$

Mit Elimination isolierter Klauseln erhält man $T_1=\emptyset$ und "refute" hält mit Ergebnis 'false'. ⊠

3.3.2 Ableitungsstrategien

Ableitungsstrategien implementieren Verbotskriterien zur Herleitung von Klauseln, die abhängig von der Entstehungsgeschichte der Klausel sind. Untersuchung und Erprobung von Ableitungsstrategien war lange Zeit intensiver Forschungsgegenstand im automatischen Beweisen. Hier sollen beispielhaft zwei Ableitungsstrategien vorgestellt werden:

Definition 3.3.10 Für $Sc\mathcal{L}$ und $C\in\mathcal{L}$ heißt eine R-Herleitung von C aus S eine "unit"-Herleitung (kurz: $S\vdash_u C$) gdw. jeder Resolvent (mindestens) eine Elternklausel hat, die nur ein Literal enthält (engl. unit clause). ⊠

Definition 3.3.11 $C\in\mathcal{L}$ heißt Hornklausel gdw. $|C\cap AT'|\leq 1$, d.h. C enthält höchstens ein Atom. $\mathcal{L}^H c\mathcal{L}$ ist die Menge aller Hornklauseln. ⊠

Satz 3.3.12 Für $Sc\mathcal{L}^H$ gilt. $S\models\square$ gdw. $S\vdash_u\square$. ⊠

Jede Hornklausel ist durch eine der Klauseln (1) $\{\neg A_1,\ldots,\neg A_n,A\}$, (2) $\{\neg A_1,\ldots,\neg A_m\}$, (3) $\{A\}$ oder (4) $\square$ darstellbar, wobei $A_i,A\in AT'$ mit n, $m\geq 1$ gilt. Faßt man (1) und (2) als 'Regeln' (1') $A_1\wedge\ldots\wedge A_n\Rightarrow A$, (2') $A_1\wedge\ldots\wedge A_m\Rightarrow\square$ und (3) als 'Faktum' (3') A auf, so bewirkt "unit"-Resolution, daß mit Fakten aus Regeln solange neue Regeln hergeleitet werden, bis alle Bedingungen einer Regel erfüllt sind, und man dann ein neues Faktum (mit dem dann wieder aus Regeln neue Regeln erzeugt werden) oder den gewünschten Widerspruch $\square$ erhält.

Hornklauseln werden im logischen Programmieren verwendet: Ein PROLOG Interpretierer ist ein Resolutionsbeweiser (versehen mit einer speziellen Ordnungs- und Ableitungsstrategie) für Hornklauselmengen.

Die "unit"-Strategie wird durch eine Änderung von "RES" implementiert, die verhindert, daß von Klauseln, die beide mehr als ein Literal enthalten, Resolventen erzeugt werden. Mit Satz 3.3.12 und der Konfluenz dieser Strategie (s. Abschnitt 3.3.3) gilt, daß die W-Vollständigkeit von "refute" für Hornklauselmengen erhalten bleibt. Für die Klauselmenge aus Beispiel 3.2.6 gilt etwa $S\!\not\vdash_u\square$, denn jede Klausel in S enthält mehr als ein Literal. Allerdings kann "refute" gegen W-Unvollständigkeit für nicht-Hornklauselmengen abgesichert werden, denn '$S\subseteq\mathcal{L}^H$' ist offenbar entscheidbar.

Beispiel 3.3.13 Breitensuche ohne Strategie

$S=T_0$:			T_2:						T_3:		
(1)	$\{P\}$		(11)	$\{P\}$	1+8	(23)	$\{\neg P,\neg Q\}$	4+8	(30)	$\square$	1+13
(2)	$\{\neg P,Q\}$		(12)	$\square$	1+9	(24)	$\square$	5+6			
(3)	$\{P,\neg Q\}$		(13)	$\{\neg P\}$	2+6	(25)	$\{Q\}$	5+7			
(4)	$\{\neg P,\neg Q\}$		(14)	$\{\neg P,Q\}$	2+7	(26)	$\square$	5+10			
			(15)	$\{\neg P,Q\}$	2+8	(27)	$\{\neg Q\}$	6+7			
T_1:			(16)	$\{\neg P\}$	2+10	(28)	$\{\neg Q\}$	7+10			
(5)	$\{Q\}$	1+2	(17)	$\{P\}$	3+5	(29)	$\{\neg P\}$	8+9			
(6)	$\{\neg Q\}$	1+4	(18)	$\{P,\neg Q\}$	3+7						
(7)	$\{Q,\neg Q\}$	2+3	(19)	$\{P,\neg Q\}$	3+8						
(8)	$\{P,\neg P\}$	2+3	(20)	$\{\neg Q\}$	3+9						
(9)	$\{\neg P\}$	2+4	(21)	$\{\neg P\}$	4+5						
(10)	$\{\neg Q\}$	3+4	(22)	$\{\neg P,\neg Q\}$	4+7						

"refute" hält bei Klausel 12.

Breitensuche mit Strategie "unit"

$S=T_0$:			T_2:					T_3:
(1)	{P}		(11)			(23)		(30)
(2)	{¬P,Q}		(12)			(24) □	5+6	
(3)	{P,¬Q}		(13)	{¬P}	2+6	(25)		
(4)	{¬P,¬Q}		(14)			(26)		
			(15)			(27)		
T_1:			(16)			(28)		
(5)	{Q}	1+2	(17)	{P}	3+5	(29)		
(6)	{¬Q}	1+4	(18)					
(7)	**{Q,¬Q}**	**2+3**	(19)					
(8)	**{P,¬P}**	**2+3**	(20)					
(9)	**{¬P}**	**2+4**	(21)	{¬P}	4+5			
(10)	**{¬Q}**	**3+4**	(22)					

Strategie	$|T_1|$	$|T_2|$	$|T_3|$	Σ
keine	6	2	-	8
unit	2	4	-	6

{¬P} durch Strategie verhinderte Resolventen

⊠.

Definition 3.3.14 Für $S \subseteq \mathcal{L}$ heißt $T \subseteq S$ set-of-support (kurz: sos) gdw. $S \setminus T \neq \square$. Eine R-Herleitung von C aus S ist eine sos-Herleitung mit set-of-support T (kurz: $S \vdash_{sos(T)} C$) gdw. jeder Resolvent und jeder Faktor der R-Herleitung mindestens eine Elternklausel ∉ $S \setminus T$ hat. ⊠

Satz 3.3.15 Für $S \subseteq \mathcal{L}$ und $T \subseteq S$ mit $S \setminus T \neq \square$ gilt: $S \vDash \square$ gdw. $S \vdash_{sos(T)} \square$. ⊠

Ist $S(\Phi)$ die Klauselmenge von $\Phi \subseteq \mathcal{F}$, T die zu $\neg\varphi$ gehörende Klauselmenge (für $\varphi \in \mathcal{F}$) und $S = S(\Phi) \cup T$, so gilt $S \vDash \square$ gdw. $\Phi \vDash \varphi$. Die sos-Strategie verhindert also, daß zwischen Klauseln, die zu den Axiomen gehören resolviert - also ein Widerspruch gesucht - wird. Für $\Phi \vDash \varphi$ und $S(\Phi) \neq \square$ (d.h. $\Phi \vDash \varphi$ und $\Phi \nvDash \square$) gilt mit Satz 3.3.15 $S \vdash_{sos(T)} \square$. Damit ist diese Strategie W-vollständig, wenn die Menge Φ der Axiome erfüllbar ist, also ein Modell besitzt.

Die "set-of-support"-Strategie wird durch eine Änderung von "RES" implementiert, die verhindert, daß zwischen Paaren von Klauseln aus $S(\Phi)$, die also beide aus Axiomen entstehen, resolviert wird. Da die Kardinalität von $S(\Phi)$ i.a. sehr viel größer ist als die von T, ist die sos-Strategie bei Bildung der ersten Generation von Klauseln in "refute" i.a. sehr wirksam. Auf die Bildung der weiteren Generationen hat sie jedoch keinen Einfluß, da für alle erzeugten Resolventen und Faktoren '∉ $S \setminus T$' gilt.

Mit Satz 3.3.15 und der Konfluenz dieser Strategie (s. Abschnitt 3.3.3) gilt, daß die W-Vollständigkeit von "refute" für $S\setminus T \neq \square$ erhalten bleibt. Für eine Klauselmenge S mit $S \models \square$ und $T = \emptyset$ gilt etwa $S \not\vdash_{sos(T)} \square$, denn es darf mit keiner Klausel aus S resolviert werden. Im Unterschied zur "unit"-Strategie kann "refute" dagegen nicht abgesichert werden, denn '$S\setminus T \neq \square$' ist nicht entscheidbar.

Beispiel 3.3.16 Breitensuche mit Strategie "set-of-support"

$\underline{S=T_0:}$		$\underline{T_2:}$			$\underline{T_3:}$
(1)	{P}	(11)		(23)	(30)
(2)	{¬P,Q}	(12) $\square$	1+9	(24)	
(3)	{P,¬Q}	(13)		(25)	
(4)	{¬P,¬Q}	(14)		(26)	
		(15)		(27)	
$\underline{T_1:}$		(16)		(28)	
(5)	**{Q}**	**1+2** (17)		(29)	
(6)	{¬Q}	1+4 (18)			
(7)	**{Q,¬Q}**	**2+3** (19)			
(8)	**{P,¬P}**	**2+3** (20)			
(9)	{¬P}	2+4 (21)			
(10)	{¬Q}	3+4 (22)			

<u>Strategie</u>	$|T_1|$	$|T_2|$	$|T_3|$	Σ	
keine	6	2	–	8	{Q} durch Strategie verhinderte Resolventen
sos	3	1	–	4	mit $T=\{\{\neg P,\neg Q\}\}$ $\boxtimes$.

3.3.3 Wirkung von Ableitungsstrategien

[1] Korrektheit und W-Vollständigkeit: Ableitungsstrategien sind trivialerweise korrekt, d.h. für eine Ableitungsstrategie s gilt $S \vdash_s C \supset S \models C$ für $S \subseteq \mathcal{L}$ und $C \in S$, denn $S \vdash_s C \supset S \vdash_R C$. Damit ist auch "refute" unter jeder Ableitungsstrategie korrekt.

Gleiches gilt jedoch nicht für die W-Vollständigkeit: Die W-Vollständigkeit einer Ableitungsstrategie (für eine Klasse von Klauselmengen) ist (natürlich) notwendig, aber nicht hinreichend für die W-Vollständigkeit von "refute" unter der betrachteten Ableitungsstrategie. Ursache dafür ist, daß "W-vollständig" nur bedeutet, daß es (unter der betrachteten Ableitungsstrategie) einen Weg zur leeren Klausel gibt. Das schließt jedoch nicht aus, daß man in Sackgassen läuft, d.h. daß "refute" eine Klauselmenge erzeugt, aus der (unter der betrachteten Ableitungsstrategie) die leere Klausel nicht mehr herleitbar ist. Dieser Effekt soll anhand einer Beispielstrategie demonstriert werden:

Definition 3.3.17 Eine Herleitung von C aus S ist eine amo-Herleitung (von: at most once, kurz: $S\vdash_{amo} C$) gdw. jede Klausel in der R-Herleitung von C höchstens einmal als Elternklausel dient. ⊠

Satz 3.3.18 Für $S \subseteq \mathcal{L}_\emptyset^H$ gilt: $S\vDash\square$ gdw. $S\vdash_{amo}\square$. ⊠

Folgendes Beispiel zeigt, daß "refute" unter der amo-Strategie nicht W-vollständig ist. Dabei ist zu beachten, daß die Reihenfolge der Klauseln in der initialen Klauselmenge willkürlich ist:

Beispiel 3.3.19 Breitensuche mit Strategie "amo"

$\underline{S=T_0:}$			$\underline{T_2:}$					$\underline{T_3:}$
(1)	{P}		**(11)**	**{P}**	**1+9**	**(23)**	**{¬P,¬Q}** **2+9**	(30)
(4)	{¬P,Q}		(12)			(24)		
(3)	{P,¬Q}		**(13)**	**{¬P}**	**4+5**	(25)		
(2)	{¬P,¬Q}		(14)			(26)		
			(15)	**{¬P,Q}**	**4+9**	(27)		
$\underline{T_1:}$			(16)			(28)		
(6)	**{Q}**	**1+4**	(17)			(29)		
(5)	{¬Q}	1+2	(18)					
(10)	**{Q,¬Q}**	**3+4**	**(19)**	**{P,¬Q}**	**3+9**			
(9)	{P,¬P}	3+4	(20)					
(8)	**{¬P}**	**2+4**	(21)					
(7)	**{¬Q}**	**2+3**	(22)					

d.h. refute(S)=false obwohl $S\vDash\square$!
{Q} durch Strategie verhinderte Resolvente

Strategie	$|T_1|$	$|T_2|$	$|T_3|$	Σ
keine	6	2	-	8
amo	2	0	-	2

⊠.

Da die amo-Strategie für aussagenlogische Hornklauselmengen W-vollständig ist, kann "refute" für dieses Beispiel die leere Klausel (bei entsprechender Anordnung der Klauseln in der initialen Klauselmenge) finden:

Beispiel 3.3.20 Breitensuche mit Strategie "amo"

$S=T_0$:			T_2:				T_3:
(1) $\{P\}$			(11)			(23)	(30)
(2) $\{\neg P, Q\}$			(12)			(24)	
(3) $\{P, \neg Q\}$			(13)			(25)	
(4) $\{\neg P, \neg Q\}$			(14)			(26) $\square$	5+10
			(15)			(27)	
T_1:			**(16)** $\{\neg P\}$	2+10		(28)	
(5) $\{Q\}$	1+2		**(17)** $\{P\}$	3+5		(29)	
(6) $\{\neg Q\}$	**1+4**		(18)				
(7) $\{Q, \neg Q\}$	2+3		(19)				
(8) $\{P, \neg P\}$	2+3		(20)				
(9) $\{\neg P\}$	2+4		**(21)** $\{\neg P\}$	4+5			
(10) $\{\neg Q\}$	3+4		(22)				

Strategie	$|T_1|$	$|T_2|$	$|T_3|$	Σ
keine	6	2	–	8
amo	2	1	–	3

$\{\neg Q\}$ durch Strategie verhinderte Resolvente

$\boxtimes$.

Offenbar ist eine Ableitungsstrategie, bei der die W-Vollständig-keit von "refute" abhängig ist von der Reihenfolge, in der Resolven-ten und Faktoren erzeugt werden, für praktische Zwecke unbrauchbar. Man fordert daher als zusätzliche Eigenschaft die Konfluenz einer Ab-leitungsstrategie (Eisinger, 1986):

Definition 3.3.21 Eine Ableitungsstrategie s heißt konfluent gdw. für alle $S, S_1, S_2 \subseteq \mathcal{L}$ gilt: $S \vdash_s S_1$ und $S \vdash_s S_2 \supset \exists S' \subseteq \mathcal{L}$ mit $S_1 \vdash_s S'$ und $S_2 \vdash_s S'$, (wobei $S_1 \vdash_s S_2$ gdw. $S_1 \subseteq S_2$ und $\forall C \in S_2\ S_1 \vdash_s C$). $\boxtimes$

Man fordert also, daß eine Strategie W-vollständig und konfluent ist, um die W-Vollständigkeit von "refute" zu garantieren: Mit der W-Vollständigkeit von s gilt $S \vdash_s S_1$ mit $\square \in S_1$ für alle $S \subseteq \mathcal{L}$ mit $S \models \square$ und ein $S_1 \subseteq \mathcal{L}$. Für alle $S_2 \subseteq \mathcal{L}$ mit $S \vdash_s S_2$ kann "refute" wegen der Kon-fluenz von s (und der Breitensuche) immer eine Klauselmenge S' erzeu-gen, für die $S_1 \vdash_s S'$ und $S_2 \vdash_s S'$ gilt. Mit $\square \in S_1$ und $S_1 \vdash_s S'$ gilt ins-besondere $\square \in S'$. Also kann "refute" immer die leere Klausel finden.

Die hier vorgestellten Ableitungsstrategien "set-of-support" und "unit" sind beide konfluent. Die amo-Strategie ist offenbar nicht konfluent.

[2] **Verlänggerungseffekt:** Mit Ableitungsstrategien wird die Herleitung bestimmter Klauseln zu verboten, um den Zuwachs an neuen Klauseln in "refute" möglichst gering zu halten. Dabei kann jedoch in ungünstigen Fällen auch die Herleitung solcher Klauseln verhindert werden, die für eine möglichst kurze Herleitung der leeren Klausel erforderlich sind. Als Konsequenz können Ableitungsstrategien den Aufwand von "refute" erhöhen, wenn mit einer Ableitungsstrategie mehr Klauseln als ohne Ableitungsstrategien erzeugt werden, bevor $\Box$ hergeleitet ist:

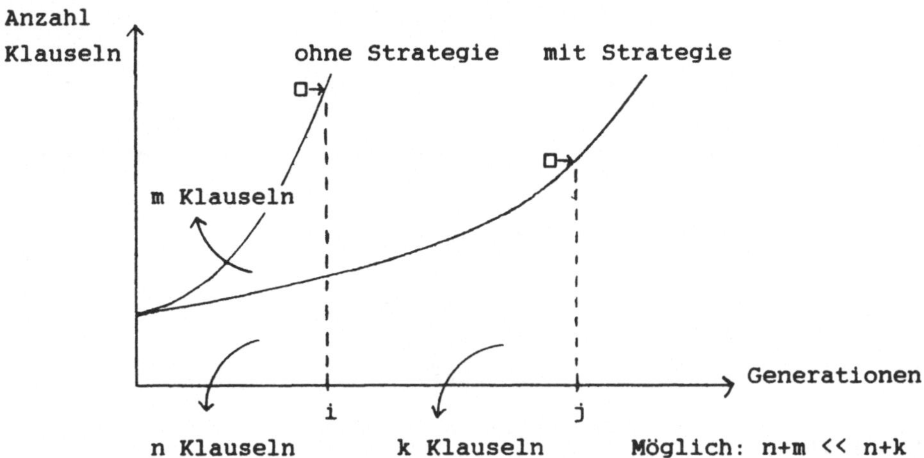

Beispiel 3.3.22 Breitensuche mit Strategie "set-of-support"

$S=T_0$:		T_2:					T_3:
(1) {P}		(11) {P}	1+8	(23) {¬P,¬Q}	4+8	(30)	
(2) {¬P,Q}		(12)		(24) $\Box$	5+6		
(3) {P,¬Q}		(13) {¬P}	2+6	(25)			
(4) {¬P,¬Q}		(14) {¬P,Q}	2+7	(26)			
		(15) {¬P,Q}	2+8	(27)			
T_1:		(16) {¬P}	2+10	(28)			
(5) {Q}	1+2	(17) {P}	3+5	(29)			
(6) {¬Q}	1+4	(18) {P,¬Q}	3+7				
(7) {Q,¬Q}	2+3	(19) {P,¬Q}	3+8				
(8) {P,¬P}	2+3	(20)					
(9) {¬P}	**2+4**	(21) {¬P}	4+5				
(10) {¬Q}	3+4	(22) {¬P,¬Q}	4+7				

{¬P} durch Strategie verhinderte Resolventen

Strategie	$|T_1|$	$|T_2|$	$|T_3|$	Σ	
keine	6	2	-	8	
sos	5	12	-	17	mit T={{P},{P,¬Q}}

$\blacksquare$.

[3] Unverträglichkeiten: "Autoritäre" Ableitungsstrategien, d.h. Ableitungsstrategien die den Suchraum stark einschränken, sind oft unverträglich mit anderen Ableitungsstrategien und mit Löschregeln für Tautologieklauseln und/oder Subsumption. Eine Kombination einer Ableitungsstrategie mit einer Löschregel oder einer anderen Ableitungsstrategie kann also eine W-unvollständige Ableitungsstrategie zur Folge haben. Beispielsweise ist die "lock"-Strategie /Chang and Lee/ unverträglich sowohl mit den Löschregeln für Tautologieklauseln und Subsumption als auch mit der "set-of-support" und der "unit"-Strategie. Dagegen sind "set-of-support" und "unit"-Strategie untereinander und mit allen Löschregeln verträglich.

Beispiel 3.3.23 Breitensuche mit Strategie "unit" und "sos"

$S=T_0$:	T_2:		T_3:
(1) $\{P\}$	(11)	(23)	(30) $\square$ 1+13
(2) $\{\neg P,Q\}$	(12)	(24)	
(3) $\{P,\neg Q\}$	(13) $\{\neg P\}$ 2+6	(25)	
(4) $\{\neg P,\neg Q\}$	(14)	(26)	
	(15)	(27)	
T_1:	(16)	(28)	
(5) $\{Q\}$ 1+2	(17)	(29)	
(6) $\{\neg Q\}$ 1+4	(18)		
(7) $\{Q,\neg Q\}$ 2+3	(19)		
(8) $\{P,\neg P\}$ 2+3	(20)		
(9) $\{\neg P\}$ 2+4	(21)		
(10) $\{\neg Q\}$ 3+4	(22)		

$\{Q\}$ durch Strategie verhinderte Resolventen

Strategie	$|T_1|$	$|T_2|$	$|T_3|$	Σ
keine	6	2	-	8
unit + sos	1	1	1	3

mit $T=\{\{\neg P,\neg Q\}\}$ ╳.

3.4 Berechnung von Klauselmengen

Um für gegebenes $\Phi=\{\varphi_1,\ldots,\varphi_n\}\subset\mathcal{F}$ die Klauselmenge $S(\Phi)$ mit '$\Phi\models\square$ gdw. $S(\Phi)\models\square$' zu berechnen, werden die Äquivalenzen aus Satz 2.5.7 als 'Regeln' implementiert. Die Äquivalenz "$\Rightarrow$" entspricht beispielsweise einer Regel "$\Rightarrow$": 'ersetze ein Vorkommen von $[\varphi_1\Rightarrow\varphi_2]$ in einer Formel φ durch $[\neg\varphi_1\vee\varphi_2]$'. Dabei werden diese Regeln mit folgenden Prioritäten versehen:

6: "$\Longleftrightarrow$","$\Longrightarrow$" 5: "$\neg\neg$" 4: "$\neg$ex","$\neg$all","$\neg\vee$","$\neg\wedge$"

3: "$\vee$" 2: "Q_{ex1}","Q_{ex2}" 1: "Q_{all1}","Q_{all2}" 0: "D_1","D_2"

Für $\Phi \subset \mathcal{F}$ wird die Klauselmenge $S(\Phi)$ jetzt durch folgenden Algorithmus berechnet:

Definition 3.4.1

```
function clauses(Φ∈2^F):2^L =
    assume Φ≠∅ ⊃ Φ={φ_1,...,φ_n}
    S:=∅
    if Φ=∅ then return(S) fi
    for i=1 (1) n do
        while 'eine Regel auf φ_i anwendbar'
            do 'wende Regel höchster Priorität auf φ_i an'
            done (* Ergebnis ist φ'_i mit φ_i~φ'_i
                    und φ'_i in PNF mit Matrix in KNF *)
        while '"ex"∈Präfix von φ'_i'
            do 'skolemisiere φ'_i'
            done (* Ergebnis φ"_i mit {φ"_i}⊨□ gdw. {φ'_i}⊨□,
                    φ"_i in PNF mit Matrix in KNF und "ex"∉Präfix *)
        S=S∪S(φ"_i) (* φ"_i in Mengennotation *)
    done
return(S)
end                  ⊠.
```

Für jede Formel $\varphi \in \Phi$ wird zunächst die prenexe Normalform mit Matrix in KNF hergestellt. Anschließend werden die Existenzquantifizierungen im Präfix und die durch die Existenzquantoren gebundenen Variablen in der Matrix durch Skolemisierung eliminiert (vergl. Definition 2.5.3). Die so gewonnene Formel wird schließlich in Klauselschreibweise überführt.

Satz 3.4.2 Für $\Phi \subset \mathcal{F}$ mit $|\Phi| < \infty$ gilt:
(1) clauses(Φ) hält,
(2) clauses(Φ)$\subset \mathcal{L}$ mit $|$clauses(Φ)$| < \infty$, und
(3) $\Phi \models \square$ gdw. clauses(Φ)$\models \square$. ⊠

Beispiel 3.4.3 Für $\Phi=\{\varphi\}$ mit $\varphi=\neg[ex\ x[[all\ y\ P(xy)]\Longleftrightarrow[all\ y$
$P(yx)]]]$ erhält man:

Regel "$\Longleftrightarrow$": $\neg[ex\ x[[\neg[all\ y\ P(xy)]v[all\ y\ P(yx)]]\wedge[\neg[all\ y\ P(yx)]v$
$[all\ y\ P(xy)]]]]]$

Regel "$\neg ex$": $[all\ x\neg[[\neg[all\ y\ P(xy)]v[all\ y\ P(yx)]]\wedge[\neg[all\ y\ P(yx)]v$
$[all\ y\ P(xy)]]]$

Regel "$\neg\wedge$": $[all\ x[\neg[\neg[all\ y\ P(xy)]v[all\ y\ P(yx)]]v\neg[\neg[all\ y\ P(yx)]v$
$[all\ y\ P(xy)\ ]]]$

Regel "$\neg v$": $[all\ x[[\neg\neg[all\ y\ P(xy)]\wedge\neg[all\ y\ P(yx)]]v[\neg\neg[all\ y\ P(yx)]\wedge$
$[all\ y\ P(xy)]]]$

Regel "$\neg\neg$": $[all\ x[[[all\ y\ P(xy)]\wedge\neg[all\ y\ P(yx)]]v[[all\ y\ P(yx)]\wedge$
$\neg[all\ y\ P(xy)]]]$

Regel "$\neg all$": $[all\ x[[[all\ y\ P(xy)]\wedge[ex\ y\neg P(yx)]]v[[all\ y\ P(yx)]\wedge$
$[ex\ y\neg P(xy)]]]$

Regel "V": $[all\ x_0[[all\ y_1P(x_0y_1)]\wedge[ex\ y_2\neg P(y_2x_0)]]v\ [[all$
$y_3P(y_3x_0)]\wedge\ [ex\ y_4\neg P(x_0y_4)]]]$

Regeln "Q_{ex1}" und "Q_{ex2}": $[all\ x_0[ex\ y_2[ex\ y_4$
$[[[all\ y_1\ P(x_0y_1)]\wedge\neg P(y_2x_0)]v\ [[all\ y_3\ P(y_3x_0)]\wedge\neg P(x_0y_4)]]]]]$

Regeln "Q_{all1}" und "Q_{all2}": $[all\ x_0[ex\ y_2[ex\ y_4[all\ y_1[all\ y_3$
$[[P(x_0y_1)\wedge\neg P(y_2x_0)]v\ [P(y_3x_0)\wedge\neg P(x_0y_4)]]]]]]]$

Regeln "D_1" und "D_2": $[all\ x_0[ex\ y_2[ex\ y_4[all\ y_1[all\ y_3$
$[[[P(x_0y_1)vP(y_3x_0)]\ \wedge[P(x_0y_1)v\neg P(x_0y_4)]]$
$\wedge[[\neg P(y_2x_0)vP(y_3x_0)]\wedge[\neg P(y_2x_0)v\neg P(x_0y_4\ )]]]]]]]$

Skolemisieren: $[all\ x_0[all\ y_1[all\ y_3$
$[[[P(x_0y_1)vP(y_3x_0)]\wedge\ [P(x_0y_1)v\neg P(x_0f_4(x_0))]]\wedge$
$[[\neg P(f_2(x_0)x_0)vP(y_3x_0)]\wedge[\neg P(f_2(x_0)x_0)v\neg P(x_0f_4(x_0))]]]]]$

Klauselschreibweise: $\{\{P(x_0y_1),P(y_3x_0)\},\ \{P(x_0y_1),\neg P(x_0f_4(x_0))\},$
$\{\neg P(f_2(x_0)x_0),P(y_3x_0)\},\ \{\neg P(f_2(x_0)x_0),\neg P(x_0f_4(x_0))\}\}$. ◙

Da die Priorität von "Q_{ex1}" und "Q_{ex2}" höher ist als die von "Q_{all1}"
und "Q_{all2}" stehen die Existenzquantoren nach Anwendung dieser Regeln
so weit links im Präfix wie möglich, d.h. im Bereich von möglichst
wenigen Allquantoren. Damit wird die Stelligkeit der Skolemfunktions-
symbole so gering wie möglich gehalten, wodurch der Aufwand bei späteren Unifikationen gesenkt wird. Ohne Bevorzugung von "Q_{ex1}" und
"Q_{ex2}" würde man in Beispiel 3.4.3 (im ungünstigsten Fall) die Klauselmenge $\{\ \{P(x_0y_1),\neg P(x_0f_4(x_0y_1y_3))\},\ \{\neg P(f_2(x_0y_1)x_0),P(y_3x_0)\},$
$\{\neg P(f_2(x_0y_1)x_0),\neg P(x_0f_4(x_0y_1y_3))\},\ \{P(x_0y_1),P(y_3x_0)\}\ \}$ als Ergebnis
erhalten.

3.5 Der Beweisalgorithmus

Abschließend wird jetzt ein Beweisalgorithmus definiert, der auf Basis des Resolutionskalküls feststellt, ob $\Phi \vDash \varphi$ für gegebene $\Phi \subset \mathcal{F}$ und $\varphi \in \mathcal{F}$ gilt. Dabei wird die sogenannte splitting-Regel verwendet:

Für $\varphi = \varphi_1 \wedge \ldots \wedge \varphi_n$ gilt $\Phi \vDash \varphi$ gdw. $\Phi \vDash \varphi_1$ und ... und $\Phi \vDash \varphi_n$. Die objektsprachlichen Konjunktionen können daher durch metasprachliche Konjunktionen aufgelöst werden. Anstatt $S(\Phi \cup \{\neg[\varphi_1 \wedge \ldots \wedge \varphi_n]\})$ mit "refute" zu widerlegen, wird "refute" mit $S(\Phi \cup \{\neg\varphi_i\})$ für $i=1,\ldots,n$ aufgerufen:

Definition 3.5.1

```
function prove(Φ∈2ᶠ, φ∈F):bool=
   assume φ=φ₁∧...∧φₖ, k≥1
   S_A:=clauses(Φ)
   i:=0
   repeat
      i:=i+1
      S_T:=clauses({¬φᵢ})
      r:=refute(S_A∪S_T)
   until not r or i=k
   return(r)
end                         ⊠.
```

Satz 3.5.2 Für $\Phi \subset \mathcal{F}$ und $\varphi \in \mathcal{F}$ gilt:
(1) $\Phi \vDash \varphi \supset \text{prove}(\Phi,\varphi)$ hält,
(2) $\text{prove}(\Phi,\varphi)=\text{true} \supset \Phi \vDash \varphi$, d.h. prove ist korrekt, und
(3) $\Phi \vDash \varphi \supset \text{prove}(\Phi,\varphi)=\text{true}$, d.h. prove ist vollständig. ⊠

Der Vorteil des 'splitting' besteht darin, daß die Klauselmengen $S(\Phi \cup \{\neg\varphi_i\})$ i.a. weniger Klauseln mit weniger Literalen enthalten als die Klauselmenge $S(\Phi \cup \{\neg[\varphi_1 \wedge \ldots \wedge \varphi_n]\})$ und damit $\Box$ schneller gefunden wird.

Beispiel 3.5.3 Für $\Phi=\{P \Rightarrow Q, Q \Rightarrow P\}$, $\varphi_1=[\neg P \Rightarrow \neg Q]$, $\varphi_2=[\neg Q \Rightarrow \neg P]$ und $\varphi=\varphi_1 \wedge \varphi_2$ gilt $S(\Phi)=\{\{\neg P,Q\},\{\neg Q,P\}\}$, $S(\neg\varphi_1)=\{\{\neg P\},\{Q\}\}$, $S(\neg\varphi_2)=\{\{\neg Q\},\{P\}\}$ und $S(\neg\varphi)=\{\{P,Q\},\{\neg P,\neg Q\}\}$ (wobei Tautologieklauseln aus $S(\neg\varphi)$ bereits eliminiert wurden). Es soll $\Phi \vDash \varphi$ gezeigt werden:
1) ohne Splitting: $\text{refute}(S(\Phi) \cup S(\neg\varphi))$ - siehe Beispiel 3.2.6
2) mit Splitting: $\text{refute}(S(\Phi) \cup S(\neg\varphi_1))$, $\text{refute}(S(\Phi) \cup S(\neg\varphi_2))$

Breitensuche mit Splitting, refute($S(\Phi)\cup S(\neg\varphi_1)$):

$S=T_0$:			T_2:				
(1)	$\{P,Q\}$		(13)			(27)	
(2)	$\{\neg P,Q\}$		(14)			(28)	
(3)	$\{P,\neg Q\}$		(15)	$\{P,Q\}$	1+9	(29)	
(4)	$\{\neg P,\neg Q\}$		(16)			(30)	
			(17)			(31)	
T_1:			(18)	$\{P\}$	1+12	(32)	
(5)			(19)			(33)	
(6)	$\{Q\}$	1+3	(20)			(34)	
(7)			(21)			(35)	
(8)			(22)			(36)	
(9)	$\{Q,\neg Q\}$	2+3	(23)			(37)	
(10)	$\{P,\neg P\}$	2+3	(24)			(38)	
(11)			(25)			(39)	
(12)	$\{\neg Q\}$	3+4	(26)				

Breitensuche mit Splitting, refute($S(\Phi)\cup S(\neg\varphi_2)$):

$S=T_0$:			T_2:				
(1)	$\{P,\mathbf{Q}\}$		(13)			(27)	
(2)	$\{\neg P,Q\}$		(14)			(28)	
(3)	$\{P,\neg Q\}$		(15)			(29)	
(4)	$\{\neg\mathbf{P},\neg Q\}$		(16)	$\{P,\mathbf{Q}\}$	1+10	(30)	
			(17)	$\{\mathbf{Q}\}$	1+11	(31)	
T_1:			(18)			(32)	
(5)	$\{Q\}$	1+2	(19)			(33)	
(6)			(20)			(34)	
(7)			(21)			(35)	
(8)			(22)			(36)	
(9)	$\{Q,\neg Q\}$	2+3	(23)			(37)	
(10)	$\{P,\neg P\}$	2+3	(24)			(38)	
(11)	$\{\neg P\}$	2+4	(25)			(39)	
(12)			(26)				

<u>Splitting</u>	$|T_1|$	$|T_2|$	Σ	
ohne	8	27	35	
mit: $\Phi\models\varphi_1$	4	2	6	
mit: $\Phi\models\varphi_2$	4	2	6	
mit: $\Phi\models\varphi_1,\varphi_2$	8	4	12	$\boxtimes$.

Q nicht erzeugtes Literal

3.6 Klauselgraphen

Die Implementierung des Widerlegungsverfahrens durch den Algorithmus
"RES" (Definition 3.2.2) ist sehr ineffizient und daher für praktische Zwecke nicht einsetzbar. Ursache dafür ist, daß für die Bildung
der Resolventen alle Literale der Klauselmengen S und T miteinander
auf Resolutionsmöglichkeiten hin überprüft werden. Damit hat "RES"
den Aufwand O(n*m), wobei n die Anzahl der Literale in S und m die
Anzahl der Literale in T ist. Dieser Aufwand ist zu hoch, da in den
meisten Fällen keine Resolutionsmöglichkeit besteht. In Beispiel
3.2.6 etwa sind zur Bildung der ersten Generation T_1 48 Vergleiche
notwendig, wobei nur 8 Resolutionsmöglichkeiten gefunden werden
(17%). Für die zweite Generation T_2 sind schon 124 Tests erforderlich, von denen nur 38 erfolgreich sind (31%).

Zur Verbesserung des Verfahrens wird eine geeignete Datenstruktur zur
Repräsentation von Klauselmengen, der sogenannte Klauselgraph, verwendet:

Definition 3.6.1 Für S⊆ℒ wird der Klauselgraph G(S) wie folgt defi-
niert:
Knoten: die Menge aller Literale der Klauseln aus S;
Kanten: verbinden Paare von Literalen L und K aus verschiedenen Klau-
seln mit (1) L komplementär K und (2) $U(\{|L|,|K|\}) \neq \emptyset$.

Dabei ist jede Kante in G(S) mit einem allgemeinsten Unifikator
$\sigma \in mgU(|L|,|K|)$ markiert. ▧

Die Kanten eines Klauselgraphen repräsentieren potentielle Resolventen. Nach Erzeugung eines Resolventen muß dieser in den Graphen
eingefügt werden. Die Kanten eines Klauselgraphen werden numeriert:
Im initialen Graphen willkürlich, sonst in der Reihenfolge ihrer Ent-
stehung. Der Algorithmus "RES" wird jetzt so geändert, daß Kanten
nach ihrer Numerierung im Klauselgraphen abgearbeitet werden - und
zwar durch Erzeugen und Einfügen der zugehörigen Resolventen in den
Klauselgraphen. Diese sukzessive Modifikation des Graphen implementiert jetzt die Breitensuche. Dabei werden abgearbeitete Kanten für
nochmalige Abarbeitung gesperrt.

Beispiel 3.6.2

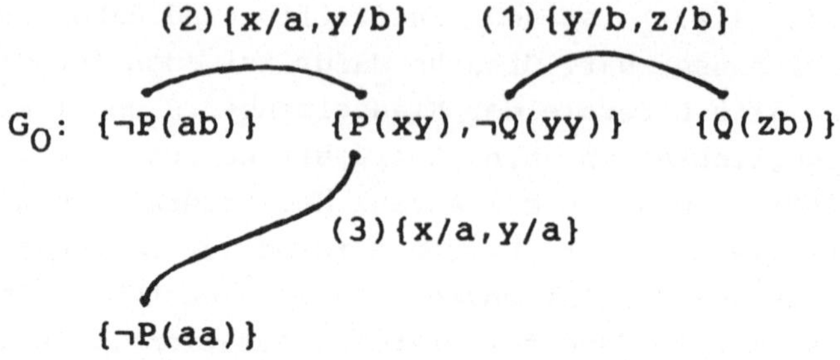

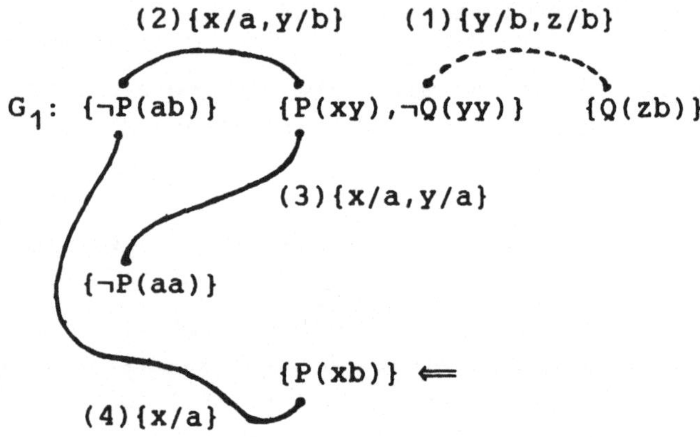

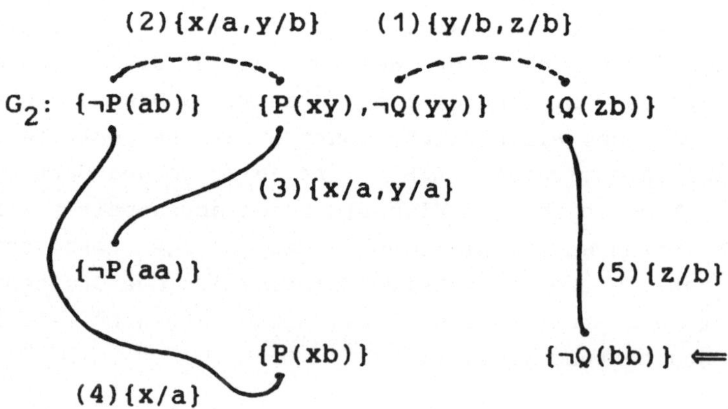

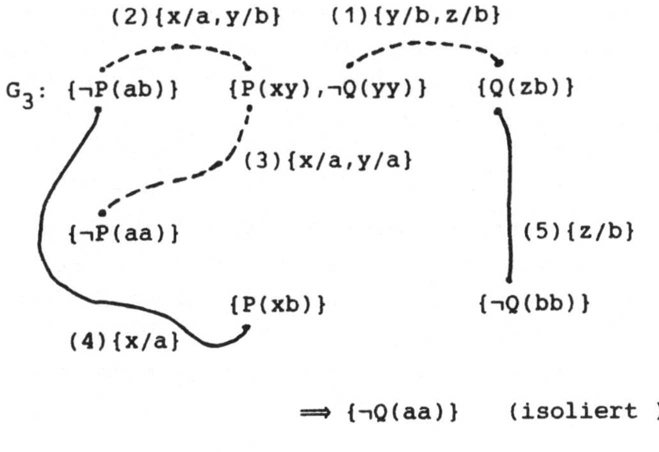

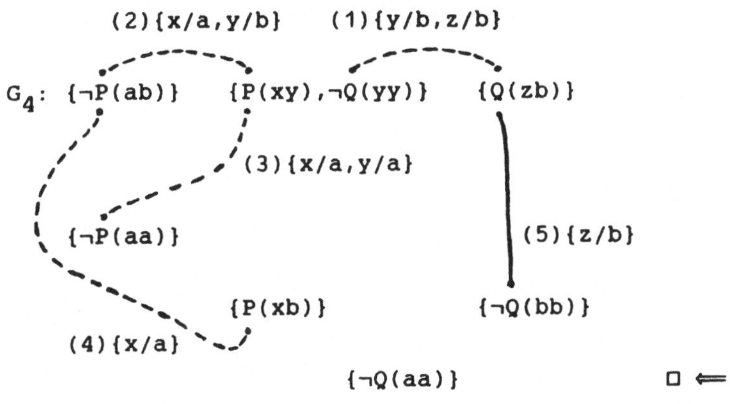

Bei der Verwendung von Klauselgraphen entspricht die Berechnung von
neuen Kanten (nach Bildung eines Resolventen oder Faktors) der Suche
nach resolvierbaren Literalen. Folgende Überlegung zeigt, wie sich
das Verfahren jetzt mit Klauselgraphen verbessern läßt: Ein Literal
$\sigma(L)$ in einem Resolventen oder Faktor R, der mit einer Klausel C gebildet wurde, kann höchstens dann mit einem Literal K einer Klausel
$D \neq C$ resolviert werden, wenn das Elternliteral L von $\sigma(L)$ in C mit K
resolviert werden kann. Ursache dafür ist, daß $\sigma(L)$ spezieller als
L ist und damit gilt: $U(\{|\sigma(L)|,|K|\}) \neq \emptyset \supset U(\{|L|,|K|\}) \neq \emptyset$.

$U(\{|L|,|K|\}) \neq \emptyset$ ist also ein notwendiges Kriterium dafür, daß $\sigma(L)$
und K miteinander resolviert werden können. Diese Tatsache wird bei
der Berechnung neuer Kanten durch das sogenannte Vererbungsprinzip
ausgenutzt:

Ein Literal σ(L) eines Resolventen R=Res(C,M,D,N,σ) oder Faktors R= Fak(C,σ) kann nur dann mit einem Literal K im Klauselgraphen verbunden werden, wenn (1) das Elternliteral L∈CUD von σ(L) im Klauselgraphen mit K verbunden ist oder (2) K∈CUD gilt.

Als Konsequenz müssen für alle Literale eines Resolventen oder Faktors nur (1) die Partner der Elternliterale und (2) alle Literale der Elternklausel auf Resolutionsmöglichkeiten hin geprüft werden. Man erreicht so eine drastische Reduktion des Suchaufwands bei Bildung von Resolventen. Eine volle Suche (wie beim ursprünglichen Verfahren) ist nur bei Aufbau des initialen Klauselgraphen G(S) für die gegebene Klauselmenge S notwendig.

Die Bedingung (2) des Vererbungsprinzips ist erforderlich, da Kanten eines Klauselgraphen nur Literale aus verschiedenen Klauseln miteinander verbinden:

Beispiel 3.6.3

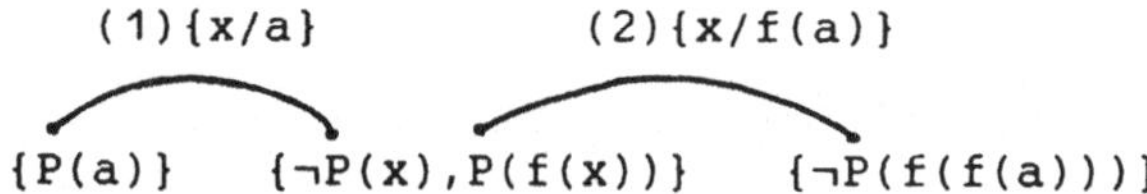

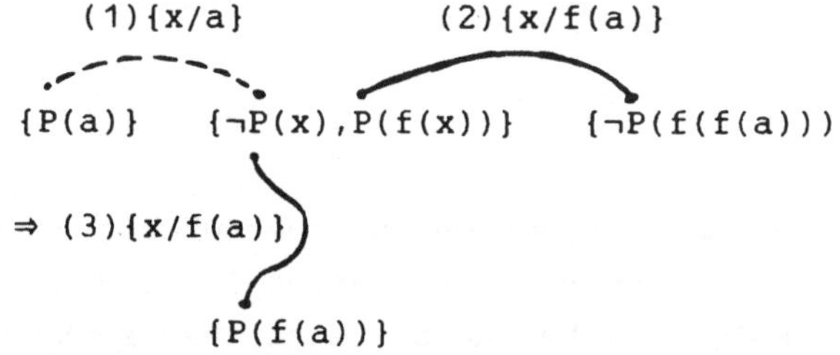

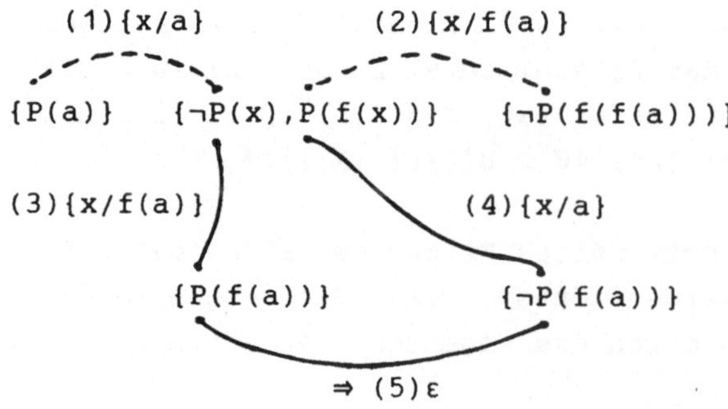

Kante 3 entsteht nicht durch Vererbung. Würden die Literale der Elternklausel nicht auf Resolutionsmöglichkeiten hin geprüft, so wäre
das Verfahren unvollständig. Im Beispiel würde dann keine Kante 5 zur
Bildung der leeren Klauseln erzeugt, denn Kante 5 entsteht durch Vererbung von Kante 3. ▣

Das Klauselgraphverfahren ermöglicht außerdem eine einfache Implementierung von Ableitungsstrategien: Kanten, deren Resolventen nach einer Ableitungsstrategie nicht erzeugt werden dürfen, werden im Klauselgraphen wie bereits abgearbeitete Kanten behandelt - also gesperrt. Ein weitere Vorteil ist, daß isolierte Klauseln ohne zusätzlichen Aufwand erkannt werden, da eine Klausel C genau dann isoliert
ist, wenn mindestens ein Literal aus C mit keinem anderen Literal
durch eine Kante verbunden ist (s. Beispiel 3.6.2).

LITERATUR

C.-L. Chang and R.C.-T. Lee, Symbolic Logic and Mechanical Theorem
Proving. Academic Press 1973
D. W. Loveland, Automated Theorem Proving: A Logical Basis.
North-Holland 1978
Z. Manna, Mathematical Theory of Computation. McGraw-Hill 1974
N. J. Nilsson, Problem-Solving Methods in Aritificial Intelligence.
McGraw-Hill 1971

KIFS-85

3. Frühjahrsschule Künstliche Intelligenz, 8.-16. März 1985, Dassel/Solling

Kursübersicht

Christopher Habel (Universität Berlin)
Lernen und Wissensakquisition

Hans-Werner Hein (GMD Birlinghoven, Sankt Augustin)
Verarbeitung gesprochener Sprache

Paul Levi (Forschungszentrum Informatik, Karlsruhe)
Verfahren der Künstlichen Intelligenz für Montageroboter

Bernd Neumann (Universität Hamburg)
Bildverstehen

Bernd Radig (Universität Hamburg)
Expertensysteme

Wolfgang Wahlster (Universität Saarbrücken)
Sprachverstehen und Wissensrepräsentation

Thomas Christaller (GMD Birlinghoven, Sankt Augustin)
LISP-Kursus

Helmar Gust (Universität Osnabrück)
Michael König (Universität Berlin)
PROLOG-Kursus

Hans-Werner Hein (GMD Birlinghoven, Sankt Augustin)
Industrietag (Moderation)

Spenden von Firmen

Apple Computer GmbH (München)
Data General GmbH (Schwalbach/Taunus)
DATEV eG (Nürnberg)
Digital Equipment GmbH (München)
GEI Systemtechnik mbH (München)
IBM Deutschland GmbH (Stuttgart)
InterFace Computer GmbH (München)
mbp GmbH (Dortmund)
Nixdorf Computer AG (Paderborn)
PCS GmbH (München)
Rank Xerox GmbH (Düsseldorf)
Standard Elektrik Lorenz AG (Stuttgart)
Siemens AG (München)
Symbolics GmbH (Eschborn/Taunus)
Tektronix GmbH (Köln)
Texas Instruments GmbH (Freising)
Triumph Adler AG (Fürth)

KIFS-86

4. Frühjahrsschule Künstliche Intelligenz, 8.-16. März 1986, Dassel/Solling

<u>Kursübersicht</u>

Harold Boley (Universität Kaiserslautern)
LISP-Kurs

Cosima Schmauch (InterFace Computer GmbH, München)
PROLOG-Kurs

Rainer Lutze (Triumph Adler AG, Fürth)
SMALLTALK-Kurs

Thomas Christaller (GMD Birlinghoven, Sankt Augustin)
KI-Programmiertechniken

Wolfgang Hoeppner (Universität Hamburg)
Natürlichsprachliche Systeme

H.Siegfried Stiehl (TU Berlin)
Bildverstehen in der Medizin

Franz Schmalhofer (Universität Freiburg)
Thomas Wetter (IBM Heidelberg)
Kognitive Modelle

Michael M. Richter (RWTH Aachen)
Expertensysteme

Franco di Primio (GMD Birlinghoven, Sankt Augustin)
Hybride Expertensystemwerkzeuge

Frank Puppe (Universität Kaiserslautern)
Hans Voß (GMD Birlinghoven, Sankt Augustin)
Qualitatives Argumentieren

Christoph Walther (Universität Karlsruhe)
Automatisches Beweisen

Rüdiger Loos (Universität Karlsruhe)
Formelmanipulation

Volker Penner (RWTH Aachen)
Programmverifikation

<u>Spenden von Firmen</u>

Digital Equipment GmbH (München)
EDV Consulting (Lenggries)
Electronic Associates GmbH (Aachen)
Expertise GmbH (Berlin)
IBM Deutschland GmbH (Stuttgart)
IKOSS GmbH (Aachen)
Insotech Consult GmbH (Frankfurt)
Krupp Atlas Elektronik GmbH (Bremen)
Nixdorf Computer AG (Paderborn)
PCS GmbH (München)
Siemens AG (München)
Symbolics GmbH (Eschborn/Taunus)
Tektronix GmbH (Köln)
Texas Instruments GmbH (Freising)
Thyssen Stahl AG (Duisburg)
Volkswagen AG (Wolfsburg)